CATÉCHISME

DE PARIS

OUVRAGES DU MÊME AUTEUR

Nouveau Manuel des Ordinands ou Explication des prières et des cérémonies de l'Ordination.

EN PRÉPARATION :

L'Église et la Liberté.

CATÉCHISME
DE PARIS

EXPLIQUÉ AUX GENS DU MONDE

ET SPÉCIALEMENT

A LA JEUNESSE DES CATÉCHISMES

POUR LUI FACILITER LA RÉDACTION DES ANALYSES

PAR

M. L'ABBÉ VIDIEU
LICENCIÉ EN THÉOLOGIE

> Ce qu'il faut offrir à notre siècle, c'est une simple et claire exposition de nos dogmes. (Mgr DARBOY, *Imitat. de J.-C.*, préf., p. xv.)

PARIS
LIBRAIRIE FRANÇAISE
E. MAILLET, LIBRAIRE-ÉDITEUR
15, RUE TRONCHET (PRÈS LA MADELEINE)

—

1869
Tous droits réservés

CATÉCHISME DE PARIS.

LEÇON PRÉLIMINAIRE.

DE LA SCIENCE DE LA RELIGION.

I. Importance de cette science.

La science est un ensemble de connaissances particulières qui conduisent, chacune par degrés, à la connaissance générale et complète d'une chose. Il y a autant de sciences qu'il y a d'êtres ou d'objets de nature différente dans le monde. Toutes les choses inconnues et cachées, qui ont besoin de longues investigations pour être atteintes par l'intelligence de l'homme, sont la matière des sciences diverses.

L'importance d'une science se tire de sa nature, de son excellence, de sa nécessité, des avantages qu'elle procure. Or la science de la religion, qui va nous occuper, est une suite d'enseignements qui nous font connaître Dieu, ce que nous lui devons et ce qu'il faut faire pour nous rendre dignes de lui. Vérités à croire, préceptes à accomplir, actes solennels à faire : c'est là toute la religion. Elle se résume dans ces trois choses, qui dans le langage sacré s'appellent : le dogme, la morale, le culte.

L'excellence de la religion, comme celle de toutes les autres sciences, se déduit de son objet. L'astronomie, qui a pour objet le soleil et les astres, passe avant la plupart des autres sciences, parce que ces grands corps lumineux sont rangés avec raison parmi les plus belles choses de la création. Mais la religion s'occupant du soleil spirituel et éternel qui illumine les âmes, c'est-à-dire de Dieu, doit donc prétendre à la première place parmi les sciences. Elle est si belle qu'elle arrache, même à ses ennemis, ce cri d'admiration si souvent répété par Laharpe après sa conversion : O science de la religion ! que tu es belle ! Tu es belle comme le ciel d'où tu es descendue ; grande comme Dieu dont tu es émanée ; douce comme le cœur de Jésus-Christ qui t'a apportée à la terre.

La science de la religion est la source de tous les biens. Elle enrichit de la véritable fortune, qui est Dieu et le ciel ; elle rend heureux du seul vrai bonheur que peut goûter le cœur de l'homme, celui de la vertu ; elle répand dans l'âme une source inépuisable de pures jouissances ; seule elle est le baume qui cicatrise les plaies du cœur. Il y a tant de douleurs dans la vie ! et dans les peines les plus cruelles, cen'est pas sur les hommes qu'il faut compter pour être consolé, car leurs paroles sont vides et bien impuissantes. C'est la religion qui, dans le cours de notre existence, nous préserve à chaque instant de nombreux dangers. Elle tient en garde les jeunes intelligences contre les fausses maximes du monde; elle nous prémunit contre l'entraînement des passions; elle nous fortifie dans les tentations et nous arrête dans la voie du mal. Si l'on voit tant de désastres dans le monde, c'est parce qu'un grand nombre de jeunes gens perdent de vue cette science céleste; ils ne l'aiment pas parce qu'ils l'ignorent, ils ne la pratiquent plus et attaquent par leurs discours les vérités divines.

Ce qui démontre d'une manière plus évidente encore l'importance de la religion, c'est sa nécessité.

Toutes ces belles et magnifiques sciences qui sont autant de splendides horizons ouverts à l'ambition de l'esprit humain ne sont pas le domaine de tous. Elles ne peuvent être que le partage des rares privilégiés de l'intelligence et de la fortune. Il n'en est pas de même de la science de la religion; elle seule est nécessaire, indispensable. Nous devons tous connaître Dieu, ses grandeurs, ses perfections et Jésus-Christ notre Sauveur; or tel est l'objet de la religion. Nous devons tous nous efforcer de mériter le ciel et de fuir l'enfer; c'est le but qu'elle se propose en nous enseignant les commandements de Dieu et en nous inspirant une vive horreur du péché. Elle est l'aliment de notre âme ; et comme la fleur dont le tendre calice semble soupirer après les eaux du ciel, ainsi l'âme, dans notre jeunesse surtout, a besoin de Dieu et de sa loi d'amour. Tout le monde, il est vrai, ne peut avoir de la religion une connaissance également approfondie. Mais il est des points tellement essentiels qu'on ne doit pas les ignorer.

De ce que nous venons de dire de la nature, de l'excellence, des avantages et de la nécessité de la science de la religion, il faut en conclure d'abord que le jeune chrétien doit désirer beaucoup la posséder : « Je ne connais rien devant Dieu, s'écrie saint Grégoire de Nazianze, de plus grand ni de plus digne de louange qu'un jeune cœur instruit et perfectionné dans les maximes de la vérité, dans la religion. » Si le jeune homme, au contraire, dit qu'il ne sait ni d'où il vient, ni où il va, et que, dans cette ignorance terrible, il veut vivre sans inquiétude jusqu'au moment où tout finira pour lui, il renonce à sa dignité d'homme : « Il n'appartient qu'à une âme basse et lâche de négliger le soin de s'instruire sur des sujets aussi importants que la vie future et l'immortalité de l'âme[1]. »

La seconde conclusion à tirer, c'est qu'on doit avant tout étudier cette science, car on ne peut l'acquérir que par le travail et l'étude. Dieu, il

---

1. Platon.

est vrai, peut se manifester tout d'un coup à l'homme, comme il se révéla autrefois à saint Paul, mais l'illumination subite des grandes vérités de la religion répandue quelquefois dans certains esprits est une exception qui confirme la règle.

II. Comment il faut étudier la science de la religion et à quelles sources il faut aller la puiser.

La première condition indispensable pour une étude quelconque, et à plus forte raison quand il s'agit du plus élevé des enseignements, c'est l'attention, attention sérieuse, profonde et qui doit surpasser toutes les autres parce que la religion est ce qu'on peut supposer de plus vénérable, et comme on vient de le voir de plus important.

Un assez grand nombre de ceux qui ne négligent pas entièrement cette étude, n'y apportent qu'un esprit paresseux et distrait. Ce n'est pas avec cette légèreté coupable qu'ils étudient les sciences humaines; aussi n'acquièrent-ils jamais qu'une connaissance superficielle de ce qu'il leur importe le plus de savoir.

Il faut de plus l'affection et l'amour. On ne fait bien que ce qu'on aime à faire: si le vieillard, pour se livrer avec succès aux travaux qu'il entreprend, a besoin de s'y affectionner, comment le jeune homme, encore étranger à la grande loi du devoir, pourra-t-il étudier utilement une science qui ne lui inspire souvent que du dégoût? A cet âge un seul mobile entraîne; c'est l'attrait qu'on a pour une chose, c'est le plaisir qu'on éprouve à la faire. Quand on aime une étude, on s'y livre avec joie et bonheur. Le travail coûte peu, et on y trouve tant de charme que l'interrompre est souvent un chagrin. Ce noble sentiment doit être celui de l'adolescent pour la science de la religion. Il faut y joindre la reconnaissance. Quelle ne sera pas celle du jeune chrétien qui, à Paris surtout, est comme inondé des célestes lumières, s'il pense à ce nombre incalculable d'enfants qui meurent et vivent parmi les infidèles sans jamais entendre parler de Jésus-Christ!

La dernière disposition demandée aux jeunes gens qui veulent se livrer avec fruit à l'étude de la religion, c'est le zèle et la persévérance; le zèle qui secoue cette léthargie dans laquelle tombent la plupart des hommes dès qu'il s'agit de leurs destinées éternelles, et la persévérance qui les empêchera de se rebuter des difficultés qui viendront à naître sous leurs pas.

Mais où faut-il étudier la religion? C'est dans le petit livre qui porte le nom de catéchisme qu'on s'initie aux mots ou à la lettre de cette science. On appelle catéchisme tout livre qui renferme un exposé précis et substantiel de la foi. Comme l'ensemble de la religion renferme les vérités que nous devons croire, les devoirs que nous devons pratiquer, les moyens que Dieu a établis pour nous sanctifier, un catéchisme doit aussi renfermer ces trois grandes divisions. Ce sont celles qui partagent le Catéchisme de Paris. La première est indiquée sous le nom de *Dogme*, c'est le développement du symbole; la deuxième, sous celui de *Morale*, explique le décalogue. La prière et les sacrements forment la troisième.

Il y a aussi d'autres livres par la lecture desquels les enfants peuvent perfectionner l'explication de la lettre du catéchisme reçue dans les instructions de la paroisse.

Les principaux sont :

Le Catéchisme du Concile de Trente, publié par l'ordre de saint Pie V.

La Doctrine chrétienne, par Lhomond.

Le Catéchisme de Montpellier.

Cours d'instruction religieuse, par le directeur des catéchismes de Saint-Sulpice, 3 vol.

La Théologie du catéchiste, par M. l'abbé Le Clercq, de la société de Saint-Sulpice.

Catéchisme de persévérance, par M. l'abbé Gaume, 8 vol.

Études sur le christianisme, par M. Nicolas.

Le Catéchisme de persévérance, par M. l'abbé Bouvier.

Le Catéchisme de Rhodez, par M. l'abbé Noël, 6 vol.

Explication du catéchisme, par M. l'abbé Guillois, 4 vol.

PREMIÈRE PARTIE.

DES VÉRITÉS QUE NOUS DEVONS CROIRE OU DU SYMBOLE DES APOTRES.

Dieu est la lumière de l'âme humaine. « Celui qui le connaît se sent pénétré des plus vives clartés, et adore bientôt le grand mystère de la vérité[1]. » Il faut donc avant tout connaître Dieu qui gouverne toutes choses par sa sagesse, et ensuite croire à celui qu'il nous a envoyé comme son ambassadeur, et dont les divines leçons nous ont enseigné toutes les vérités qu'il nous importe tant de ne pas ignorer. Or, c'est dans le symbole que sont renfermés les principaux dogmes de la religion chrétienne : l'existence de Dieu, sa puissance, sa bonté, la Trinité, l'Incarnation, la Passion de Jésus-Christ, sa mort, sa résurrection, l'établissement de l'Église, la rémission des péchés, la vie éternelle. Le symbole, tel sera donc le premier objet de nos leçons.

[1]. Lactance, *Liv. de la Colère de Dieu*, ch. I et II.

LEÇON I.

DU SYMBOLE DES APOTRES ET DU SIGNE DE LA CROIX QUI EN EST L'ABRÉGÉ.

I. Symbole des Apôtres.

Ce mot symbole est tiré du grec et signifie : 1° un abrégé, un résumé, 2° un signe distinctif auquel on reconnaît les soldats d'une armée.

Ces deux significations conviennent aux diverses formules de foi en usage dans l'Église; car elles sont un abrégé de tout ce que Dieu nous a révélé et le signe distinctif du chrétien; elles le distinguent des juifs, des infidèles, des idolâtres, des hérétiques qui, tout en conservant le symbole, veulent introduire des nouveautés dans la foi, des variations dans la doctrine de Jésus-Christ, et ne le récitent pas selon le vrai sens de l'Église.

Il y a trois symboles : le symbole des Apôtres, celui de Nicée ou de Constantinople et celui de saint Athanase.

Le premier est appelé symbole des Apôtres, parce que les apôtres en furent les auteurs et qu'ils l'ont composé avant leur séparation, afin d'établir entre eux un accord parfait et d'amener les hommes à l'unité de la foi. Les preuves, qui établissent son authenticité de la manière la plus irréfragable, sont le nom de symbole des Apôtres qu'il a toujours porté et la tradition constante de toutes les Églises.

Saint Clément dit dans sa première épitre : Les divins prédicateurs de la foi, avant de se partager le monde pour y annoncer partout l'Évangile, composèrent le symbole, afin de former entre eux et parmi leurs disciples une parfaite uniformité de doctrines et d'expressions, et qu'ainsi tout le monde n'eût qu'un même langage, comme il ne devait avoir qu'une même foi.

Telle est l'attestation de saint Irénée qui avait eu des entretiens avec les premiers disciples des apôtres, de Tertullien, de saint Ambroise, de saint Jérôme, de saint Augustin. Le pape saint Léon dit que, dans les douze articles du symbole, les apôtres renfermèrent tous les moyens nécessaires pour combattre l'erreur et en firent comme un arsenal sacré où les fidèles purent prendre les armes pour se défendre contre les hérétiques. Ce premier symbole est donc vraiment l'œuvre des apôtres ou plutôt du Saint-Esprit dont ils étaient les organes.

Le second s'appelle symbole de Nicée parce qu'il fut composé par le premier concile général tenu à Nicée, ou symbole de Constantinople, parce que dans le deuxième concile général qui est le premier tenu à Constantinople, le symbole de Nicée fut plus amplement expliqué et développé. C'est celui que l'on récite ou que l'on chante à la messe.

Le troisième, qui porte le nom de saint Athanase parce qu'il fut composé par ce saint docteur, est une exposition de la foi que ce saint professa et défendit avec une constance invincible. On y trouve exposés d'une manière plus étendue, les deux grands mystères de la sainte Trinité et de l'Incarnation. On le récite le dimanche à l'office de prime. La doctrine de ces deux symboles n'est pas différente de celle du premier. C'est la même que l'Église a expliquée plus amplement afin de conserver, dans toute sa pureté, la foi que les apôtres eux-mêmes avaient transmise à leurs successeurs.

Comme les parties dont un ouvrage est formé s'appellent *articles*, on donne ce nom aux courtes sentences qui forment le symbole. On en distingue douze dans le symbole des Apôtres [1]. « Ils ne lui ont donné si peu d'étendue, dit saint Augustin, qu'afin qu'il pût éclairer l'esprit, sans charger la mémoire, et que tous, hommes et femmes, savants et ignorants, grands et petits, pussent facilement apprendre ce qu'ils devaient croire [2]. »

Rien, si ce n'est l'Écriture, n'égale la vénéra-

---

[1] Quelques auteurs ecclésiastiques pensent que chacun des apôtres fit son article, mais il n'y a rien de certain sur ce point.

[2] Serm. 119.

tion dont le symbole a été l'objet, dans les siècles chrétiens. Il est, disent les Pères [1], comme l'étendard qui réunit l'armée des fidèles : c'est le signal qui doit nous rassembler au même point de créance : c'est un sceau vénérable que nous portons sur nos cœurs, et qui nous caractérise et nous distingue. Nous devons donc tous les jours le réciter dès que l'aube blanchit dans le ciel, et nous en revêtir comme d'une armure défensive contre les ennemis de notre foi. Jamais un soldat ne doit marcher au combat, ni même rester sous sa tente, sans avoir dans le cœur et devant les yeux le signal et le serment militaire faits pour diriger ses pas. Nous sommes les soldats de Jésus-Christ, nous avons incessamment à combattre pour la vérité et la vertu. Notre symbole est notre étendard, notre signe de ralliement, notre armure; portons-le donc avec nous dans toutes les batailles; récitons-le toujours avec foi et dévotion, à la maison, aux champs, au travail, en voyage, dans la paix du cloître, dans le bruit du monde, dans nos chagrins, nos tribulations, nos tentations, nos succès, notre allégresse, au milieu des biens et des maux qui nous arrivent; que les sentiments de foi, d'espérance, de crainte, d'amour qu'il nous rappelle nous dirigent dans toutes nos actions, nos agitations, nos délices; employons cette armure céleste, le

1. Saint Ambroise, saint Augustin.

jour comme la nuit, pour combattre, pour vaincre, pour terrasser à droite et à gauche le démon, les passions et les ennemis qui nous attaquent de toutes parts.

II. Du signe de la croix.

Il y a un abrégé de la doctrine chrétienne, plus court que le symbole, c'est le signe de la croix. Il nous rappelle, en effet, les principaux mystères de la religion : la Trinité, l'Incarnation et la Rédemption ; il énonce trois personnes divines en un seul Dieu ; il manifeste notre foi au mystère de la Rédemption ou de la croix, figurée et tracée sur notre corps ; il exprime par là même le mystère du Verbe incarné, puisque, s'il ne s'était pas fait chair, il n'aurait pas pu mourir pour nous sur la croix. Il nous apprend donc en même temps que la grande lumière de la Trinité, — ce qu'il y a de plus profond en Dieu, — s'est révélée à nous par la foi ; que nous avons pour frère le Fils même de Dieu revêtu de notre chair ; que nous sommes d'un prix infini, puisqu'un Dieu a été notre rédempteur et notre rançon.

Le signe de la croix, comme le symbole, remonte aux temps apostoliques. Les disciples de Jésus-Christ avaient constamment présent à la pensée le souvenir de sa mort sur la croix, et ils aimaient à en retracer sur eux l'image. De plus, ils nous enseignèrent à faire un signe au commencement et à la fin de toutes les prières pour protester que c'est par les mérites de Jésus-Christ que nous avons l'espérance d'être exaucés.

Les premiers fidèles furent si fidèles à ces recommandations que rien ne devint plus fréquent parmi eux que le signe de la croix. « Avant toutes nos actions, dit Tertullien, lorsque nous entrons ou sortons, lorsque nous prenons nos habits, que nous allons au bain, à table, au lit, que nous prenons une chaise ou une lumière, nous formons la croix sur notre front. »

Puisque le signe de la croix est si vénérable, nous devons le faire souvent, mais surtout au commencement et à la fin de toutes nos prières, quand nous nous levons le matin, et le soir quand nous nous couchons, quand nous commençons une action importante, quand nous courons quelque danger, quand nous nous sentons exposés à la tentation d'offenser Dieu.

Il est impossible de faire dévotement le signe de la croix sans se sentir plus fort contre la tentation ; n'est-il pas un acte de foi, de confiance en celui qui est mort pour nous, et de reconnaissance pour tant d'amour? Tous les Pères nous disent, et de nombreux exemples viennent à l'appui, qu'il met les démons en fuite, visibles ou invisibles. Saint Benoît fait le signe de la croix sur un verre dans lequel on avait mêlé du poison avec le vin qu'il devait boire; aussitôt le verre se brise et le saint échappe à la mort. Julien l'Apostat se trouvant environné d'une troupe de démons qu'il avait évoqués, s'effraye, fait le signe de la croix et ils disparaissent. Si cette arme sacrée fut assez puissante dans les mains d'un apostat pour mettre en fuite les esprits de ténèbres, elle le sera à plus forte raison dans celles d'un chrétien fidèle.

LEÇON II.

PREMIER ARTICLE DU SYMBOLE.

Je crois en Dieu le Père tout-puissant,
créateur du ciel et de la terre.

DE L'EXISTENCE DE DIEU.

Dieu existe; il s'est manifesté au premier homme, il s'est nommé à lui; et voilà pourquoi ce grand nom de Dieu a été répété de génération en génération et se trouve dans la langue de tous les peuples. Plus tard Dieu a révélé à Moïse dans le désert l'essence de son être : « Je suis celui qui suis. » Il a parlé encore aux patriarches et aux prophètes. Enfin, il a parlé par Jésus-Christ, son Fils, et il parle encore tous les jours à la raison de l'homme par ses œuvres merveilleuses, la voix unanime du genre humain et le témoignage de la conscience.

I. L'existence de Dieu prouvée par les œuvres de la création.

Il y a dans le monde une multitude et une variété immense d'objets dont l'existence et l'ordre admirable rendent à l'existence de Dieu le plus magnifique témoignage.

Ces montagnes, ces vallées, ces fontaines, ces déserts, ces astres qui étincellent au-dessus de de nos têtes, ces plantes, ces animaux, ces hommes comment existent-ils? Ils n'ont pu se former eux-mêmes, car pour créer il faut être; donc de toute nécessité il faut remonter à un être suprême, de qui tout ce que nous voyons tire l'existence et qui ne la tient lui-même de personne. La plante suppose la graine qui l'a produite, comme l'oiseau l'œuf d'où il est sorti. Ils n'existent pas nécessairement, car l'être nécessaire est l'être dont l'existence est tellement indispensable qu'on ne peut sans contradiction le supposer non existant. Or, tels ne sont pas les êtres spirituels et corporels qui existent dans le monde. Si l'âme avait en elle le principe de son existence, elle aurait quelque idée d'une si admirable perfection, tandis qu'elle peut supposer sans répugnance son retour au néant. De plus, l'être nécessaire ne doit être soumis à personne; et cependant quelle n'est point la dépendance de l'âme! Tous les jours, en effet, elle reçoit contre son gré ou à son insu d'innombrables impressions du dehors. Il faut donc que l'âme humaine n'existant pas par elle-même ait été créée par un autre.

La matière n'est pas davantage l'être nécessaire, car ses éléments, quelle que soit leur nature, sont sujets à de perpétuels changements. Ils forment des corps soumis à de constantes vicissitudes; mais ces vicissitudes ne provenant pas d'un mouvement qui leur soit essentiel, ils doivent les recevoir du dehors ; et cependant l'être existant par lui-même est tout à fait indépendant et ne peut recevoir aucune modification d'une cause extérieure.

L'intervention de cette cause est également prouvée par l'ordre admirable qui reluit dans la création. On voit dans le monde des êtres innombrables qui, quoique différents les uns des autres par la nature ou les proportions, s'harmonisent tellement que chacun d'eux peut être considéré comme un autre auquel tous les autres aboutissent. « Oui, dit Frayssinous, dans la nature tout s'enchaîne ; c'est une machine immense dans laquelle l'ordre éclate d'autant plus que chaque rouage a sa destination par rapport à l'ensemble. Prenez l'homme en particulier. Dans mon être particulier que suis-je ? Je suis un atôme par rapport à la terre. La terre n'est qu'un atôme par rapport au monde planétaire dont elle fait partie, et ce même monde qu'est-il, par rapport à la vaste étendue des cieux étoilés ? N'est-il pas comme un point dans l'immensité des espaces ? Quelle n'est donc point notre petitesse, et par la partie périssable de nous-mêmes combien nous sommes voisins du néant ! Cependant notre existence a des liaisons et des rapports avec toute la nature. La terre, les mers, l'air, le soleil, tout concourt à notre conservation; le pain qui nous nourrit vient de ce grain confié à la terre. La terre est fécondée par les pluies qui l'arrosent, ces pluies tombent des régions de l'air; l'air soutient les vapeurs qui les produisent, ces vapeurs s'élèvent de la surface des mers et des fleuves; cette évaporation suppose l'action de la chaleur et du soleil, voilà comme tout est d'accord pour fournir à ma subsistance. Je ne suis qu'un point à peine aperçu dans le tout et je deviens un centre où tout doit aboutir. Ce que j'ai dit de l'homme, je le dirai de ces animalcules qui échappent à l'œil.

« Ainsi tout se lie, depuis l'infiniment petit jusqu'à l'infiniment grand, et le ver qui rampe sur la terre tient à la constellation qui brille au plus haut des cieux. »

Que de belles choses il y aurait maintenant à dire de la proportion et de l'harmonie des parties de chaque être.

Qui pourrait assez admirer, par exemple, l'art suprême qui brille dans les plantes? Ne pouvant subsister sans aspirer sans cesse l'air et les sucs de la terre, elles ont été douées par la nature d'une multitude de tubes et de canaux, dont les uns doivent extraire la substance du sol pour la porter à l'instar des veines dans toutes les parties de la plante et les autres sont destinés à recevoir l'air, à établir une espèce de respiration. Si du règne végétal nous montons au règne animal, des indices encore plus remarquables d'ordre frappent les yeux des plus attentifs. Le premier être qui se présente à nous est l'homme composé de deux substances qui, quoique bien différentes l'une de l'autre, sont néanmoins étroitement unies et concourent avec un merveilleux accord à l'accomplissement des mêmes fonctions. Pour ne rien dire maintenant de l'âme, qu'y a-t-il de plus parfait que le corps de l'homme? Que peut-on imaginer de plus sage que la disposition et le rapport des membres à la fin qu'ils doivent obtenir ?

Mais ce qu'il y a de non moins étonnant, cet ordre est constant et stable, et depuis six mille ans il n'a subi aucune altération. Les corps immenses, qui roulent sur nos têtes, sont si constants dans leur mobilité que leurs changements peuvent être prédits longtemps à l'avance. La lune subit les mêmes conversions ; le soleil à des époques fixes récrée par sa chaleur et éclaire de sa lumière les plages des deux hémisphères ; les quatre temps de l'année, qui règlent dans un ordre certain l'alternative des jours et des nuits, présentent aussi alternativement les vicissitudes du travail et du repos. La terre, nourrice de tous les hommes, n'est point fatiguée dans la reproduction des fruits nécessaires à la conservation de la vie, et après tant de siècles sa fécondité ne saurait s'épuiser.

Cet ordre admirable qu'il faut reconnaître

dans la nature n'est pas l'effet du hasard, mais l'œuvre d'une cause intelligente. Ne sont-ils pas doués d'intelligence et de raison, ces hommes dont la société fait le charme de notre vie? Eh bien, il est encore moins permis de douter de l'intelligence qui a ainsi ordonné l'univers. Je n'aperçois pas l'esprit des autres hommes; leur corps et leur organe seuls m'affectent, j'entends leurs voix, je contemple leurs actes, et j'affirme ensuite en toute sécurité qu'en eux réside une intelligence qui produit ces effets. Y a-t-il dans les œuvres de la nature des signes d'intelligence moindres que dans les œuvres des hommes? « Il s'ensuit, dit Diderot, que l'univers, que dis-je l'univers! que l'aile d'un papillon m'offrant des traces mille fois plus distinctes d'une intelligence, que vous n'avez d'indices que votre semblable est doué de la faculté de penser, il serait mille fois plus fou de nier qu'il existe un Dieu que de nier que votre semblable pense. »

II. L'existence de Dieu prouvée par le consentement unanime des peuples.

« Il est facile, dit Platon, de prouver cette vérité, qu'il y a des dieux; elle repose sur le consentement unanime des Grecs et des Barbares. »

« Vous croirez à l'existence de Dieu, dit Sénèque, parce que c'est la foi du monde entier et qu'il n'est pas de nation assez dépourvue de lois et de mœurs pour n'admettre aucune divinité. »

« Si vous voyagez, dit Plutarque, vous trouverez des villes sans murailles, sans lettres, sans lois et sans richesses, mais personne n'a jamais vu de cité sans temple et sans divinité. »

« Il n'y a pas de nations, dit Cicéron, tellement barbares et féroces, qu'elles ne croient à l'existence de Dieu, quoiqu'elles ne connaissent pas le véritable. »

Si vous parcourez les diverses parties de l'univers, partout vous rencontrerez des ruines de temples, des statues de dieux, bien antérieures à ces écrivains et même à la plupart des histoires. On dirait qu'elles ne sont restées debout que pour attester l'universalité de cette croyance, universalité reconnue par les athées eux-mêmes comme Lucrèce et Lucien.

Même unanimité chez les modernes. Les nations récemment découvertes, l'Amérique et les autres pays avaient conservé, au milieu de leur barbarie native, quelques notions de l'Être suprême et de son culte.

Ce consentement ne peut provenir d'aucune source d'erreur, car, 1° le dogme de l'existence de Dieu est opposé aux passions; les hommes se sont toujours représenté la divinité comme un juste juge, vengeur de tous les crimes. 2° Il ne saurait être l'effet des illusions des sens ou de l'imagination, car Dieu, n'ayant rien de sensible, ne peut être appréhendé que par la seule raison. Les sens et l'imagination peuvent, il est vrai, altérer l'idée de Dieu, mais jamais la produire. 3° Il est d'une grande importance pratique et non purement spéculative. Qu'y a-t-il, en effet, qui nous intéresse davantage que de savoir s'il existe un Dieu créateur, maître souverain et juge rigoureux de nos bonnes et mauvaises actions?

Comment donc expliquer cet accord unanime si on n'en cherche l'origine dans une révélation primitive faite par Dieu à l'humanité ou dans la nature de l'homme?

III. L'existence de Dieu prouvée par le témoignage de la conscience.

Tout homme a la conscience intime de la notion de Dieu gravée au fond de son âme. Cette notion est tellement conforme à notre nature, elle y trouve si nécessairement place, qu'il est difficile de s'en dépouiller complétement. Non, ce penchant qui, prévenant toute réflexion, me porte à croire en Dieu, à l'adorer, à le prier, ne peut me tromper, autrement il faudrait dire que notre nature tout entière est menteuse, ce qui conduirait au doute universel.

Outre cette notion de Dieu, il y en a une autre non moins profondément enracinée dans l'âme, c'est la différence entre le bien et le mal ou l'existence de la loi morale. Les hommes les plus pervers eux-mêmes ne peuvent la bannir de leur conscience, quoiqu'ils paraissent l'oublier dans la pratique. Mais cette loi implique l'idée d'un législateur obligeant les hommes à faire le bien et à éviter le mal, et ce législateur ne peut être que Dieu ; lui seul explique l'idée de la loi morale. Cette loi, quand elle est violée, se dresse comme un spectre dans l'âme coupable et la jette dans de sombres épouvantes. D'où peuvent donc provenir ces remords si ce n'est de Dieu? Ils ne viennent certainement pas de l'âme, car si elle les produisait librement, elle ne les éprouverait pas malgré elle, et si elle les produisait nécessairement, elle en souffrirait toujours.

LEÇON III.

SUITE DU PREMIER ARTICLE DU SYMBOLE.

DES PERFECTIONS DE DIEU.

Dieu existe, nous le connaissons par ses œuvres, par l'ordre du monde et par la lumière qu'il a mise en nous; mais entre lui et l'homme il y a l'infini, et son excellence est telle que nos pensées n'y peuvent atteindre. Bornons donc notre vaine curiosité, et contentons-nous de méditer avec un profond respect ce qu'il a plu à Dieu de nous révéler sur sa nature et ses adorables perfections.

Je suis celui qui suis, a dit le Seigneur, car c'est ainsi qu'il se définit lui-même. Celui qui est, voilà son nom, c'est-à-dire qu'il existe par la nécessité de sa nature, et qu'il ne peut ne pas exister. Rien de tout ce que nous voyons n'a pu lui donner l'être, et il a donné l'être à tout, et tout n'existe que par lui. De cette idée se déduisent tous ses attributs, car, étant l'être nécessaire, il doit posséder tout ce qui exclut le néant. Voilà pourquoi nous disons que Dieu est un pur esprit, éternel, infiniment parfait, créateur du ciel et de la terre et souverain Seigneur de toutes choses.

LEÇON III.

I. Dieu est un pur esprit.

C'est une pure intelligence, il n'a ni corps, ni figure, ni couleurs. Dieu ne ressemble à rien de tout ce qui nous environne et qui frappe nos sens. Tout ce que nous voyons, tout ce que nous touchons est matériel, et un être infiniment parfait n'est point matériel. Il n'y a que notre âme qui ait quelque ressemblance avec Dieu, qui puisse nous en faire concevoir une juste idée. Comme Dieu elle est une intelligence, mais entre l'intelligence souveraine qui est Dieu, et une intelligence créée telle qu'est la nôtre, il y a une distance infinie. Les connaissances de notre âme sont bornées et imparfaites, celles de Dieu embrassent toutes choses. Ses pensées sont aussi élevées au-dessus de nos pensées que le ciel est élevé au-dessus de la terre.

II. Dieu est éternel.

Il n'a pas eu de commencement, et il n'aura point de fin. Il existe nécessairement; jamais il n'a pu ne pas exister, et il possède tout son être à la fois, sans succession. Il n'y a pour lui ni passé, ni avenir, tout est présent; son éternité est indivisible. Ce grand mot effraye notre imagination, car elle a beau vouloir remonter des millions et des millions de siècles pour arriver au commencement ou à la fin, elle n'avance jamais d'un pas, puisque Dieu existait avant tout ce temps, et qu'il existera encore par delà tous les siècles et toujours. Gloire donc à ce roi immortel; et, au lieu de chercher les biens frivoles de ce monde, attachons-nous à Dieu qui est la source unique et impérissable de tout bien.

III. Dieu est infiniment parfait.

Il possède toutes les perfections dans un degré infini. Il est un, infini, indépendant, éternel, immuable, tout-puissant, présent en tout lieu ; il possède toute science, toute sagesse, toute bonté, toute beauté, toute miséricorde, toute justice et toute sainteté.

Dieu est un. Il ne peut y avoir plusieurs dieux, parce que Dieu est un esprit infiniment parfait, et qu'il ne peut pas y avoir deux êtres infiniment parfaits, puisque les perfections de l'un manqueraient à l'autre.

Dieu est infini : son essence et ses attributs n'ont point de limites, et aucune intelligence créée ne peut le comprendre parfaitement, parce que le fini ne peut pas renfermer en soi l'infini. Les anges eux-mêmes sont éblouis et comme anéantis sous le poids de sa gloire.

Dieu est indépendant. Il a l'être par lui-même et tous les autres êtres reçoivent de lui leur existence et leur conservation.

Dieu est immuable : immuable dans sa manière d'être, puisqu'il n'y a rien qui puisse influer sur son existence, il est nécessairement tout ce qu'il est, toujours parfait, toujours infini, toujours Dieu; immuable dans ses connaissances, il sait de toute éternité ce qui a été, ce qui est, ce qui sera; immuable dans ses volontés: de toute éternité, il a voulu ce qu'il veut, ce qu'il fait et ce qu'il fera dans la suite des siècles. Personne ne peut s'opposer à ses desseins, et il ne saurait avoir de raison d'en changer.

Dieu est tout-puissant. Il fait tout ce qu'il veut, tout ce qui est conforme à l'ordre éternel, à la vérité, à la sainteté. Faire ce qui est opposé à l'ordre, à la vérité, à la sainteté, n'est pas l'effet de la puissance, mais de la faiblesse.

Dieu est immense. Il est en tout lieu par essence, par présence et par sa providence. Par essence, il se trouve partout. « Si je monte au ciel, ô mon Dieu, dit le roi prophète, vous y êtes; si je descends aux enfers, je vous y trouve; si je vais par delà les mers, je vous y rencontre. » Notre âme n'est jamais seule, l'essence divine est toujours avec elle. Par présence, il est témoin de tout; pour lui, il n'est point de ténèbres. Si nous prions, il nous voit, il nous entend; dans les tentations, il est présent à nos combats, il est là pour nous soutenir; il voit toutes nos bonnes œuvres, il les écrit dans sa mémoire pour en garder un souvenir éternel. Par sa Providence, il conserve tout, il préside à tout ce qui a lieu dans l'univers.

Dieu a une science infinie. Il connaît à fond son essence divine et toutes ses perfections infinies. Il se voit et se contemple sans interruption de toute éternité. Son bonheur essentiel provient de cette connaissance parfaite de lui-même. Il connaît aussi toutes les choses créées et possibles, comme il se connaît lui-même.

Dieu est infiniment sage. Le mot sagesse vient du mot latin *sapientia*, dont l'étymologie est, goûter les êtres. Par sa sagesse, non-seulement Dieu se connaît, mais il s'aime et fait régner un ordre parfait dans les perfections de son être. Relativement à nous, la sagesse seule a présidé à la création de l'univers; elle y a établi un ordre parfait; elle a donné à chaque créature sa fin propre, qui est la gloire de Dieu et le bonheur de l'homme.

Dieu est infiniment bon. On distingue deux sortes de bonté : sa bonté par laquelle il est sans défaut, sans imperfection, et ne peut vouloir ni faire le mal en aucune manière; sa bonté relative, c'est-à-dire celle qu'il exerce envers ses créatures. « Dieu, dit saint Thomas, est essentiellement porté à se communiquer, et cette communication est nécessaire et infinie entre les trois personnes divines. » Dieu le Père nous a aimés jusqu'à nous donner son Fils unique; le Fils s'est donné à nous dans l'Incarnation; le Saint-Esprit se communique à nous avec tous ses biens dans la Confirmation. Notre être même n'est qu'un effet de la bonté de Dieu. Tout ce qu'il a créé est pour nous : un oiseau, une fleur, le moindre objet qui nous sert, tout, dans l'ordre de la nature et dans celui de la grâce, nous montre l'immense bonté de notre Père céleste.

Dieu possède toute beauté. Elle consiste dans l'ensemble de toutes ses perfections infinies, dont la vue rassasie pleinement les bienheureux. Sainte Thérèse vit un jour la main de Jésus-Christ, puis une autre fois son visage adorable, puis enfin l'humanité sainte tout entière ; après cette faveur, toutes les choses créées ne lui parurent plus que des spectres dont la vue lui était fort désagréable. Que sera-ce donc que la beauté divine contemplée à découvert dans le ciel !

Dieu est infiniment saint. Il a une haine nécessaire, infinie, irréconciliable et efficace pour le péché. Les principales marques de cette haine sont la punition de la faute d'Adam et d'Ève, et la satisfaction que Dieu a exigée pour délivrer les hommes de leurs péchés, c'est-à-dire la mort de son Fils unique.

Dieu est la justice même. Il récompense les justes et punit les pécheurs dans cette vie ou dans l'autre. En cette vie, il punit spécialement ceux qui ne le craignent pas, qui vivent comme s'il ne connaissait pas leur conduite, ou qu'il n'eût pas le pouvoir de les punir, qui se servent de ses bienfaits pour l'offenser, qui s'obstinent dans le mal et qui s'en glorifient.

Dieu est miséricordieux. Il porte nos misères dans son cœur paternel, afin d'y remédier. La miséricorde et la justice sont en Dieu deux attributs corrélatifs qui s'exercent envers les hommes, sans que l'un nuise à l'autre. La justice récompense et punit selon les mérites de chacun, et la miséricorde semble avoir deux bras, se servant de l'un pour étendre la justice quand elle récompense les justes, et de l'autre pour l'arrêter ou la tempérer lorsqu'elle punit les coupables.

IV. Dieu est le créateur du ciel et de la terre.

Les hommes peuvent bien composer et décomposer la matière, l'unir et la séparer, la peser, la mesurer, la façonner de diverses manières, mais non la créer. L'industrie humaine n'a jamais pu faire l'objet le plus vil et le plus grossier, pas même un grain de sable, la moindre particule d'une substance quelconque ou le plus léger atome; il n'y a que l'Être existant par lui-même qui puisse créer.

V. Dieu prend soin de toutes les créatures, et ce soin s'appelle Providence.

Comme il a fallu une puissance et une sagesse infinies pour produire le monde, il faut aussi que cette même puissance et cette même sagesse le maintiennent et le conservent.

C'est lui qui dirige les astres dans leur course majestueuse, qui règle les vicissitudes des saisons. C'est lui qui fait luire le soleil, qui couvre le ciel de nuages, qui envoie la nuit et le jour, le froid et le chaud, qui prépare la pluie à la terre, qui produit sur les montagnes et dans les vallées l'herbe dont se nourrissent les animaux. Il donne la pâture aux lions qui rugissent après leur proie et aux petits oiseaux qui l'invoquent dès le matin par la mélodie de leurs chants. Or, si telle est la providence de Dieu à l'égard des moindres créatures, à combien plus forte raison doit-il veiller sur les hommes qu'il a faits à son image, qu'il a éclairés de sa divine lumière et qu'il appelle à son royaume!

Pour nous c'est un père, une mère, une nourrice. Il nous porte dans ses bras comme de petits enfants; il nous conduit par la main et il règle toutes choses pour notre plus grand avantage. Par un effet de cette divine providence, les maux temporels nous font obtenir les biens surnaturels; les tentations procurent la couronne à l'âme infidèle; les distractions, les passions servent à nous humilier et à nous rendre plus fervents; les maladies, à nous purifier et à nous détacher de la vie; les épreuves, les humiliations nous conduisent à la gloire. Tout ce qui arrive, c'est Dieu qui le veut. Exceptons cependant le péché, qui est le seul mal véritable et que Dieu déteste et condamne, parce qu'il est la sainteté même ; seulement il le permet en ce sens qu'il ne l'empêche pas, parce qu'il a fait l'homme libre, et qu'il veut lui donner par là le moyen de mériter lui-même son bonheur. Mais, en même temps qu'il laisse les hommes se livrer à leurs passions déréglées, il fait servir leurs iniquités à l'exécution de ses desseins, au bien de ses élus et à la manifestation de sa justice et de sa miséricorde.

LEÇON IV.

PREMIÈRE INSTRUCTION.
SUITE DU PREMIER ARTICLE DU SYMBOLE.

DES MYSTÈRES EN GÉNÉRAL.

I. Nature du mystère. Sa convenance avec la religion.

Il y a par rapport à l'homme dans l'ordre de la vie présente deux sortes de vérités : les unes que la raison peut démontrer par ses seules forces, ce sont les vérités naturelles; les autres qui surpassent tellement la raison qu'elle ne peut ni les découvrir par elle-même, ni en obtenir l'évidence : ce sont les mystères. Nous les croyons sur l'autorité divine qui les a révélés, mais sans en pénétrer la nature.

Il y a trois principaux mystères de la religion, qui sont : le mystère de la Sainte-Trinité, le mystère de l'Incarnation et le mystère de la Rédemption.

Loin d'être choqués de trouver des obscurités dans la religion, nous devrions l'être qu'elle en fût dépouillée. Quand il y a des mystères jusque dans les moindres œuvres du

Créateur, comment ne s'en trouverait-il pas dans ce qui a pour objet son essence, ses perfections infinies, ses opérations les plus élevées ? Faut-il s'étonner que l'homme, qui ne connaît ni les ressorts de son propre corps, dont il se sert à toute heure, ni les pensées de son esprit qu'il ne peut se développer à soi-même, ne puisse pas égaler et épuiser l'infini ? Il doit y avoir nécessairement des points incompréhensibles dans la religion d'un Dieu qui cesserait de l'être, s'il pouvait être compris, et voilà comment les mystères, loin d'être indignes de Dieu, ressortent :

1° *De son intelligence infinie.* — Si les savants ont une foule de connaissances qui restent étrangères et inaccessibles au commun des esprits, comment celui qui est la science et la lumière même ne connaîtrait-il pas des vérités au-dessus de l'esprit le plus pénétrant ?

2° *De sa sagesse.* — Le christianisme n'est pas seulement une loi sainte qui purifie le cœur, il est aussi une sagesse mystérieuse qui dompte l'esprit ; c'est un sacrifice continuel de tout soi-même, un hommage à la souveraine raison. En pratiquant sa morale, on renonce aux plaisirs pour l'amour de la beauté suprême. En croyant ses mystères, on immole ses idées par respect pour la vérité éternelle. Sans ce double sacrifice des pensées et des passions, l'holocauste est imparfait, notre victime est défectueuse ; c'est par là que l'homme tout entier disparaît et s'évanouit devant l'être des êtres.

3° *Du plan général de la Providence dans le gouvernement de ce monde.* — Jaloux de recevoir des hommages raisonnables et méritoires, Dieu a voulu que sa religion fût environnée à la fois de lumières et de ténèbres : plus obscure, nous pourrions être excusables de ne pas y croire ; plus lumineuse, nous ne croirions pas, mais nous verrions. Dans la religion comme dans la nature, Dieu est tout à la fois visible et caché. Il est visible par l'éclat extraordinaire dont il a environné la mission de Jésus-Christ et de ses apôtres, et c'est par là que notre foi est raisonnable ; il est caché par la nature impénétrable de la doctrine qu'il nous fait annoncer, et voilà ce qui fait le mérite de notre croyance.

II. De la foi aux mystères.

Il y a cette différence entre les mystères de la religion et ceux de la nature, que non-seulement nous ne concevons pas les premiers en eux-mêmes, mais que leur objet est invisible, tandis que ceux du monde physique frappent nos sens. Nous ne saurions les nier, quoique nous ne les comprenions pas. Mais Dieu a le droit d'imposer à notre raison la croyance des mystères de la foi, de nous les révéler par lui-même ou par ses envoyés, et il daigne nous fournir la preuve évidente de cette révélation divine.

Sur le témoignage de tous les hommes, un aveugle-né ne peut se dispenser de croire qu'il y a des couleurs, des tableaux, des perspectives, des miroirs ; s'il en doutait, il serait insensé : mais il lui est aussi impossible de concevoir tous ces phénomènes que de comprendre les mystères de la Sainte-Trinité et de l'Incarnation. C'est sans doute Dieu qui l'instruit par la voix unanime des autres hommes. Mais si par ce moyen il nous révèle des mystères, pourquoi ne peut-il pas nous en enseigner d'autres par une révélation surnaturelle ? et pourquoi ne sommes-nous pas obligés de croire ceux-ci pendant que nous sommes forcés d'admettre ceux-là ?

Que Dieu ait parlé à nos pères en diverses manières et à diverses époques, c'est un fait éclatant. La révélation chrétienne en particulier a été accompagnée de si grands prodiges, ses conséquences dans le monde ont été et sont encore si importantes que, si les preuves d'un pareil fait venaient à être renversées, toute certitude historique serait détruite.

C'est ainsi que la sagesse divine, qui ne prétend pas nous rendre raison de toutes choses, n'entend pas non plus que nous soumettions notre croyance sans raison, ni nous assujettir avec tyrannie. Si elle nous révèle des mystères, elle ne veut pas pour cela que notre foi soit aveugle; elle lui fournit des preuves qui motivent, qui justifient sa soumission.

En vain la raison humaine prétendrait accuser d'absurdité ce qu'elle n'atteint pas. Notre esprit n'est pas assez clairvoyant pour pénétrer l'essence des choses même naturelles, pour en saisir l'ensemble et les détails jusque dans leurs extrémités ; et voilà pourquoi la vérité nous paraît quelquefois d'une invraisemblance choquante. Mais lorsque dans les forêts l'homme contemple un arbre dont la cime cache la nue, doit-il pour cela nier l'existence du nuage? Un aveugle-né, qui n'a pas l'idée de la lumière et des couleurs, aurait donc raison d'en rejeter l'existence! Mettez-le devant un tableau, chef-d'œuvre de l'art, et dites-lui : « C'est une toile sur laquelle le peintre a représenté des personnages, en leur donnant du mouvement, de la vie, en mêlant les ombres et les reliefs. » Et aussitôt, pour reconnaître la vérité par lui-même, il palpera la toile. « Eh quoi! s'écriera-t-il, vous prétendez qu'il y a des parties en saillie, du mouvement, de la vie! En vain je cherche des figures et des personnages, je ne vois qu'une surface plane. » Vous avez beau lui représenter qu'il est privé d'un sens nécessaire pour découvrir ce qui est mystère pour lui, il s'obstinera toujours à répondre que ce sens ne peut être en désaccord avec sa raison. Tel est l'homme qui, avec son intelligence bornée, ne pouvant voir et comprendre les mystères, ne croit pas pouvoir les admettre. Mais Dieu, qui pénètre le fond des choses, découvre des harmonies là où ils ne croient voir que des oppositions.

III. Utilité des mystères.

A ces réflexions suggérées par le bon sens, l'incrédulité nous répond par la bouche de Jean-Jacques Rousseau : « Dieu n'est pas un Dieu de ténèbres ; pourquoi donc révélerait-il à l'homme des dogmes inintelligibles ? Négligez ces dogmes mystérieux qui ne sont pour nous que des mots sans idées. » Sans doute nous n'avons point d'idées complètes, ni parfaites de nos mystères. Mais nous les connaissons assez pour en parler distinctement et sensément, pour ne pas les confondre les uns avec les autres, pour voir où se trouve la saine doctrine, où se trouve l'erreur, et même pour en tirer des leçons de conduite très-utiles et très-touchantes. Ils servent, comme le mystère de la Trinité, par exemple, à nous faire comprendre que notre religion n'est pas l'ouvrage des hommes, puisque l'idée qu'elle nous donne de la divinité n'a jamais pu leur venir naturellement à l'esprit ; aucun d'eux n'est capable de former un système de croyance si bien lié, que l'on ne peut en lire un seul article sans renverser tous les autres, à moins de vouloir se contredire. Ils tendent presque tous à inspirer aux hommes l'amour et la reconnaissance dus au

Rédempteur du genre humain, à la victime sans tache qui s'est dévouée à la mort pour nous sauver. Ce caractère vénérable n'appartient qu'à la vraie religion. La crédulité des païens ne produisait d'effet que dans l'imagination, et l'indécente absurdité des fables ne pouvait que renverser tous les principes de la morale et corrompre les mœurs. La foi d'un chrétien n'agit que sur le cœur, elle rend sa piété un sentiment tendre et sublime; elle nous représente l'Être suprême sous les traits sacrés et chéris d'un père et d'un libérateur. Elle nous unit intimement à Dieu par le plus auguste des sacrements, qui fait de l'homme religieux le temple de la divinité.

LEÇON IV.

DEUXIÈME INSTRUCTION.

SUITE DU PREMIER ARTICLE DU SYMBOLE.

I. Qu'est-ce que le mystère de la Sainte-Trinité ?

Le mystère de la Sainte-Trinité est le mystère d'un seul Dieu en trois personnes distinctes.

On appelle personne un être intelligent, formant à lui seul un tout complet. Ainsi l'âme, prise séparément, n'est pas une personne, parce qu'elle ne forme qu'une partie seulement de la nature humaine. Mais chacun de nous est une personne, parce qu'il est composé d'un corps et d'une âme et qu'il ne lui manque rien de ce qui constitue l'espèce humaine. Par la même raison, il y a en Dieu trois personnes à qui appartient en commun la nature divine, qui forment chacune un tout complet, et à qui il ne manque rien pour agir par elles-mêmes et exécuter des opérations qui leur soient propres. La première est le Père; elle est ainsi nommée parce qu'elle engendre de toute éternité une personne semblable à elle-même, de la même substance, de la même nature, c'est-à-dire Dieu le Fils. La seconde s'appelle Fils, parce qu'elle est engendrée ou produite par le Père par voie d'entendement ou de connaissance; car le Père, contemplant éternellement ses infinies perfections en lui-même, comme dans un miroir infiniment pur, produit une image vivante et infiniment parfaite de lui-même qui est le Fils. La troisième est le Saint-Esprit. On la nomme *Esprit*, parce qu'elle procède du Père et du Fils par voie de volonté et d'amour, et *Saint*, parce que l'amour substantiel de Dieu, qui est Dieu lui-même, est essentiellement saint. Ces trois personnes sont égales en toutes choses et ne forment qu'un seul Dieu, parce qu'elles n'ont toutes les trois qu'une seule et même nature.

II. Preuves du dogme de la Trinité.

L'unité de nature et la trinité des personnes résultent : 1° de ces paroles du Sauveur à ses disciples quand il les envoya au milieu des nations : « Allez, baptisez-les au nom du Père et du Fils et du Saint-Esprit. » Les Pères de l'Église et les théologiens observent que Jésus-Christ a dit, *au nom*, sans se servir du pluriel, afin de marquer l'unité de la nature divine; qu'il a ajouté *du Père et du Fils et du Saint-Esprit* en répétant la conjonction, afin de faire sentir l'égalité parfaite de ces trois personnes distinctes.

2° De ces paroles de saint Jean : « Il y en a trois qui rendent témoignage dans le ciel, le Père, le Verbe et le Saint-Esprit, et ces trois sont une unité », *unum*; et de tous les passages que nous citerons pour prouver la divinité du Fils de Dieu et celle du Saint-Esprit.

La pratique constante de l'Église chrétienne, depuis les apôtres jusqu'à nous, atteste aussi évidemment que l'Écriture sainte, la vérité de sa croyance. Il est certain que dans les trois premiers siècles, à dater depuis les apôtres, le culte suprême, l'adoration prise en rigueur, a été rendue aux trois personnes de la Sainte-Trinité et à chacune en particulier; donc l'on a cru que chacune est véritablement Dieu.

Nous pourrions encore le prouver par les témoignages de saint Irénée, d'Athénagore, de saint Théophile d'Antioche. Quiconque fera un examen attentif et sérieux de leurs écrits y trouvera le même mystère que l'Église enseigne encore aujourd'hui.

Cette foi est d'ailleurs attestée par la forme du baptême: le 50ᵉ Canon des Apôtres ordonne de l'administrer par trois immersions, et avec les paroles de Jésus-Christ; c'était, selon les Pères, une tradition des apôtres et un rite établi pour marquer la distinction des trois personnes divines. Dans la suite on ajouta à la liturgie la doxologie; le Kyrie répété trois fois à l'honneur de chaque personne, et pour inculquer toujours la même vérité.

Loin d'être l'ouvrage d'un siècle nouveau, le mystère de la Trinité est donc marqué du sceau antique qui imprime une profonde beauté à tous les dogmes du christianisme.

Qu'il nous soit permis d'ajouter au témoignage de la révélation celui de l'âme humaine : « Si nous imposons silence à nos sens, dit le grand Bossuet, et que nous nous renfermions pour un peu de temps au fond de notre âme, c'est-à-dire dans cette partie où la vérité se fait entendre, nous y verrons quelque image de la Trinité que nous adorons. La pensée que nous sentons naître comme le germe de notre esprit, comme le fils de notre intelligence, nous donne quelque idée du Fils de Dieu conçu éternellement dans l'intelligence du Père céleste. C'est pourquoi ce Fils de Dieu prend le nom de Verbe, afin que nous entendions qu'il naît dans le sein du Père, non comme naissent les corps, mais comme naît dans notre âme cette parole intérieure que nous sentons quand nous contemplons la vérité.

« Mais la fécondité de notre esprit ne se termine pas à cette parole intérieure, à cette pensée intellectuelle, à cette image de la vérité qui se forme en nous. Nous aimons et cette parole intérieure, et l'esprit où elle naît, et, en l'aimant, nous sentons en nous quelque chose qui ne nous est pas moins précieux que notre esprit et notre pensée, qui est le fruit de l'un et de l'autre, qui les unit, qui l'unit à eux, et ne fait avec eux qu'une même vie.

« Ainsi autant qu'il peut se trouver de rapport

entre Dieu et l'homme; ainsi, dis-je, se produit en Dieu l'amour éternel qui sort du Père qui pense, et du Fils qui est sa pensée, pour faire avec lui et sa pensée une même nature également heureuse et parfaite[1]. »

Ce mystère, comme toutes les vérités de la religion, a été, malgré les preuves qui établissent son existence d'une manière invincible, l'objet de nombreuses attaques de la part des incrédules. Il suffit, pour les réfuter toutes, de recourir aux trois principes de solution posés par les théologiens. Il faut : 1° distinguer ce qui est contraire à la raison et ce qui est au-dessus de la raison : cela est opposé à la raison qui contredit une vérité certaine, ou qui entraîne une impossibilité manifeste; tandis que cela est au-dessus de la raison qui, quoique possible en soi et déjà réalisé, ne peut être découvert par les lumières de la raison ou dont la raison ne peut obtenir, alors même qu'elle en a connaissance, une intelligence parfaite. Tel est le mystère de la Trinité. Le 2me principe de solution consiste à repousser toute objection qui énoncerait un principe douteux ou qui mènerait à des conséquences contraires aux lois du raisonnement, telle que l'assertion suivante : Il y a contradiction dans le mystère d'un seul Dieu en trois personnes, parce dans cette hypothèse Pierre, Jacques, Paul ne feraient qu'un. Il fau-

---

[1]. Bossuet, *Hist. univ.* Sect. 1re, pag. 2.

drait pour donner quelque fondement à cette objection que les incrédules définissent la personne divine. Le chrétien en a bien une notion, mais il n'en découvre pas toutes les propriétés, parce qu'il ne connaît pas l'essence, ni le mode d'essence de la divinité. Le philosophe lui-même pourrait-il analyser toutes les propriétés du moi? 3° Enfin, dans toutes les choses qui tiennent à la foi, il faut commencer par s'assurer de leur existence et puis voir leurs rapports avec l'économie chrétienne, parce que les obscurités apparentes du détail s'harmonisent avec l'ensemble de la révélation.

III. Nos devoirs par rapport au mystère de la Sainte-Trinité.

La Trinité est un mystère sublime auquel l'esprit humain ne peut atteindre; mais Dieu l'a révélé et nous devons le croire sur l'autorité infaillible de sa parole. Rien n'est plus raisonnable que de soumettre sa raison à l'autorité de Dieu, dans les choses mêmes que nous ne comprenons pas. Quand il s'agit surtout de la nature de Dieu, tous les hommes ne sont sur la terre que comme des enfants. Ils parviendront un jour à la plénitude de l'âge parfait; alors les voiles se dissiperont, et ils verront clairement ce qu'ils ne pouvaient maintenant ni pénétrer, ni comprendre. Vouloir, en cette vie, sonder ce mystère, c'est une témérité, dit saint Augustin; le croire par la lumière de la foi, c'est le fruit de la piété; le reconnaître dans l'autre vie, c'est la souveraine félicité.

Honorons les trois personnes divines en faisant avec piété le signe de la croix, en récitant fréquemment l'antique doxologie : *Gloria Patri et Filio et Spiritui Sancto*. Invoquons-les avec confiance et témoignons leur souvent notre reconnaissance de ce qu'elles ont fait pour notre amour. C'est au nom du Père et du Fils et du Saint-Esprit que nous avons été baptisés, que nous avons reçu la confirmation. Au moment de notre mort, c'est au nom de la sainte Trinité que le prêtre chassera le démon notre ennemi. Alors il nous dira : « Partez de ce monde, âme chrétienne, au nom du Père qui vous a créée, au nom du Fils qui vous a rachetée, au nom du Saint-Esprit qui vous a sanctifiée. » Après notre dernier soupir, l'Église suppliera le Seigneur de ne pas entrer en jugement avec nous, parce que nous avons été marqués du sceau de la sainte Trinité.

LEÇON V.

PREMIÈRE INSTRUCTION.

SUITE DU PREMIER ARTICLE DU SYMBOLE.

DE LA CRÉATION.

Après avoir considéré dans le premier article du symbole l'unité de Dieu et la distinction des trois personnes divines, il est nécessaire que nous portions nos pensées sur l'œuvre de la création pour comprendre le sens et l'étendue de ces paroles : Je crois en Dieu, créateur du ciel et de la terre.

I. C'est Dieu qui a créé toutes choses.

Il y a quelques mille ans, rien n'était, excepté Dieu. Il n'y avait ni temps, ni lieu, ni matière; Dieu seul était dans lui-même et par lui-même. Mais, comme ce n'était pas assez pour sa bonté d'être réduit en quelque sorte à sa propre contemplation, et qu'il voulait répandre au dehors ce bien dont il était la source, il conçut de toute éternité la pensée de créer le monde.

L'Écriture sainte nous enseigne que Dieu a tout fait de rien. En effet, aucun être ne partage l'éternité avec Dieu : mais quoiqu'il n'eût besoin de rien, ce Dieu voulut créer l'homme, afin de se révéler à lui, et, avant de le créer lui-même, il tira du néant ce monde qui devait être comme le palais de sa créature favorite, car si un être incréé n'a besoin de rien, il savait qu'un être créé, au contraire, avait besoin d'une infinité de choses [1].

Mais pour créer toutes choses, Dieu n'a pas eu besoin, comme un ouvrier vulgaire, de trouver une matière préparée sur laquelle il travaillât. Quelle différence, en effet, y aurait-il entre l'homme et Dieu, si Dieu avait besoin aussi bien que l'homme d'un secours étranger? Or, dire qu'il ne peut rien faire, sans qu'un autre lui fournisse des matériaux, ce serait supposer qu'il en a besoin. S'il en était ainsi, sa personne serait imparfaite, et l'on pourrait concevoir alors une puissance supérieure à la sienne, ce serait celle qui aurait préparé la matière [2].

Il fit de rien le ciel et la terre, c'est-à-dire qu'il fit que ce qui n'était pas commençât à exister. Il agit sur le néant, le féconda, et fit une matière et des substances non encore existantes ; c'est ce que l'on appelle : créer.

Pour faire le monde et toutes les merveilles qu'il renferme, pour donner l'être à tant de créatures matérielles et immatérielles, visibles

1. S. Théophile à *Autolicus*.
2. Lactance, *Instit. divines*, liv. II.

et invisibles, pour tirer du néant ces millions d'astres suspendus dans l'espace et qui roulent majestueusement sur nos têtes, il n'a fallu à Dieu qu'un seul mot, un seul acte de sa volonté : « Il a dit et tout a été fait; il a commandé et tout a été créé. » Mais à qui Dieu parle-t-il pour la création du monde ? Dieu le Père communique avec la nature divine, ses idées, ses volontés à son Fils unique; c'est en lui et par lui, dans l'unité du Saint-Esprit, qu'il produit, perfectionne et conserve le monde, selon cette belle expression de l'Apôtre : « Il n'y a qu'un seul Dieu de qui toutes choses tirent leur être, et un seul Seigneur Jésus-Christ par qui toutes les choses sont [1]. »

II. Du principal dessein de Dieu dans la création.

C'est par pure bonté et non par besoin que Dieu a créé l'univers. Tout est à lui, mais il n'a pas besoin de tout ce qui est à lui, il lui suffit d'être, et il trouve en lui toutes choses. Il n'a pas besoin de nos louanges ; les louanges que nous lui donnons nous rendent heureux, mais ne contribuent pas à sa félicité. Ses œuvres le louent. Mais encore n'a-t-il pas besoin de la louange que lui donnent ses œuvres ; tout le loue imparfaitement, et nulle louange n'est digne de lui que celle qu'il se donne lui-même en jouissant de lui-même et de sa perfection.

1. Ire Épit. aux Corinth., VIII, 5, 6.

S'il n'avait rien fait, l'être manquerait aux choses qu'il n'aurait pas voulu faire, mais rien ne lui manquerait, parce qu'indépendamment de toutes choses, il est *Celui qui est*, et qui est tout ce qu'il faut être, pour être heureux et parfait.

Le dessein de Dieu dans la création est donc de se faire connaître d'abord comme le tout-puissant et très-libre créateur de toutes choses, qui sans être astreint à une autre loi qu'à celle de sa volonté, avait tout fait, sans besoins et sans contrainte, par sa seule et pure bonté. C'est pourquoi, lui qui pouvait tout, qui pouvait par un seul décret de sa volonté créer et arranger toutes choses, il a voulu néanmoins suspendre avec ordre l'efficace de son action, et faire en six jours ce qu'il pouvait faire en un instant.

Il crée premièrement la matière du monde entier, c'est-à-dire toutes les choses quant à la substance, mais informes, imparfaites et confuses, puis donne à chacune sa forme, sa perfection et ses ornements, comme fait un peintre qui jette d'abord une première esquisse sur sa toile et qui ensuite perfectionne son œuvre en distinguant les membres et donnant à chaque partie sa place, sa couleur et ses proportions.

Au commencement, dit Moïse, le simple et noble historien de la création, Dieu créa le ciel et la terre. D'abord la terre fut couverte d'eaux, c'était comme un abîme ténébreux, mais Dieu

LEÇON V. 53

dit : Que la lumière soit, et la lumière fut ; mot sublime, admiré, comme chacun sait, par le rhéteur Longin, tout païen qu'il était. Voilà le premier jour de la création. Au second jour, les eaux qui enveloppaient notre planète furent divisées, de manière qu'une portion s'éleva dans les régions supérieures ; au troisième, la terre ferme commence à paraître, les plantes sortent de son sein, la verdure et les fleurs l'embellissent : cela était naturel avant l'apparition des animaux qui devaient tirer leur nourriture du règne végétal ; au quatrième, le soleil, la lune et les étoiles brillent au firmament ; au cinquième, les poissons nagent dans les eaux, les oiseaux volent dans les airs, les reptiles rampent dans la poussière, et les quadrupèdes marchent sur la surface du globe : au sixième enfin, l'homme, dernier terme de la création et pour qui tout avait été préparé, paraît, et le monde achevé roule suivant les lois qui devaient le conserver dans la durée des siècles.

Les interprètes des divines Écritures ne sont pas d'accord sur la signification des six jours dont il est parlé dans la Genèse. Saint Augustin dit expressément qu'il ne faut pas se hâter de prononcer sur la nature des jours de la création, ni d'affirmer qu'ils fussent semblables à ceux dont se compose la semaine ordinaire, et dans le plus fini de ses ouvrages, dans la Cité de Dieu, il dit encore qu'il nous est difficile et même impossible d'imaginer, à plus forte raison de dire, quelle est la nature de ces jours. Si vous pouvez observer que, dans cette opinion qui fait des six jours autant d'époques indéfinies, le monde pourrait être plus ancien qu'on ne le suppose communément, je répondrais que la chronologie de Moïse date moins de l'instant de la création de la matière, que de l'instant de la création de l'homme, laquelle n'eut lieu que le sixième jour. L'écrivain sacré suppute le nombre d'années du premier homme et de ses descendants, et c'est de la supputation des années des patriarches successifs, que se forme la chronologie des Livres saints ; en sorte qu'elle remonte moins à l'origine même du globe qu'à l'origine de l'espèce humaine. Dès lors nous sommes en droit de dire aux géologues : Fouillez, tant que vous voudrez, dans les entrailles de la terre ; si vos observations ne demandent pas que les jours de la création soient plus longs que nos jours ordinaires, nous continuerons à suivre le sentiment commun sur la durée de ces jours ; si au contraire, vous découvrez que le globe terrestre, avec ses plantes et ses animaux, doit être de beaucoup plus ancien que le genre humain, le récit de Moïse n'aura rien de contraire à cette découverte ; car il vous est permis de voir dans chacun des six jours autant de séries de temps indéterminées, et alors vos découvertes seraient

J. Frayssinous.

le commentaire explicatif d'un passage dont le sens n'est pas entièrement fini[1].

Au lieu de faire naître dans nos esprits de vaines pensées de curiosité, l'œuvre de la création doit nous porter à craindre un Dieu si puissant qui de rien a fait toutes choses, à louer, à glorifier ce Dieu, qui a manifesté sa sagesse d'une manière si admirable dans l'ordre qu'il a établi entre ses œuvres; à imiter tous les ouvrages de Dieu, à les bénir avec nous et pour nous, en disant par-dessus tout : « O enfants des hommes, bénissez le Seigneur! Qu'Israël bénisse le Seigneur! Bénissez-le, vous qui êtes ses ministres et ses sacrificateurs; bénissez-le, serviteurs du Seigneur; âmes des justes, bénissez-le; bénissez-le, ô vous tous qui êtes saints et humbles de cœur; louez-le et l'exaltez aux siècles des siècles[1]. »

1. Daniel.

LEÇON V.
DEUXIÈME INSTRUCTION.
SUITE DU PREMIER ARTICLE DU SYMBOLE.

DES ANGES.

I. Qu'est-ce que les Anges?

Dieu est la suprême lumière, la source et le principe de toute lumière. Après lui d'autres lumières brillent au second rang, et ce sont les anges, substances purement spirituelles, entièrement étrangères à toute espèce de forme[1]. Leur nature est simple et douée d'intelligence ; ils ne sont point nés de la chair et du sang comme nos corps périssables ; leur destinée n'est pas non plus de prendre un corps et de venir y habiter à jamais ; ils seront toujours purs esprits comme ils le sont maintenant, comme ils le furent depuis leur création. Une partie d'entre eux entoure sans cesse le Tout-Puissant ; l'autre, chargée de soutenir la vaste machine du monde, exécute les ordres de Dieu. Leurs soins conservent toutes choses ; ils ont chacun leurs attributions : les uns veillent sur les hommes, les autres sur les cités, les autres sur des nations entières.

1. S. Grégoire de Nazianze : Poëme sur les Anges.

L'Écriture ne dit pas quel jour ont été créés les anges : saint Augustin pense que le Seigneur, en créant le ciel, forma aussi les habitants de ce magnifique séjour. Il est certain qu'ils furent créés avant la chute du premier homme, puisque Adam fut induit à pécher par suggestion d'un mauvais ange ou démon.

Quant au nombre de ces pures intelligences, Dieu nous a révélé qu'il est incalculable. Le prophète Daniel, éclairé de la lumière d'en haut, en a vu un millier de milliers qui servaient le Seigneur et dix mille fois cent mille qui se tenaient en sa présence. Prodigieuse multiplication par laquelle le prophète, bien loin de chercher à les compter, a voulu seulement nous signifier que l'esprit humain se perd dans cette immense multitude.

II. État dans lequel les Anges ont été créés.

Dieu, dit saint Augustin, créa les anges dans une bonne volonté, dans un amour chaste, pleins de respect pour sa grandeur et sa bonté divine ; et en leur donnant les qualités les plus sublimes qui pouvaient convenir à leur nature, il les orna en même temps des dons les plus magnifiques de la grâce. Intelligences toutes spirituelles, douées d'un entendement beaucoup plus pénétrant que le nôtre, d'une volonté plus puissante, d'une liberté plus parfaite, créatures privilégiées entre toutes les autres, brillant d'un éclat immortel, ils jouissaient d'un bonheur complet, et portaient empreint sur leur noble substance le sceau de la ressemblance divine. Mais, hélas! tous les anges n'ont pas persévéré dans cet état. « Il y eut un grand combat dans le ciel : Michel et ses anges combattaient contre le dragon, le dragon et ses anges combattaient contre lui, et la force leur manqua. Ils tombèrent du ciel, et leur place ne s'y trouva plus. » Quel est ce combat? Quelles sont les armes des puissances spirituelles? Il ne faut pas s'imaginer dans ce conflit, ni des bras de chair, ni des armes matérielles, ni du sang répandu comme parmi nous ; c'est une lutte de pensées et de sentiments. L'ange d'orgueil, qui est appelé le dragon, soulevait les anges et disait : « Nous serons heureux en nous-mêmes et nous ferons, comme Dieu, notre volonté. » Et Michel disait au contraire : « Qui est comme Dieu ? Qui peut subsister sans lui ? Qu'avons-nous que nous n'ayons reçu de lui ? Et que deviendrions-nous s'il cessait de nous soutenir par son bras tout-puissant? » C'est donc l'orgueil qui a perdu Lucifer et ses anges. Esprits superbes et malheureux, ils se sont arrêtés en eux-mêmes. Admirateurs de leur propre beauté, elle leur a été un piége. Ils ont dit: « Je suis beau, je suis parfait, et tout éclatant de lumière ; » et au lieu de remonter à la source d'où leur venait cet éclat, ils ont voulu se l'attribuer comme leur bien propre. « Je monterai jusqu'au ciel, disait le chef de ces esprits rebelles, j'établirai mon trône au-dessus des nuées les plus élevées, et je serai semblable au Très-Haut. »

Comment l'erreur a-t-elle pu s'insinuer au milieu de tant de clarté, ou la dépravation et l'iniquité parmi de si grandes grâces? Mais, tout ce qui vient du néant est faible et défectueux. Les anges étaient saints, mais non pas comme Dieu ; une de leurs beautés était d'être doués d'un libre arbitre, mais non pas comme Dieu dont la volonté est sa règle, et dont le libre arbitre est indéfectible.

« A peine Satan et sa troupe impie eurent consenti à leur abominable dessein, que le péché fut consommé, et ils ne tardèrent pas à sentir le vide de la créature et la folle illusion de leur orgueil. Dieu, pour les atterrer, n'eut qu'à se retirer de ceux qui se retirèrent de lui ; et tout en eux fut changé en mal. Au lieu de leur sublimité naturelle, ils n'ont plus eu qu'orgueil et ostentation ; les lumières de leur intelligence se sont tournées en finesse et artifices malins : l'homme, que Dieu avait mis au-dessous d'eux, est devenu l'objet de leur envie, et dénués de la charité qui devait faire leur perfection, ils se sont réduits à la basse et malicieuse occupation d'être premièrement nos séducteurs, et ensuite les bourreaux de ceux qu'ils ont séduits. C'est là leur grand supplice et la grande et admirable justice de Dieu. Mais il a fait plus encore, ils gémissent sous les coups incessamment redoublés de sa main invincible et infatigable. Par ses ordres souverains, la créature corporelle, qui leur était soumise naturellement, les domine et les punit; le feu les tourmente, sa fumée pour ainsi parler les étouffe; d'épaisses ténèbres les tiennent captifs dans des prisons éternelles[1]. »

Comme les mauvais anges sont tombés par leur faute et parce qu'ils l'ont voulu, ainsi les bons anges en faisant un saint usage de leur libre arbitre ont mis toute leur gloire à s'abaisser sous la majesté de Dieu, à lui demeurer éternellement soumis, à ne vivre que pour lui, et Dieu, par une juste récompense, leur a donné une plénitude de grâces, qui les a fixés pour jamais dans l'immobilité de son amour, de sorte qu'ils ne peuvent plus déchoir de cet état si heureux.

III. Ministère des Anges. Nos devoirs envers notre Ange gardien.

Tous ces innombrables esprits se partagent en trois hiérarchies différentes: la première se compose de ceux qui sont toujours devant la face de Dieu, et qui lui sont unis d'une manière plus intime et plus immédiate. Ce sont les brûlants Séraphins, ainsi nommés à cause des feux du divin amour qui les consument sans

---

1. Bossuet: *Élévations.*

cesse; les lumineux Chérubins, dont l'intelligence est éclairée de pures et salutaires lumières; et les Trônes, qui comme leur nom seul le fait assez entendre, sont ce qu'il y a de plus élevé parmi les intelligences célestes. Tous ces esprits, portés sur les ailes du plus ardent amour, sont entraînés par d'invincibles transports vers le souverain bien, et s'efforcent sans cesse de s'approcher de plus en plus de la source qui les enivre. L'excellence de leur nature paraît assez par le rang sublime qui leur a été donné. Placés sur le seuil même du sanctuaire auguste qu'habite la divinité, ils ne voient que Dieu au-dessus d'eux, et laissent au-dessous, à une distance infinie, toute créature visible et invisible. Leurs voix et leurs concerts ressemblent au frémissement d'une multitude innombrable de torrents. Ils crient sans cesse : « Gloire et bénédiction soit au Seigneur. » D'autres fois ils font retentir ces paroles ou plutôt ce cantique si digne du Dieu qu'ils adorent: « Saint, saint, saint est le Seigneur, le Dieu des armées. Toute la terre est remplie de sa gloire. »

La seconde hiérarchie renferme les Dominations, les Vertus et les Puissances. Les Dominations sont ainsi appelées parce qu'elles dominent les autres anges, qu'elles sont libres de toute espèce de contrainte et servent Dieu avec la plus sublime indépendance. Le nom de Vertus marque assez que ces esprits possèdent une force, un courage indomptable qui se manifestent dans toutes leurs actions. Leur unique occupation est de s'efforcer de devenir semblables de plus en plus à la divinité. Enfin les Puissances qui sont sur la même ligne que les Dominations et les Vertus, sont chargées de veiller aux destinées du monde, et d'empêcher que les esprits pervers ne lui fassent tout le mal que leur suggère leur méchanceté.

La troisième hiérarchie se compose des Principautés, des Archanges et des Anges. Les Principautés ont pour attributions de commander aux Anges qui leur sont inférieurs en dignité, et de les disposer à exécuter les œuvres de Dieu. Leur soin est de veiller sur les grandes divisions du monde, comme, par exemple, sur une contrée, sur un royaume. Les Archanges, placés entre les Principautés et les Anges, sont en quelque sorte le lien qui les unit et tiennent tout à la fois des uns et des autres. Leurs fonctions consistent à annoncer aux hommes les choses de Dieu et à éclairer l'esprit des prophètes. Enfin les Anges complètent et terminent toute la céleste hiérarchie [1]. Ce sont, pour ainsi dire, les messagers ordinaires que Dieu emploie pour communiquer avec les hommes. L'Apocalypse nous les montre allant sans cesse du ciel à la terre et de la terre au ciel ; ils portent, ils interprètent, ils exécutent les ordres de Dieu

---

1. S. Denys, *De la céleste Hiérarchie*, chap. VII, v. 3 et 9.

pour le salut comme pour le châtiment, puisqu'ils atterrent le dragon qui voulait engloutir l'Église, et qu'ils impriment la marque salutaire sur le front des élus. Tous les anciens ont cru, dès les premiers siècles, que les anges s'entremettent dans toutes les actions de l'Église; ils ont reconnu un ange qui présidait au baptême, un ange qui intervenait dans l'oblation et la portait sur l'autel sublime qui est Jésus-Christ; un ange qu'on appelait l'ange de raison. Ils étaient si touchés de ce ministère des anges qu'Origène, rangé avec raison au nombre des théologiens les plus sublimes, invoque publiquement et directement l'Ange du baptême et lui recommande un vieillard qui allait devenir enfant de Jésus-Christ par ce sacrement. Parmi les anges il en est que le Seigneur a attachés à la conduite de chaque fidèle, qui doivent veiller sur lui, le conserver et le diriger dans toutes les circonstances de la vie. Ces glorieux citoyens du paradis qui veulent bien se lier avec nous d'une amitié si étroite, nous les appelons nos bons Anges, nos bons Anges gardiens, parce qu'en effet, ils remplissent envers nous un ministère de charité, d'attention et de vigilance. Ils nous protégent contre les mille accidents auxquels nous sommes exposés en ce monde. Ils écartent les démons, et nous soutiennent contre leurs attaques. Ils nous donnent de salutaires conseils et nous encouragent à bien faire. Ils nous consolent dans nos peines, soit en les adoucissant, comme celui qui changea l'ardeur des flammes de la fournaise en une douce rosée, soit en nous donnant le courage et la force de les supporter, comme celui qui fortifia Notre-Seigneur dans son agonie. Ils offrent à Dieu nos prières, nos besoins, nos aumônes, nos austérités, nos vertus, nos pénitences, tout le bien que nous faisons. Enfin ils reçoivent les âmes des justes, et les conduisent les unes au ciel, les autres au purgatoire, d'où ils viennent ensuite les retirer quand le temps de l'expiation est terminé.

Quelle ne doit pas être notre gratitude pour d'aussi nobles et d'aussi généreux protecteurs! Nous devons la leur témoigner en respectant leur présence et en les invoquant dans nos tentations et nos dangers. Gardons-nous de blesser par des immodesties la sainteté de leurs regards habitués à contempler la face auguste de Dieu. Pensons quelquefois à notre ange gardien et ne marchons pas toujours comme si nous étions seuls et sans demander avis à ce guide infaillible. Comme le Chérubin du paradis terrestre, il se tient à la porte de notre âme pour empêcher l'iniquité d'y entrer. Prions-le surtout le matin en commençant une journée dont il aura peut-être à écarter bien des périls, et le soir en nous livrant à un sommeil sur lequel il veillera.

« O Dieu! envoyez-nous vos saints anges, ceux qui ont servi Jésus-Christ après son jeûne, ceux qui ont gardé son sépulcre et annoncé sa résurrection, celui qui l'a fortifié dans son agonie : car Jésus-Christ n'avait pas besoin de son secours pour lui-même, mais seulement parce qu'il était revêtu de notre faiblesse; et ce sont les membres infirmes que cet ange consolateur est venu fortifier en la personne de leur chef[1]. »

1. Bossuet, *Élévations*.

LEÇON V.

TROISIÈME INSTRUCTION.

SUITE DU PREMIER ARTICLE DU SYMBOLE.

CRÉATION DE L'HOMME.

I. Ce que c'est que l'homme.

Toutes les richesses de la bonté divine n'avaient pas été manifestées par la création des pures intelligences et du monde matériel. Le Verbe « ce grand artiste », voulant révéler toutes ses richesses, créa ici-bas un être raisonnable, l'homme, composé d'une double nature: l'une visible, le corps; l'autre invisible, l'âme; et il le plaça entre le ciel et la terre comme un anneau qui réunit deux chaînes.

L'homme est après les anges la plus parfaite des créatures, il est plus parfait que les étoiles, plus parfait que les animaux, parce qu'il est doué de raison. Son corps est beau, sa tête s'élève vers le ciel, tandis que les animaux sont courbés vers la terre. Il y a dans ses yeux, sa bouche, son front et sa physionomie quelque chose de noble qui ne se voit dans aucune des créatures vivantes que nous connaissons ici-bas. Mais son âme est incomparablement plus belle. Elle est *un esprit créé à l'image de Dieu pour être unie à un corps et qui ne mourra jamais.*

Un esprit. C'est l'âme qui pense, en nous, qui juge. Or pour peu que l'on veuille réfléchir sur cette double capacité qu'elle a d'engendrer des idées, de former des jugements, on y trouve une double démonstration de son immatérialité. En effet, lorsque deux choses ont des propriétés opposées, si bien que ce que l'on affirme de l'une on doive le nier de l'autre, nous disons que ces deux choses diffèrent en espèce et en nature. Or, en parcourant les qualités les plus constantes et les plus connues de la matière, nous voyons qu'elles sont en opposition avec la pensée. Ainsi, la matière est étendue, composée de parties placées les unes hors des autres. Or, qui ne sent pas que la pensée est simple, sans parties distinctes? Les objets corporels de la pensée peuvent bien être de grandeur et de volume inégaux; mais la perception que j'en ai ne se mesure pas sur leurs dimensions : la pensée du soleil n'est ni plus longue, ni plus large que celle d'une fleur. — La matière est figurée; elle a une forme et des couleurs. Or quelle figure donnera-t-on à la pensée? Est-elle ronde ou carrée, d'un bleu céleste ou d'un rouge écarlate? — La matière est divisible, elle peut être partagée en parties distinctes les unes des autres. La pensée, au contraire, est indivisible; elle est tout entière, ou bien elle n'est pas; il est inouï qu'on prenne la moitié, le tiers, le quart d'une pensée. Voilà donc comme les propriétés les plus constantes, les plus universellement reconnues de la matière, sont en opposition manifeste avec celles de la pensée. Nous devons donc conclure que ce qui se pense n'est pas matière, mais esprit.

Créé à l'image de Dieu. L'âme ressemble à Dieu parce qu'elle est spirituelle, intelligente, immortelle, sensible et libre; comme lui elle fait une action ou elle ne la fait pas, selon qu'elle veut; et le domaine, qu'elle exerce sur la portion de matière qui lui est unie, nous peint en quelque manière l'action toute-puissante du moteur de l'univers. La multitude, la variété, la rapidité des idées de notre âme, sa mémoire qui la fait vivre dans le passé, sa prévoyance par laquelle elle plonge dans l'avenir semblent la rapprocher de l'intelligence suprême qui embrasse d'un coup d'œil tous les temps, tous les lieux et tous les êtres. Le sentiment d'immortalité, dont elle ne peut se dépouiller, est le signe par lequel Dieu l'avertit qu'elle est par grâce ce qu'il est par nature.

Pour être uni à un corps. Le corps a été donné à l'âme pour vivre sur la terre. Il a plu à Dieu de la placer ainsi entre le bien et le mal en l'unissant à un peu de matière, afin qu'étant ainsi formés de deux natures différentes, les hommes pussent pratiquer la vertu, et par là parvenir d'une manière méritoire, à travers une infinité de travaux et d'obstacles, jusqu'aux récompenses ineffables de l'autre vie, et jusqu'à la bienheureuse immortalité.

Et qui ne mourra jamais. Une fois que la distinction réelle du corps et de l'esprit est établie on conçoit très-bien que la ruine de l'un n'entraîne pas la ruine de l'autre. Ce qui s'appelle mort n'est qu'un dérangement de parties matérielles : mais l'âme n'a ni parties, ni figure, ni situation respective de parties entre elles ; et si le corps peut perdre cet arrangement de parties distinctes, se décomposer et mourir, l'âme, qui n'a rien de semblable dans sa manière d'exister, ne doit pas naturellement éprouver une semblable destruction.

II. Quand Dieu a-t-il créé l'homme ? Comment l'a-t-il créé ?

Comme tout devait être mis en la puissance de l'homme, Dieu le créa après tout le reste. Il l'introduisit dans l'univers, comme on introduit un invité dans la salle du festin, après que tout est prêt et que les viandes sont servies.

L'histoire de la création de l'homme est audessus de tout ce que la bouche humaine peut en dire. Rien de plus sublime et en même temps de plus court que le récit qui nous en est fait dans l'Écriture ! « Dieu dit : *Faisons l'homme à notre image et à notre ressemblance.* » Ce peu de mots nous fait comprendre la dignité de l'homme. Tout le reste paraît, pour ainsi dire, de peu d'importance au Créateur : il ne lui faut qu'un mot pour le créer. Mais lorsqu'il en vient à l'homme, c'est quelque chose de plus que tout cela, ses mains divines ne dédaignent pas de travailler elle-même ce chef-d'œuvre ; et Dieu, comme s'il avait besoin de secours, appelle en quelque sorte la coopération de son Verbe divin et de sa sagesse, en lui disant : *Faisons l'homme.* Les autres animaux sont parfaits en naissant des eaux et de la terre parce qu'ils n'ont rien au-dessus de la matière ; dès qu'ils sont parfaitement organisés, ils ont tout ce qui leur est essentiel : mais après avoir formé l'homme du limon de la terre, le Seigneur répandit sur son visage un souffle de vie, et l'homme devint vivant et animé. Quoi ! Dieu lui-même paraît tirer de son propre fond le souffle de vie qu'il communique à l'homme ; il semble partager avec lui son âme et sa vie !

Quelle noblesse dans l'homme ! quelle origine céleste ! quelle dignité communiquée à la poussière ! Tertullien appelle l'âme de l'homme « l'ombre de l'âme de Dieu, le souffle de son esprit, l'ouvrage de sa bouche, une portion du souffle de la divinité. » C'est sur la tradition de cette vérité capitale que l'homme a été regardé, malgré les ténèbres du paganisme, comme ayant une origine céleste, comme étant de race divine, comme allié à la nature de Dieu même.

Après avoir tiré du néant cette créature privilégiée, après avoir répandu sur elle ses bénédictions, en lui disant de croître, de multiplier et de peupler toute la terre, il soumit tout le reste à sa puissance, lui ordonna de se nourrir des fruits de la terre et de ceux des arbres, et enjoignit en même temps aux animaux de toute espèce de venir égayer sa demeure, tout en reconnaissant ses lois [1].

Mais que servait à l'homme d'être introduit dans ce paradis de délices sans compagnie, sans conversation, sans douceur, sans espérance de postérité, et ne sachant à qui laisser ou avec qui partager ce grand héritage et tant de biens que Dieu lui avait donnés ? Il vivait tranquille, abandonné à la Providence, sans rien demander. Et Dieu aussi de lui-même, ne voulant laisser aucun défaut dans son ouvrage, dit ces paroles : « Il n'est pas bon que l'homme soit seul : donnons-lui un aide semblable à lui. » Alors il tire la femme de l'homme même, et la forme d'une côte superflue qu'il lui avait mise exprès dans le côté. Cette épouse mystérieuse est, dit Bossuet, la figure de la Sainte Église, tirée et comme arrachée du sacré côté du nouvel Adam pendant son extase, et formée pour ainsi parler par cette plaie. Toute sa consistance est dans les os et dans la chair de Jésus-Christ qui se l'incorpore par le mystère de l'Incarnation et par celui de l'Eucharistie qui en est une extension admirable.

1. S. Théophile à *Autolicus*, liv. II.

Le premier homme fut Adam, qui signifie terre rouge, parce qu'il fut formé du limon de la terre, et la première femme Ève, nom qui veut dire mère des vivants.

III. Pourquoi Dieu nous a-t-il créés.

De même que Dieu n'a pas créé le monde pour lui, mais pour l'homme, de même il n'a créé l'homme que pour lui seul; il l'a créé, pour qu'il comprît ses ouvrages au moyen de l'intelligence dont il l'a doué, pour qu'il sentît et exprimât par ses cantiques de louanges l'admiration et la gratitude la plus profonde à la vue du magnifique spectacle qu'étale la nature et qu'entretient la providence du Créateur, pour qu'il obtînt de cette manière la vie éternelle et bienheureuse. Or l'homme atteint ce but lorsqu'il rend à Dieu le culte qu'il lui doit. Rendre à Dieu le culte qui lui est dû! c'est en deux mots l'abrégé des devoirs de l'homme sur la terre. Par là, il a l'intelligence des merveilles de la nature; il paye un juste tribut d'hommages à l'auteur de toutes choses, à ce lui qui est son propre père. Voilà pourquoi de tous les animaux l'homme seul a été conformé de manière à ce que ses yeux se portassent naturellement et comme d'eux-mêmes vers le ciel.

LEÇON VI.

PREMIÈRE INSTRUCTION.

SUITE DU PREMIER ARTICLE DU SYMBOLE.

DE LA CHUTE DE L'HOMME.

I. État dans lequel Dieu a créé Adam et Ève.

L'homme, au sortir des mains de Dieu, était juste, saint, heureux et orné des dons les plus excellents de la nature et de la grâce. Son esprit était éclairé d'une lumière divine. Il connaissait parfaitement les perfections et les propriétés des créatures. En contemplant avec un œil pur les beautés invisibles du créateur peintes dans ce monde visible, il se sentait doucement entraîné à célébrer, par ses louanges, la grandeur du nom de Dieu. Dieu lui-même s'était révélé à lui par d'ineffables communications, et ses connaissances surnaturelles, quoique inférieures à celles qu'il devait avoir un jour dans la gloire, surpassaient infiniment toutes celles que nous avons dans l'état présent[1].

Son cœur était droit, sans aucun penchant au mal; et comme il n'y avait en lui aucune trace

---

1. Lactance, *Institut. divines*, liv. VII, n° 7 et

d'orgueil, d'amour de soi-même, il ne connaissait pas ces rudes combats de la chair contre l'esprit, et de l'esprit contre la chair, qui ont depuis affligé si cruellement les saints.

Le corps, compagnon de la sainteté de l'âme, partageait aussi sa félicité. L'homme, sans autre vêtement que son innocence, n'avait à craindre ni le froid, ni le chaud, ni les intempéries de l'air; il n'éprouvait ni douleur, ni maladie Un sentiment, qui n'avait rien de pénible, l'avertissait de prendre de la nourriture; et la terre, prévenant tous ses désirs, lui fournissait abondamment tout ce qui était nécessaire à sa subsistance. Dieu avait planté exprès pour lui un jardin de délices, véritable paradis sur la terre où se trouvaient réunies toutes les beautés de la nature. Là tous les éléments conspiraient au bonheur d'Adam et de sa compagne. Le fruit de l'arbre de vie devait les empêcher de vieillir, et les entretenir dans une jeunesse perpétuelle, de sorte qu'après avoir vécu ici-bas le temps qu'il aurait plu à Dieu, ils auraient été transférés dans le ciel sans passer par les horreurs de la mort.

II. Désobéissance de nos premiers parents.

Tel était le bonheur de nos premiers parents; pour le conserver éternellement, ils n'avaient qu'à rester fidèles au Seigneur. Et certes, avec toutes les lumières dont ils étaient inondés et toutes les grâces dont ils étaient enrichis, cela leur était bien facile. Dieu, d'ailleurs, ne leur avait ordonné qu'une chose, une seule chose, de s'abstenir du fruit de l'arbre de la science du bien et du mal qui était au milieu du paradis. Privation peu rigoureuse puisqu'ils avaient à leur disposition le fruit de l'arbre de vie et tant d'autres fruits délicieux.

Cependant ils tombèrent dans le piège que leur tendit le démon. Cet esprit pervers, jaloux de tant de prérogatives, et cherchant à se venger de Dieu lui-même en détruisant la pureté de son ouvrage, emprunte la figure du serpent, parce que, dit l'Écriture, il était le plus fin des animaux, c'est-à-dire celui qui s'insinuait de la manière la plus souple et la plus cachée.

Il s'adresse d'abord à la femme, comme étant la plus faible, et lui dit: « Pourquoi Dieu vous a-t-il commandé de ne point manger du fruit de cet arbre? » Ce n'est qu'un doute qu'il veut faire pénétrer dans son esprit, mais qui est capable d'écouter une question contre Dieu, est capable d'avaler le poison. Ève lui répondit : « Dieu a mis tous les autres fruits en notre puissance ; il n'y a que l'arbre qui est au milieu de ce jardin de délices dont il nous a commandé de ne point manger le fruit et même de ne le point toucher, de peur que nous ne mourions. » Elle dit la vérité ; mais le premier mal fut de répondre : car ce qui mettait en doute la souveraine sagesse devait dès lors lui être en horreur. Le tentateur passe alors du doute à la décision : « Vous ne mourrez point, dit-il, mais Dieu sait qu'au jour où vous mangerez de ce fruit, vos yeux seront ouverts et vous serez des dieux, sachant le bien et le mal. » La femme, à l'exemple de l'ange rebelle, se laissa prendre à ce vain éclat, et, après avoir considéré ce fruit défendu, elle vit qu'il était bon à manger, beau à voir. Elle en mangea et en donna à manger à son mari qui, le prenant de sa main, avec les mêmes sentiments qui l'avaient séduite, fut à toute sa postérité une source de péché et de mort.

Les esprits superbes traitent ce récit de vaine et presque de puérile histoire. Un serpent qui parle, disent-ils, un arbre d'où l'on espère la science du bien et du mal, les yeux ouverts tout à coup en mangeant son fruit, la perte du genre humain attachée à une action si peu importante! quelle fable moins croyable trouve-t-on dans les poëtes? Mais la sagesse éternelle répond : Quel inconvénient y avait-il à ce que Dieu attachât aux objets sensibles des grâces intellectuelles, interdît une espèce de sacrement de la science du bien et du mal? N'avait-il pas fait l'homme composé de corps et d'âme? Et pourquoi ne lui aurait-il pas défendu quelque chose, pour lui faire mieux sentir qu'il avait un souverain, lorsque d'ailleurs dans une si grande abondance de toute sorte de fruits il n'en réservait qu'un seul?

Pour ce qui est du serpent, pourquoi, sans imaginer que les bêtes eussent un langage, les autres esprits, à l'exemple de Dieu qui prenait une figure sensible pour apparaître à l'homme, ne se seraient-ils pas montrés à ses yeux sous la forme des animaux ? Le serpent alors innocent devait servir plus tard à nous rendre la séduction du démon plus odieuse, et les autres qualités de cet animal étaient propres à nous figurer le juste supplice de cet esprit arrogant, atterré par la main de Dieu.

Tel fut le péché de notre premier père, péché qui a été la source de tous les autres. Dès ce moment, tout fut changé pour lui, il perdit tous les avantages que Dieu lui avait accordés en le créant. Dans la sainteté de son origine, il avait reçu l'innocence, la paix et l'immortalité. Car étant formé selon Dieu, il était juste; régnant sur ses passions il était paisible; mangeant le fruit de vie il était immortel. L'entendement, dit saint Augustin, s'étant révolté contre Dieu, fut rempli de ténèbres; les passions autrefois si soumises commencèrent à s'agiter violemment au fond de son cœur; et l'âme ne buvant plus à la source inépuisable de la vie devint elle-même impuissante, et laissa ainsi le corps sans vigueur. De là vient que la douleur et la mortalité s'en sont emparées aussitôt. Ainsi, pour la ruine totale de l'homme, le péché a détruit la justice; la convoitise s'étant soulevée, a troublé la paix; l'immortalité a cédé à la nécessité de la mort; voilà l'ouvrage de Satan opposé à l'ouvrage de Dieu.

III. Péché originel.

Ces suites affreuses du péché d'Adam ont passé à toute sa postérité, parce que sa faute a passé dans tous les hommes qui sont nés de lui.

Dès que notre âme, sortie pure des mains de Dieu, a été unie à notre corps pour l'animer, elle s'est trouvée souillée et dégradée par le péché que nous ont transmis nos premiers parents, et c'est pour cela qu'on l'appelle péché originel. Dieu l'a puni non-seulement en Adam, mais encore dans tous ses enfants comme dans une partie de lui-même et encore la plus chère.

Par le péché originel nous naissons ennemis de Dieu, privés de la justice et de l'innocence originelle dans laquelle Adam fut créé; nous sommes exclus du ciel et devenus les esclaves du démon. Au premier exercice de l'âme raisonnable qui n'eût été que de connaître et d'aimer Dieu, il faut ajouter un autre exercice pénible et laborieux, dangereux et plein de périls honteux et humiliants, qui est de combattre sans cesse en nous cette corruption native. Nous sommes ignorants, aveugles, faibles, soumis à une infinité de misères et à la mort. Cette déchéance de l'humanité dans notre premier père et sa réparation en Jésus-Christ sont les deux grands faits sur lesquels repose le christianisme. Sans le dogme du péché originel, on ne conçoit plus la nécessité d'un Rédempteur. Aussi rien n'est enseigné plus explicitement dans l'Église. Le culte de la loi mosaïque rappelait sans cesse la dégradation de l'homme et annonçait le réparateur promis; le sang des victimes expiatoires offertes sous l'ancienne loi n'était que la figure du sang qui devait couler sur la croix. L'homme qui le répandait publiait à la fois son crime et l'espérance du pardon. C'est surtout par le christianisme que le dogme du péché originel a été ouvertement enseigné. Qui ne connaît ce passage de saint Paul où il est dit que le péché est entré dans le monde par un seul homme et la mort par le péché, et qu'ainsi la mort est passée dans tous les hommes, tous ayant péché dans un seul!

Quand cette doctrine fut combattue aux quatrième et cinquième siècles, les saints docteurs, et entre autres saint Augustin, se contentèrent d'opposer aux novateurs le consentement de toutes les églises, la pratique invariable du baptême donné même aux enfants pour les purifier du péché, les traditions des anciens Pères. C'est ce qu'a fait encore à une époque plus rapprochée de nous le vénérable concile de Trente, quand il a voulu condamner les adversaires de ce dogme.

La raison de l'homme ne comprendra jamais la manière dont se transmet le péché originel et cependant sans ce mystère, le plus incompréhensible de tous, nous sommes incompréhensibles à nous-mêmes. Quand nous voyons l'homme esclave de penchants violents vers le mal, avec une liberté si faible pour choisir et opérer le bien que laissée à elle-même, le bien nécessaire pour arriver au salut éternel lui est impossible ; quand nous le voyons naître pour souffrir tant de maux, vivre dans l'ignorance de son origine et de sa fin, et mourir misérablement, nous devons conclure qu'il existe dans le monde un mal qui n'est pas naturel sous un Dieu juste et bon ; que ce mal est la conséquence d'une déchéance, et que l'homme n'est plus tel qu'il sortit des mains du Créateur.

Le génie de Bossuet a essayé d'éclairer les avenues de cet abîme. Il nous montre le genre humain renfermé en Adam, comme tous les fruits qui doivent naître d'un arbre sont renfermés dans la racine, comme toute la force des membres est dans la tête : « Dieu, dit-il, ne nous voit qu'en Adam, dans lequel il nous a tous faits ; quoi qu'Adam fasse nous le faisons avec lui, parce qu'il nous tient renfermés, et que nous ne sommes en lui moralement qu'une seule et même personne. S'il obéit, j'obéis avec lui ; s'il pèche, je pèche en lui. Dieu traitera tout le genre humain comme ce seul homme, où il a voulu le mettre tout entier, l'aura mérité.

« Ainsi on peut considérer l'humanité comme un grand corps dont chacun de nous fait partie. Si comme individus nous ne sommes responsables que des actions posées par notre libre arbitre, comme membres de la grande famille humaine, nous pouvons subir les conséquences de ce qui ne nous est pas personnel. Lors donc que nous sommes frappés des misères sans nombre qui accompagnent notre naissance et de tant de calamités qui poursuivent souvent les hommes dans le cours de leur vie, adorons les voies d'une Providence que les saintes Écritures nous ont fait connaître. Confessons que Dieu ayant fait naître tous les hommes d'un seul pour établir la société humaine par un fondement plus naturel, notre père créé aussi heureux que juste, a manqué volontairement à son auteur, qui ensuite a vengé cette rébellion, tant sur lui que sur nous, ses enfants, afin que le genre humain reconnût ce qu'il doit à Dieu, et ce que méritent ceux qui l'abandonnent[1]. »

1. Bossuet, *De la connaissance de Dieu et de soi-même*, chap. v.

LEÇON VI.

DEUXIÈME INSTRUCTION.

SUITE DU PREMIER ARTICLE DU SYMBOLE.

LE SAUVEUR PROMIS, PRÉDIT ET ATTENDU.

I. Le Sauveur promis.

Le démon était parvenu à faire tomber l'homme. Adam et Ève se trouvaient sous le poids de l'anathème, et, dans leurs personnes, toute cette innombrable multitude d'hommes qui devaient naître d'eux et peupler les vastes contrées de la terre. Que fera Dieu? Ne considérera-t-il que le péché de l'homme, et l'abandonnera-t-il pour jamais à son malheureux sort? Il le pouvait, sa justice semblait le réclamer; mais il aime mieux écouter sa miséricorde; il se laisse toucher de compassion pour une créature malheureuse; et s'il se résout à la punir, il la punit du moins en père qui, même en punissant, laisse toujours entrevoir qu'il est père.

Il prononce donc contre l'homme pécheur de terribles malédictions; mais bientôt il les tempère, en donnant à nos premiers parents l'espérance d'un meilleur sort. Cet ennemi qui les a perdus, un jour viendra qu'il sera vaincu à son tour, et c'est par la femme qu'il le sera. Le jour même de notre chute, Dieu dit au serpent notre corrupteur : « Je mettrai une inimitié éternelle entre toi et la femme, entre ta race et la sienne : elle écrasera ta tête. » Ainsi cette même femme, qui a été le principe de nos malheurs dans Ève, sera le principe de notre salut dans Marie, qui est la seconde Ève. C'est à elle qu'il est réservé d'écraser un jour la tête à cet insidieux serpent qui avait réussi à nous perdre.

Ce vainqueur de la mort ne devait apparaître qu'au bout de quatre mille ans, Dieu se réservait de développer sa promesse pendant ce long intervalle, et de la renouveler de temps en temps, afin que la pensée de sa miséricorde retînt le peuple dans la fidélité qu'il devait à son Dieu. Il la renouvelle d'abord à Abraham, destiné à être la tige d'un peuple particulièrement consacré au culte de Dieu : « Je ferai naître de toi un peuple nombreux, et toutes les nations de la terre seront bénies en celui qui naîtra de toi. » Dieu, seul interprète de soi-même, a expliqué ces paroles : « en toi seront bénis tous les peuples de la terre » par celles-ci : « dans ta semence ; » c'est-à-dire, comme l'explique l'apôtre saint Paul, dans un de ta race, dans un fruit sorti de toi, au nombre singulier : de sorte qu'il y devait avoir un seul fruit, un seul germe, un seul fils sorti d'Abraham, en qui et par qui serait répandue sur toutes les nations de la terre la bénédiction qui leur était promise en Abraham. Ce fruit, ce germe bénit, cette semence reçue, ce fils d'Abraham, c'était le Christ qui devait venir de sa race. C'est pourquoi, comme remarque saint Paul, l'Écriture parle toujours au singulier, non au pluriel, *mais dans un seul de ta race*. Et c'était aussi cette semence bénite, promise à la femme dès le commencement de nos malheurs, par qui la tête du serpent serait écrasée et son empire détrui'.

Cette promesse s'éclaircit encore davantage par la prophétie de Jacob. Étant au lit de mort, et annonçant à ses douze enfants assemblés ce qui devait arriver à leur postérité dans la suite des siècles, Jacob adressa à Juda, le quatrième de ses fils, ces paroles remarquables : « Juda, tes frères te combleront de louanges ; les enfants de ton père se prosterneront devant toi ; le sceptre ne sortira point de Juda, et il y aura toujours un chef de sa race, jusqu'à ce que vienne Celui qui doit être envoyé et qui sera l'attente et le désiré des nations. » L'objet de la promesse est appelé ici l'envoyé de Dieu.

C'est surtout à Moïse que Dieu s'est plu de confirmer et de développer dans tout leur éclat ces diverses promesses. Ce grand homme suscité de Dieu pour délivrer son peuple du joug des Égyptiens, lui donna une loi et le conduisit à travers mille prodiges jusqu'à l'entrée de la terre qu'il devait posséder. Là, se sentant près de mourir, il réunit tous les enfants d'Israël et leur confirma de la part de Dieu la venue de ce Messie, qui devait sortir de Juda. « Le Seigneur, leur dit-il, vous fera naître du milieu de votre nation et du nombre de vos frères un prophète semblable à moi : écoutez-le. » Ce prophète semblable à Moïse, comme lui libérateur de ses frères, auteur comme lui d'une nouvelle loi, médiateur comme lui d'une nouvelle alliance, devant qui Moïse lui-même doit se taire, et qui doit seul être écouté quand il commencera à parler, c'est le Sauveur du monde dont la doctrine devait un jour éclairer l'univers. Jusqu'à lui, il ne devait paraître dans tout Israël de prophète semblable à Moïse, à qui Dieu parlât face à face, et qui donnât une loi à son peuple.

II. Le Sauveur prédit.

À l'exception du peuple juif, dépositaire des promesses faites aux patriarches, tous les peuples étaient plongés dans les ténèbres et dans les désastres de l'idolâtrie. Dieu était profondément oublié, et le démon était adoré partout sous différentes formes. Cependant Dieu avait résolu de détruire son empire et de rappeler les hommes à la connaissance de la vérité. Cette grande révolution devait être l'ouvrage du Messie et un des caractères les plus sensibles de sa venue ; c'était en éclairant les peuples qu'il devait les bénir. Dieu suscita des hommes animés de son esprit pour annoncer la conversion future des Gentils. Tous les prophètes ont vu par une lumière divine, et ils ont prédit en mille manières ce grand événement, bien des siècles avant qu'il s'accomplît et dans le temps où il paraissait incroyable. Chacun de ces prophètes était chargé de désigner le Messie par quelques traits particuliers et propres à le faire connaître quand il serait venu. C'étaient comme autant de courriers que le grand Roi envoyait devant son Fils pour tenir les hommes dans l'attente de son avènement. David, ce saint roi, inspiré de Dieu, est un de ceux qui en ont parlé le plus clairement. Il appelle le Messie son Seigneur, et il le reconnaît pour le Fils de Dieu; il prédit que son règne s'étendra sur toutes les nations et n'aura point d'autres bornes que celles de l'univers. Il a annoncé ses ignominies, sa mort cruelle et le genre de supplice qu'on lui fera souffrir : il a vu ses pieds et ses mains percés, ses os marqués sur sa peau par tout le poids de son corps violemment suspendu, ses habits partagés et sa robe tirée au sort, sa langue abreuvée de fiel et de vinaigre. Mais il annonce en même temps qu'il n'éprouvera point la corruption du tombeau et qu'il en sortira glorieux. Cette prophétie est d'autant plus merveilleuse qu'elle a été faite mille ans avant son accomplissement. Isaïe, qui vivait trois cents ans après David, n'a pas parlé du Messie avec moins de clarté. Il le voit sortir du sang de Jessé, naître d'une vierg emère; il l'appelle un *Enfant admirable*, *le Père du siècle futur*, *le Prince de la paix;* enfin il le nomme Dieu. Son règne sera éternel; toutes les nations se prosterneront devant lui; à sa parole les boiteux seront redressés, les sourds entendront, les muets parleront, les aveugles verront. Après avoir parlé de la gloire du Messie, le même prophète parle aussi de ses humiliations; il le représente défiguré, méconnu, méprisé, le dernier des hommes, l'homme de douleur chargé d'infirmités, parce qu'il a pris sur lui nos iniquités qu'il expie par ses souffrances; on lui crachera au visage, il sera traité comme un criminel, mené au supplice avec des méchants, et il se livrera lui-même à la mort aussi paisiblement qu'un agneau. Le prophète ajoute que par sa mort il deviendra le chef d'une postérité nombreuse; c'est l'Église, où les Gentils accourront de toutes parts, tandis que les Juifs, à la réserve d'un petit nombre, seront répudiés à cause de leur incrédulité. Les autres prophètes n'ont pas entrevu moins distinctement le mytère du Messie. Daniel détermine l'époque précise de sa venue. Pendant que ce prophète est occupé de la captivité de son peuple et des soixante-dix ans qu'elle devait durer, tout à coup il est élevé par l'esprit de Dieu à des pensées plus hautes, il prédit après soixante-dix semaines d'années, c'est-à-dire après quatre cent quatre-vingt-dix ans, la fin d'une autre captivité bien plus funeste, celle du péché dont le genre humain sera affranchi par la mort du Christ. Quand il sera mis à mort, une nouvelle alliance sera confirmée, les anciens sacrifices seront abolis. Après la mort du Christ, il n'y aura plus qu'horreur et que confusion, la cité sainte et le sanctuaire seront détruits; le peuple qui l'aura méconnu ne sera plus son peuple; on verra l'abomination dans le temple, et une désolation qui n'a point de terme. Enfin Malachie, le dernier des prophètes, prédit qu'à la place des sacrifices anciens, une offrande pure sera présentée au Seigneur, non plus seulement dans le temple de Jérusalem, mais en tous lieux depuis l'Orient jusqu'à l'Occident, non plus par les Juifs mais par les Gentils, parmi lesquels le nom de Dieu sera grand.

L'autorité de ces prophéties ne saurait être contestée. Un peuple, dont les annales sont aussi fidèles que celles des Hébreux, n'a pu se méprendre sur des écrits de cette importance, connus et vénérés de tous comme contenant une promesse divine, et qui ont exercé une influence profonde sur la nation. D'ailleurs, les contradicteurs, pour peu qu'ils soient sincères, avouent que leurs objections sont puisées dans la seule détermination prise à l'avance de n'admettre aucune révélation. Ils conviennent que les prophéties, si elles ont l'antiquité qu'on leur attribue, sont, et fournissent des arguments contre eux. On peut ajouter qu'en attaquant l'authenticité des prophéties ils doivent en supposer la composition faite ou après l'événement, ou un peu auparavant; deux suppositions inadmissibles. Ils sont aujourd'hui à peu près d'accord à rejeter la première hypothèse ; ils se replient plus volontiers sur la seconde, mais en vérité sans plus d'apparence de succès, car tous les prophètes en prédisant ces événements prochains les connaissaient avec une sorte de certitude; donc bien d'autres qu'eux pouvaient les prévoir. Ont-ils annoncé des faits moins favorables à la conjecture? Ils ont dû alors se tromper neuf fois sur dix. Mais combien de fois ne se serait pas trompé celui qui pendant l'espace de trente ou de quarante ans aurait exercé les fonctions prophétiques! Tenus en suspens par le terme, les esprits auraient bien pu surveiller cette imposture et confondre ces prétendus prophètes. Dans toute hypothèse les prophéties sont antérieures au christianisme, et, à l'époque de leur composition, rien ne pouvait laisser entrevoir cette grande révolution morale qui s'est accomplie dans le monde par Jésus-Christ. Mais dans un événement si imprévu, si immense dans ses résultats, qui a fait l'attente du peuple hébreu, qui est l'objet des prophéties, il y a évidemment quelque chose de surnaturel; ajoutons que c'est une preuve de la vérité du christianisme.

III. Le Sauveur attendu.

Vers le temps de l'apparition du Rédempteur sur la terre, les nations étaient dans l'attente de quelque personnage fameux. Une ancienne et constante opinion, dit Suétone, « était répandue dans l'Orient, qu'un homme s'élèverait dans la Judée et obtiendrait l'empire universel[1]. » Tacite raconte le même fait, presque dans les mêmes mots. Selon ce grand historien, « la plupart des Juifs étaient convaincus d'après un oracle conservé dans les anciens livres de leurs prêtres, que dans ce temps-là (le temps de Vespasien) l'Orient prévaudrait et que quelqu'un sorti de Judée régnerait sur le monde[2]. » Enfin Josèphe, parlant de la ruine de Jérusalem, rapporte que les Juifs furent principalement poussés à la révolte contre les Romains par une obscure prophétie[3] qui leur annonçait que vers cette époque, un homme s'élèverait parmi eux, et soumettrait l'univers[4]. Le Nouveau Testament offre aussi des traces de cette espérance répandue dans Israël : la foule qui court au désert demande à saint Jean-Baptiste, s'il est le grand Messie, *le Christ de Dieu*, si longtemps attendu ; et les disciples d'Emmaüs sont saisis de tristesse lorsqu'ils reconnaissent que

---

1. Suet., *in Vespas.*
2. Tacit, *Hist.*, liv. V.
3. Ἀμφίβολος, applicable à plusieurs personnes, et voilà pourquoi, les historiens l'appliquèrent à Vespasien.
4. Joseph., *de Bello Judaico*, p. 1283.

Jean n'est pas l'homme qui doit racheter Israël, car les soixante-dix semaines de Daniel, ou les quatre cent quatre-vingt-dix ans, depuis la reconstruction du temple, allaient être accomplies. Enfin Origène, après avoir rapporté toutes ces traditions des Juifs, ajoute qu'un grand nombre d'entre eux avouèrent Jésus-Christ pour le libérateur promis par les prophètes [1].

1. Origène, cont. Cels., n° 125.

LEÇON VII.

DEUXIÈME ET TROISIÈME ARTICLES DU SYMBOLE.

En Jésus-Christ son Fils unique, Notre-Seigneur qui a été conçu du Saint-Esprit, est né de la Vierge Marie.

Dans le premier article du Symbole nous avons confessé notre foi en Dieu, le Père tout-puissant; dans le second nous protestons que nous croyons également en Dieu le Fils qui a pris un corps et une âme semblables aux nôtres.

Le Fils de Dieu fait homme s'appelle Jésus-Christ, *Jésus*, qui signifie Sauveur, parce qu'effectivement il est l'auteur de notre salut, et *Christ*, qui veut dire consacré par une onction, à cause de son sacerdoce.

Nous disons qu'il est Fils unique de Dieu, parce que Dieu le Père n'a qu'un seul fils, qui est son Fils par nature et Dieu comme lui. Pour nous nous ne sommes ses enfants que par grâce et par adoption.

Tel est l'énoncé de la doctrine chrétienne sur le mystère de l'Incarnation.

I. Ce que c'est que le mystère de l'Incarnation.

Le mystère de l'Incarnation est l'élévation de la nature humaine jusqu'à la souveraineté de l'être de Dieu, ou, comme parle le catéchisme, l'union de la nature divine et de la nature humaine dans l'unique personne du Verbe qui s'appelle Jésus-Christ.

Jésus-Christ est donc Dieu et homme tout ensemble. Il a affirmé sa divinité dans les termes les plus explicites, et il l'a prouvée par sa conduite, son caractère et ses œuvres.

Il s'attribue d'abord les opérations, les attributs essentiels et les droits suprêmes de Dieu. Les Juifs croyaient que Dieu seul pouvait remettre les péchés : Jésus-Christ sans nier ce principe déclare ce pouvoir, et il l'exerce sans condition ; il le transmet sans réserve à ses disciples ; il livre à Pierre les clefs du royaume de Dieu, et ce qu'il y a de plus remarquable encore, il remet à la femme pécheresse les fautes qu'elle a commises, comme une dette contractée à son égard. Les Juifs croyaient que Dieu seul devait juger tous les hommes ; Jésus-Christ s'annonce en mille circonstances comme le rémunérateur suprême, qui rendra à chacun selon ses œuvres. Législateur, il ne dicte pas comme Moïse ses lois au nom de Dieu ; il parle en son nom propre, et comparant ses enseignements à ceux que Dieu avait donnés au peuple Juif, il s'égale à lui en disant avec une autorité souveraine et absolue : *Et moi je vous dis.*

Il ne se borne pas à ces premières manifestations, il se donne dans les termes les plus explicites pour le Fils de Dieu. Et pour ne nous laisser aucun doute sur cette filiation, il nous habitue par sa doctrine à le considérer, comme ayant avec son Père une même nature et une même puissance : « *Mon Père et moi sommes un.... Tout ce que mon Père a est à moi.... Le Père a la vie en lui-même, le Fils a également la vie en lui-même.... Père, glorifiez-moi de cette gloire que j'avais avec vous avant que le monde existât.* » Jésus-Christ réitère cette affirmation dans les circonstances les plus solennelles, devant les prêtres et les magistrats quand il est traduit devant eux. Conduit chez le grand prêtre et adjuré par lui au nom du Dieu vivant de déclarer s'il est réellement le Christ, le *Fils de Dieu,* Jésus lui répond encore : « Vous l'avez dit. »

Certes, si Jésus-Christ n'était pas Dieu, il aurait commis un grand crime et envers la majesté suprême et envers les hommes, puisqu'il aurait voulu s'attribuer par ces discours la nature divine, et cela au moment solennel où il devait faire la déclaration la plus nette pour glorifier le Très-Haut et éclairer les hommes sur un point d'une si grave importance.

Quelle a été sur ce dogme la croyance des disciples? Lorsque les Juifs s'étonnent de la destruction du temple, les apôtres les tirent de l'erreur, mais ils ne se permettent jamais la plus légère interprétation du langage de Jésus-Christ quand il leur parle de la présence de Dieu en lui. Chaque évangéliste, au contraire, commence son récit par un témoignage qu'il rend à sa divinité.

Saint Matthieu lui applique la fameuse prophétie d'Isaïe : « Le Christ naîtra d'une Vierge et sera appelé Emmanuel, c'est-à-dire Dieu avec nous. »

Saint Marc met ces paroles en tête de son évangile : « Commencement de l'Évangile de Jésus-Christ, Fils de Dieu. »

Saint Luc, au premier chapitre, raconte l'apparition de l'ange à Zacharie pour lui annoncer la naissance de Jean-Baptiste précurseur du Seigneur.

Saint Jean commence ainsi son évangile : « Au commencement était le Verbe, et le Verbe était en Dieu, et le Verbe était Dieu. Et tout ce qui a été fait a été fait par lui. » Ou ces paroles ne signifient rien, ou elles expriment quatre choses parfaitement distinctes : l'éternité du Verbe ; la distinction du Verbe de son Père ; la divinité du Verbe ; la toute-puissance du Verbe et l'attribution de la création qui est essentiellement l'œuvre de la divinité. Or, ce langage si merveilleux, nous devons l'appliquer à Notre-Seigneur Jésus-Christ, et, en réalité, il n'est applicable qu'à lui, car saint Jean ajoute : *Et le Verbe s'est fait chair, et il a habité parmi nous plein de grâce et de vérité, et nous avons vu sa gloire qui est la gloire du Fils unique du Père.*

Il est donc bien vrai que Jésus-Crist s'est annoncé au monde comme le Fils unique de Dieu et le Messie promis dès l'origine à l'humanité. Il est donc vrai que les évangiles sont les monuments de cette croyance, et qu'elle n'a pas été élaborée par une suite d'études, ni formée durant le cours des siècles.

La vie entière de Jésus-Christ répond si bien à la qualité qu'il se donne que l'on ne pourrait surprendre ni une parole qu'il ait dite, ni une action qu'il ait faite, ni une inclination qu'il ait manifestée qui ne soit digne du Fils de Dieu. Dans les autres hommes, au contraire, quelque grands qu'ils aient été par la vertu, la doctrine, paraissent à côté de qualités éminentes d'étranges faiblesses. S'il en est que la grâce ait élevés au-dessus de la condition commune, c'est Dieu qui les a sanctifiés par une action supérieure à eux-mêmes, et d'ailleurs quelle fut leur sainteté si on la compare avec celle de Jésus-Christ?

A l'autorité de sa parole, à la preuve si frappante qui ressort de son caractère et de tout l'ensemble de sa conduite, Jésus-Christ ajoute celle de ses œuvres et l'autorité des prophètes, pour confirmer sa divine mission.

Était-ce un simple mortel, celui à l'aspect duquel toutes les maladies du corps prenaient la fuite? Était-ce un simple mortel, celui dont la foule des esprits pervers ne pouvait soutenir la présence; celui dont les vêtements seuls, par un léger attouchement, guérissaient de funestes hémorragies; celui dont les mains bienfaisantes rendaient la santé aux hydropiques; celui qui ordonnait aux boiteux de courir, aux paralytiques de se lever, aux aveugles-nés de fixer le ciel et sa bienfaisante lumière, celui dont un mot calmait les plus violentes tempêtes, et qui pouvait marcher à pied sec sur la surface des eaux? Était-ce un simple mortel, celui qui de cinq pains nourrissait cinq mille personnes, et qui faisait encore remplir douze corbeilles des morceaux qui étaient restés; celui qui ordonnait aux âmes de venir habiter de nouveau des corps qu'elles avaient quittés depuis longtemps; celui qui savait deviner ce que chacun avait de plus secret dans ses pensées; celui dont le nom seul met en fuite les démons, impose silence aux oracles, confond les aruspices et met en défaut toute la science orgueilleuse des devins?

Quiconque croit à la réalité de ces faits, qu'on ne peut nier sans ruiner tous les fondements de la certitude historique, croit à la divinité de Jésus-Christ. De tels prodiges, joints à une vie si pure et couronnée par un prodige plus éclatant, par la résurrection, sont en effet des événements qu'il est impossible d'attribuer à une cause humaine. Ils ne peuvent être que l'œuvre de celui qui domine sur le monde dont il maintient et dont il suspend les lois par le seul acte de sa volonté et pour la réalisation de ses desseins. Il faut donc dire que Dieu en permettant de tels événements a voulu nous induire en erreur, ce qui est absurde, ou il faut convenir que Jésus-Christ est Dieu.

Sa divinité n'éclate pas moins dans l'accomplissement des annonces prophétiques que dans les miracles. Si nous rapprochons en effet les prophéties, qui ont précédé de plusieurs siècles la venue de Notre-Seigneur, de ce que l'Évangile nous dit de sa personne et de sa vie, notre conviction sur ce point sera inébranlable. Conformément aux traditions de leurs pères, les Juifs attendaient le Messie à l'époque même où Jésus-Christ a paru; il devait naître à Bethléem d'une Vierge; il devait venir quand le peuple Juif aurait perdu le droit de se gouverner par ses propres lois; à sa parole, les nations devaient se convertir à sa loi; il devait aussi souffrir et mourir, et néanmoins paraître avec toute la gloire qui est due au Fils de Dieu. Or est-il venu, à l'époque déterminée ou dans les siècles qui ont suivi, je ne dis pas seulement dans la Judée, mais dans l'univers entier, un autre personnage que Jésus en qui ces caractères se sont rencontrés? C'est donc lui, manifestement, qui était le Messie.

2º Notre-Seigneur est aussi véritablement homme. Il a éprouvé dans son corps et dans son âme toutes les affections de la vie humaine: la faim, la soif, la fatigue, les tristesses, les ennuis, les répugnances de la volonté à la vue des tourments, répugnances qu'il surmonta par un acte de parfaite conformité à la volonté de Dieu. Ce serait donc une impiété de dire que son corps et tout son extérieur n'étaient qu'une apparence humaine, comme l'avaient rêvé quelques hérétiques, qui prétendaient que la nature humaine était absorbée par la nature divine, de même qu'une goutte de miel se perd dans la mer, ou qu'un peu de cire est consumé dans un brasier. L'Église, par la bouche des Pères du quatrième concile général, a frappé d'anathème cette grossière erreur.

C'est à cause de la distinction de ces deux natures que nous disons tantôt que Jésus-Christ est égal à son Père, tantôt qu'il lui est inférieur. De cette distinction il résulte aussi qu'il y a en Jésus-Christ deux volontés, l'une divine et l'autre humaine, car la volonté est essentielle aux natures intelligentes et spirituelles.

Jésus-Christ est donc Dieu et homme tout ensemble; mais quel est le mode d'union de ces deux natures? Il y a deux manières d'unir entre elles deux substances différentes: 1° le mélange qu'on obtient en broyant ensemble deux substances, deux couleurs par exemple, et qui ne produit pas une nouvelle substance, mais un résultat différent de chacune d'elles; 2° le rapport sans mélange tel que celui de deux chevaux attelés au même char qu'ils traînent.

Les deux natures qui composent la personne

de Jésus-Christ dans l'incarnation ne sont ni mêlées, ni confondues. Il y a pour former ce mystère une troisième manière d'unir, l'union hypostatique ou personnelle, c'est-à-dire l'union d'où résulte une seule personne.

L'union hypostatique est donc celle qui, de deux substances, de deux natures différentes, la nature divine et la nature humaine, forme cette personne qui s'appelle Jésus-Christ. Mais qu'est-ce qu'une personne ? saint Thomas d'Aquin donne cette définition : une personne est la substance individuelle d'une nature raisonnable. La nature humaine est la réunion de tout ce qui constitue la nature de l'homme, sans appliquer cette réunion à un être particulier ; la personne humaine est l'application de tous les éléments de la nature de l'homme à un être particulier. Toute la nature humaine est circonscrite en cette personne ; mais malgré cela, cette personne est cependant bien distincte d'une autre qui possède également en elle tous les éléments de la même nature. On peut donc dire que la personne est une individualité qui distingue un être d'un autre, une personne d'une autre personne.

Si, pour appliquer ce que nous venons de dire au mystère de l'Incarnation, on suppose que la nature divine et la nature humaine se sont simplement unies, rapprochées, on ne peut trouver nulle part le résultat de cette union. De même qu'on ne peut pas saisir la nature humaine, si elle n'est concentrée dans un seul individu, de même aussi cette union de deux natures différentes nous échappe, si elle n'est personnifiée. Il faut donc une individualité circonscrivant la nature divine et la nature humaine, il faut un être où subsistent ces deux natures, et cet être nous le trouvons dans l'incarnation du Fils de Dieu. Ainsi, quand on dit que le mystère de l'Incarnation est l'union hypostatique de la nature divine et de la nature humaine, on entend par ces mots que les deux natures ont été unies dans une seule personne : le Verbe fait chair.

Nous trouvons en nous une comparaison qui nous fait voir au juste ce que c'est que l'incarnation en tant qu'union personnelle du Verbe avec l'humanité. Il y a dans l'homme deux natures, l'une spirituelle, l'âme, l'autre matérielle, le corps. Ces deux natures sont circonscrites dans un seul individu et forment une seule personne qui s'appelle une personne humaine. Or, en Jésus-Christ la même chose s'opère, la nature divine et la nature humaine sont réunies dans une seule personne, ne forment qu'une seule personne qui s'appelle la personne du Verbe fait chair.

Mais pourquoi la nature divine et la nature humaine n'ont-elles pas été mélangées comme des couleurs ? On peut ajouter du rouge au blanc, parce que ce sont des substances finies, et par conséquent susceptibles d'être augmentées ou diminuées à volonté. Mais la nature divine étant complète et parfaite ne peut être mêlée à aucune autre substance. Pourquoi encore le Verbe et l'homme n'auraient-ils pas pu se trouver réunis, être complets tous les deux, ayant chacun leur personnalité, et marchant pour ainsi dire côte à côte dans cette union qui s'appelle Jésus-Christ, comme deux coursiers réunis entraînent le même char? Une pareille union était impossible dans le Rédempteur, car de même que le travail de chaque coursier est personnel, le travail de l'homme et du Verbe l'eût été aussi dans ce cas, et il aurait exclu ce qui était nécessaire à la réparation. Le Verbe n'eût pas fait ce qui est le propre de l'homme, il n'eût pas souffert et la rédemption exigeait des souffrances; et si le Verbe n'avait pas enduré tous les tourments de la passion, il n'eût pas donné à la souffrance particulière de l'homme sur la terre ce caractère divin qui la lui fait supporter. De son côté, l'homme ne serait pas ressuscité, ne serait pas monté au ciel, et ce séjour de délices eût été fermé pour lui. Il fallait donc pour que la rédemption du monde s'accomplît une coopération de l'humanité aux œuvres de la divinité. Le Verbe et l'homme devaient être unis assez intimement pour que les œuvres de la divinité pussent devenir celles de l'humanité, et que les œuvres de l'humanité fussent accomplies par le Verbe. Mais cette union ne pouvait pas, ne devait pas être assez intime pour que les deux natures fussent confondues l'une dans l'autre; il fallait confondre les œuvres du Verbe et les œuvres de l'homme sans confondre les natures, de manière à faire produire à l'homme les actes de Dieu et à Dieu les actes de l'homme. C'est ce résultat qui a été obtenu par l'union hypostatique ou personnelle qui, en réunissant dans la personne de Jésus-Christ la nature divine et la nature humaine, a confondu les œuvres sans confondre les substances.

II. Comment s'est accompli ce mystère?

La manière dont s'est accompli ce mystère ne peut ni se concevoir par l'esprit humain, ni s'exprimer par des paroles; mais voici ce que l'Évangile nous en apprend: Lorsque le temps, arrêté dans les conseils divins fut arrivé, l'ange Gabriel fut envoyé dans la ville de Galilée, appelée Nazareth, à une vierge fiancée à un homme de la maison de David nommé Joseph et le nom de la vierge était Marie. L'ange lui dit en l'abordant: « Je vous salue, pleine de grâce, le Seigneur est avec vous, vous êtes bénie entre les femmes. » Elle, l'ayant entendu, fut troublée de ses paroles, pensant en elle-même quelle pouvait être cette salutation. Mais l'ange lui dit: « Ne craignez pas, Marie, car vous avez trouvé grâce auprès de Dieu. Voici que vous concevrez dans votre sein, et vous enfanterez un fils, et vous lui donnerez le nom de Jésus. Il sera grand, on l'appellera le Fils du Très-Haut, et le Seigneur Dieu lui donnera le trône de David, son père, et il régnera éternellement sur la maison de Jacob, et son règne n'aura point de fin. » Mais Marie dit à l'ange : « Comment cela se fera-t-il? car je ne connais point d'homme. » Et l'ange répondit : « L'Esprit-Saint surviendra en vous, et la vertu du Très-Haut vous couvrira de son ombre. C'est pourquoi le Saint qui naîtra de vous sera appelé le Fils de Dieu. Et voilà qu'Élisabeth, votre parente, a conçu, elle aussi, dans sa vieillesse, et cette stérile est à son sixième mois, car rien n'est impossible à Dieu. » Marie dit alors : « Voici la servante du Seigneur, qu'il me soit fait selon votre parole. » Et l'ange la quitta. Dans ce moment, le mystère de l'Incarnation s'accomplit; le Saint-Esprit forma en elle le corps de Jésus-Christ, auquel il unit une âme, et en même temps se fit cette union indissoluble de la nature divine avec la nature humaine en la personne du Fils de Dieu.

Ainsi, le Fils unique de Dieu devint homme sans cesser d'être Dieu, et la sainte Vierge devint véritablement et proprement la mère de Dieu, puisqu'elle conçut un homme-Dieu. Après l'avoir porté neuf mois dans son sein, elle le mit au monde, comme elle l'avait conçu, en demeurant toujours vierge. D'où l'on voit que Jésus-Christ, comme homme, n'a point eu de père, Dieu n'a voulu que saint Joseph fût l'époux de Marie qu'afin de cacher ce mystère sous le voile d'un chaste mariage. Mais comme Dieu, Jésus-Christ a un père qui l'a engendré de toute éternité et auquel il est égal en toutes choses.

LEÇON VIII.

SUITE DES DEUXIÈME ET TROISIÈME ARTICLE DU SYMBOLE.

VIE DE JÉSUS-CHRIST.

La vie de Jésus-Christ est le grand livre des chrétiens, ses exemples sont pleins de lumière et de grâce, et c'est pour nous les donner qu'il a passé plusieurs années sur la terre, lorsqu'un instant lui aurait suffi pour nous racheter. Les apôtres, sur douze articles du symbole, en ont consacré six à la vie de Jésus-Christ ; et tout le culte de l'Église ne consiste qu'à reprendre chaque année la suite des *mystères* ou actions principales de la vie cachée et publique du Sauveur, pour les faire passer successivement sous nos yeux.

I. Vie cachée de Jésus-Christ.

Naissance de Jésus-Christ.—Le prophète Michée avait annoncé que le Sauveur devait naître à Bethléem. Mais Marie et Joseph habitaient une autre ville, Nazareth de Galilée. Alors, pour amener l'accomplissement de la prophétie, Dieu permit que César-Auguste ordonnât un dénombrement général de ses sujets, et leur inscription sur les registres publics dans la ville de leur origine. Marie et Joseph qui étaient de la maison de David durent donc venir à Bethléem, patrie de leur royal ancêtre; et c'est pendant qu'ils y étaient que sonna l'heure solennelle, désignée par les prophètes et saluée de loin par les soupirs de tous les justes.

« Tout dormait dans la paix et le silence, et la nuit était au milieu de sa course, quand le Verbe tout-puissant descendit de son trône céleste pour être l'exterminateur du mal. Il avait les pieds sur la terre et sa tête touchait le ciel. Cette nuit, plus éclatante que le midi du plus beau jour, était celle du sabbat, au premier jour de la semaine du 24 au 25 décembre, il y a 1869 ans environ ; car le moment de la naissance du Sauveur du monde est « le milieu des ans. » C'est là qu'on descend pour compter les années qui ont suivi, c'est de là qu'on remonte pour compter les années qui ont précédé. Quelle date en effet, mieux choisie que celle qui a été quarante siècles l'attente du genre humain et sera toujours son plus doux et son plus grand souvenir ! »

Les premiers instruits de la naissance d'un Dieu pauvre devaient être des pauvres. En ce même lieu, dit l'Évangile, étaient des pasteurs qui gardaient leurs troupeaux, se partageant les veilles de la nuit. Et voilà qu'un ange du Seigneur se tint près d'eux et une clarté de Dieu les environna, et ils furent saisis d'une grande

crainte. Mais l'ange leur dit : « Ne craignez
« point ; car je vous annonce une grande joie
« pour tout le peuple. Il vous est né aujourd'hui,
« dans la ville de David, un sauveur qui est le
« Christ, le Seigneur. Et vous le reconnaîtrez à ce
« signe : Vous trouverez un enfant enveloppé de
« langes, et couché dans une crèche. » Au même
instant se joignit à l'ange une troupe de la milice
céleste, louant Dieu, et disant : « Gloire à Dieu
« au plus haut des cieux, et paix sur la terre
« aux hommes de bonne volonté ! » Et lorsque
les anges remontant au ciel, les eurent quittés,
les pasteurs se disaient l'un à l'autre : « Pas-
« sons jusqu'à Bethléem, et voyons ce qui est
« arrivé et que le Seigneur nous a fait connaître. »
Et ils se hâtèrent, et ils trouvèrent Marie et Joseph, et l'enfant couché dans une crèche. Et
l'ayant vu, ils reconnurent ce qui leur avait été
dit de cet enfant ; et tous ceux qui l'apprirent,
admirèrent ce que leur avaient raconté les pasteurs.

Après les bergers, les rois ; après les juifs,
les gentils. Quelques jours après la naissance
du Sauveur, des Mages, qui étaient des hommes
sages et puissants, peut-être même des rois,
vinrent d'Orient à Jérusalem, disant : « Où est
le roi des Juifs nouvellement né ? car nous avons
vu son étoile en Orient, et nous venons l'adorer. » Apprenant cela, le roi Hérode en fut troublé, et tout Jérusalem avec lui. Et les princes
des prêtres lui ayant dit que le Christ naîtrait

à Bethléem de Juda, il appela secrètement les Mages, s'enquit d'eux avec diligence du temps où l'étoile leur était apparue, et les envoyant à Bethléem, il leur dit de s'informer avec soin de l'Enfant, pour qu'il pût, lui aussi, aller l'adorer. Alors ils partirent; et voilà que l'étoile les précédait, jusqu'à ce que, venant au dessus du lieu où était l'Enfant, elle s'y arrêta. A cette vue, ils se réjouirent d'une grande joie. Et entrant dans la maison, ils trouvèrent l'Enfant avec Marie sa mère, et se prosternant ils l'adorèrent; et ouvrant leurs trésors, ils offrirent de l'or, de l'encens et de la myrrhe.

La Circoncision. — Huit jours après la naissance des enfants mâles, on opérait sur leur corps une incision ou retranchement, qui rappelait l'alliance particulière que Dieu avait contractée avec Abraham et sa postérité, et les obligeait à l'observation de toute la loi. Flétrissure humiliante et douloureuse, elle n'était faite que pour des pécheurs. Mais le Fils de Dieu, qui venait se substituer à leur place, a voulu dès lors répandre pour eux les prémices de son sang.

Aussi il y reçut le nom de Jésus, qui veut dire : sauveur. « Ce nom est comme un abrégé de l'Évangile, rappelant tout ce que Notre-Seigneur a souffert, tout ce qu'il nous a mérité et promis; il est un miel sur nos lèvres, une lumière à nos yeux, une musique à nos oreilles, une huile sur nos blessures, un baume sur notre cœur. Autrefois les conquérants portaient les noms des provinces qu'ils avaient vaincues, noms composés de sang et de larmes ; Jésus tire son nom de ceux qu'il a sauvés, et ce nom de salut ne rappelle de douleurs que les siennes. »

La Présentation. — Pour marquer le souverain domaine de Dieu sur toutes choses, et rappeler aux Israélites le massacre des premiers-nés d'Égypte dont les avait préservés le sang de l'agneau pascal, la loi de Moïse ordonnait aux parents de présenter à Dieu, dans le temple, leur enfant premier-né, qu'ils pouvaient racheter à prix d'argent, et d'offrir en même temps un agneau s'ils étaient riches, ou deux tourterelles s'ils étaient pauvres. Quarante jours après sa naissance, le Maître de toutes les créatures fut donc racheté comme un esclave pour quelques pièces de monnaie. Sa mère fit pour lui l'offrande des pauvres, deux tourterelles. Quelle leçon d'humilité, de pauvreté et d'obéissance ! Ce fut alors que le vieillard Siméon vint dans le temple, poussé par l'esprit de Dieu, prit l'Enfant Jésus entre ses bras, et bénit Dieu en disant : « Maintenant, Seigneur, laissez votre serviteur s'en aller en paix, puisque mes yeux ont vu le Sauveur promis de vous, la lumière des nations, la gloire d'Israël. »

La fuite en Égypte. — Hérode avait dit aux Mages de l'informer du lieu où ils trouveraient l'Enfant afin d'aller aussi l'adorer. Mais il voulait le faire mourir parce qu'il redoutait en lui un rival pour son trône. Quand il se vit déçu par les Mages qui n'étaient pas revenus vers lui, il entra dans une grande colère et fit massacrer tous les enfants qui étaient à Bethléem depuis l'âge de deux ans et au-dessous. Mais à travers cette mer de sang, le seul qu'Hérode poursuit lui échappe. Averti par l'ange du Seigneur, Joseph prit l'Enfant et sa mère pendant la nuit, et se retira en Égypte, et il y resta jusqu'à la mort d'Hérode; ce prince étant mort, Joseph ramena l'Enfant et sa mère dans la terre d'Israël. Mais apprenant qu'Archélaüs régnait en Judée à la place d'Hérode son père, il se retira dans la Galilée et y demeura dans la ville de Nazareth.

Voyage de Jésus à Jérusalem à l'âge de douze ans. — Lorsqu'il eut atteint sa douzième année, ses parents étant montés, selon leur coutume, à Jérusalem au temps de la fête, et s'en revenant après qu'elle fut passée, l'Enfant Jésus demeura à Jérusalem, et ils ne s'en aperçurent pas. Ils pensaient qu'il était avec ceux de leur compagnie. Et ne le trouvant pas, ils revinrent à Jérusalem pour le chercher. Et après trois jours ils le trouvèrent dans le Temple, assis au milieu des docteurs, les écoutant et les interrogeant; et tous ceux qui l'entendaient étaient confondus de sa sagesse et de ses réponses. Et le voyant ils furent étonnés, et il dit à sa mère : « Pourquoi me cherchez-vous? Ignoriez-vous qu'il faut que je m'occupe des choses qui sont de mon Père? » C'est ici la première parole que nous entendons tomber des lèvres du Verbe incarné. Le plus soumis des fils l'adresse sans ménagement à la plus tendre des mères, pour nous montrer quel respect nous devons avoir pour les ordres de Dieu. L'Évangile, dont nous ne faisons que rapporter le récit en l'abrégeant, ajoute : « Et l'Enfant croissait et se fortifiait plein de sagesse, et la grâce de Dieu était en lui. » Et il descendit (du Temple) avec Marie et Joseph, et il vint à Nazareth, et il leur était soumis, et sa mère conservait toutes ces choses dans son cœur.

« Les trente années de la vie cachée de Jésus sont renfermées dans ces deux versets : *Jésus allait croissant*, mais d'une croissance régulière que n'interrompait aucune maladie, parce que son divin corps était parfait comme celui d'Adam innocent. Mais son âme *pleine de sagesse* ne se perfectionnait pas ; elle révélait seulement les trésors de science et de vertu cachés en elle, le plus souvent peu à peu et selon le progrès de l'âge, quelquefois d'une manière inattendue comme au milieu des docteurs : c'était un soleil qui sortait lentement du nuage dont il s'était volontairement enveloppé. Malgré les grâces dont sa sainte âme était comme inondée, *il était soumis à Marie et à Joseph*. Toutes les grâces d'obéissance chrétienne viennent de là, et toutes les velléités d'insubordination et d'indépendance rencontreront toujours là leur éternelle et péremptoire condamnation. »

II. Vie publique de Jésus-Christ.

La vie publique du Sauveur commence par l'hommage que lui rendit Jean-Baptiste sur les rives du Jourdain, et qui fut confirmé par la voix de Dieu même. Lorsque Jésus se présenta pour recevoir le baptême de Jean qui n'était qu'une simple cérémonie de religion et de pénitence, et ne remettait pas les péchés, celui-ci s'écria : « Je dois être baptisé par vous et vous venez à moi ! » Et quand Jésus entra dans le Jourdain pour y être baptisé, les cieux lui furent ouverts et il vit l'Esprit de Dieu descendre comme une colombe, et se reposer sur lui. Et une voix du ciel dit : « Celui-ci est mon Fils bien-aimé, en qui je me suis complu. »

Jésus se retira ensuite au désert où il jeûna quarante jours et quarante nuits pour se préparer à son ministère public. C'est alors que le démon en voyant Jésus affaibli par ce long jeûne, s'approcha de lui pour le tenter. Il le tenta d'abord par le plaisir grossier de la bouche, puis par l'orgueil, puis par l'ambition. Jésus le permit pour nous mériter la grâce de résister aux tentations, et nous montrer la manière de les vaincre.

Alors a commencé la vie publique du Sauveur. « Elle a été divinement efficace sur les corps, par ses œuvres, et sur les esprits par sa parole. A sa voix, les démons s'enfuient en le proclamant le Saint, le Fils de Dieu ; le pain se multiplie dans le désert, l'eau se change en vin aux noces de Cana, les tempêtes se calment et les flots apaisés soutiennent ses pas et ceux de ses disciples; la nature entière s'incline devant son Roi. Toutes les maladies, suites du péché, disparaissent avec le péché, « le muet parle au sourd étonné de l'entendre, » l'aveugle voit, le paralytique marche, la main aride touche sans crainte le lépreux redevenu sain comme un enfant; Lazare se lève de son tombeau de quatre jours, le fils de la veuve de Naïm dans son cercueil, la fille de Jaïre sur son lit de mort pour saluer l'auteur de la vie. Une vertu sort de Jésus qui guérit tous les corps, comme il sort encore chaque jour de son cœur une grâce qui guérit toutes les âmes. »

Tous ces faits qu'on appelle miracles parce qu'ils sont contre les lois de la nature sont encore surpassés par un miracle d'un ordre supérieur : la sublimité continue et sans effort de tout son enseignement. Cette doctrine infiniment supérieure à celle des sages nous fait connaître Dieu et nos destinées. Elle nous apprend que nous avons au ciel un Père qu'il faut aimer, un maître auquel il faut obéir, et un juge qu'il faut redouter. Quant à nous, elle nous enseigne que le libérateur promis est arrivé, qu'il doit mourir pour le salut du monde, que nous sommes en lui comme il est en son Père, vivant de sa grâce et de sa vie, réconciliés et adoptés en lui, fils et héritiers comme lui, héritiers de Dieu, cohéritiers de Jésus-Christ.

Cet enseignement est contenu avec la vie et les miracles du Sauveur dans quatre livres appelés Évangiles et composés par saint Matthieu, saint Marc, saint Luc et saint Jean sous l'inspiration et comme sous la dictée de l'Esprit-Saint. « Il a une onction propre qui pénètre les âmes avec force et douceur. Tout homme droit cède à son charme puissant, les simples le sentent, les savants le raisonnent peut-être, mais tous le subissent et s'écrient en le lisant, comme autrefois les Juifs en l'entendant : « Non, jamais homme n'a parlé comme cet homme! Maître, vous avez bien dit! Bienheureux le sein qui vous a porté et les mamelles qui vous ont allaité! »

LEÇON IX.

QUATRIÈME ARTICLE DU SYMBOLE.

Qui a souffert sous Ponce-Pilate, a été crucifié, est mort, a été enseveli.

DU MYSTÈRE DE LA RÉDEMPTION.

I. Passion de Jésus-Christ.

Agonie au jardin des Oliviers. — L'heure de la rédemption étant venue, Jésus-Christ institua l'Eucharistie, le sacrifice non sanglant, avant de consommer son sacrifice sanglant. Ayant rendu grâces, il se retira avec ses disciples dans le jardin des Oliviers, où il allait souvent prier. Là il commença de tomber en grande peine et tristesse, et leur dit : « Mon âme est triste jusqu'à la mort ; demeurez ici, et veillez avec moi. » S'étant éloigné un peu, il se prosterna sur sa face, priant et disant : « Mon Père, s'il est possible, que ce calice passe loin de moi ; cependant, non pas comme je veux, mais comme vous voulez. » Alors un ange du ciel lui apparut et il le fortifiait. Et étant tombé en agonie, il priait encore plus. Et il rendit une sueur comme des gouttes de sang qui tombaient à terre.

Cette tristesse de Jésus-Christ fut volontaire :

car pour l'éprouver il dut empêcher les effets de la joie que donne la vision intuitive. Elle fut causée par la vue des péchés des hommes dont il allait se couvrir devant son Père. Pour être consolé il n'avait pas besoin du ministère de l'ange; néanmoins il ne le refusa pas, pour montrer à quel point il était abattu par la douleur, et pour apprendre aux élus que, dans une telle extrémité, ils ne doivent pas chercher de secours dans les créatures, mais en Dieu seul qui est notre véritable soutien. La prière de Jésus-Christ à son Père, pour détourner le calice d'amertume, exprime un désir naturel, mais que fait taire la volonté raisonnable et divine.

L'histoire de la sueur de sang est authentique. Les paroles de l'évangéliste : *comme des gouttes de sang*, ne contiennent pas une métaphore. La comparaison ne se rapporte pas à la forme de la sueur, mais à la manière dont cette sueur coulait; c'est le sentiment des anciens Pères. Saint Hilaire, le vénérable Bède croient qu'elle fut miraculeuse parce que dans la tristesse le sang reflue vers le cœur. Benoît XIV et le docte Suarez disent que cette sueur fut l'effet naturel de l'affliction profonde du Sauveur. On cite des faits à l'appui de cette seconde opinion : Un jeune homme ayant été mis en prison sua du sang, ainsi qu'un enfant témoin de l'exécution de ses frères. De Thou raconte la même chose dans son histoire.

Trahison de Judas. — Après sa prière, Jésus rejoignit ses disciples qui dormaient et leur dit : « Allons, voici venir celui qui me trahira. » Il parlait encore lorsque Judas, un des douze, arriva avec une troupe armée d'épées et de bâtons, envoyée par les princes des prêtres. Le traître leur avait donné ce signe : « Celui que je baiserai, c'est lui, saisissez-vous-en. » Et aussitôt saluant Jésus il le baisa. Et les autres s'approchèrent ; Jésus leur dit : « Qui cherchez-vous ? — Jésus de Nazareth. — C'est moi. » A ces mots : *C'est moi*, ils furent renversés et tombèrent à terre.

Jésus-Christ prédit trois fois la trahison de Judas : 1° Quand il fut à table avec les apôtres, comme le dit saint Marc : « En vérité, je vous le dis, l'un de vous doit me trahir ; » 2° pendant le lavement des pieds, ainsi que le rapporte saint Jean : « Vous êtes purs, mais non pas tous ; » 3° enfin après le lavement des pieds et l'institution de l'Eucharistie. — Notre-Seigneur renversa les soldats pour montrer que ce n'était pas par faiblesse qu'il se laissait prendre ; pour rendre ses ennemis inexcusables, en leur manifestant sa puissance dont ils attribuèrent peut-être les effets à la magie ; enfin pour frapper et avertir Judas par un miracle si éclatant.

Jésus conduit chez Caïphe, Pilate et Hérode. — Jésus se laissa prendre et lier, et on le conduisit chez Caïphe, prince des prêtres. Et ils cherchaient contre lui de faux témoignages, et n'en trouvaient pas. Enfin il vint deux faux témoins qui déposèrent : « Celui-ci a dit : « Je puis dé-« truire le temple de Dieu et le rebâtir après trois « jours. » Le grand prêtre se levant lui dit : « Vous ne répondez rien à ce témoignage ? » Et Jésus se taisait. « Je vous adjure par le Dieu vivant de dire si vous êtes le Christ, le Fils de Dieu ! » Jésus répondit : « Vous l'avez dit. Vous verrez un jour le Fils de l'homme assis à la droite de Dieu, et venant dans les nuées du Ciel. » Caïphe alors déchira ses vêtements et dit : « Il a blasphémé, qu'avons-nous besoin de témoins ? Vous avez entendu le blasphème : que vous en semble ? » Tous répondirent : « Il est digne de mort. » Alors ils lui crachèrent au visage, et le frappèrent avec le poing, et d'autres, après lui avoir voilé la face, le souffletaient disant : « Christ, devine qui t'a frappé ? »

Jésus interrogé chez Caïphe garde d'abord le silence, parce que les témoignages allégués contre lui ne méritaient pas de réponse, et aussi parce qu'il voyait que sa perte était résolue. Quand le grand prêtre l'adjure de dire s'il est le Fils de Dieu, il répond pour manifester la vérité.

Jésus fut laissé toute la nuit entre les mains de ses bourreaux, et le matin il fut amené au tribunal du gouverneur romain, Ponce-Pilate. Philon accuse ce magistrat d'avoir été, par son caractère dur et inflexible, ainsi que par ses concussions, la cause des premières séditions qui amenèrent la guerre des Juifs. Ce fut devant cet homme couvert de crimes que fut conduit Jésus, parce que, depuis la conquête, les Juifs avaient perdu le droit de vie et de mort. Pilate lui demanda : « Êtes-vous le roi des Juifs? » Jésus répondit : « Vous le dites. » Et comme tous l'accusaient et qu'il gardait le silence, Pilate lui dit : « N'entendez-vous pas tout ce qu'ils disent contre vous? » Jésus ne répondit pas au gouverneur romain parce que celui-ci connaissait son innocence. Son témoignage pouvait d'ailleurs être récusé, et il ne voulait pas détourner l'application des desseins providentiels.

Pilate apprenant que Jésus était de Galilée, il le renvoya à Hérode, tétrarque de la Galilée, pour lui donner une marque de déférence. Ce prince était fils du grand Hérode qui avait fait décapiter saint Jean-Baptiste. Jésus-Christ ne fit aucun miracle devant lui, parce qu'il ne devait pas en faire pour la gloire et pour la vanité d'un prince. Il ne répondit pas à ses accusations pour montrer leur fausseté et donner aux chrétiens de tous les âges un grand exemple de patience. Alors Hérode avec sa cour le méprisa et le renvoya revêtu d'une robe blanche, pour faire connaître à Pilate qu'il ne fallait pas le craindre, mais le traiter comme un insensé. Dieu permit cette injure pour signifier l'innocence de Jésus.

Pilate dit aux Juifs : « Vous m'avez présenté cet homme comme soulevant le peuple, et je ne l'ai pas trouvé coupable, ni Hérode non plus, car on ne l'a convaincu de rien devant lui. Je le relâcherai donc, après l'avoir fait châtier. La coutume est que je vous délivre un prisonnier le jour de Pâques : voulez-vous que je vous délivre le roi des Juifs. » Et ils répondirent : « Non, pas celui-ci, mais Barrabas. » Or, Barrabas était un voleur et un meurtrier. Pilate prit donc Jésus et le fit attacher à une colonne et flageller.

La flagellation était en usage chez les Juifs et les Romains. Chez les Romains on dépouillait tout à fait le patient, on l'attachait à une colonne, et on le frappait avec des verges et des courroies auxquelles on attachait des morceaux de bois ou de fer. Ce supplice précédait celui de la croix, et souvent le patient y perdait la vie. La flagellation juive était moins cruelle, on ne donnait que quarante coups. Jésus-Christ reçut la flagellation romaine comme les esclaves.

Les soldats l'ayant dépouillé, jetèrent sur lui un manteau de pourpre, et, tenant une couronne d'épines, ils la mirent sur sa tête, et un roseau dans sa main droite; et fléchissant le genou devant lui, ils le raillèrent, disant : « Salut, roi des Juifs. » Et crachant sur lui, ils prenaient le roseau et en frappaient sa tête. Pilate fit sortir Jésus du prétoire portant la couronne d'épines et le vêtement de pourpre, et il dit aux Juifs : « Voilà l'homme. » Et ils criaient : « Crucifiez-le, crucifiez-le ! » Pilate dit : « Prenez-le vous-mêmes et le crucifiez; car je ne trouve en lui aucun crime. » Eux dirent : « Si vous le délivrez, vous n'êtes pas l'ami de César. » Alors Pilate fut effrayé en voyant qu'il ne gagnait rien, et que le tumulte allait croissant; il prit de l'eau, et se lavant les mains devant le peuple, il dit : « Je suis innocent du sang de ce juste; à vous d'en répondre. » Et tout le peuple cria : « Que son sang soit sur nous et sur nos enfants. » Et il le leur livra pour être crucifié.

Pilate viola la justice et les lois romaines, qui voulaient qu'on mît un intervalle de dix jours entre la sentence et son exécution. Dion Cassius nous rapporte un édit de Tibère à ce sujet. Il y avait, il est vrai, une exception quand il s'agissait d'un brigand, mais on ne pouvait rien objecter contre Jésus, et une sédition de ses partisans n'était pas à craindre, puisqu'il n'en avait pas.

Crucifiement de Jésus-Christ. « Jésus-Christ portant sa croix vint au lieu, dit Calvaire, en hébreu Golgotha. Et rencontrant un nommé Simon, de Cyrène, qui revenait des champs, ils le forcèrent de porter la croix derrière Jésus. »

Jésus fut chargé de sa croix parce que d'après un usage en vigueur chez les Romains le criminel portait son gibet par la ville. Mais ce fut aussi pour vérifier la figure d'Isaac portant le bois de son sacrifice. Le lieu où vint Jésus était appelé Calvaire, à cause des crânes des criminels qui y étaient exécutés. D'autres disent que c'est parce qu'Adam y fut enterré, et que son crâne y resta longtemps. Dans ce dernier sentiment qui est celui de saint Augustin, quel beau rapprochement n'y aurait-il pas à faire entre l'ancien et le nouvel Adam !

Arrivés au Calvaire ils le crucifièrent, et deux voleurs avec lui, l'un à la droite, l'autre à la gauche, selon ce qu'avait dit l'Écriture : « Il a été rangé parmi les criminels. »

La croix était un supplice infâme qu'on ne réservait qu'aux esclaves ou aux grands criminels. Cicéron nous le dit dans son discours contre Verrès. On crut chez les Romains qu'il suffisait pour empêcher le suicide d'attacher à une croix le corps de ceux qui se donnaient la mort. Saint Augustin regarde ce supplice comme le plus cruel. Les poëtes l'appelaient *sævum;* les jurisconsultes, *summum supplicium.* Jésus-Christ l'a choisi pour être notre modèle dans les plus grandes ignominies. Il y avait deux espèces de croix : la croix simple qui était une pièce de bois droit; la croix composée qui se formait de deux pièces de bois coupées à angles. Il n'est pas aisé de déterminer si le crucifié avait un siége ou s'il avait un appui sous les pieds, comme on le voit dans les anciens tableaux. Il est aussi très-difficile de dire si Jésus-Christ fut attaché à la croix avant ou après qu'elle fut élevée. Il paraît plus probable qu'il fut crucifié de cette seconde manière. Ce sentiment s'appuie sur le témoignage des Pères qui disent : *Il fut élevé*[1]. Quant au nombre des clous, il y en avait quatre : c'est l'opinion de saint Hilaire et de saint Grégoire de Tours, qui est conforme aux anciennes images.

C'est vers la sixième heure (midi) qu'ils le crucifièrent, et jusqu'à la neuvième (trois heures) la terre resta couverte de ténèbres. Il y avait au-dessus de sa tête une inscription en latin, en grec, en hébreu : *Jésus de Nazareth, roi des Juifs*. Et passant devant ils blasphémaient et disaient en branlant la tête : « Toi qui détruis le temple de Dieu et le rebâtis en trois jours, que ne te sauves-tu toi-même? Si tu es le Christ, descends de la croix. » Et les chefs disaient avec moquerie : « Il a sauvé les autres et ne peut se sauver lui-même! »

Notre-Seigneur a permis ces injures : pour rabattre notre orgueil; pour faire éclater la sagesse de Dieu qui, malgré l'ignominie de la croix, la fait servir à notre salut; pour manifester sa divinité, car les Juifs disaient : « Il a sauvé les autres.... qu'il descende de la croix. » Ils croyaient donc à un miracle et il en fit un plus grand, celui de la résurrection.

Mais Jésus priait, disant : « Mon Père, pardonnez-leur, car ils ne savent pas ce qu'ils font. » Et l'un des voleurs, ayant repris son compagnon qui le blasphémait aussi, dit à Jésus: « Seigneur, souvenez-vous de moi dans votre royaume. » Jésus lui répondit : « Vous serez

---

1. S. Ambros. : *Elevatus est.*

avec moi aujourd'hui dans le Paradis. » Voyant sa mère et quelques femmes debout près de la croix, avec le disciple qu'il aimait, il dit à sa mère : « Femme, voilà votre fils ; » et ensuite au disciple : « Voilà votre mère. » Environ vers la neuvième heure, il s'écria : « Héli ! Héli !... » c'est-à-dire : « Mon Dieu, mon Dieu ! pourquoi m'avez-vous abandonné ? »

Ces dernières paroles ne sont pas hébraïques mais chaldaïques ; c'était à cette époque la langue en usage chez les Juifs. Peut-être même que quelques juifs hellénistes ne les comprirent pas. Ils crurent que Jésus-Christ appelait son Père à son secours. Ce cri n'est pas l'expression du désespoir, mais de la douleur et du délaissement ; la partie supérieure de son âme jouissait seule de la vision intuitive.

Puis, pour accomplir jusqu'à la dernière toutes les paroles de l'Écriture, il dit encore : « J'ai soif. » Il y avait là un vase plein de vinaigre ; ils y trempèrent une éponge au bout d'une branche d'hysope et la présentèrent à sa bouche. Jésus l'ayant goûtée, dit : « Tout est consommé. Mon Père, je remets mon âme entre vos mains. » Il jeta un grand cri, et baissant la tête, il expira.

Quelle grandeur d'âme Jésus-Christ a montrée à sa mort. Il n'y court pas comme un enthousiaste qui ne la voit pas, mais comme un sage qui en a horreur et dont la vertu en triomphe. On ne trouve pas dans l'histoire un pareil exemple d'héroïsme. Jamais on ne vit une telle magnanimité au milieu des insultes, des outrages, des mauvais traitements, des tourments et des supplices : Jésus supporte tout avec une patience invincible, il prie même pour ses bourreaux !

Après la mort de Jésus, son corps fut détaché de la croix et mis dans le tombeau. Le sépulcre où on l'ensevelit était creusé dans le roc ; on le montre encore de nos jours, et il a toujours été vénéré des chrétiens. Cette tradition très-ancienne doit nous faire regarder comme fausses les allégations des incrédules : ils prétendent que ce lieu se trouvant dans Jérusalem ne peut être celui de la sépulture de Jésus. Mais cette ville a subi tant de changements que cela n'a rien d'étonnant.

II. Raison des souffrances de Jésus-Christ et application de ses mérites.

Jésus-Christ est mort pour accorder à la justice de Dieu, offensée par le péché de notre premier père et par nos péchés personnels, la victime qu'elle réclamait, et à sa miséricorde le pardon universel qu'elle sollicitait. « Car en prenant sur lui nos péchés, Jésus-Christ les a expiés surabondamment par ses humiliations, ses douleurs et sa mort, puisqu'une seule goutte de son sang, un seul acte de soumission de sa volonté, avait une valeur expiatoire infinie. Dès lors, la justice divine, plus que satisfaite, n'avait plus aucun droit sur nous ; nous cessions d'être ses débiteurs insolvables, Dieu n'avait plus de raisons de nous traiter en ennemis.... Mais cette mort libre et volontaire de Jésus-Christ était impétratoire autant qu'expiatoire, elle obtenait la grâce après avoir expié les péchés : le Père éternel devait une récompense au réparateur de sa gloire, à l'innocente victime de sa justice. » — « Notre-Seigneur, qui n'avait rien à demander pour lui-même, puisque comme Dieu il ne peut rien recevoir, et que comme homme il avait tout reçu au moment de sa conception et de son union hypostatique avec le Verbe, a demandé à garder en héritage tous ces esclaves qu'il avait rachetés de l'enfer, à leur appliquer tous ses mérites, à rester leur chef heureux et triomphant, comme il avait été leur chef souffrant et humilié, à leur communiquer comme à ses membres sa grâce et sa vie divine, de même qu'ils lui avaient communiqué comme à leur tête la honte et la peine de leurs crimes. C'est cette prière de notre grande victime, exaucée à cause de la révérence due à sa dignité, qui a achevé de nous réconcilier avec Dieu : par elle, non-seulement nous cessons d'être ses ennemis, mais nous devenons ses amis et ses enfants ; non-seulement nos péchés sont effacés, mais la grâce et la vie de Jésus-Christ se répandent en nous ; non-seulement nous échappons à l'enfer, mais tous nos droits au ciel, perdus en Adam, nous sont restitués, avec l'obligation d'y aller rejoindre notre divin Chef[1]. »

1. M. Leclerc, *Théologie du catéchiste*.

Cette justice qui est le fruit de la mort de Jésus-Christ ne nous est pas transmise par la naissance comme le péché d'Adam, mais personnellement appliquée à chacun de nous. C'est un trésor ouvert à tous, une fontaine publique, dont les eaux se donnent sans argent mais à la condition que nous allions y puiser.

Elle nous est appliquée de trois manières : 1° sans aucun effort ni mérite de notre part, lorsque encore incapables de volonté, nous sommes baptisés et incorporés à Jésus-Christ par la vertu de son sang réparateur; 2° avec un effort personnel, mais qui est hors de toute proportion avec la grâce qui le suit, comme dans les sacrements administrés aux adultes. Quelle distance en effet entre les quelques actes pieux et passagers qui nous y disposent et les effets puissants qui en résultent! 3° La troisième manière se mesure exactement à nos efforts, soit lorsque nous prions, soit lorsque nous sommes en présence de quelque péché à éviter ou de quelque commandement à accomplir. Sans doute les mérites de Jésus-Christ sont infinis, mais il manque à sa passion de nous être appliquée, d'être imprimée sur notre volonté pour la placer sous celle de Dieu, et sur notre chair sensuelle pour la maintenir dans le respect des lois de Dieu et de l'Église.

LEÇON X.

CINQUIÈME ARTICLE DU SYMBOLE.

DE LA DESCENTE DE JÉSUS-CHRIST AUX ENFERS ET DE SA RÉSURRECTION.

I. De la descente de Jésus-Christ aux enfers.

Après la mort de Jésus-Christ, son âme, séparée de son corps mais non de sa divinité qui resta toujours unie à l'un et à l'autre, descendit aux enfers, mot qui signifie lieux bas, par opposition au ciel qui est appelé les hauteurs, les hauts lieux. De même qu'on distingue trois espèces de ciels, l'atmosphère, les espaces où roulent les astres, et le ciel proprement dit où règnent les saints, on donne le nom d'enfer à trois lieux bien différents, à l'enfer proprement dit où souffrent les damnés, au purgatoire où les âmes qui ne sont pas complétement purifiées de leurs souillures achèvent leur expiation, et aux limbes où descendit Notre-Seigneur aussitôt après sa mort. Ce troisième enfer était comme le vestibule du paradis où les âmes ne souffraient pas, malgré l'ardeur de leurs soupirs pour le ciel qui n'était tempérée et consolée que par la certitude de leur espérance. Cette espérance avait été entretenue dans les limbes, comme l'espérance du Messie sur la terre. A mesure que les prophètes venaient se réunir à ces saintes âmes, pouvaient-ils ne pas leur dire ce qu'ils savaient de son futur avénement? Enfin les portes de leur prison s'ouvrent: c'est lui, le Rédempteur, le Sauveur, le Libérateur! Quelle joie, quelle reconnaissance, quelle longue effusion d'amour!

II. De la Résurrection de Jésus-Christ.

La sainte âme du Sauveur ayant quitté les limbes, vint retrouver son corps resté incorruptible dans le tombeau, et lui rendit le mouvement, la chaleur et la vie, en même temps que Dieu lui rendait tout le sang qu'il avait perdu et cicatrisait ses plaies. Ce divin corps se leva alors vivant et glorieux, doué au degré suprême de toutes les qualités des corps ressuscités: subtil comme la lumière et plus que la lumière; agile, pouvant se transporter d'un bout du monde à l'autre; brillant comme sur le Thabor; impassible, c'est-à-dire, non plus destiné à la souffrance et à l'immolation mais à la gloire et au bonheur.

La résurrection du Sauveur, ce prodige le plus éclatant du christianisme et par conséquent la preuve la plus irréfragable de sa divinité, a été de la part des incrédules l'objet des plus vives attaques. Voici la réponse que la plupart des apologistes ont à peu près formulée en ces termes après saint Jean Chrysostome.

LEÇON X.

Un fait est au plus haut degré de certitude quand les témoins qui l'attestent n'ont ni pu être trompés, ni voulu tromper, ni pu tromper quand même ils l'auraient voulu. Or tels sont les témoins de la résurrection de Jésus-Christ.

1° Ils n'ont pas été trompés. Pour que l'illusion s'introduise dans les esprits, il faut d'abord qu'ils y soient préparés. Or telles ne sont pas les dispositions des disciples. Ainsi Madeleine croit si peu qu'il ressuscitera qu'elle prépare les aromates pour l'embaumer; les apôtres avertis traitent le témoignage des saintes femmes de songe et de vision; les disciples d'Emmaüs hésitent après l'affirmation des apôtres. Les apôtres voyant Jésus apparaître dans le cénacle le prennent pour un fantôme. Saint Thomas pousse plus loin l'incrédulité, et cependant, il est ensuite convaincu. Ainsi des hommes si peu disposés à croire à la résurrection n'ont pu être le jouet de l'illusion.

Mais, supposons les apôtres les plus crédules des hommes, et nous trouverons que leurs témoignages sont encore très-imposants. Si Jésus-Christ n'eût apparu qu'une fois à une seule personne d'une manière furtive, on pourrait croire à l'illusion, mais il a apparu une multitude de fois : à Madeleine, à Pierre, à Jacques, à Paul lui-même, deux fois aux disciples d'Emmaüs, à sept apôtres sur le lac de Tibériade, à tous les apôtres et à cinq cents disciples le jour de l'Ascension; il a apparu en plein jour en des endroits différents, dans les lieux publics, sur le haut d'une montagne ; ce n'est pas d'une manière passagère, mais il permet qu'on le voie, qu'on le touche, il parle et demeure avec ses disciples; il souffre que Thomas mette la main dans le trou de ses plaies; ce n'est pas seulement Thomas, mais tous les apôtres qu'il invite à le toucher; il converse, il boit et mange avec eux, et leur apparaît durant quarante jours pour leur donner ses instructions. Dire que tous les témoins ont été trompés, c'est dire que des hommes qui n'avaient donné aucun signe de folie, et qui ensuite donneront de si grandes preuves de sagesse, ont eu durant quarante jours les sens tellement renversés qu'ils ont cru le voir, l'entendre, tandis qu'ils ne voyaient, n'entendaient, ne touchaient qu'un fantôme; il faudrait pour cela un miracle plus étonnant que la résurrection. De plus, les apôtres connaissaient parfaitement Jésus-Christ puisqu'ils étaient demeurés trois ans avec lui. Or, croira-t-on que les saintes femmes, les apôtres et les disciples aient pu se tromper sur les traits, les gestes d'une personne qui leur était si familière?

D'ailleurs si Jésus-Christ n'eût pas ressuscité, son corps serait resté dans le tombeau et on l'aurait montré; et si les apôtres l'avaient enlevé, comment auraient-ils ensuite donné toute leur vie pour soutenir le fait de sa résurrection? et d'un autre côté ils ne pouvaient être dans l'illusion sur ce point.

2° Les apôtres ne sont pas trompeurs, car s'ils

étaient convaincus que leur maître n'était pas ressuscité; et cependant s'ils ont enlevé son corps et qu'ils aient voulu le faire reconnaître comme Dieu, ce sont les plus criminels des hommes. Or, on ne peut concilier un caractère si fourbe avec leur simplicité, leur piété et leur perfection. Il faut supposer que les apôtres ont conçu le dessein de faire adopter le miracle de la résurrection, mais ils étaient trop grossiers; et cela à l'univers entier, or ils étaient sans crédit, sans science et sans éloquence. Il faut supposer encore que plusieurs personnes se sont concertées pour publier une pareille imposture, sans qu'il y eût rien à espérer d'un tel mensonge, ni de la part de Dieu, car ils savaient que Dieu a horreur du mensonge, ni de la part des hommes dont ils ne pouvaient attendre autre chose que le mépris et les supplices, ni de la part de Jésus-Christ lui-même, car ils nous disent que notre foi serait vaine et inutile si Jésus-Christ n'est pas ressuscité d'entre les morts.

3° Ils n'auraient pas pu tromper; pour réussir à tromper, il eût fallu deux choses : enlever le corps de Jésus et persuader aux hommes qu'il était ressuscité. Or les apôtres auraient échoué certainement pour l'une et pour l'autre. Ils ne pouvaient enlever le corps de Jésus que par force, par sédition ou par une fraude habile. Ont-ils employé la force? D'où donc est venue tout à coup dans ces hommes tant de résolution qu'ils aient osé combattre avec des soldats?

Pourquoi les Juifs n'ont-ils pas sévi contre eux ? Il importait cependant de convaincre les apôtres de ce fait, et dans cette hypothèse les moyens de conviction ne pouvaient manquer. Mais les gardes ont peut-être été séduits par les disciples de Jésus-Christ ? Quel homme de bon sens croira que des hommes pauvres, sans aucun crédit auprès de qui que ce soit, aient pu engager les gardes à manquer à un devoir d'une consigne si importante, et à braver ainsi la colère des princes, du peuple et des prêtres ? Pourquoi parmi tant d'hommes, à qui il aurait fallu confier un tel secret, ne s'en serait-il jamais trouvé un seul qui l'eût trahi, quand cependant tout aurait excité à le faire ? Pourquoi le sanhédrin n'aurait-il fait aucune recherche ? Dira-t-on que les disciples ont furtivement enlevé Jésus à l'insu des gardes ? Mais, outre que cela paraîtra absolument impossible à tout homme qui voudra tenir compte des circonstances de lieu, de temps et de personnes, pourquoi le sanhédrin n'a-t-il pas fait saisir les auteurs de cette fraude ? Pourquoi a-t-on pris pour témoins les gardes qui dormaient ? Pourquoi, quelque temps après, lorsque les apôtres annonçaient au public la résurrection de Jésus-Christ et accusaient les auteurs de sa mort, les Scribes, les Pharisiens, le Sanhédrin tout entier se sont-ils tus ? Pourquoi les apôtres trouvent-ils foi auprès des Juifs, au sein même de Jérusalem ?

Quand même les apôtres auraient pu enlever d'une manière quelconque le corps de Jésus-Christ, comment auraient-ils pu persuader aux hommes que Jésus-Christ avait été rappelé à la vie? Il aurait fallu pour cela qu'il n'y eût eu aucun moyen de découvrir la fraude. Il aurait fallu que parmi tant de personnes initiées à ce complot, aucune ne se fût trouvée qui par remords de conscience, par l'espoir d'une récompense, par la crainte du supplice eût pu être amenée à découvrir la supercherie; et quand même tous, par un accord commun, auraient soutenu opiniâtrément le mensonge, comment auraient-ils pu en imposer à tout l'univers? Comment auraient-ils pu confirmer leur témoignage sur la résurrection de Jésus-Christ par des miracles et même des miracles si évidents que les Juifs, les Grecs, les Romains et les philosophes auraient cru à des hommes ignorants sur un fait surtout qui dépasse toute croyance?

Le fait de la résurrection est donc plus éclatant que le soleil. Il a plu à Dieu de l'entourer de tant de lumière pour prouver la divinité de son Fils. Car si Jésus-Christ s'est ressuscité lui-même par sa propre vertu, *s'il s'est relevé*, selon la force du mot, il est donc Dieu; car quelle créature pourrait se ressusciter elle-même? Il faut donc l'adorer.

Jésus-Christ est aussi ressuscité pour nous ressusciter avec lui : « Il est la tête, dit saint Paul, nous sommes le corps; il est les prémices, nous sommes la moisson. La mort peut bien encore nous coucher dans la tombe, non nous y garder : après y avoir subi la corruption et la dissolution de nos corps de péché, qui doivent être reformés, nous en sortirons brillants et immortels comme Jésus-Christ : l'ange qui a renversé la pierre de son tombeau a brisé du même coup toutes les pierres sépulcrales du monde. Nous ressusciterons donc par Jésus-Christ : il est la cause et le principe, le modèle et l'exemplaire de notre résurrection.

« Mais il n'est le principe et le modèle de la résurrection de nos corps, que parce qu'il est le principe et le modèle de la résurrection de nos âmes. Comme il est passé de la mort à la vie, nous devons passer du péché à la grâce, de la mort à la vie de l'âme; nous devons sortir du tombeau de nos mauvaises habitudes, renverser les obstacles et briser toutes les attaches qui nous y retiennent, pour nous placer victorieux dans la lumière et dans la liberté des enfants de Dieu. »

LEÇON XI.

SIXIÈME ET SEPTIÈME ARTICLES DU SYMBOLE.

Est monté aux cieux, est assis à la droite de Dieu le Père tout-puissant ;

D'où il viendra juger les vivants et les morts.

DE L'ASCENSION DE NOTRE-SEIGNEUR ET DU JUGEMENT DERNIER.

I. De l'Ascension de Notre-Seigneur.

C'est sur la montagne des Oliviers que le quarantième jour après sa résurrection s'accomplit à la vue de tous ses disciples l'admirable Ascension du Sauveur. Il choisit le lieu même de son agonie pour être le théâtre de sa gloire, afin de nous donner à entendre par là que les humiliations et les souffrances sont la semence, le fondement et la mesure des joies éternelles. Le ciel où il éleva sa sainte humanité, c'est le séjour des bienheureux; il y monta par la vertu de sa divinité, accompagné des anges et conduisant avec lui en triomphe les âmes saintes qu'il avait délivrées des limbes. Il avait mérité cette gloire par la sainteté de sa vie et par sa mort douloureuse : car, ainsi qu'il le dit lui-même aux deux disciples qui allaient à Emmaüs. « Il était nécessaire que le Christ souffrît pour entrer dans la gloire. »

Pour nous faire concevoir le sublime degré de gloire et de puissance où est élevée l'humanité sainte de Jésus-Christ dans le ciel, le Saint-Esprit dit : *Il est assis à la droite de Dieu.* Ces paroles sont une image empruntée aux choses humaines. Quand un roi associe son fils à la royauté, il le fait asseoir sur un trône à côté de lui, pour marquer qu'il veut qu'on le considère comme son égal, et que tous les ordres de l'État lui rendent le respect et l'obéissance comme à lui-même. Or, l'Écriture représente Dieu assis sur un trône, comme roi du ciel et de la terre ; ainsi quand on dit que Jésus-Christ est assis à la droite de Dieu son Père, on doit entendre qu'étant comme Dieu égal à son Père, il est comme homme, par la grandeur de sa gloire et de sa puissance, au-dessus de toutes les créatures, parce que son humanité sainte a le glorieux avantage d'être unie à la personne du Verbe.

Dans le sein de sa gloire, Jésus-Christ n'oublie pas l'humanité qu'il est venu sauver. Il montre à son Père éternel les plaies qu'il a reçues pour nous, afin de porter sa miséricorde à nous communiquer avec abondance les grâces qu'elles nous ont méritées. Il est notre avocat et notre défenseur. « S'il arrive que quelqu'un pèche, dit saint Jean, nous avons pour avocat auprès du Père, Jésus-Christ, qui est juste. » Nos péchés nous accusent devant Dieu, mais Jésus-Christ nous défend; et la voix de son sang est plus puissante pour obtenir miséricorde que celle de nos crimes pour attirer sur nous les châtiments de la justice divine. Il est notre roi et notre Seigneur : il a sur nous un souverain empire, non-seulement parce qu'il nous a créés et qu'il nous conserve, mais encore parce qu'il nous a rachetés; d'où l'Apôtre conclut que personne ne vit et ne meurt pour soi-même, mais que, soit que nous vivions, soit que nous mourions, nous sommes toujours au Seigneur. Il est notre pontife; il se présente pour nous devant son Père, et comme il possède un sacerdoce éternel, il peut toujours sauver ceux qui s'approchent de Dieu par son entremise. Enfin Jésus-Christ dans le ciel est notre chef, c'est-à-dire qu'il est la tête d'un corps dont nous sommes les membres. Ce corps c'est l'Église; et Jésus-Christ est à son Église ce que la tête est au corps : il lui communique la vie et il l'anime de son esprit. Toute grâce, toute bonne pensée, tout saint désir, toute bonne œuvre, toute vertu découle de cette plénitude qui est en Jésus-Christ notre chef. « Jésus-Christ, dit le concile de Trente, répand continuellement son esprit dans les justes, comme le chef dans les membres, comme la vigne dans les branches. »

II. Du Jugement dernier.

Les yeux des disciples suivaient le Sauveur dans son Ascension, lorsqu'une nuée l'enveloppa et le déroba à leurs regards. Comme ils regardaient toujours, deux anges apparurent qui leur dirent : « Hommes de Galilée, pourquoi persister à regarder du côté du ciel? Ce Jésus, que le ciel vient de vous ravir, en descendra de la même manière que vous l'y avez vu monter. »

Il doit reparaître avec éclat et avec gloire à la fin des temps ; l'Évangile est plein de cette suprême apparition, il en parle souvent tantôt en paraboles, tantôt en termes directs et précis et comme d'un événement certain.

Notre-Seigneur lui-même nous a tracé dans l'Évangile la peinture des signes effrayants qui le précéderont. Il y aura des guerres, des famines, des pestes et des tremblements de terre. Le soleil et la lune seront obscurcis, les étoiles tomberont du ciel, la mer fera un bruit épouvantable par l'agitation de ses flots, et les hommes sécheront de frayeur dans l'attente de ce qui doit arriver à l'univers. Alors en un moment, en un clin d'œil, au son de la dernière trompette, tous les morts ressusciteront. Le signe du Fils de l'homme, c'est-à-dire une croix lumineuse, brillera dans les airs, et Jésus-Christ descendra visiblement du ciel, avec une grande puissance et une grande majesté, pour rendre à chacun selon ses œuvres. Il sera accompagné de ses anges qui sépareront les bons d'avec les méchants. Quelle différence dans le sort des uns et des autres! Les justes seront placés à la droite du souverain juge, les méchants à sa gauche. A la lumière de son regard toutes les vertus, les plus inconnues surtout et les plus méprisées du monde, apparaissent avec éclat et révèlent sur leur face toute la beauté de leur âme. Au fond de la conscience dévoilée des méchants, s'aperçoivent leurs péchés les plus cachés; plus de nuit, de mensonge et d'hypocrisie! Les démons qui assistent aussi à l'arrêt rendu par les siècles, les insultent et les raillent, et les saints entrés dans les sentiments de la justice divine se font eux-mêmes leurs accusateurs. Ce n'est encore là que l'appareil et le prélude du jugement : un seul regard a suffi pour examiner, discuter, juger les consciences : une seule parole sera leur irrévocable sentence et dans l'attente de leur destinée éternelle, le Fils de Dieu dira à ceux qui sont à sa droite ces consolantes paroles : « Venez, vous qui êtes les bénis de mon Père, possédez le royaume qui vous a été préparé dès l'origine du monde. » Il adressera ensuite aux réprouvés cette sentence foudroyante : « Retirez-vous de moi, maudits; allez au feu éternel. » Alors les malheureux tomberont dans l'abime avec les démons, et les élus monteront avec Jésus-Christ dans la gloire; et ce sera la fin des temps et le commencement de l'éternité dans le sein de l'infinie miséricorde, ou sous la main de l'infinie justice.

Mais si après la mort l'homme est jugé sans appel, pourquoi cette terrible révision de notre procès?

Ici-bas la puissance de Dieu est comme cachée à nos faibles yeux; nous considérons presque toujours les créatures sans remonter à leur auteur. Nous méconnaissons surtout la puissance de Dieu dans l'ordre surnaturel ainsi que la manière dont il en use pour le salut de l'homme. Il y a plus, les incrédules se rient de cette puissance et les impies abusent de leur liberté pour la braver; et parce que la force matérielle des hommes est la seule qui frappe leurs yeux, c'est aussi la seule à laquelle ils croient devoir obéir. Mais au jour du jugement Dieu se réserve de les détromper. Sommés alors de comparaître à son tribunal, ils cherchent en vain à se dérober à leur juge. Son bras puissant les ramène au pied de son trône, et sa lumière dévoile la honte de leur impiété. Alors ils reconnaissent cette autorité qu'ils ont méconnue sur la terre. Aveu trop tardif! aujourd'hui Dieu les punit et se venge, et en leur résistant de toute la force de son être, il manifeste au monde sa souveraineté et la folie de leur indépendance.

Rien de plus commun sur la terre que de méconnaître non-seulement la puissance de Dieu, mais encore sa conduite invisible parmi les hommes. S'il accorde des prospérités aux méchants, c'est pour récompenser en cette vie le bien moral qu'a pu faire le pécheur sans mérite pour le ciel. Et si au contraire, il châtie l'homme vertueux, c'est pour purifier son cœur par des revers, comme on purifie un métal précieux par la flamme. Sa grâce puissante soutient efficacement son courage, pour combler la mesure de ses mérites et le glorifier avec plus de magnificence au jour des éternelles récompenses.

Dieu doit aussi à l'homme un jugement dernier et universel. De l'état de société où le Créateur nous a placés, pour nous conduire plus aisément à notre destinée, résultent deux effets remarquables : le premier est l'influence spirituelle plus ou moins sensible, plus ou moins profonde pour le bien et pour le mal que les hommes exercent les uns sur les autres et qui se perpétue d'ordinaire au delà de l'existence ; car la mémoire de l'homme ne périt pas avec lui, et son effet moral sur la société qui la conserve sera pour lui une source nouvelle de récompense ou de châtiment, de bénédiction ou de condamnation. Le père laisse après lui des enfants, le maître des disciples, imitateurs de leur exemples et de leurs leçons, continuateurs fidèles de leurs vertus et de leurs vices. C'est là cette autorité de l'exemple ou de la parole dont il convient de manifester la gloire ou l'ignominie à la face de l'univers, et dont le compte exact doit être rendu au dernier jour.

Le second effet de cet état de société, dans lequel nous vivons, c'est la réputation bonne ou mauvaise que chacun possède parmi les hommes, réputation souvent trompeuse, toujours exposée aux calomnies du monde, à ses jugements passionnés ou téméraires. L'ambitieux qui voit dans le juste un rival, le voluptueux un censeur insupportable, le monde enfin la condamnation de ses faiblesses, de sa folie, de son orgueil, se réunissent d'ordinaire pour lui arracher cruellement sinon la vertu, du moins cette estime qui en est la légitime récompense. Dieu souffre ici-bas cet opprobre de ses serviteurs et laisse le mondain se couvrir des dehors de la vertu ; il est patient parce qu'il est éternel. Mais il faut pourtant que la vérité brille et dissipe l'erreur, que l'impie soit publiquement déshonoré et le juste rétabli dans la possession de la gloire, son naturel apanage.

Ajoutons que les hommes considérés comme individus et en dehors de tout état social, ont aussi droit à un jugement dernier et solennel. Nous ne sommes pas, en effet, de pures intelligences, mais des esprits unis à un corps, union si intime et si étroite qu'il n'est pas d'action morale, c'est-à-dire bonne ou mauvaise, à laquelle ne participent les organes des sens, soit en éveillant les désirs de l'âme à l'occasion des objets sensibles, soit en exécutant extérieurement ses volontés d'abord formées dans le secret du cœur.

Il ne suffisait donc pas que l'âme fût jugée seule au moment où elle est séparée du corps mortel qu'elle a laissé dans la tombe, mais il était juste qu'un jour solennel fût donné à l'homme tout entier, subissant un dernier jugement.

LEÇON XII.

HUITIÈME ARTICLE DU SYMBOLE.

Je crois au Saint-Esprit.

I. Qu'est-ce que le Saint-Esprit ?

Qu'il y ait un Saint-Esprit, l'Ancien et le Nouveau Testament en font foi en mille endroits divers. Nous lisons dans les livres de Moïse que ce divin Esprit, aux premiers jours de la création, était porté sur les eaux et qu'il les couvrait en quelque sorte de son ombre pour leur donner la fécondité. C'est lui qui animait les anciens patriarches, qui dirigeait les juges et les premiers rois du peuple de Dieu, qui inspirait les prophètes.

Ouvrons le Nouveau Testament ; il y est question du Saint-Esprit, presque à chaque page. Nous y voyons qu'il a formé le corps de Jésus-Christ dans le sein de Marie, qu'il est descendu sur la tête de ce divin Sauveur à son baptême, et sur les apôtres le jour de la Pentecôte, et qu'il est communiqué aux fidèles par l'imposition des mains.

Mais gardons-nous de croire que ce mot Saint-Esprit ne soit qu'une expression figurée pour désigner une opération passagère de la Divinité. Le Saint-Esprit est une personne véritablement subsistante et réellement distincte du Père et du Fils. Doué d'intelligence et de volonté, il parle, il vient, il est envoyé, il choisit, il éclaire, il dirige, il enseigne, il règle tout avec une sagesse et une autorité souveraines, il est Dieu. En effet, tout ce qu'a le Père est commun au Fils et au Saint-Esprit, et par conséquent le Saint-Esprit est Dieu aussi bien que le Père et le Fils. L'Église a constamment professé cette vérité et elle rejeta de son sein l'hérétique Macédonius qui le premier osa la combattre. Ce dogme de notre foi est fondé sur les saintes Écritures qui nous disent que mentir au Saint-Esprit, c'est blasphémer contre Dieu, que toutes les nations doivent être baptisées conjointement au nom du Père, et du Fils, et du Saint-Esprit.

Si nous l'appelons : la troisième personne de la sainte Trinité, ce n'est pas qu'il soit en troisième degré et inférieur aux deux autres, c'est uniquement à cause de son origine.

Il procède du Père et du Fils comme d'un même principe. Jésus-Christ nous apprend que l'Esprit de vérité procède du Père, et ailleurs nous voyons que le Saint-Esprit reçoit du Fils. Il est donc l'Esprit commun du Père et du Fils, et par conséquent il procède de l'un et de l'autre. Aussi est-il appelé tantôt l'Esprit du Père et tantôt l'Esprit du Fils qui le produisent comme le lien et le fruit de leur amour mutuel. Et voilà ce qui nous explique cet ordre admirable des trois personnes divines : le Père est nommé le premier, parce qu'il est le principe des deux autres personnes; le Fils est nommé après le Père, parce qu'il en vient ; et le Saint-Esprit vient aussi du Père et du Fils, et c'est pour cela qu'il est nommé après eux.

Le Saint-Esprit étant Dieu, est par conséquent un esprit invisible, immatériel, qu'on ne peut ni voir, ni toucher. Quoiqu'on le représente quelquefois sous le symbole d'une colombe, parce qu'il emprunta cette forme lorsqu'il descendit sur la tête de Jésus-Christ au moment de son baptême, ou sous la figure de langues de feu parce qu'il apparut de cette manière le jour de la Pentecôte, lorsqu'il vint enflammer le cœur des apôtres des célestes ardeurs, il est une substance purement spirituelle. Il porte même plus particulièrement le nom d'*Esprit*, bien que cette dénomination de *Saint-Esprit* convienne également au Père et au Fils, qui sont également *Esprits* et également *Saints* ; mais les deux premières personnes de la sainte Trinité ayant chacune un nom propre et s'appelant *Père* et *Fils*, on attribue plus particulièrement à la troisième le nom de Saint-Esprit, pour la distinguer des deux autres.

Il faut encore remarquer que le Saint-Esprit n'est pas saint à la manière des créatures qui ne sont saintes que parce qu'elles tirent leur sainteté de Dieu : mais le Saint-Esprit est saint par lui-même, par sa propre nature ; il est la source de toute sainteté et la sainteté même puisqu'il est Dieu.

II. Ce que le Saint-Esprit a fait dans les Apôtres.

Avant de quitter le monde pour retourner à son Père, Jésus-Christ avait promis à ses apôtres que, peu de jours après s'être séparé d'eux, il leur enverrait l'Esprit-Saint, et il leur avait en même temps annoncé les admirables effets que cet Esprit sanctificateur produirait en eux.

Les apôtres étaient réunis dans le Cénacle, où ils attendaient avec confiance l'exécution des divines promesses, lorsque tout à coup ils entendirent comme le bruit d'un vent impétueux qui venait sur eux et qui remplit toute la maison où ils étaient ; en même temps ils virent paraître des langues de feu qui se partagèrent et s'arrêtèrent sur chacun d'eux : c'était le Saint-Esprit qui descendait en eux sous cette forme si propre à représenter ce qu'il opérait dans leurs âmes. Car le feu qui, de tous les éléments, est le plus noble, a la vertu d'éclairer, de purifier et d'échauffer. Or ce furent justement, à l'égard des apôtres, les trois propriétés de l'Esprit de Dieu. Il fut pour eux un Esprit de vérité, parce qu'en les remplissant de ses lumières, il leur enseigna toute vérité; un Esprit de sainteté, parce qu'en s'unissant à eux, il détruisit en eux tout ce qu'il y trouva non-seulement d'impur et de charnel, mais d'imparfait et de terrestre, opposé à la vraie sainteté; un Esprit de force, parce qu'il les rendit capables de tout faire et de tout supporter pour Dieu en leur inspirant une vertu surnaturelle et un courage au-dessus de toute difficulté. Ce fut dix jours après son ascension que Jésus-Christ envoya l'Esprit-Saint à ses apôtres. La fête que l'Église célèbre chaque année, en mémoire de ce grand événement, s'appelle la fête de la Pentecôte. Le mot Pentecôte signifie cinquantième, et cette fête est ainsi appelée, parce qu'elle se célèbre le cinquantième jour après Pâques.

Quand ils eurent reçu le Saint-Esprit, les apôtres commencèrent à prêcher l'Évangile à Jérusalem, puis ils se dispersèrent pour l'annoncer à toutes les nations, selon l'ordre qu'ils en avaient reçu. « Allez, leur avait dit le divin Maître, instruisez toutes les nations, les baptisant au nom du Père, du Fils et du Saint-Esprit; apprenez-leur à observer tout ce que je vous ai prescrit, et soyez assurés que je suis avec vous jusqu'à la consommation des siècles. »

Ils convertirent une foule innombrable de personnes parmi les Juifs et parmi les Gentils. Le discours que prononça saint Pierre, le jour même de la descente du Saint-Esprit, toucha et convertit trois mille Juifs ; quelques jours après, allant au Temple, il guérit un homme perclus depuis sa naissance ; ayant pris de là occasion de prêcher de nouveau Jésus-Christ, il donna le baptême à cinq mille Juifs.

Mais l'Esprit qui les animait leur assurait de plus vastes conquêtes, et l'événement a pleinement justifié ce que Jésus-Christ leur avait dit : « Vous recevrez la vertu du Saint-Esprit qui descendra sur vous, et vous me rendrez témoignage dans Jérusalem, dans toute la Judée, dans la Samarie, et jusqu'aux extrémités de la terre. » On les voit répandus tout à coup dans les diverses nations de la terre, porter en tous lieux les lumières de la foi.

Pierre vient arracher Rome à ses erreurs ; Paul exerce sa mission dans le monde entier, en y prêchant l'Évangile ; André confond les sages de la Grèce ; Simon fait connaître Dieu à des peuples barbares et sans lois ; Thomas lave et purifie les Indiens dans les eaux saintes du baptême ; la Judée honore la chaire de saint Jacques ; Matthieu a écrit son évangile pour toutes les nations, et Jean, dont l'esprit sublime pénétra si avant dans les profondeurs divines fortifie dans la foi les fidèles d'Éphèse ; Barthélemy va former à la tempérance les Lycaoniens, et Philippe, par ses miracles sans nombre, devient le protecteur d'Hiéropolis. Tous n'ont cessé de répandre en tous lieux les grâces et les bienfaits; ils ont laissé dans le tombeau leur poussière mortelle; mais au grand jour des révélations ils siégeront sur douze trônes pour juger le monde après l'avoir instruit[1].

III. Ce que le Saint-Esprit fait en nous.

Cet Esprit, dont les apôtres reçurent les prémices et la plénitude, nous sanctifie et nous fait vivre de la vie spirituelle.

Il nous sanctifie en nous purifiant de nos péchés et en répandant dans nos cœurs la charité qui nous rend agréables à Dieu. D'abord il fait comprendre au pécheur l'horreur de son état par les lumières dont il l'éclaire; il lui envoie de salutaires remords; il lui inspire le désir de revenir à Dieu, et puis il l'aide à réformer ses inclinations perverses. Son opération est si efficace que, si profondes que soient nos blessures, si grandes que soient nos misères, il peut en un instant nous rendre la santé. Il y a plus, en nous dégageant de plus en plus de la rouille des affections terrestres pour nous élever à Dieu, il change pour ainsi dire l'homme tout entier et en fait une nouvelle créature. D'où cette parole du psalmiste : « Envoyez votre Esprit et tout sera créé. »

Quand une fois le cœur est affranchi des liens du péché et de toute attache perverse,

---

1. Saint Jean Chrysostome, *Discours sur les douze apôtres.*

alors le Saint-Esprit répand en nous la grâce sanctifiante, qui s'obtient par le baptême, se recouvre par la pénitence et s'augmente par les divers exercices de la piété chrétienne.

Ce don magnifique revêt notre âme d'une beauté si ravissante que s'il nous était donné de la voir en cet état, nous ferions volontiers le sacrifice de tous nos biens, et même celui de la vie pour la posséder, ne fût-ce qu'un seul instant. C'est par la grâce que le Saint-Esprit vient résider en nous; c'est par elle qu'il vient établir son règne dans le cœur qu'il visite, et qu'il nous fait vivre de la vie spirituelle.

Il y a une vie animale qui consiste à suivre les inclinations vicieuses de la nature, et une vie spirituelle par laquelle on s'applique à se vaincre soi-même. Alors l'âme, planant au-dessus des affections basses et charnelles, n'a de désirs que pour les biens célestes; elle jouit du monde comme si elle n'y était pas, et s'efforce de s'unir de plus en plus à Dieu, par la méditation de sa loi sainte et la participation aux sacrements. Or cette vie de recueillement, de piété, de foi et d'amour, c'est le Saint-Esprit qui la produit en nous, quand il nous purifie par le baptême et la pénitence, quand il nous fortifie ensuite par la confirmation et nous communique un zèle et une vigueur extraordinaires pour voler au-devant de tout ce qui peut contribuer à la gloire de Dieu et à notre avancement dans les voies de la perfection.

Remercions Dieu de nous avoir donné son Saint-Esprit, et contractons l'habitude d'invoquer souvent cet Esprit vivificateur sans le secours duquel nous ne pouvons rien faire pour notre salut.

LEÇON XIII.

NEUVIÈME ARTICLE DU SYMBOLE.

Je crois la sainte Église catholique, la communion des Saints.

DE L'ÉGLISE.

La profession de foi à la sainte Église catholique suit immédiatement, dans le Symbole, celle que nous faisons de croire au Saint-Esprit, parce que c'est ce divin Esprit qui gouverne, vivifie et sanctifie l'Église.

I. Ce que c'est que l'Église.

Le mot Église signifie en grec une assemblée quelconque. Selon la manière de parler des Pères et des théologiens, il exprime la société des hommes qui professent la vraie religion de Jésus-Christ. On peut la définir : La société des fidèles établie par Notre-Seigneur, répandue sur toute la terre, et soumise à l'autorité des pasteurs légitimes, principalement de notre saint père le Pape.

Cette définition convient à ce que les docteurs catholiques appellent le corps de l'Église ou à l'Église considérée comme société visible. Car ils comparent l'Église à un corps vivant, et distinguent en elle deux parties : l'une extérieure et visible, qu'ils nomment le corps et qui est l'assemblée des hommes unis entre eux par la profession de la même foi, par la participation aux sacrements et par la soumission aux pasteurs légitimes; l'autre intérieure, qu'ils appellent l'âme et qui est la société des saints unis entre eux et à Jésus-Christ leur chef par les dons intérieurs du Saint-Esprit, par la foi, l'espérance et la charité.

C'est le Fils de Dieu qui a institué l'Église, lorsqu'il a dit à ses apôtres : « Allez, enseignez toutes les nations; apprenez-leur à garder tout ce que je vous ai commandé. Voilà que je suis avec vous tous les jours jusqu'à la consommation des siècles [1]. »

« Celui qui vous écoute, m'écoute; celui qui vous méprise me méprise [2]. »

« Tu es Pierre et sur cette pierre je bâtirai mon Église, et les portes de l'enfer ne prévaudront point contre elle [3]. »

Ces paroles ne signifient rien ou elles prouvent clairement que Jésus-Christ, avant de quitter la terre, a établi une société spirituelle à l'abri de toutes les attaques, au sein de laquelle sera enseignée la vraie doctrine; une Église visible qu'il faudra écouter comme Jésus-Christ

---

1. Saint Matth., xxviii.
2. Saint Luc, x.
3. Saint Marc, xix.

lui-même, qui ne cessera d'être avec elle et de l'assister tous les jours jusqu'à la fin des temps.

Pour maintenir l'unité du gouvernement dans cette société qui devait se répandre sur toute la terre, Jésus-Christ lui a donné des pasteurs chargés de la régir dans le monde entier. Le corps des pasteurs se composa d'abord du collége apostolique. Pierre fut mis à sa tête comme fondement visible de l'Église, revêtu de la plénitude de la puissance, chef de ses frères et de tout le troupeau. Le Seigneur, en s'adressant à cet apôtre, lui dit : « Tu es Pierre et sur cette pierre je bâtirai mon Église; » et quoiqu'après sa résurrection il ait donné à ses apôtres une puissance égale, en leur disant : « Comme mon Père m'a envoyé, je vous envoie; » néanmoins pour faire tout rentrer dans l'unité, il n'établit qu'une seule chaire et cette chaire est celle de Pierre. Cela devait être ainsi. Sans un chef, point de gouvernement possible dans un royaume très-étendu ; sans un centre d'unité, point de certitude ni de solidité dans la foi; sans un siége principal, point de concert ni d'harmonie entre les pasteurs.

« Ainsi, dans l'Église, l'autorité, quoique donnée à tous les pasteurs, se réduit à l'unité, garantie par la subordination à un chef. Pierre seul n'a pas reçu, à l'exclusion de ses frères, le pouvoir de gouverner l'Église; ce gouvernement absolu d'un seul n'eût pas porté le caractère de l'unité, qui n'est que l'union des parties dans un tout; comme aussi, si tous les apôtres, Pierre compris, eussent reçu une puissance égale pour le gouvernement de l'Église, la subordination d'un chef n'eût pas garanti parmi eux l'unité[1]. »

Aux apôtres succédèrent d'autres pasteurs héritiers de leur mission, car rien ne doit finir de ce qui constitue une Église immortelle. Ces successeurs des apôtres sont les évêques qui ont pour chef le successeur de Pierre, chargé comme lui de paître et de régir tout le troupeau au sein de l'inviolable unité.

Comme les évêques chargés du gouvernement de l'Église n'auraient pu suffire à toutes les fonctions du ministère sacré, le Fils de Dieu leur a donné les prêtres pour coopérateurs dans la prédication et dans l'administration des sacrements. C'est sur l'autorité de l'évêque qu'est fondée l'unité si indispensable de tout le corps sacerdotal.

« Il y a plusieurs prêtres, plusieurs ministres, plusieurs prédicateurs, plusieurs docteurs, mais il n'y a qu'un seul évêque dans un diocèse. Un Dieu, un Christ, un évêque, quelle merveilleuse association! Un Dieu principe de l'unité, un Christ médiateur de l'unité, un évêque marquant et représentant, en la singularité de sa charge, le mystère de l'unité de l'Église[1]. »

---

1. Bossuet.

Telle est la constitution donnée par Jésus-Christ à son Église. Elle a excité l'admiration des plus illustres penseurs. Le protestant Leibnitz a dit : « Qu'elle est belle cette hiérarchie où la multitude se réduit à l'unité pour éviter la confusion, et où l'unité dépend de la multitude pour éviter la tyrannie ! »

II. L'Église a reçu de Jésus-Christ le droit de nous instruire et de nous gouverner.

L'Église exerce envers les fidèles deux fonctions différentes : elle les instruit et elle les gouverne ; elle les instruit par les vérités qu'elle leur propose, et elle les gouverne par les commandements qu'elle leur fait ; elle les instruit en leur apprenant ce qu'elle a appris elle-même du Fils de Dieu, son époux, et elle les gouverne en leur prescrivant des lois. Le Sauveur des hommes lui a donné deux sortes de pouvoirs, quand il a dit à ses apôtres, qui dès lors représentaient l'Église : « Tout ce que vous lierez sur la terre sera lié dans le ciel ; » c'est-à-dire tout ce que vous jugerez, tout ce que vous déciderez, tout ce que vous ordonnerez, ou pour la doctrine ou pour les mœurs, sera confirmé et ratifié dans le ciel ; si bien que tout jugement de l'Église, en tant qu'il est prononcé par l'Église, devient un jugement du ciel ; et que tout ordre de l'Église, en tant qu'il est émané de l'Église, devient pareillement un ordre du ciel même.

Les dogmes que l'Église nous enseigne sont renfermés dans l'Écriture sainte et dans la tradition.

L'Écriture sainte est le nom général des livres de l'Ancien et du Nouveau Testament, composés par les écrivains sacrés et inspirés par le Saint-Esprit. Il y en a 72 : 45 de l'Ancien Testament et 27 du Nouveau.

Nous sommes certains de la divinité de nos Écritures, parce qu'elles ont été données comme la parole de Dieu à l'Église chrétienne par Jésus-Christ et par ses apôtres; ce point est incontestable, puisque l'Église les a toujours regardées comme telles. Sur un fait aussi simple et aussi important, la société chrétienne n'a pu tromper personne ni être trompée.

Depuis son établissement, dans toutes les disputes religieuses qui sont survenues, l'Église s'est servie de l'autorité des livres de l'Ancien et du Nouveau Testament, pour prouver la vérité de sa croyance, pour la défendre contre les hérétiques qui osaient l'attaquer. Toutes les contestations se réduisaient à savoir si tel dogme était enseigné ou non dans nos livres saints, ou si les Églises, fondées par les apôtres, avaient reçu d'eux ce dogme de vive voix. L'Écriture sainte, la tradition; tels sont les deux oracles auxquels on a toujours cru devoir s'en rapporter, pour savoir si tel dogme était révélé ou non. La divinité ou l'inspiration des Écritures est donc appuyée sur les mêmes preuves que la mission divine de Jésus-Christ et des apôtres ; mais l'Écriture renferme des passages qui semblent en contradiction avec les lois de la nature, et qui offrent des sens complexes et divers se rapportant à plusieurs objets. Alors s'élèvent pour la raison de l'homme le doute, l'inexactitude. Qui fixera les règles de la foi et affermira la croyance ? La raison individuelle ? Mais elle sera toujours multiple, l'une niera ce que l'autre aura affirmé. Celui-ci dira : oui. Celui-là : non. Et la vérité, où se trouvera-t-elle ? C'est pour dissiper ces doutes que Jésus-Christ a fondé son Église, qui, au milieu des discussions des hommes, interprète l'Écriture avec une autorité infaillible.

La tradition est la parole de Dieu que les apôtres ont reçue de la bouche de Jésus-Christ, qu'ils ont transmise de vive voix à leurs disciples ou à leurs successeurs, et qui est venue à nous par l'enseignement des pasteurs, dont les premiers ont été instruits par les apôtres. En d'autres termes, c'est l'enseignement constant et perpétuel de l'Église universelle, connu par la voix uniforme de ses pasteurs qu'elle nomme les Pères, par les décisions des conciles, par les pratiques du culte public, par les prières et les cérémonies de la liturgie, par le témoignage même de quelques auteurs profanes et des hérétiques. La tradition a une autorité égale à celle de l'Écriture. Car si nous entreprenions de rejeter quelques coutumes qui ne nous ont point été transmises par écrit, nous irions bientôt, dans notre imprudence, heurter de front l'Évangile dans les points les plus essentiels. Dans quels livres, par exemple, avons-nous appris à marquer nos fronts du signe salutaire de la croix? Quand, par les paroles toutes-puissantes de la consécration, nous sanctifions le pain eucharistique et le calice de bénédiction, à quel précepte écrit obéissons-nous? Car enfin nous ne nous en tenons point à ce que nous en dit l'apôtre saint Paul, ni à ce qu'en raconte l'Évangile; mais, soit avant, soit après, nous disons bien des choses que nous n'avons lues nulle part, et que nous avons reçues seulement par tradition C'est elle encore qui nous a appris à bénir l'eau du baptême, l'huile qui sert aux onctions, et à observer toutes les autres cérémonies du baptême.

Tous ces points sont autant d'articles de cette doctrine secrète que nos pères conservaient dans un silence si religieux et si éloigné de toute vaine curiosité. Ils savaient bien que le silence est l'âme des mystères; et c'est pour cela qu'ils nous ont transmis certains dogmes sans les écrire, dans la crainte que l'habitude de les voir ne les fît mépriser. Car autre chose sont les dogmes, autre chose la loi évangélique : celle-ci doit être publiée en tout temps et en tous lieux, et il est certaines circonstances où quelques dogmes doivent être tus.

Il faut donc admettre qu'outre l'Écriture

nous avons une autre règle de foi qui n'est ni moins sûre ni moins saine : c'est la tradition. On en reconnaît la divinité à son origine apostolique, et comme l'Église catholique est la seule qui remonte aux apôtres, par la suite non interrompue de ses pasteurs, c'est dans son sein seulement qu'on trouve le dépôt des traditions, aussi bien que celui des Écritures.

Mais l'Église ne peut-elle pas se tromper dans son interprétation de l'Écriture ou de la tradition ? Afin de pourvoir à l'unité d'enseignement ou de croyance, dans l'intérêt de la vérité qui est une, et pour assurer l'union des esprits et des cœurs dans la même foi, Jésus-Christ a promis qu'il serait toujours avec son Église pour la préserver de toute erreur.

Cette infaillibilité ne réside que dans les pasteurs, c'est-à-dire dans le pape, qui est le chef de l'Église universelle, et dans les évêques, comme successeurs des apôtres ; car c'est aux apôtres seuls que Jésus-Christ a dit : « Allez, instruisez les nations, leur apprenant à observer toutes les choses que je vous ai commandées, et voilà que je suis avec vous tous les jours, jusqu'à la consommation des siècles. » En vertu de cette promesse, l'Église est infaillible dans la doctrine de la foi et des mœurs, de quelque manière qu'elle prononce, soit assemblée en concile général, soit dispersée. Ayant avec elle Jésus-Christ, qui est la vérité même, étant toujours éclairée par son Esprit, qui est l'Esprit de vérité, jamais elle n'enseignera l'erreur ; autrement elle cesserait d'être Église de Jésus-Christ et d'avoir le Saint-Esprit pour maître. Aussi l'apôtre saint Paul l'appelle-t-il la colonne et l'appui inébranlable de la vérité.

Sans cette infaillibilité, Dieu aurait livré son Église aux disputes et aux divisions, comme il avait livré l'ancien monde aux disputes des faux sages. S'il n'y avait point de tribunal pour décider souverainement les questions qui s'élèvent sur ce que l'on doit croire, chaque fidèle s'égarerait dans ses propres pensées, et l'unité des croyances serait à jamais impossible au sein du christianisme. Il était donc de la sagesse de Jésus-Christ d'assurer à son Église le moyen d'être préservée de toute erreur dans son enseignement. Elle possède cette *voix divine* dont Platon, fatigué d'incertitude et à bout de recherches, avait imploré le secours.

III. Nos devoirs envers l'Église.

1° Nous devons lui obéir, parce que nous sommes ses sujets. Des deux pouvoirs d'enseigner et de gouverner qui appartiennent à l'Église, se déduit l'obligation de deux sortes d'obéissance : la première est une obéissance de l'esprit, et la seconde est une obéissance du cœur. Nous lui devons l'obéissance de l'esprit, parce qu'elle nous propose les vérités de la foi ; et l'obéissance du cœur, quand elle nous imposé des lois et des préceptes pour le règlement de notre vie.

2° Nous devons aimer l'Église, parce qu'elle est notre mère. Dès notre naissance, elle nous a régénérés en Jésus-Christ par le baptême; elle nous a marqués du sceau de Dieu et du caractère de foi; elle nous a recueillis dans ses bras, et elle s'est chargée de nous donner la nourriture spirituelle. Toujours attentive à nos besoins, et toujours sensible à nos véritables intérêts qui sont les intérêts du salut, elle nous conduit dans les divers âges de notre vie, et elle ne cesse point de veiller sur nous. C'est surtout à la mort qu'elle redouble sa vigilance, et qu'elle déploie dans toute son étendue son affection maternelle : elle ouvre en notre faveur tous ses trésors; elle donne aux prêtres qui nous assistent tous ses pouvoirs; elle ne se réserve rien et elle leur confère toute sa juridiction pour pardonner et pour absoudre. Encore n'en demeure-t-elle pas là : ses enfants lui sont toujours chers, jusqu'à la mort et après la mort. Ils disparaissent à ses yeux, mais leur mémoire ne s'efface point de son souvenir. Elle veut que leurs corps reposent dans une terre sainte et que leurs ossements soient conservés avec honneur. Elle s'intéresse encore plus à leurs âmes; et parce qu'elle a un juste sujet de craindre que ces âmes, redevables à Dieu, quoique fidèles, ne soient détenues dans un feu qui les purifie jusqu'à ce qu'elles aient satisfait à la justice du Seigneur, elle les aide de ses suffrages, ne cessant point de prier, de solliciter, d'agir tant qu'elle est incertaine de leur état. Or, à un tel amour, par quel amour devons-nous répondre? Que ne sentirons-nous pas pour elle? et quels témoignages d'inviolable attachement ne lui donnerons-nous pas ?

3° Nous devons soutenir l'Église et l'appuyer parce que nous sommes ses membres. L'Église est un corps moral; ce corps a un chef qui est Jésus-Christ, et il a des membres qui sont les fidèles. Plus ces membres croissent et se fortifient, plus le corps prend d'accroissement et acquiert de force ; et c'est ainsi que le chef reçoit lui-même plus de perfection en qualité de chef, à mesure que le corps, par l'union des membres, se fortifie et se perfectionne.

LEÇON XIV.

SUITE DU NEUVIÈME ARTICLE DU SYMBOLE.

CARACTÈRES DE L'ÉGLISE.

Notre-Seigneur a dit aux apôtres : *Celui qui croira et qui sera baptisé sera sauvé, celui qui ne croira pas sera condamné.* Ainsi tous ceux qui refusent de recevoir le baptême et de croire à l'Église seront condamnés, parce qu'ils désobéissent à Dieu, et qu'ils se privent des moyens qu'il a établis pour les délivrer de l'esclavage du péché. Mais s'ils ne connaissent pas l'Église sans qu'il y ait de leur faute, ils ne seront pas réprouvés pour ne pas lui avoir appartenu extérieurement. Ils pourront même se sauver s'ils croient en Dieu, s'ils espèrent en lui et s'ils l'aiment de tout leur cœur.

Il y a, d'après le concile de Constantinople, quatre signes auxquels on reconnaît si l'on appartient à la véritable Église : l'unité, la sainteté, la catholicité, l'apostolicité.

I. Des marques de la véritable Église en général.

1° *L'unité.* Elle consiste dans la croyance aux mêmes vérités, dans la participation aux mêmes sacrements, dans la soumission aux mêmes pasteurs, dans l'union avec le successeur de saint Pierre.

La véritable Église doit être *une*; elle ne peut être qu'un seul bercail et n'avoir qu'un seul pasteur. Non-seulement elle doit avoir cette unité intérieure qui rattache toutes les âmes en état de grâce à Jésus-Christ leur chef invisible, et les unit ensemble par les liens d'une même charité dans le Saint-Esprit, mais encore cette unité extérieure qui fait de tous les citoyens d'un pays une nation. Jésus-Christ, qui l'a fondée, étant la vérité même, ne pouvait pas établir deux sociétés rivales. Elle doit donc être nécessairement une dans sa foi, dans ses lois, et dans son chef. Voilà pourquoi l'Évangile nous parle sans cesse d'une seule et même Église, hors de laquelle on n'est plus que païen et publicain. C'est là cette unité qu'expriment les noms donnés partout à l'Église, d'*un seul pain fait de plusieurs grains*, d'*un seul corps sans schisme*, d'*un seul bercail sous un même pasteur*, d'*un seul temple sur un même fondement*.

2° L'Église est *sainte*, parce qu'elle a pour fondateur Celui qui est la sainteté même et qui influe sans cesse en elle comme dans son corps. Sa doctrine est la doctrine même du Verbe fait chair. Ses sacrements sont les canaux du sang de Jésus-Christ. Ses préceptes sont la condamnation de tous les vices, et portent avec eux la lumière et la grâce. Elle produit les saints et appelle tous ses membres à la sainteté. S'il y a des pécheurs parmi eux; ils n'empêchent pas l'Église d'être sainte, comme l'herbe d'un champ n'empêche pas qu'il ne soit riche et fertile. C'est donc dans son sein que germent, s'épanouissent *les vertus éminentes*, la virginité, la charité, l'abnégation, et que se perpétue le don des miracles, « un des liens toujours subsistants qui attachent les enfants de Dieu à leur mère toujours visiblement autorisée de Dieu [1]. »

3° La véritable Église est *catholique*, c'est-à-dire qu'elle n'est bornée ni par les lieux, ni par les temps. C'est là cette universalité prédite par les prophètes : « Il dominera d'une mer à l'autre, depuis le fleuve jusqu'aux extrémités de l'univers. »

« La pierre, détachée de la montagne, remplira le monde. »

« De l'orient à l'occident mon nom sera célébré parmi les nations, en tout lieu on m'offrira une oblation sainte. »

« Allez, enseignez toutes les nations. »

Cette prérogative découle comme les autres de la fin même de l'Église. Elle est établie pour le salut de tous les hommes; il faut donc qu'elle éclaire tous les lieux et tous les siècles de la lumière céleste.

« Dès l'origine, saint Irénée et Tertullien ont montré que l'Église était déjà plus étendue que cet empire, qui se vantait d'être lui seul tout

---

1. Saint Augustin.

l'univers. Les régions du Nord que le soleil éclaire à peine ont vu la lumière de Dieu ; les plages brûlantes d'Afrique ont été inondées des torrents de la grâce; les empereurs sont devenus les nourriciers de l'Église, dont ils versaient le sang.... cette fécondité se renouvelle tous les jours ; la vertu de la croix ne cesse d'attirer tout à elle. Les Barbares, en renversant l'empire de Rome païenne et enivrée du sang des martyrs, se soumettent à celui du Sauveur, tout ensemble ministres des vengeances et objets des miséricordes. Vers le dixième siècle, dans ces temps où ses enfants révoltés n'ont point de honte de lui reprocher qu'elle a été stérile et répudiée par son Époux, accourent en foule à l'Église, les uns sur les autres, l'Allemand, le Polonais, le Bohémien, le Hongrois.... Alors l'Époux donna de nouveaux enfants à l'Épouse pour la justifier et pour montrer qu'elle ne cesse point d'être son unique et sa bien-aimée[1]. »

4° La quatrième marque qui caractérise la véritable Église, c'est qu'elle est *apostolique*, c'est-à-dire qu'elle a été fondée par les apôtres, et qu'elle conserve toujours intacte la doctrine prêchée par les apôtres au monde. Si elle enseignait une doctrine différente, ce ne serait plus la religion de Jésus-Christ; et, si la chaîne des pasteurs venait à se rompre, comment se conserveraient le ministère et la mission apos-

---

1. Fénelon.

tolique? Ceux qui voudraient continuer la série interrompue des pasteurs ne seraient plus qu'une société humaine sans autorité, parce qu'ils ne reposeraient pas sur les assises posées et soutenues par la main de Jésus-Christ.

II. Quelle est la société religieuse qui possède ces caractères?

Tels sont les caractères distinctifs de l'Église ; il nous reste à montrer qu'ils ne se trouvent pas dans les sectes séparées de nous, et qu'ils brillent seulement au front de l'Église catholique.

1° Les protestants, les schismatiques grecs, les autres hérétiques ou schismatiques n'ont pas cette unité qui est essentielle à l'Église de Jésus-Christ. Ils n'ont pas l'unité de corps, puisqu'il n'y a pas chez eux de centre commun, de pouvoir suprême auquel tous soient soumis. Les protestants de France, de Suisse, d'Allemagne, d'Angleterre et d'Amérique n'obéissent pas au même chef et ne forment pas entre eux une même société. Ceux d'un même pays se divisent en sectes rivales et ennemies quand l'État n'intervient pas pour les organiser. Sous le couteau de la séparation et au milieu de ses fractionnements sans fin qu'est devenue l'unité de doctrine? Les luthériens, les calvinistes, les anglicans ont des symboles différents qu'ils appellent confessions. Moins de soixante ans après leur révolte, le cardinal Hosius, au concile de

Trente, en comptait déjà deux cent soixante-dix-huit sectes. Aujourd'hui elles sont innombrables. Ils n'admettent aucun principe d'unité, aucun tribunal infaillible, capable de conserver l'unité de croyance. De là leurs dissidences sans nombre en matière de foi, et par conséquent par rapport aux sacrements : les uns en admettent deux, d'autres trois. Et il en est ainsi des schismatiques grecs, qui se sont séparés du centre d'unité sous Photius, et qui ont ajouté quelques erreurs au schisme.

Seule, l'Église romaine possède cette unité qui convient et qui est indispensable à l'Église de Jésus-Christ. 1° *Unité de corps.* Tous les catholiques sont soumis aux évêques que Dieu a placés pour gouverner son Église; tous les évêques, les prêtres et les fidèles sont unis au pontife romain qu'ils vénèrent comme le chef de toute l'Église et le centre visible de l'unité. 2° *Unité de doctrine.* Tous les catholiques, sur toute la terre, admettent le même symbole, les mêmes dogmes, la même règle de foi qui est le jugement infaillible de l'Église. Discute-t-on sur un point non défini, les opinions sont libres et chacun peut avoir la sienne. L'Église juge-t-elle à propos d'intervenir, les combattants s'embrassent en paix aussitôt qu'elle a parlé ! Peut-on concevoir sur la terre une plus belle harmonie des esprits et des cœurs? La prière de Jésus n'a pas été vaine : « O mon Père, qu'ils soient un comme nous sommes un. »

2° La *sainteté*, seconde note de la véritable Église, ne se trouve pas davantage au sein des sociétés protestantes. Où est en effet la sainteté de leur origine? ils ont rompu avec l'ancienne Église, et fondé, sans mission légitime, des églises manifestement schismatiques.

Où est la sainteté de leurs fondateurs? Martin Luther, Calvin, Henri VIII : voilà les pères et les apôtres du protestantisme anglais, allemand et français! Quelle a dû être leur doctrine? ils ont enseigné que la grâce sanctifiante pouvait subsister dans une âme souillée des crimes les plus horribles, et qu'elle ne peut être perdue par aucun péché; qu'il n'y a que l'incrédulité qui damne les hommes, que les bonnes œuvres sont inutiles pour le salut. Calvin enseigne même que l'homme est forcé au péché. Faut-il dès lors aller chercher parmi eux la vertu éminente? Ils l'ont proscrite sous toutes ses formes. Ils se sont insurgés contre les lois de l'Église sur le jeûne et l'abstinence; contre les ordres religieux où l'on fait vœu de pratiquer l'obéissance, la pauvreté et la chasteté parfaites. Loin de produire des institutions saintes, des personnages saints, ils ont banni de leur langue comme de leur pensée l'idée même de la sainteté. Nous ne parlerons pas des miracles, ils disent contre la parole de Jésus-Christ que le temps en est passé. Ils n'y croient pas davantage qu'à la sainteté qui les opère.

De ce désert reportons nos yeux sur l'Église

romaine. Celle-ci a : 1° la sainteté des fondateurs, puisqu'elle n'en reconnaît pas d'autres que Jésus-Christ et ses apôtres ; 2° la sainteté de la doctrine, des lois et du culte dont l'origine est également divine et apostolique ; 3° la sainteté des vertus éminentes qui éclate dans ses missionnaires, dans ses martyrs et dans ses vierges ; 4° la sainteté miraculeuse des Thérèse, des Xavier, des Vincent de Paul, des Charles Borromée, des François de Sales, des Bernard, des Augustin, et l'éclat des miracles proprement dits, reconnus par l'Église après les enquêtes les plus sévères, et présentés ensuite par elle au respect de ses enfants, et même à la critique de ses adversaires.

3° Les protestants ne peuvent pas avoir la catholicité, car ils n'en ont ni la condition qui est l'unité, ni le principe qui est la fécondité et le zèle. En majorité dans trois ou quatre royaumes d'Europe, ils sont en minorité dans quelques autres, et absents dans le reste du monde. Mais quand même ils seraient partout, ils ne se ressemblent nulle part que par le nom. L'Église catholique seule mérite de porter ce nom : elle est universelle dans le temps et dans l'espace. « Aucune autre institution encore debout ne reporte la pensée à ces temps où la fumée des sacrifices s'échappait du Parthénon pendant que les léopards et les tigres bondissaient dans l'amphithéâtre Flavien. Les plus fières maisons royales ne datent que d'hier, comparées à cette succession des souverains pontifes qui, par une série non interrompue, remonte du pape, qui a sacré Napoléon, dans le dix-neuvième siècle, au pape qui sacra Pépin dans le huitième, et bien au delà. L'Église catholique subsiste, non à l'état de décadence, non comme une ruine, mais pleine de vie et d'une jeunesse vigoureuse. Elle envoie encore aux extrémités du monde des missionnaires aussi zélés que les premiers apôtres, et osant encore parler aux rois ennemis avec la même assurance qui inspira le pape Léon en face d'Attila. Le nombre de ses enfants est plus considérable que dans aucun des siècles antérieurs ; ses acquisitions dans le Nouveau Monde ont plus que compensé ce qu'elle a perdu dans l'Ancien. Les membres de sa communion peuvent certainement s'évaluer à deux cents millions, tandis que toutes les autres sectes réunies ne s'élèvent pas à cent vingt millions[1]. »

4° Les sectes détachées de l'ancienne Église ne sont pas *apostoliques*. Les protestants ne peuvent assigner l'origine de leur prétendue mission qu'au temps de Luther ou de Calvin, c'est-à-dire il y a trois siècles. *J'étais d'abord seul*, dit Luther. *En commençant, nous avons rompu avec le monde entier*, dit Calvin. Donc ils ne descendent pas des apôtres, ils n'ont pas été envoyés par eux, aucune chaîne ne les rattache à

---

[1]. Lord Macaulay.

eux. La seule Église catholique remplit les siècles précédents par une suite qui ne peut lui être contestée. Nous n'avons qu'à consulter les livres saints et la tradition, soit orale, soit écrite, dans les ouvrages des saints Pères, et nous serons convaincus qu'il ne s'est opéré aucun changement dans la doctrine que les apôtres ont enseignée. C'est toujours le même symbole, ce sont toujours les mêmes sacrements. Qu'on examine la doctrine exprimée dans les quatre premiers conciles généraux, et celle de l'Église romaine d'aujourd'hui, et on verra l'identité parfaite. Son ministère, ses pasteurs remontent également aux apôtres. Il n'est pas un seul de ses évêques qui ne descende d'un apôtre ou d'un des successeurs de Jésus-Christ. D'où il faut conclure que l'Église catholique, au front de laquelle brillent toutes les marques de la véritable Église, est l'Église de Jésus-Christ, hors de laquelle sont, par conséquent, les infidèles, les hérétiques, les schismatiques, les apostats et les excommuniés.

LEÇON XV.

SUITE DES NEUVIÈME ET DIXIÈME ARTICLES DU SYMBOLE.

Je crois la Communion des Saints,
la rémission des péchés.

I Ce qu'il faut entendre par la Communion des Saints.

L'Église étant, comme nous l'avons vu, l'ensemble de tous les fidèles, qui unis entre eux par les liens de la foi et de la charité sous un même chef, ne forment qu'un seul corps, il s'ensuit nécessairement que comme les membres d'un corps s'aident mutuellement et que chaque membre jouit des biens et des avantages de tout le corps, ainsi les fidèles qui composent ce corps mystique, qui est l'Église, doivent s'aider mutuellement; et chacun en particulier doit participer aux biens communs de toute cette société. C'est cette participation des fidèles aux biens spirituels les uns des autres que l'on appelle *Communion des saints*. Ce n'est pas qu'ils soient tous des saints; il y a parmi eux un grand nombre de pécheurs; mais on leur donne ce nom parce que tous ont été sanctifiés par le baptême, et qu'ils sont appelés à mener une vie sainte.

Les biens spirituels de l'Église qui sont communs entre tous les membres de l'Église sont :

1° Les sacrements et le saint sacrifice. Chaque messe célébrée, dans quelque partie du monde que ce soit, attire les grâces sur tous les fidèles, parce que l'Église, par les mains de ses prêtres, y offre à Dieu, pour tous ses enfants, la même victime qui fut immolée sur la croix pour le salut de tous les hommes.

2° Les prières publiques, les offices divins, les prières privées. Il n'y a pas, dit saint Augustin, de jour, ni d'heure, ni de moment où quelques âmes pieuses ne fassent monter des prières ferventes vers le trône de la majesté divine. Elles attirent des grâces sur tous les fidèles et les saints y joignent les leurs.

3° Toutes les austérités des âmes pénitentes, les aumônes des âmes charitables, les sueurs répandues par les ouvriers évangéliques, tous les actes d'humilité, de patience, d'amour de Dieu et du prochain, produits par toutes les âmes justes, forment un trésor immense, inépuisable, infini, qui appartient en commun à tous les fidèles.

Ces biens spirituels reçoivent leur valeur des mérites de Jésus-Christ : c'est par le moyen des sacrements et du saint sacrifice de la messe que ce divin Sauveur applique aux membres de son Église les fruits de sa passion et de sa mort. Les bonnes œuvres et les prières des fidèles ont la grâce pour principe ; c'est elle qui les inspire, et la grâce est le prix des travaux et des souffrances de l'Homme-Dieu. Quant aux Saints qui sont dans le ciel, s'ils sont heureux et peuvent par leurs prières et leur crédit nous aider à parvenir au bonheur dont ils jouissent, c'est que, pendant qu'ils étaient sur la terre, ils ont bien usé de la grâce, et cette grâce, c'est Jésus-Christ qui la leur a méritée par l'effusion de son sang. Ainsi tout remonte à Jésus-Christ, tout est fondé, appuyé, basé sur les mérites de ce divin Sauveur.

II. Comment tous les Fidèles sont unis entre eux par la Communion des Saints.

On distingue dans l'Église, considérée en général et en tant qu'elle est la société de tous les fidèles qui ont Jésus-Christ pour chef, trois faces différentes, selon les divers états où se trouvent ses membres, savoir : l'*Église triomphante*; c'est la société des Saints qui jouissent de la gloire et du bonheur du ciel ; l'*Église souffrante*; c'est la réunion des âmes justes qui achèvent d'expier leurs péchés dans les souffrances du purgatoire ; l'*Église militante*; c'est la société des fidèles qui combattent sur la terre, contre les ennemis de leur salut. Ce ne sont pas trois Églises différentes, mais une seule et même société, un seul et même peuple, une seule et même Église; et tous les membres de cette Église, soit qu'ils combattent encore sur la terre, soit qu'ils règnent avec Jésus-Christ dans le ciel, soit qu'ils souffrent dans le purgatoire, sont unis les uns aux autres par des rapports mutuels et des liens indissolubles; ils obéissent tous au même chef, qui est Jésus-Christ, et sont tous destinés au même bonheur qui est de voir Dieu et de le posséder à jamais.

Nous sommes en communion avec les Saints qui sont au ciel, par les prières que nous leur adressons et par les grâces qu'ils nous obtiennent de Dieu. Nous nous rappelons leurs vertus, nous nous les proposons pour modèles, nous nous efforçons de les imiter, nous les honorons comme les élus, les bénis de Dieu le Père, les cohéritiers de Jésus-Christ, les temples du Saint-Esprit! Enfin nous les regardons comme des protecteurs puissants, qu'on n'invoque jamais en vain. Eux, de leur côté, s'intéressent vivement à tout ce qui nous touche. Leurs mérites nous sont appliqués, et nous pouvons nous en servir pour obtenir plus facilement la rémission de nos péchés et la grâce d'opérer notre salut.

La communion qui existe entre nous et les âmes du purgatoire consiste principalement en ce que nous compatissons à leurs souffrances, et nous les soulageons en offrant à Dieu des prières, de bonnes œuvres et surtout le saint sacrifice de la messe. Nous avons lieu de présumer que ces âmes, de leur côté, prient Dieu pour nous afin qu'il nous fasse miséricorde.

Les fidèles sur la terre sont en communion entre eux parce que les grâces que chaque fidèle reçoit et les bonnes œuvres qu'il fait profitent à tous les autres. Toutes les vertus qui se pratiquent dans l'Église militante, toutes les grâces qu'on y reçoit, tous les mérites qu'on y acquiert, tous les talents, toutes les saintes qualités, toutes les belles actions qui s'y font admirer, toutes les victoires qui s'y remportent, tous les biens y sont en commun, parce que, dit saint Paul, « c'est le même Dieu qui opère tout en tous. » Voilà comment les enfants de Dieu sont unis entre eux. Et c'est le Saint-Esprit qui opère cette sainte et salutaire union en nous donnant les mêmes idées, en nous faisant croire aux mêmes mystères, en nous inspirant à tous une vraie charité, pour que nous nous aimions sincèrement, ainsi que doivent faire des frères.

Nous ne dirons rien de l'article du symbole: Je crois.... *la rémission des péchés*, parce que cet article sera longuement expliqué quand nous arriverons aux chapitres du catéchisme sur les sacrements du Baptême et de la Pénitence.

LEÇON XVI.

ONZIÈME ET DOUZIÈME ARTICLES DU SYMBOLE.

Je crois la résurrection de la chair et la vie éternelle.

DES FINS DERNIÈRES DE L'HOMME.

En récitant ces deux articles du symbole, le jeune chrétien déclare croire de cœur, comme il le professe de bouche, que tous les hommes ressusciteront un jour pour vivre éternellement ; il exprime sa foi aux quatre fins dernières de l'homme : la mort, le jugement, le ciel ou l'enfer.

I. La Mort et le Jugement.

La mort est la séparation de l'âme et du corps. C'est la première de nos quatre fins dernières, et c'est d'elle que dépendent les trois autres : telle mort, tel jugement, suivi du ciel ou de l'enfer.

Considérée dans le passé cette séparation est une loi : « Tous doivent mourir, » dit saint Paul. Il ne faut pas en murmurer ni blâmer cette condition, car c'est une loi sage : elle entre dans l'ordre universel, elle est une conséquence, un développement naturel des lois physiques et morales. Tertullien dit qu'elle est avec la vie un des éléments constitutifs des choses. En effet, qu'est-ce que mourir? n'est-ce pas quitter le temps et l'espace? Or, c'est ce que nous faisons tous les jours. A chaque instant le temps m'échappe et chaque pas me sépare des lieux que j'occupais. N'est-il pas naturel et juste que le moment solennel arrive où l'on doit quitter définitivement l'un et l'autre? Même dans l'ordre moral, faire le bien c'est mourir à la créature pour vivre à Dieu, pécher c'est mourir à Dieu. La mort est donc quelque chose de fatal, il faut dès lors que nous l'acceptions avec une soumission parfaite, quant au temps, au lieu et à la manière.

Considérée dans le présent la mort est plus qu'une loi, c'est une expiation, un sacrifice. Voilà ce que les païens n'avaient pas su comprendre. Cela nous explique leur air tranquille et calme devant la douleur et la mort. Ne pouvant y échapper, ils font mine de la braver ; ils en triomphent, pensent-ils, en la soumettant à leur intelligence, mais le chrétien fait plus que méditer sur la mort, il se l'applique par la mortification en se séparant de cœur de ce qu'il doit quitter un jour. Quelle différence de cette mort douloureuse à ce sommeil par où l'homme eût passé de la terre au repos éternel! Mais depuis que Jésus-Christ a souffert pour nous, cette expiation est devenue un bien.

Les païens qui ont entrevu quelquefois le péché originel n'ont pas compris que la mort était un châtiment, et encore moins qu'elle fût un bien. Les Juifs eux-mêmes la redoutaient, car, dit saint Jean Chrysostome, le Christ n'avait pas encore brisé les portes d'airain. L'homme une fois expiré, la mort le gardait comme sa proie; elle n'était pas une délivrance. Cela explique pourquoi Jacob avait une telle frayeur de son frère irrité. Mais depuis que Joseph et le saint vieillard Siméon ont dit : « Maintenant, Seigneur, vous renvoyez votre serviteur en paix, » pour le chrétien la mort est un gain : « *Qui me délivrera de ce corps de mort?* » dit l'apôtre.

Considérée dans l'avenir la mort est un bien parce qu'elle est une réparation, un bien parce qu'elle rend à Dieu l'âme que la vie en séparait. Ah! si la vie qui mène à la mort est un bien, comment la mort qui mène à la vie serait-elle un mal! Si la vie qui est un sommeil est un bien, comment la mort qui est un réveil serait-elle un mal? Elle n'en est pas moins un supplice, dira-t-on peut-être. Oui, mais entre deux triomphes : le triomphe de la vertu sur la terre et le triomphe de la gloire au ciel. C'est le Calvaire entre l'entrée triomphante de Jésus-Christ à Jérusalem et la joie de son Ascension, car le chrétien ressemble en tout à Jésus-Christ. C'est par l'homme, dit saint Paul, que nous avons eu la mort et que nous devons ressusciter.

Aussitôt après la mort, notre âme paraît devant Dieu pour être jugée sur ses bonnes et mauvaises actions, c'est ce qu'on appelle le jugement particulier. Alors l'âme se montre seule à seule avec la justice divine, et, dans ce colloque solitaire, elle reçoit du Dieu invisible la sentence de son éternité. Elle va, en attendant le jugement dernier, au ciel, ou en enfer, ou en purgatoire, selon qu'elle l'a mérité. Quant au corps, il tombe en corruption, il se résout en poussière et demeure en cet état jusqu'au jour où il ressuscitera pour ne plus jamais mourir.

Ce dogme de la résurrection de la chair a provoqué bien des objections de la part des incrédules. Mais le Dieu qui a tiré nos corps du néant, saura bien les retrouver et les ranimer, en quelque endroit que le vent de la mort ait dispersé nos cendres. « Il souffle au printemps sur une nature morte, et elle revit : il a donné sa bénédiction au grain de blé, et sa pourriture même engendre une moisson nouvelle : il a mis en nous son Saint-Esprit, souvent son sacré corps, et en touchant nos corps mortels, ils y ont laissé un gage d'immortalité. »

II Du Ciel.

Toutes les religions ont promis à la vertu des récompenses éternelles ; mais la religion chrétienne est la seule qui ait proposé à l'homme une félicité digne d'une âme immortelle et sensible. Il a méconnu la dignité de l'homme et le bonheur qui lui convient, cet imposteur qui après la vie ne lui fait espérer pour récompense que les plaisirs des sens. Les champs Élysées des païens furent sans doute créés par une imagination plus sage, mais les entretiens paisibles des ombres heureuses et leurs promenades dans des bocages toujours verts ne sont que l'image monotone du repos et non de la félicité. La faculté de connaître et d'aimer peut seule la produire; mais ce ne sera pas en s'attachant passionnément à des créatures imparfaites et fragiles, et avec l'affreuse certitude d'en être séparé tôt ou tard par la mort. Aimer avec ardeur, avec transport, et cependant sans inquiétudes; trouver dans l'objet de son amour le modèle unique de la perfection, le voir au comble de la gloire et souverain maître absolu de tout ce qui existe est l'avenir éternel que la religion promet à la vertu. Ne trouve-t-on pas dans cette idée saisissante et sublime de la suprême félicité tout ce qui peut charmer l'esprit, exalter l'imagination et toucher le cœur? Cet instinct particulier à l'homme, ce désir de s'instruire que les faibles connaissances humaines peuvent irriter et ne sauraient contenter, cette avide curiosité sera satisfaite. Nous saurons tout, nous verrons Dieu tel qu'il est; plus d'énigmes, d'obscurités pour nous. Ainsi que notre existence devenue immortelle, notre génie s'étendra, il embrassera l'infini. Mais comment comprendre, comment se représenter dans toute son étendue ce bonheur inexprimable dont jouira l'âme immortelle, l'âme purifiée, dégagée des penchants vicieux, des passions terrestres, cette âme dont l'énergie sera proportionnée à sa durée sans bornes ! Nous verrons le Créateur des cieux et de l'univers, la source et le modèle de la véritable perfection. Nous serons capables d'éprouver pour lui tous les sentiments qui lui sont dus, l'amour, l'admiration, la reconnaissance. Nous aimerons avec une ardeur dont il est impossible que nous puissions avoir une juste idée, puisque nous n'avons aimé que des êtres faibles, changeants, imparfaits et périssables. Notre amour pour Dieu sera comme son objet, immuable, éternel, et cet amour fera notre gloire ainsi que notre bonheur. Plus de craintes, plus de combats, nous aimerons avec sécurité, et nous aimerons passionnément et toujours. Mais pour jouir de cette félicité sans bornes il faut y apporter des aptitudes divines, c'est-à-dire un cœur purifié dans les eaux salutaires du sacrement de pénitence, ou dans l'amertume et l'expiation du repentir.

Le corps du juste, instrument pour son âme de tant de souffrances et d'œuvres méritoires, sera élevé à un tel état de gloire, qu'il jouira presque des qualités spirituelles. Il sera impassible, c'est-à-dire exempt de toute douleur et de toute corruption ; subtil, c'est-à-dire pouvant pénétrer comme un fluide insaisissable les autres corps, et jouir de la possession complète et facile de ses organes ; agile, c'est-à-dire, ayant la faculté de se transporter sans fatigue, sans obstacle, en un clin d'œil, à des distances incommensurables ; lumineux, c'est-à-dire rayonnant la clarté autour de lui, comme l'astre qui verse des torrents de lumière sans jamais s'épuiser. En un mot, dit saint Bonaventure, les corps glorieux auront toutes les propriétés de la lumière qui est éclatante, incorruptible, qui pénètre partout, et traverse instantanément les distances les plus éloignées.

III. De l'Enfer.

Si la félicité du juste doit être immense, le châtiment du pécheur ne sera pas moindre. Il sera pour toujours séparé de Dieu, et il souffrira avec les démons les plus épouvantables tourments. Là un feu qui semble en quelque sorte doué d'intelligence brûle tout à la fois et entretient les corps. Il les dévore et les nourrit, semblable à ces feux du ciel qui frappent et affectent les objets sans les consumer; et ainsi les flammes vengeresses ne s'alimentent point au détriment des corps qui leur sont livrés, et même au milieu de leur action, ces corps demeurent tout entiers afin que leur supplice soit éternel. Comment concevoir que Dieu punira les faiblesses passagères d'une vie si courte de peines éternelles? C'est que la bonté de Dieu, dit Tertullien, n'est pas seulement miséricorde, elle est encore sainteté. Mais étant une sainteté toujours subsistante et, par une suite nécessaire, toujours ennemie du péché, elle doit toujours haïr et punir le péché, si le péché dure toujours. Or comme il n'y a rien dans l'enfer qui abolisse et qui détruise le péché, il n'y aura jamais rien qui en arrête le châtiment. Le repentir durant la vie peut être expiatoire, parce qu'il est alors le fruit de la foi et qu'il produit des résolutions vertueuses, ou de généreux sacrifices. Aussi, tant que l'homme respire, il peut tout espérer de la miséricorde infinie du Créateur. Mais après la mort, le repentir n'est plus qu'une vaine fureur, qu'un regret superflu ; le temps des sacrifices est passé ; plus de liberté de s'égarer, plus de moyens de réparer. Il n'y a alors pour l'âme immortelle que deux états tous les deux éternels, l'un de félicité, l'autre de réprobation ; il faut que le juge souverain récompense ou punisse. S'il ne punit pas d'un enfer éternel le scélérat souillé de mille forfaits et mort au sein du crime, il faut nécessairement qu'il l'élève plus tard au plus haut degré de gloire et de bonheur. Si tel était le choix de la divinité, le vice et la vertu ne formeraient pas deux routes infiniment différentes puisque leurs termes se rapprocheraient et se réuniraient ; et cette seule supposition anéantirait les principes les plus sains et les plus reconnus de la morale. La fin des peines ôterait la barrière du crime et le motif de la vertu. Malgré l'éternité prouvée et reçue, le moindre bien sensuel, la crainte d'un mal léger l'emportent encore souvent sur cet objet redoutable ; que serait-ce si on le supprimait ?

IV. Du Purgatoire.

Il est certaines fautes auxquelles l'ignorance et la faiblesse ont la plus grande part. La justice divine a préparé un lieu spécialement destiné à ceux qui en ont commis de cette sorte ou qui n'ont pas encore expié convenablement les péchés mortels. Ce lieu où ils sont privés pour un temps de la vue de Dieu et condamnés à des expiations plus ou moins douloureuses, jusqu'à ce que la justice divine ait reçu une pleine satisfaction, c'est le purgatoire. Notre-Seigneur ne nous a point dit où il est, ni quelle est la nature des peines qu'on y souffre, mais il a enseigné à ses disciples le dogme même de son existence. La tradition tout entière nous l'atteste. C'était la pratique des fidèles dès les premiers siècles de l'Église, d'offrir des vœux, des aumônes, des prières et surtout le saint sacrifice de la messe pour les âmes des défunts. Tertullien, saint Cyprien, saint Clément, saint Grégoire de Nysse, saint Grégoire de Nazianze, saint Cyrille, saint Jean Chrysostome et saint Jérôme en font souvent mention dans leurs écrits.

Quand on lit les Confessions de saint Augustin on est touché de l'empressement avec lequel il répond au dernier désir de sa mère : il offre le saint sacrifice pour le repos de son âme, et il conjure ceux qui liront son livre de se souvenir d'elle à l'autel, afin que Dieu accorde à la prière de plusieurs la grâce qu'elle avait sollicitée avant de rendre le dernier soupir.

Cette pratique que nous voyons observée par les fidèles et les pasteurs des premiers siècles, et consacrée par les liturgies de toutes les Églises particulières, ne peut venir que des apôtres, et ceux-ci n'ont pu la recevoir que de Notre-Seigneur. L'histoire de l'Église ne dit rien qui permette de lui supposer une autre origine, et on ne peut citer ni un docteur qui l'ait imaginée le premier, ni une ville qui l'ait établie.

Or, ces observances ne peuvent s'expliquer que par la doctrine du purgatoire. Jamais on n'a prié pour les saints anges, ni pour les âmes en possession de la gloire du ciel, ni pour les damnés. La prière pour les morts ne peut donc s'adresser à Dieu qu'en faveur de ceux dont la manière de vivre n'a été ni assez bonne pour n'avoir pas besoin de ces prières, ni assez mauvaise pour qu'elles soient inutiles. Lorsqu'on offre, dit saint Augustin, le saint sacrifice pour les défunts, ou qu'on fait des aumônes pour eux, ce sont des actions de grâces envers Dieu, pour ceux qui sont parfaitement bons, et des titres de rémission pour ceux qui ne sont que médiocrement mauvais. Le dogme du purgatoire rencontre moins d'opposition dans le monde que plusieurs autres articles de la foi catholique, et est conforme à l'idée que nous avons de la sainteté et de la bonté de Dieu. Il ne convenait pas que ceux qui sortent de ce monde avec des péchés véniels qui n'ont pas été remis, ou bien sans avoir suffisamment expié des péchés mortels, d'ailleurs pardonnés quant à l'offense et à la peine éternelle, entrassent immédiatement dans les joies du ciel, comme ceux qui ont toujours vécu pieusement ou qui ont fait une longue pénitence de leurs péchés. Mais tandis que la justice de Dieu soumet ces âmes à des peines expiatoires, sa miséricorde les abrège au moyen de nos bonnes prières et principalement du sacrifice de l'autel. Ainsi que nous l'avons expliqué en parlant de la communion des saints, Dieu a établi une admirable harmonie dans l'univers religieux, c'est-à-dire que les saints obtiennent par leurs prières et leur protection que le sang de Jésus-Christ se répande sur la terre, tandis que par nos suffrages et nos bonnes œuvres nous faisons pénétrer ce même sang divin dans le purgatoire, pour éteindre les peines de nos frères souffrants et leur apporter le rafraîchissement, la lumière et la paix. Doctrine admirable! elle remplit l'âme de consolations et resserre les liens qui unissent entre eux tous les enfants de Dieu, dans quelque pays du monde qu'ils soient et à quelque époque qu'ils aient vécu, ceux qui sont encore dans les épreuves de la vie, ceux qui triomphent dans la gloire du ciel et ceux qui, placés dans un état moyen entre le ciel et la terre, achèvent de se purifier, pour être rendus dignes d'entrer dans le sein de Dieu.

SECONDE PARTIE

DES DEVOIRS QUE NOUS DEVONS PRATIQUER

Pour être sauvé, il ne suffit pas d'avoir reçu le baptême et de croire les vérités contenues dans le symbole. Ceux qui arrivent à l'âge de raison sont encore obligés d'observer les Commandements de Dieu et de l'Église. La religion chrétienne n'éclaire pas seulement les intelligences, elle règle aussi les mœurs et dirige les volontés.

LEÇON PREMIÈRE.

DES COMMANDEMENTS DE DIEU EN GÉNÉRAL

I. Qu'entend-on par la loi divine ?

On entend par *loi divine* les différentes révélations par lesquelles Dieu a fait connaître sa volonté à l'homme. Or, on distingue trois révélations successives et par conséquent trois lois.

1° *Loi naturelle*. C'est la manifestation directe de la volonté de Dieu imprimée dans le cœur de l'homme et dans la conscience du genre humain. L'homme en naissant porte en lui un sentiment qui lui fait discerner le bien du mal. Ce sentiment est universel, on le rencontre chez tous les peuples, et imprescriptible, il se transmet de génération en génération. Il a existé dès le commencement. Quand Adam fut créé, il se trouva en face de Dieu et de ses œuvres, inférieur à Dieu et supérieur aux autres créatures. De là résultèrent pour lui ces rapports nécessaires avec le Créateur et les créatures qu'on nomme la loi naturelle. Cette loi a son siège dans la conscience qui condamne tout ce qui est mal, approuve et encourage tout ce qui est bien. Voilà pourquoi on dit que l'homme porte toujours son juge avec lui.

2° *Loi de Moïse.* Elle ne diffère de la loi naturelle qu'en tant qu'elle a été écrite. Cette loi, dit saint Augustin, que les hommes, à cause de leur corruption, ne savaient plus lire dans leur cœur, fut gravée sur des tables de pierre et exposée à leurs yeux, afin qu'ils fussent forcés de voir ce qui était dans leur conscience. Elle est faite pour un peuple charnel, dans l'esprit duquel l'idée du devoir, séparée de l'espérance et de la crainte, n'a aucun accès; et ceci explique pourquoi de l'accomplissement ou de la violation de la loi dépend le bonheur ou le malheur d'Israël. Il fallait parler à son égoïsme en lui présentant la récompense et le châtiment. Et voilà pourquoi Dieu proclame la sanction de la loi en même temps que la loi elle-même. Pour la rendre plus vénérable encore, il manifeste son intervention directe par les circonstances merveilleuses qui accompagnent sa promulgation. Les éclairs, la foudre et les tourbillons de fumée qui couvrent le Sinaï commandent l'attention, et la voix qui se fait entendre inspire le respect.

3° *Loi chrétienne.* C'est une loi d'amour et non de crainte, prêchée non plus par un prophète, mais par le Fils de Dieu lui-même qui vient sauver le monde. Ce Dieu fait homme, ce Verbe incarné ne fait pas retentir sa voix du haut d'une montagne toute fumante de sa majesté. Il ne dit pas comme autrefois l'Éternel : *Retirez-vous..., que mon serviteur Moïse approche tout seul, et les hommes et les animaux qui aborderont près de la montagne, mourront de mort.* Dans l'Évangile, Dieu change de langage : y a-t-il rien eu de plus accessible que Jésus-Christ? rien de plus affable, rien de plus doux? Il n'éloigne personne d'auprès de lui. Bien plus, non-seulement il y souffre les enfants, mais encore il y appelle les plus grands pécheurs et lui-même il va au-devant : « Venez à moi, dit-il, et ne craignez pas ; venez, venez à moi, oppressés, je vous aiderai à porter vos fardeaux ; venez, malades, je vous guérirai ; venez, affamés, je vous nourrirai ; pécheurs, publicains, approchez, je suis votre libérateur. »

II. Pourquoi Dieu a-t-il donné à la loi une triple manifestation ?

En raisonnant en théorie, on peut dire qu'il suffisait d'une seule manifestation de la volonté de Dieu, parce que cette volonté est une. Dieu ne peut pas comme les hommes défendre aujourd'hui ce qu'il a commandé hier. Mais si nous la considérons au point de vue pratique, nous trouvons, dans la dégradation du cœur humain, les motifs de cette triple promulgation. L'homme s'applique à oublier; il fallait donc, ou que Dieu l'abandonnât, et où serait alors sa bonté infinie? ou qu'il renouvelât l'intimation de sa volonté, et c'est ce qu'il a fait.

La nécessité de la loi naturelle résulte de son essence qui repose sur la nature même des choses. L'homme, tenant de Dieu tout ce qu'il a, ne pouvait pas exister dans un état d'indépendance absolue envers lui. Il fallait donc que cette dépendance eût son expression et sa forme; c'est la loi naturelle.

La raison de la loi mosaïque se tire de la perversité générale des hommes et de la mission du peuple juif. D'un côté, Dieu ne pouvait demeurer sans adorateurs soumis à sa volonté lorsque montait sans cesse le flot de la corruption; il devait donc, par des moyens extraordinaires, apporter un remède au mal et empêcher que la contagion ne devînt générale. D'un autre côté il fallait un peuple pour garder le souvenir des traditions primitives et pour conduire l'humanité jusqu'à l'avènement du Messie ; mais une nation n'existe et ne vit que par une législation forte, et c'est pour cela que Dieu suscite à son peuple un chef illustre : Moïse, et lui remet le dépôt de sa loi.

Quant à la loi chrétienne, sa promulgation n'était pas provoquée par une nécessité absolue. La loi naturelle était encore vivante, mais dans le cœur d'un petit nombre. Le reste des hommes s'égarait de plus en plus ; et on peut dire que c'en était fait de l'humanité, à cause de l'abîme épouvantable que le mal avait creusé dans son sein, si Dieu n'était pas intervenu une seconde fois.

Du reste, il est important de remarquer qu'au fond il n'y a pas de différence radicale entre ces trois lois. Elles se rapportent toutes à ces deux points essentiels, lesquels, s'ils sont bien observés, nous font observer tout le reste : *Aimer Dieu de tout son cœur ; aimer le prochain comme soi-même.* Les situations et les circonstances seules diffèrent, leur essence est la même ; car Dieu ne change pas. Les lois humaines subissent de fréquentes modifications, parce que les hommes sont des politiques à courte vue, qui ne peuvent pas prévoir les difficultés de l'avenir. Dieu, au contraire, connaît toutes les transformations sociales ; aussi a-t-il placé sa loi au-dessus des passions humaines et l'a-t-il rendue immuable comme lui.

III. Sommes-nous tous obligés d'observer la loi divine ?

Si les dix commandements n'avaient été faits que pour les Juifs, nous ne serions pas tenus de les observer; mais ces commandements publiés sur le mont Sinaï avaient été donnés aux hommes dès le commencement du monde.

Dieu, nous l'avons dit, les a rappelés parce qu'on les oubliait; il veut que tous les observent, à la seule exception du jour du sabbat, qui n'a été obligatoire que pour les Israélites.

Nous devons donc les respecter beaucoup, parce que ce sont les lois de celui qui est le créateur et le souverain Seigneur de toutes choses. Nous devons les aimer, parce qu'en les gardant nous mériterons d'arriver à la vie éternelle et nous aurons la paix avec Dieu, avec le prochain, avec nous-mêmes. Nous pouvons les observer avec le secours de la grâce. « Ce commandement que je te fais aujourd'hui, dit Dieu lui-même, n'est pas au-dessus de toi, ni loin de toi; il n'est pas dans le ciel, pour te donner lieu de dire que tu ne peux pas y monter; il n'est point non plus au delà de la mer pour que tu puisses dire : Qui de nous pourra la traverser? Mais ce commandement est tout proche de toi; il est dans ta bouche et dans ton cœur. »

LEÇON II.

PREMIÈRE INSTRUCTION.

DU PREMIER COMMANDEMENT.

Tout l'édifice de la morale chrétienne repose sur un triple fondement : la foi, l'espérance et la charité Ces trois vertus unies entre elles par les liens les plus étroits se prêtent un secours mutuel l'une à l'autre : si l'homme n'avait pas l'espérance, pour qui sa foi travaillerait-elle? si la foi n'existait pas, qui donnerait naissance à l'espérance, et si vous retranchez la charité, dites-moi ce qui reste des deux autres? Voilà pourquoi Dieu a placé en tête de ses commandements l'obligation de croire en lui, d'espérer en lui, de l'aimer de tout notre cœur et de n'adorer que lui seul.

La foi, l'espérance et la charité par la pratique desquelles nous remplissons ces quatre obligations sont appelées vertus théologales : *vertus*, parce qu'elles sont des dispositions à faire des actes qui sont bons, et *théologales* parce qu'elles ont Dieu même pour objet direct et principal.

On dit aussi que ce sont des vertus surnaturelles, c'est-à-dire de bonnes qualités que le

Saint-Esprit met en nous, pour nous élever à la dignité d'enfants de Dieu et nous faire parvenir à un état de gloire et de bonheur qui ne nous était pas dû.

DE LA FOI.

I. Qu'est-ce que la foi.

La foi est *une vertu surnaturelle par laquelle nous croyons fermement toutes les vérités que Dieu a révélées, et qu'il nous enseigne par son Église.* 1. *Une vertu*, une qualité qui demeure dans notre âme pour la rendre agréable à Dieu. 2. *Surnaturelle*, c'est-à-dire opposée à la foi naturelle et humaine. Pour comprendre cette distinction, il faut se rappeler qu'il y a deux puissances adverses dans le monde intelligent et moral : la foi et la raison, la révélation et la philosophie; l'une qui relève de l'intelligence de l'homme, l'autre de l'intelligence divine. De là vient que la foi est une vertu, et une vertu surnaturelle, parce qu'elle a pour auteur le premier principe de toute vérité, et pour objet des vérités révélées qui sont au-dessus de notre raison. 3. *Qui nous porte à croire.* Voici un ordre de choses tout nouveau : il ne s'agit plus de science humaine, mais de la science divine, et cette croyance est formelle et inébranlable. 4. *Les vérités que Dieu a révélées.* C'est Dieu lui-même qui parle, et ses paroles sont contenues dans l'Écriture et la tradition. 5. *Et que l'Église nous enseigne*. Elle a reçu de Dieu la mission et le pouvoir d'enseigner, et jamais elle ne peut tomber dans l'erreur.

On peut comparer la foi à la colonne qui servait de guide aux Hébreux dans le désert. C'était une colonne : la foi doit être ferme ; une colonne de nuée : la foi est enveloppée de nuages ; une colonne lumineuse de jour : la foi doit être vive et agissante.

1. La foi doit être ferme, inébranlable à cause de ses motifs de certitude. L'enseignement des hommes est incertain parce que leur raison est bornée et leur expérience imparfaite. Elle démontre faux, demain, ce qui hier pour eux était vrai, tandis que la foi est certaine parce que la raison de Dieu est infinie et son expérience, si nous pouvons nous servir de ce terme, infaillible. La certitude de la foi repose donc sur la parole divine, sur Dieu lui-même qui s'est manifesté aux hommes et qui vit encore dans le monde : « La lumière luit dans les ténèbres. » Mais cette parole doit être interprétée par l'Église qui, au milieu des discussions des hommes, prononce avec une autorité infaillible et donne la règle de la foi.

Toutes les vérités de la foi sont donc certaines parce qu'elles ont été révélées par celui qui a dit : « Le ciel et la terre passeront, mais mes paroles ne passeront pas. » Or, que nous enseigne cette foi ? Elle nous révèle des mystères :

nous devons les croire, malgré leur impossibilité apparente. Elle nous fait connaître des devoirs pénibles : nous devons les remplir, malgré leurs difficultés.

2. La colonne du désert est enveloppée de nuages : la foi a des profondeurs dans lesquelles l'esprit borné de l'homme ne saurait pénétrer. Les philosophes doivent prouver toutes leurs assertions parce qu'ils ne s'appuient que sur une science purement humaine, tandis que l'enseignement divin n'est pas toujours perçu par la raison : « *Heureux ceux qui auront cru sans voir.* » Et voilà pourquoi saint Paul dit : « La foi est l'enseignement de ce que nous ne voyons pas; » et Tertullien : « Celui qui cherche la foi ne cherche pas la raison. » Si on cherche à comprendre la foi, elle ne présentera plus alors rien de merveilleux. Son obscurité, loin d'être une pierre d'achoppement pour notre raison, devient donc un motif de crédibilité; et si nous pouvions arriver à la démonstration mathématique des vérités révélées, l'intelligence divine descendant au niveau de l'intelligence humaine, Dieu cesserait d'être Dieu, ou plutôt l'homme serait Dieu !

Eh quoi ! le malade a confiance dans son médecin, l'ouvrier écoute son maître, l'ignorant croit le savant sur parole, tous les jours les hommes acceptent comme vraies certaines assertions de la science, dont ils ne comprennent pas la démonstration, et nous hésiterions à soumettre entièrement notre faible raison à la raison divine !

Les obscurités même que renferment les vérités de la foi, loin d'être un obstacle à notre soumission, deviennent ainsi un motif d'adhésion et doivent nous y rattacher d'une manière inébranlable.

3. La foi doit être comme la colonne de feu, vive, ardente, c'est-à-dire agissante, et se manifester par les œuvres. Il ne faut pas se contenter d'admirer la sublimité de l'enseignement, nous devons aussi le mettre en pratique. Il ne faut pas se laisser bercer par cette illusion : il suffit de croire pour être sauvé. « Car si vous n'êtes pas plus vertueux que les païens, dit Jésus-Christ, quelle récompense aurez-vous dans le ciel ? » Et ailleurs : « Si votre justice et votre vertu ne sont pas plus grandes que celles des scribes et des pharisiens, vous n'entrerez pas dans le royaume des cieux. » Il faut donc que notre foi rayonne dans nos actes. Ainsi l'a toujours enseigné l'Église avec saint Jacques : « Si quelqu'un dit qu'il a la foi et n'en fait pas les œuvres, pensez-vous que sa foi pourra le sauver ? » Cette parole est un trait de lumière qui éclaire toute notre vie. Quelles sont nos œuvres ? sont-elles conformes à notre foi ? Nous travaillons pour les besoins de la vie ! nous respectons nos parents, nous venons quelquefois à l'église ; les païens faisaient tout cela. Nous aimons nos bienfaiteurs, nous honorons

le nom de Dieu; les païens le faisaient aussi. Ce n'est donc pas assez, il faut que notre vie soit plus excellente : c'est par la bonté de vos œuvres que vous devez montrer les qualités de votre foi.

II. Nécessité de la foi, ses avantages.

La foi est, avec la grâce, la condition essentielle de notre réhabilitation. Le péché a vicié le cœur et l'intelligence; il faut donc à l'homme deux réhabilitations, celle du cœur par le baptême et celle de l'intelligence par la foi. Voilà pourquoi Jésus-Christ a dit : « Celui qui ne croira pas sera condamné. » Pour comprendre toute la portée de cette parole, il faut se poser cette question : qu'est-ce que la foi? c'est la soumission de notre esprit à Dieu. Donc repousser la foi, c'est se révolter contre Dieu.

Les avantages de cette vertu sont inappréciables : elle nous éclaire, nous guide, nous soutient et nous rend agréables à Dieu.

Sans la foi nous ne sommes que ténèbres et incertitudes. Dans le présent quel est le sens de nos peines et de nos plaisirs? Pour l'avenir le doute est encore plus cruel, car il est impossible de le prévoir. Au contraire, quand la foi nous éclaire, aussitôt un immense horizon s'ouvre devant nous. Toutes les choses présentes s'expliquent aisément : les plaisirs ne sont que vanité, et les souffrances un court moment de tribulation qui produit un poids immense de gloire. L'avenir se présente avec sa double éternité de peines et de récompenses, et la conséquence est pour nous un nouveau trait de lumière ; alors retentit la parole : « Que sert à l'homme de gagner l'univers, s'il vient à perdre son âme ? »

Ce n'est pas assez pour le voyageur de voir le pays qu'il parcourt éclairé par la lumière du soleil , il lui faut un guide pour connaître la route qu'il doit suivre. La foi nous la montre, et c'est dans ce sens que saint Paul a dit : « Par la foi nous avons accès auprès de Dieu. » Lorsqu'il vient à défaillir dans le chemin de la vie, quand sonne pour lui l'heure de l'affliction ou de la maladie, l'homme est tenté de se décourager. D'autres fois il est exposé à un danger contraire, à celui d'oublier Dieu au milieu des jouissances de la fortune et des enivrements du plaisir. La foi nous prémunit contre cette double tentation : « *Par la foi ils ont vaincu le monde et opéré la justice. Notre foi, telle est la victoire qui triomphe du monde.* » Elle est aussi le sacrifice le plus excellent aux yeux de Dieu. Dans les sacrifices anciens on lui offrait des créatures matérielles. Sous la loi chrétienne nous faisons à Dieu un sacrifice d'agréable odeur, quand nous lui consacrons nos corps. Mais il y a une immolation plus excellente encore, c'est celle de notre intelligence par la foi, car il n'y a rien de plus indépendant que l'esprit, et la soumission à l'enseignement révélé exige un sacrifice difficile, et par là même plus méritoire.

III. Péchés contre la foi.

Le premier péché contre la foi est l'ignorance. Il y a une ignorance incrédule qui prononce avec légèreté et sans connaissance de cause. Elle examine l'ensemble de l'enseignement religieux, et croit pouvoir rejeter ce qui lui paraît faux. Prétention exagérée! car un peu de science apprendrait bientôt à l'incrédule qu'en matière de révélation, la raison n'est pas la vraie règle de foi. Elle s'empare des vérités les plus graves pour les jeter en pâture à la risée des peuples; avec le sarcasme et l'ironie, elle croit avoir raison de tout. Il y a une autre ignorance qui est aussi un péché contre la foi, c'est celle qui croit trop facilement. Elle est la source de dangers par rapport à nous-mêmes, et de maux incalculables pour l'Église. Des hommes se laissent emporter à tout vent de doctrine, confondent le certain et l'incertain, la vérité et l'erreur. D'autres ne mettent pas de différence entre le devoir et le conseil, entre l'importance des préceptes et l'utilité des conseils. La foi ignorante est en même temps intolérante. Dépourvue de prudence et de sagesse, elle ne tient nul compte de l'éducation et de la bonne foi; elle défend l'erreur aussi bien que la vérité. Au rebours de l'esprit chrétien, elle n'est ni indulgente ni discrète; elle juge avec sévérité et condamne légèrement. Elle voudrait, à l'exemple des disciples, appeler le feu du ciel, mais l'Église lui répond : « Vous ne savez de quel esprit vous êtes. »

On pèche encore contre la foi quand on rougit de paraître chrétien. Cette vertu est une adhésion formelle aux vérités que Dieu a révélées. Or qui dit adhésion formelle, proclame hautement que tous les obstacles réunis ne sauraient en empêcher la manifestation ; et c'est là un devoir dont le chrétien ne peut jamais s'affranchir. Est-ce qu'un fils rougit de son père ? Est-ce qu'un soldat rougit de son drapeau ? Que serait notre foi en Jésus-Christ si nous n'osions le confesser ? Lui-même nous dirait : « Je ne vous connais pas. » Les œuvres sont à cette vertu ce que l'exercice est au corps et le dévouement à l'amitié. Mou et inerte est le corps privé d'activité, faible et languissante est la foi qu'on n'ose pas manifester au dehors.

LEÇON II.

DEUXIÈME INSTRUCTION.

DU PREMIER COMMANDEMENT (SUITE).

DE L'ESPÉRANCE.

I. Qu'est-ce que l'espérance?

L'espérance est *une vertu surnaturelle par laquelle nous attendons de Dieu, avec confiance, sa grâce en ce monde et la gloire éternelle dans l'autre.* — 1. *Une vertu*, c'est-à-dire une bonne habitude, une tendance de notre âme vers Dieu, qui est *infuse* en nous par le baptême, s'augmente ensuite et devient *acquise* par nos actes. 2. *Surnaturelle :* dans son principe, qui n'est autre que l'Esprit-Saint lui-même dirigeant nos désirs vers la gloire du Ciel pour nous y préparer dans son objet, puisque cette gloire, vision intuitive et amour béatifique de Dieu, est inconnue et inaccessible à toute nature créée qui n'a pas été élevée au-dessus d'elle-même par la grâce.

C'est sur Dieu que repose notre espérance; elle s'appuie sur trois perfections exécutrices de sa providence : puissance infinie, sagesse incompréhensible, bonté ineffable. La puissance de Dieu se manifeste dans la création et chaque jour dans la conservation du monde. Elle éclate surtout dans le mystère de l'incarnation. Quand Dieu fait de si grandes choses en faveur de l'homme, comment douter de sa puissance? Tous les jours nous mettons notre confiance dans nos semblables; nous espérons la réussite d'une affaire ou l'augmentation de notre fortune par le travail, l'activité, l'intelligence d'un père ou d'un protecteur. Et quand cet appui vient à nous manquer, nous ne songeons pas qu'il n'était qu'un instrument, et que Dieu peut nous continuer autrement ses faveurs. « Le Seigneur est mon refuge; personne n'a espéré dans le Seigneur et a été confondu. » Souvent la puissance de Dieu semble sommeiller quand nous l'invoquons, et alors l'homme se décourage; sa défiance le porte à accuser la Providence divine, parce qu'il ne songe pas qu'en Dieu la puissance agit de concert avec la sagesse : « Il dispose tout avec suavité, et il atteint d'une extrémité à l'autre avec force et douceur. » Dieu a établi des lois en vertu desquelles les causes naturelles agissent nécessairement, les libres volontairement, les contingentes fortuitement. Ainsi, quand il permet à l'adversité de nous visiter, aussi bien que quand il fait réussir nos projets, c'est toujours sa sagesse qui agit pour nous éprouver ou nous encourager. Toujours la Providence de Dieu nous entoure, elle recueille tout, elle conserve tout, et plus tard elle récompense au centuple nos œuvres.

Ce qui diminue ordinairement notre confiance en Dieu, c'est le souvenir de nos offenses, comme si sa bonté n'était pas infinie et toujours prête à pardonner au pécheur repentant. Sans doute, la vue de nos iniquités devrait nous décourager si notre confiance en Dieu avait pour fondement notre vertu et nos mérites personnels; mais notre espérance n'est pas basée sur notre probité, mais sur la bonté de Dieu, non sur nos bonnes œuvres, mais sur les mérites de Jésus-Christ; et la miséricorde de Dieu étant infinie, les mérites de Jésus-Christ inépuisables, notre confiance doit donc être sans bornes.

C'est donc en Dieu et non pas dans l'homme qu'il faut la placer tout entière. L'espoir fondé sur les hommes est souvent trompeur, parce qu'ils changent suivant leurs intérêts, promettant aujourd'hui ce qu'ils refusent demain, et que souvent ils n'ont pas le pouvoir de réaliser toutes leurs promesses. L'espoir que nous fondons sur nous-mêmes n'est pas plus certain, parce que mille obstacles viennent se mettre à la traverse, en sorte que notre vie, dit Bossuet, est une longue chaîne d'espérances déçues. Appeler ce sentiment espérance, c'est une déception.

L'objet de l'espérance est différent suivant qu'on juge avec la raison ou la foi. Avec la raison l'espérance s'égare, elle poursuit tout ce qui promet le bonheur sans jamais le rencontrer, l'ombre pour la réalité. Avec la foi elle nous éclaire sur la fragilité des biens d'ici-bas, nous avertit de la grandeur et de la magnificence de ceux de l'autre vie, et, en nous faisant espérer la grâce nécessaire pour les obtenir, elle excite dans notre esprit un vif désir de les posséder. « Que la terre m'est à dégoût, disait saint Bernard, quand je considère le ciel ! » L'espérance chrétienne nous rappelle encore les promesses de Dieu qui nous garantissent sûrement cette félicité, et nous soutient par une si glorieuse perspective contre les dangers que présentent les plaisirs du monde.

II. Péchés contre l'espérance.

La vertu d'espérance, comme toutes les autres vertus, a différents degrés. Le chrétien, qui connaît la bonté de Dieu et croit aux soins paternels de la Providence, garde au milieu de toutes les épreuves de la vie, comme son plus précieux trésor, sa confiance qui ne l'abandonne jamais : « Alors même qu'il m'ôtât la vie, j'espérerais en lui. » Mais à mesure que la foi s'affaiblit dans une âme, la confiance en Dieu diminue pour s'éteindre quelquefois entièrement. L'homme refuse souvent sa confiance à Dieu pour la placer en lui-même ou dans les créatures, et cette disposition fait peser sur nous l'anathème : « Maudit soit l'homme qui se confie dans l'homme, et qui fait de l'homme son appui! » De là proviennent les deux péchés contre l'espérance : la défiance et la présomption.

La défiance vis-à-vis de Dieu est produite par la vue de nos fautes et de la justice divine, de nos misères et de la grandeur de Dieu: « Qu'est-ce que l'homme en comparaison de Dieu? » Pour combattre ce défaut, il faut reconnaître qu'il y a au fond de tout sentiment exagéré quelque chose de vrai. Ainsi un état de sujétion vis-à-vis de Dieu, voilà ce qui est fondé; mais ce qui est excessif, c'est la défiance. Du moins ce mal révèle-t-il encore en celui qui en est atteint une certaine foi, foi aveugle et ignorante qui peut être guérie, parfois éclairée, tandis que maintenant ce mal n'est plus à craindre, mais bien l'excès contraire.

La défiance vis-à-vis du prochain naît de l'injustice des hommes. Quand les persécutions du monde posent le principe de notre ruine, et que l'expérience de la vie fait reconnaître tout ce qu'il y a de fourberie dans les créatures, alors on s'en défie; mais toutes les mystifications des hommes ne sauraient justifier notre désespoir, ni nous affranchir de nos obligations : « Si une lutte se prépare contre moi, cela me donnera de l'espoir. » La défiance vis-à-vis de soi-même se traduit par une sollicitude trop inquiète de l'avenir quand viennent les maladies, les afflictions et la pauvreté. Sans doute, la mort est préférable à certaines souffrances; ce n'est pas à nous cependant qu'il appartient de choisir.

De la défiance en général proviennent de graves dangers : le suicide du corps et le suicide de l'âme : « C'est tomber en enfer, dit saint Isidore de Séville, que de désespérer de son salut. » — « Le plus grand crime de Judas ne fut pas, dit saint Augustin, d'avoir trahi Jésus-Christ, mais d'avoir désespéré après. » Saint Paul attribue au même sentiment les plus grands crimes des hommes, et il dit des païens : « Ils ont désespéré et ils ont été livrés à leurs passions. » Le dégoût du devoir, l'affaiblissement de la foi et les paroles blasphématoires n'ont pas d'autre cause que le désespoir. Pour en triompher, on peut se rappeler utilement les exemples de Job, d'Abraham, des Saints et cette parole de sainte Marie d'Égypte : « Dieu qui m'avez créée, ayez pitié de moi. »

Le second péché contre l'espérance, c'est la présomption. Est-il possible de trop présumer de la bonté de Dieu? N'a-t-il pas dit aux hommes, par la bouche du Psalmiste : « Il est bon de se confier dans le Seigneur? » Dieu, dit-on, est trop bon pour me perdre. Et là-dessus on se rassure, on l'offense facilement; puis la confiance fait oublier les fautes commises et perdre de vue l'obligation rigoureuse de la pénitence. David est loué par l'Écriture de la durée de son repentir : *Peccatum meum contra me est semper !* La conséquence, qui en résulte, c'est la légèreté, le relâchement, l'oubli des grandes vérités ; ce que condamne l'apôtre, quand il dit : « Faites votre salut avec crainte et tremblement. » La véritable sagesse consiste à allier ces deux sentiments : une crainte salutaire avec une tendre confiance. Nous devons tout espérer de la bonté de Dieu, mais tout craindre de notre faiblesse et de notre défaut de coopération à sa grâce. Souvent on met sa confiance dans la protection d'un homme puissant, par lequel on espère obtenir une faveur, mais Dieu confond notre espérance. D'autres fois, on convoite les richesses, on les demande à Dieu ; il semble qu'on sera au comble de la félicité quand on les possédera. Mais quand l'homme s'éloigne de Dieu, il ne tarde pas à trouver le néant. C'est surtout dans les temps de trouble qu'on cherche son appui dans les hommes au lieu de se confier en Dieu. Sans doute, Dieu peut permettre qu'un homme sauve une société, mais quand cette société se sépare de lui, il brise l'instrument pour montrer aux yeux de tous que lui seul est le maître. Autant l'Esprit-Saint loue l'homme qui met sa confiance en Dieu, autant il s'élève contre celui qui ne s'appuie que sur soi-même, parce que tous les biens dont il se prévaut, il les a reçus de Dieu, et qu'au lieu de les lui rapporter il s'en attribue le mérite par une sacrilége usurpation. Alors Dieu lui fait sentir son impuissance, et pour cela il lui suffit de l'abandonner à lui-même : « J'ai dit : Dans ma force je ne serai plus ébranlé ; vous avez détourné votre face de moi, et j'ai été dans le trouble le plus profond. »

La vertu d'espérance consiste à attendre de Dieu tous les biens dont nous avons besoin, même ceux que nous paraissons tenir des créatures. Mais comme ces divers biens proviennent plus directement, en apparence du moins, de nos relations avec le monde extérieur, il en résulte que nous ne les attendons que de nous-mêmes, et quand nous les avons acquis, nous ne les rapportons qu'à notre savoir et nullement à Dieu. On va même plus loin, on se sert de ces biens contre lui pour l'offenser. Est-ce que Dieu peut être insensible à un pareil outrage ? Aussi le punit-il souvent en ravissant à l'homme la fortune, la santé et la vie.

LEÇON II.

TROISIÈME INSTRUCTION.

DU PREMIER COMMANDEMENT (SUITE).

DE LA CHARITÉ.

I. Ce que c'est que la charité.

La charité est *une vertu surnaturelle par laquelle nous aimons Dieu par-dessus toutes choses, et notre prochain comme nous-mêmes pour l'amour de Dieu.* 1. *Une vertu,* la plus noble, la plus efficace, la plus méritoire de toutes les vertus. Par la charité, nous nous élevons jusqu'au sein de Dieu, sans être arrêtés ni par les obscurités de la foi, ni par la longue attente de l'espérance. C'est une qualité qui est la source et le principe de la grâce, rend notre âme agréable aux yeux de Dieu dès cette vie, et digne de ses récompenses en l'autre. 2. *Surnaturelle,* de deux manières, dans son principe qui ne peut venir que de Dieu et non de la volonté humaine; dans son objet, qui n'est autre que Dieu lui-même, source de toutes les perfections. On peut dire aussi naturelle, en un certain sens, parce qu'elle a son fondement dans la nature de l'homme, essentiellement conforme aux instincts de son cœur, et qu'elle répond à un besoin d'aimer ce qui est bon, ce qui est le principe des biens que nous attendons. 3. *Par laquelle nous aimons Dieu.* Dieu est l'objet principal de la charité; le prochain en est l'objet secondaire par rapport à Dieu. En dehors de cette règle, cet amour est un excès et une faute. Voilà pourquoi Notre-Seigneur a dit : « Celui qui aime son père ou sa mère plus que moi, n'est pas digne de moi. »

Elle est *habituelle et actuelle.* La charité habituelle est celle qui demeure en nous jusqu'au jour où nous avons le malheur de perdre la grâce par le péché. Au jour de son baptême et avant l'âge de raison, l'enfant n'est pas encore capable de connaître et d'aimer Dieu, et cependant son âme est agréable à ses yeux par la charité. Elle est actuelle, en tant qu'adhésion explicite de notre cœur aux perfections de Dieu.

Le motif le plus pur de la charité est l'infinie perfection de Dieu. Ce motif n'est pas obligatoire, mais le plus parfait; on ne peut y parvenir que par une longue habitude des conseils évangéliques ou par une grâce spéciale de Dieu. Le second motif de la charité plus imparfait, mais toujours bon et louable, est la bonté de Dieu et les récompenses qu'il promet à ceux qui l'aiment et qui accomplissent sa volonté.

II. Précepte de la Charité.

Pour nous obliger à l'aimer, cet aimable maître a employé non-seulement les promesses, mais le commandement, les bienfaits, les menaces et la contrainte.

L'homme est le centre et la fin de toutes les créatures; il s'en sert suivant son bon plaisir. Toutes obéissent à ses ordres. Mais lui-même reconnaît une autorité à laquelle il doit sa soumission; il a une fin qui est Dieu. Ses facultés trouvent en Dieu seul leur perfectionnement et leur béatitude. Ainsi, l'intelligence sans la connaissance de Dieu est incomplète; la volonté doit se soumettre à ses lois, et toutes les facultés s'exercent par un seul acte : l'amour de Dieu qui résume tous les devoirs de l'homme en même temps qu'il le perfectionne. Et voilà pourquoi le Sauveur, dans l'Évangile, nous recommande si souvent cette excellente vertu : vous aimerez le Seigneur votre Dieu, de tout votre cœur. L'insistance que met le Saint-Esprit à nous rappeler ce précepte est vraiment à remarquer. Il en parle jusqu'à huit fois dans le Pentateuque, tandis qu'il ne dit qu'une seule fois : « Vous honorerez votre père, vous ne volerez pas. »
« Que suis-je donc pour vous, s'écrie saint Augustin, pour que vous m'ordonniez de vous aimer? » Quel honneur qu'il daigne nous élever jusqu'à lui par un ordre semblable! tandis que ce serait une véritable punition s'il nous défen-

dait de l'aimer. Et cependant on n'y pense pas. On se rappelle bien les autres commandements ; mais on perd de vue l'amour de Dieu et les actes qu'il prescrit, et on s'inquiète peu de chasser de son esprit et de son cœur les pensées et les sentiments contraires. Souvent nous sommes tentés de murmurer contre la Providence et d'accuser Dieu d'injustice, quand nous voyons la prospérité des méchants ; mais s'il punissait toujours le coupable, quelle serait notre propre destinée ? Et pourquoi cette miséricorde et cette patience du Seigneur à notre égard ? Sinon pour nous forcer à l'aimer et à gagner par la reconnaissance un cœur qui lui appartient déjà par la justice.

Ses promesses et tous ses bienfaits ne sont que le gage de biens plus précieux qu'il nous a promis, si nous l'aimons. Considérons les magnificences de la création, les richesses de la nature, les beautés de ce monde et les merveilles qu'il renferme. Qu'est-ce que tout cela ? Ce sont les biens que Dieu donne à des hommes mauvais, blasphémateurs, impies, méchants. Que fera-t-il donc pour les justes ? S'il est si généreux pour donner, combien plus il le sera pour récompenser ceux qui l'auront aimé ! Dieu a la passion de notre bonheur ; mais nous ne pouvons y parvenir qu'en l'aimant, et quand il nous voit indifférents à ses promesses, il emploie la menace et même la contrainte.

Comme on use quelquefois de violence pour

faire prendre à un enfant le remède qu'il repousse, mais qui doit le guérir, ainsi Dieu frappe à côté de nous quelqu'un de ces grands coups qui nous affligent pour nous forcer à revenir à lui, à reconnaître sa puissance et à l'aimer.

Nous devons donc aimer Dieu, parce que lui-même nous a aimés le premier; mais comment devons-nous l'aimer? De toute notre âme, de tout notre cœur et de toutes nos forces. Jésus-Christ a dit : « Je suis venu apporter le feu sur la terre pour l'embraser. » Ce feu, c'est la charité, car elle a les mêmes propriétés. Le feu est le premier des éléments, il est pur et actif; de même la charité est la vertu par excellence, elle est désintéressée et agissante. Le feu envahit tous les autres, il les domine tous; de même la charité envahit l'âme et la domine entièrement.

Nous devons aimer Dieu *de tout notre cœur*. Quelle est la situation de l'homme sur la terre? Rempli de désirs, presque toujours inassouvis, il poursuit tout sans jamais être content. En Dieu seul il trouve le perfectionnement de son cœur, puisque son amour substitue à des convoitises dégradantes des aspirations pures et saintes. Il y puise aussi le bonheur. Du moment que les félicités terrestres ne sauraient satisfaire les désirs insatiables du cœur humain, il faut demander la félicité à celui qui seul la possède et la donne. Comme le feu est le seul élément qui ne subit pas d'altération, tandis que l'eau et la terre sont soumises aux mixtions, ainsi cet élan vers Dieu doit être pur, désintéressé, sans aucun mélange d'amour-propre et d'intérêt temporel. Si nous aimons Dieu pour ses bienfaits, notre amour cessera avec notre reconnaissance, et alors ce sera notre intérêt que nous aurons recherché plus que Dieu. Sans doute, il n'est pas défendu d'attendre les récompenses qu'il a promises à la vertu; mais l'âme fidèle est disposée à l'aimer alors même qu'elle en soit privée, et elle s'en sert pour avancer chaque jour dans son amour.

De toutes nos forces. D'après saint Augustin et saint Thomas, il y a deux mobiles principaux de nos actions : Dieu ou le monde, le Créateur ou la créature. Si Dieu inspire nos œuvres, elles sont bonnes; si c'est la créature, elles sont mauvaises, à moins que cet amour ne se rapporte à Dieu.

Quand et comment se manifestera cet amour pratique? A tous les instants de la vie, car le devoir accompli est un hommage rendu à celui qui le prescrit. De même que le feu dévore tout ce qu'il rencontre, ainsi la charité est une vertu agissante qui saisit toutes les occasions de se sacrifier à Dieu et de faire de bonnes œuvres pour l'amour de lui. Elle produit de grandes choses où elle est, et si elle n'agit pas, elle n'existe pas, dit saint Grégoire. C'est par les œuvres et non par les sentiments et les paroles qu'on témoigne à Dieu son amour.

III. Manière d'accomplir ce précepte.

Pour remplir le précepte de la charité, il faut éloigner les obstacles et accomplir les œuvres.

Le royaume des cieux est semblable à un roi qui convie à un festin les grands de sa cour; mais tous s'excusent; l'un dit : j'ai acheté une ferme; l'autre : j'ai une affaire sérieuse à traiter. Ainsi, quand il s'agit de servir Dieu, nous trouvons une multitude d'obstacles. Au dedans de nous, l'égoïsme, voix secrète et éloquente, nous persuade de préférer ce qui nous plaît à ce qui est commandé. La faiblesse de notre foi nous montre la charité comme quelque chose de vague et d'indéterminé, bon pour les âmes contemplatives, ou bien de perfection seulement, tandis que la pratique en est accessible à tous les instants. Au dehors, l'idolâtrie, sous toutes les formes règne dans le monde. Toutes les créatures viennent à leur tour solliciter les hommages du cœur. L'ambition, l'intérêt, la volupté ont leurs autels, et quand on a sacrifié à ces fausses divinités, le feu de l'amour divin s'éteint au fond de l'âme. Les affections sont quelquefois même des obstacles à l'amour de Dieu, quand elles deviennent l'occasion de la violation des lois divines, puisqu'alors il n'y a plus de charité surnaturelle. Voilà pourquoi la vérité éternelle nous dit : « Celui qui aime son père ou sa mère plus que moi n'est pas digne de moi. Sans doute il ne s'agit pas d'étouffer dans son cœur ces saintes affections qui viennent de Dieu, mais de régler un amour légitime.

Pour faire les œuvres de la charité, nous devons partir de ce point : ma vie est un dépôt usufruitier dont les intérêts sont l'accomplissement de la volonté de Dieu. C'est un contrat qui nous assure des droits et nous impose des devoirs. Il faut aussi rapporter à Dieu notre bonheur, recourir à lui dans toutes nos peines et tendre sans cesse à nous rapprocher de lui. Comme le cerf soupire après l'eau vive des fontaines, ainsi notre âme aspire sans cesse vers Dieu.

Pourquoi ne comprenons-nous rien à l'amour de Dieu? C'est que le premier homme, fait du limon de la terre, est incliné vers les choses de la terre, et le second, descendu du ciel, ne s'occupe que des choses de Dieu. Portons donc en nous l'image du ciel, puisque nous avons porté celle de la terre.

LEÇON III.

PREMIÈRE INSTRUCTION.

SUITE DU PREMIER COMMANDEMENT. DE L'ADORATION DUE A DIEU.

I. Ce qu'est la vertu de religion.

La religion est une vertu qui nous porte à adorer Dieu, comme créateur, et à honorer les saints comme les amis de Dieu, et nos intercesseurs auprès de lui. *Religion* veut dire *relier* parce qu'elle unit la terre au ciel. C'est un commerce, un rapport nécessaire entre le fini et l'infini, entre Dieu et l'homme. C'est à ce terme qu'aboutissent la foi, l'espérance et la charité.

Nous devons servir Dieu en esprit : c'est le culte intérieur. Il consiste à connaître Dieu, à se soumettre à sa parole, et sourtout à le prier ; ce qui suppose la confiance, l'amour et en résumé tous les devoirs. Et alors Dieu vient éclairer l'âme. A la lumière de la foi qui brille au milieu des ombres de la vie présente, elle entrevoit les récompenses éternelles. Mais l'homme n'est pas seulement esprit, il a des facultés qui tirent leur origine de Dieu et qui doivent se rapporter à lui. Il a un cœur fait pour l'aimer et cet amour doit faire irruption au dehors. Il a des sens par lesquels il doit lui offrir ses hommages. De là le culte extérieur, la prière publique, le sacrifice : « Je bénirai le Seigneur en tout temps. » C'est offrir un sacrifice à Dieu que d'observer ses commandements : « Soit que vous mangiez, soit que vous buviez, faites tout pour la gloire de Dieu. » Sans doute il faut éviter l'ostentation ; cependant il est bon quelquefois de manifester ses œuvres afin qu'elles soient connues des hommes, et qu'ils glorifient notre Père qui est dans les cieux.

II. Quand et comment devons-nous honorer Dieu ?

Dieu étant digne de nos hommages à tous les moments de notre vie, nous devons lui offrir toutes nos œuvres, lui consacrer tous nos instants. C'est ce qu'ont fait les saints. Cependant cette pratique n'est pas de perfection ; ce qui est de devoir, le voici : « Le matin et le soir ainsi qu'au milieu du jour je raconterai et j'annoncerai vos louanges. »

Le matin, car il est écrit : « Cherchez avant tout le royaume de Dieu. » Alors la prière est plus dégagée des préoccupations de la vie et plus agréable à Dieu à qui nous offrons les prémices du jour. Dieu exauce la prière du matin ; ses bénédictions sont comme la manne et ne tombent qu'à l'aurore. La prière matinale obtient les grâces de Dieu qui nous accompagnent durant le jour pour détourner les malheurs et vaincre les tentations.

Le soir nous devons remercier Dieu des grâces qu'il nous a faites et lui demander pardon de nos fautes. Si l'Esprit-Saint nous défend de prendre notre repos sans nous être réconciliés avec nos frères, ne devons-nous pas nous humilier devant Dieu des péchés de la journée? On dira peut-être : je n'ai pas le temps; mais ne trouve-t-on pas le temps pour réparer les forces du corps? et on ne l'aurait pas pour vaquer à la prière qui est l'aliment de l'âme! Je la fais dans mon lit! mais outre le danger de ne la faire qu'en partie, est-ce une posture convenable? et voudrions-nous parler de la sorte à notre égal? Il serait fort à souhaiter qu'on priât en famille : « Le Seigneur est avec moi, louons ensemble son nom. »

Il faut aussi prier avant et après les repas pour honorer Dieu et le remercier de ses bienfaits. En priant, évitons la routine, l'habitude et l'inattention qui en sont la suite.

Dieu nous ayant tout donné, nous devons encore l'honorer par toutes nos facultés : par notre intelligence, nous appliquant à le connaître et à adorer ses perfections infinies; par notre volonté, en la soumettant toujours et en toutes circonstances à sa volonté sainte avec une entière résignation; par notre corps et notre âme, qui lui appartiennent également. Il faut enfin l'honorer en respectant les temps et les choses qui lui sont consacrés.

III. Péchés contre la vertu de religion.

La vertu de religion défend toute préférence de la créature au créateur.

1° L'idolâtrie : c'est l'adoration des créatures, dont se rendirent coupables les philosophes païens, mais ce n'est pas la seule; saint Paul appelle servitude des idoles : l'esclavage du plaisir, de l'argent, etc.

2° Le sacrilège : c'est la profanation des personnes et des choses consacrées à Dieu.

3° L'irréligion qui porte à différents actes d'impiété. Il y en a deux : l'une positive et plus rare, qui attaque la religion et raille sa morale, c'est l'impiété affichée; l'autre négative, qui vient de l'égarement et qui est bien plus commune.

4° La superstition. Elle consiste à rendre à Dieu un culte qu'il n'approuve pas, c'est dégrader et avilir la religion; à attribuer à des causes surnaturelles des effets qui peuvent s'expliquer naturellement. Les principales superstitions sont : la nécromancie, la géomancie, l'hydromancie, la sacromancie, la pyromancie, les pythonisses, les augures, la chiromancie, l'astrologie, les sortilèges, les songes.

Il y a dans la nature une force occulte qui semble mettre l'homme en communication avec un autre monde; c'est la force magnétique, qui paraît douée d'un double attribut : la clarté et l'obscurité.

En suivant l'histoire de l'humanité, certains faits mystérieux se sont produits, d'âge en âge, en vertu d'une puissance qui s'est montrée manifestement au grand jour par le magnétisme. Par là Dieu a voulu prouver au matérialiste qu'il y a autre chose que le monde physique, et que, l'ordre présent contenant une multitude de mystères, la raison a tort de repousser ceux de la religion. Mais les lueurs du magnétisme sont trop souvent incertaines et vagues. Il franchit bien les distances ou pénètre la densité de la matière, mais il ne parvient jamais à éclairer le chemin voilé de l'avenir. On ne doit donc lui accorder qu'une confiance limitée.

LEÇON III.

DEUXIÈME INSTRUCTION.

SUITE DU PREMIER COMMANDEMENT. DU CULTE DES SAINTS.

I. En quoi consiste le culte des Saints?

Il comprend tous les hommages que nous rendons aux serviteurs de Dieu qui sont maintenant dans le ciel. Or il y a des hommages de trois sortes :

1° *L'invocation.* Quand nous prions Jésus-Christ, c'est lui-même que nous invoquons, en disant : *Ayez pitié de nous*, tandis que nous disons aux Saints : *Priez pour nous*, en recourant aux mérites de Notre-Seigneur par ces mots : « *Per Dominum nostrum Jesum Christum.* » Il n'y a donc rien de plus raisonnable que cette invocation, puisqu'elle est bien différente de celle qui est réservée à Dieu, et que d'un autre côté les Saints sont ses amis.

2° *L'imitation.* C'est un sentiment naturel qui nous porte à imiter ceux que nous respectons et que nous aimons, et un excellent moyen de mériter leur protection, car ils ne sauraient être indifférents à nos efforts. « Soyez mes imitateurs, disait saint Paul, comme je le suis de Jésus-Christ. »

3° *Les honneurs particuliers*, comme les fêtes instituées et les offices récités en leur louange, et les églises bâties en leur honneur.

II. Convenance et légitimité de ce culte.

Ce culte n'est pas injurieux à Jésus-Christ : car Jésus-Christ est toujours reconnu comme unique médiateur entre Dieu et les hommes; les Saints ne font que nous conduire à lui. Dieu lui-même a autorisé ce culte, car il glorifie ses Saints jusque dans leur poussière : « Son sépulcre, a-t-il dit de son Fils, sera glorieux, » et il a honoré par des miracles éclatants le tombeau de ses apôtres.

Si nous considérons ce qu'ont été les Saints, ce qu'ils sont maintenant et ce qu'ils doivent être, nous comprendrons combien ce culte est raisonnable. Les Saints ont été l'œuvre de Dieu faite à l'image du Verbe incarné. Lorsque Dieu dit : Faisons l'homme à notre image et à notre ressemblance, il avait en vue le Christ, suivant Tertullien, comme le prouve le soin particulier qu'il donne à cette œuvre. Par le baptême et l'Eucharistie qui leur a communiqué la vie divine, ils ont appartenu au corps du Fils de Dieu : Vous ne savez donc pas que vos corps sont les corps du Christ? « Temples du Saint-Esprit, ajoute saint Paul, ils ont été un autel sur lequel s'est accompli un sacrifice d'agréable odeur. » Aussi le respect des fidèles pour les saintes reliques date des premiers siècles. Victimes de Dieu, ils ont vécu durant leur vie dans un état de perpétuelle immolation et cet état se continue. Ils sont maintenant le trésor de Dieu, car s'il recueille, comme il le dit à David, les larmes de la pénitence, à plus forte raison, le sang versé par les martyrs. Ils sont les instruments de Dieu. Combien de miracles ont été accordés par leur entremise! Saint Augustin raconte les miracles opérés par les reliques de saint Étienne; et les pieux pèlerinages à leurs tombeaux témoignent de leur puissance auprès de Dieu.

Que seront les corps des Saints? les membres de Jésus-Christ réformés par lui-même! Leur poussière doit revivre pour la gloire : « *Reformabit corpus humilitatis nostræ.... seminatur corpus animale, surget spiritale....* » Ils feront partie, dit saint Ambroise, de l'assemblée des anges comme s'ils étaient les anges de Dieu. Jésus-Christ s'est engagé à honorer le corps qui l'a glorifié par le martyre et qui régnera avec lui dans le ciel. Il sera fidèle à la promesse de son amour envers les élus : « Celui qui aura fait quelque chose pour moi recevra au centuple.... et possédera le ciel. »

Le culte des Saints n'est pas seulement une haute convenance, c'est un devoir et une nécessité; un devoir imposé par la double volonté de

Dieu et de l'Église. Dieu a, comme nous l'avons dit, opéré des miracles par l'intercession des Saints, et son précepte : Père et mère honoreras, nous commande d'honorer nos parents jusqu'après leur mort, et à plus forte raison les Saints, nos pères dans la foi. Cet honneur n'est pas une idolâtrie, parce qu'il se rapporte à Dieu auteur et principe de leur sainteté : *Mirabilis in sanctis Dominus*. L'Église dans tous ses conciles depuis Éphèse jusqu'à Trente a menacé de l'anathème quiconque rejette sa foi sur le culte des Saints. Partout dans sa liturgie et dans son symbole se manifeste la même croyance. Quant aux images des Saints, elle les environne de son respect à cause de l'original qu'elles représentent, et elle justifie son culte par l'antique tradition des chérubins du tabernacle.

Le culte des Saints répond aussi aux besoins de notre nature : nous portons en nous le sentiment de nos faiblesses qui nous fait chercher en dehors de nous un appui et un encouragement. Cet appui, où le trouverons-nous si ce n'est parmi les amis de Dieu qui règnent dans le ciel? Ils nous aiment et leur bonheur ne leur a pas fait oublier nos besoins ; ils connaissent les dangers qui nous environnent, car ils ont partagé notre faiblesse.

Le culte des Saints nous console et nous soutient : ils ont passé par le même chemin et triomphé des mêmes obstacles, ils contribuent à notre perfection, à notre zèle pour la vertu.

Mais, objectera-t-on, n'est-ce pas une superstition d'attribuer à la créature une puissance qu'elle n'a pas? Cette puissance leur vient de Dieu, nous lui rapportons toute la gloire qui en résulte. Peut-être aussi les Saints ne sont-ils pas au ciel comme nous le croyons! Mais nous répondons avec Benoît XIV : Si l'Église pouvait errer dans la canonisation des saints, elle cesserait d'être sainte, car elle proposerait un damné à la dévotion de ses enfants, et Jésus-Christ serait lui-même l'auteur de cette erreur, car Il a ordonné d'obéir et de croire à son Église.

III. Légitimité des fêtes instituées pour honorer les Saints.

Il y avait dans l'ancienne Loi une fête instituée pour célébrer la délivrance de l'Égypte : de même l'Église chrétienne célèbre la délivrance du péché par la résurrection de Jésus-Christ ; une fête pour rappeler la promulgation de la loi mosaïque : l'Église honore, le jour de la Pentecôte, la promulgation de la loi chrétienne ; une fête pour honorer Isaac préservé du glaive : l'Église honore le martyre de saint Laurent ; la fête des Tabernacles, pour rappeler le passage dans le désert : l'Église honore le séjour de Jésus-Christ dans le tombeau ; une fête pour célébrer l'entrée des Hébreux dans la terre promise : l'Église célèbre la fête de tous les Saints.

L'Église a eu pour but, dans l'institution de ces fêtes, de glorifier Dieu des grâces qu'il a faites aux Saints, car Jésus-Christ opère en nous toutes nos œuvres ; d'invoquer le secours de leurs prières, de nous encourager en nous rappelant les exemples des vertus qu'ils nous ont légués. Sans doute nous honorons les vertus de Jésus-Christ, mais c'est un Dieu ; il nous faut un exemple qui se rapproche davantage de notre faible humanité. Voilà pourquoi le Seigneur nous fait admirer la foi du centenier et l'humilité de Madeleine.

Ces fêtes, dont l'institution remonte aux premiers âges de l'Église, comme les écrits des anciens Pères en font foi, nous donnent l'occasion de prier et de pratiquer également les autres bonnes œuvres de la piété chrétienne. Il est dit des premiers fidèles qu'ils persévéraient dans la doctrine des apôtres et qu'ils se réunissaient pour la fraction du pain. Nous trouvons ainsi dans leur observation un puissant moyen de perfection et de salut.

LEÇON IV.

DU DEUXIÈME COMMANDEMENT.

I. Ce qu'il nous ordonne.

Le deuxième commandement nous ordonne de respecter le nom de Dieu. C'est le nom incommunicable, le nom qui a toujours inspiré la plus profonde vénération aux Juifs, aux païens et aux Chrétiens.

L'Écriture nous montre les patriarches prosternés devant l'envoyé du Seigneur. Elle nous apprend aussi que Dieu, quand il se révéla à Moïse, manifesta par son nom toutes ses adorables perfections.

L'idée païenne dans son principe est elle-même un hommage à la divinité, car l'homme peut s'élever à Dieu par la créature et le contempler dans ses œuvres : c'est un culte bon, mais qui dégénère par l'ignorance. Toujours est-il que, dès le commencement, on entoura d'un très-profond respect le nom auguste de Dieu : la religion tendit sans cesse à s'envelopper de mystères ; les temples avaient des sanctuaires impénétrables pour préserver les choses saintes des profanations du vulgaire. Dans les choses humaines, la volonté du destin (*fatum*) domine tout, Dieu n'est même pas nommé.

Chez les chrétiens les titres que prend le Seigneur et les figures qui expriment sa gloire, proclament tout le respect qui est dû à son nom. Il est le trois fois Saint; il est celui qui habite une demeure inaccessible. L'Apocalypse le salue par ces titres : « *Vous êtes le seul Seigneur, le seul saint, le seul très-haut.* » Le ciel est son trône, la terre l'escabeau de ses pieds, le soleil lui sert de manteau.

Ce respect universel revêt cependant diverses formes, selon les différents états religieux de l'humanité.

Dans le paradis terrestre, c'est la confiance, une sainte familiarité. Après le péché apparaît un ordre de choses nouveau et affligeant. L'homme séparé de Dieu éprouve dès lors pour lui une vénération toujours mêlée de crainte. Abraham reçoit les envoyés du Seigneur, prosterné devant eux. Moïse est saisi d'une grande frayeur quand Dieu se manifeste à lui dans le buisson ardent. C'est au milieu des foudres du Sinaï que Dieu dit : « Je suis le Seigneur, vous ne prendrez pas en vain le nom de votre Dieu. » Une sainte terreur accompagne toujours les rapports des hommes avec Dieu : « Nous mourrons, car nous avons vu l'ange du Seigneur. » Quelquefois se produit la confiance, mais toujours avec une nuance de crainte : « Nous serons comblés de biens si nous craignons Dieu. »

Sous la loi de grâce, Dieu prend le nom de Père: Notre Père qui êtes aux cieux; d'ami: « Je vous ai appelés mes amis; » d'Emmanuel, Dieu avec nous: « Le royaume de Dieu est au dedans de nous. » Aussi le chrétien dit avec le psalmiste: « Je bénirai le Seigneur en tout temps.... toujours sa louange sera sur mes lèvres. » Il nous apparaît sous la figure du bon pasteur, d'une tendre mère, d'un doux agneau. Il ne rompra pas le roseau à demi brisé, il n'achèvera d'éteindre la mèche qui fume encore: « Cieux, bénissez le Seigneur, et confessez-le en présence de tous les vivants, parce qu'il vous a fait miséricorde. »

II. Que nous défend le deuxième commandement?

Le deuxième commandement défend toute parole attentatoire au respect que nous devons à Dieu: le blasphème et le parjure.

1° Le blasphème est une parole injurieuse à Dieu ou aux Saints: « Celui qui aura blasphémé le nom du Seigneur sera puni de mort. » Il présente un caractère plus ou moins grave, suivant le degré d'advertance. Les Juifs l'avaient en abomination et déchiraient leurs vêtements quand ils l'entendaient. Rien n'est plus capable d'attirer les vengeances divines sur les hommes. Il faut en avoir horreur, car d'après les saints Pères, le blasphémateur est pire que le voleur. Le voleur s'en prend aux biens de la création, le blasphémateur aux biens et à l'honneur du créateur. Quand Sennachérib vient attaquer Jérusalem, quand il menace les Juifs et pille leurs villes, Dieu se tait; mais quand il blasphème le Dieu d'Israël, son armée est détruite, il prend honteusement la fuite et trouve la mort dans son propre palais. Le blasphémateur est pire qu'un meurtrier, car le meurtrier s'attaque à une vie fragile, de courte durée, accidentelle, tandis que le blasphémateur attaque l'auteur, le principe, la source de toute vie. David commet un double crime : l'Esprit-Saint l'en reprend, mais surtout d'avoir fait blasphémer. Le blasphémateur est pire que les hérétiques, car plusieurs d'entre eux pèchent par ignorance, par préjugés d'éducation, tandis que le blasphémateur connaît le Dieu qu'il outrage. Il est pire que les païens, car ils avaient un profond respect pour le vrai Dieu dès qu'ils le connaissaient : on lit, dans le chapitre III du livre de Daniel, que Nabuchodonosor ordonne de raser la maison de quiconque aura blasphémé le Dieu d'Israël et de le faire mourir. Il est pire que les bourreaux qui crucifièrent Jésus-Christ : Celui-là pèche plus grièvement, dit saint Augustin, qui blasphème le Christ régnant dans les cieux, que les bourreaux qui le crucifièrent pendant qu'il était sur la terre. Il est pire que les animaux et inférieur à la création qui publie les louanges de Dieu : « Les cieux racontent sa gloire de concert avec les animaux qui rampent sur la terre et ceux qui volent au plus haut des cieux. » Il est pire que le démon, car si le démon blasphème, c'est parce qu'il est condamné aux supplices éternels, tandis que le chrétien peut chercher un refuge dans la bonté infinie de Dieu.

Les causes du blasphème sont l'impuissance et l'impiété de l'homme. L'homme s'agite et Dieu le mène, ou vulgairement l'homme propose et Dieu dispose. Quand donc avec un caractère violent, l'homme se voit contrarié dans ses desseins, il se rend, par ses imprécations, coupable du crime de lèse-majesté divine. Il y a aussi des hommes assez impies pour se mettre en hostilité ouverte avec Dieu; ils le blasphèment comme Julien : « Tu as vaincu, Galiléen ! »

2° Le parjure. Le serment est une invocation du nom de Dieu en témoignage de la vérité. Partis de la pensée : tout homme est enclin au mensonge, les législateurs ont jugé que dans les affaires importantes, une simple assertion ne suffit pas, mais qu'il faut quelquefois invoquer le nom de Dieu pour assurer une chose vraie, présente ou passée, pour garantir une promesse.

Cette invocation est un hommage rendu à Dieu, principe de toute vérité : « Vous craindrez le Seigneur votre Dieu et vous jurerez par son nom. » Donc le serment est juste, quand il y a une cause raisonnable de le faire, et voilà pourquoi le psalmiste loue ceux qui jurent par lui. Mais quelle sera la raison suffisante du serment? elle est ainsi indiquée dans Jérémie : « Vous jurerez avec vérité, avec justice et avec jugement. » Avec vérité, car, si on implore le serment pour affirmer un mensonge, il y a péché grave, et sur ce point il n'y a pas légèreté de matière, puisqu'on prend ici le nom de Dieu en témoignage. Les équivoques sont donc défendues. Quels que soient les artifices de langage que vous apportiez au serment, dit saint Bernard, Dieu, qui voit votre conscience, prend vos paroles selon le sens entendu par celui à qui vous jurez, et non selon l'iniquité de vos paroles.

Il faut jurer avec justice, c'est-à-dire ne pas s'engager à faire une action mauvaise, comme ces Juifs qui promirent par serment de ne boire et de ne manger qu'après avoir fait mourir saint Paul, comme Jephté qui fit vœu d'offrir au Seigneur la première personne qu'il rencontrerait.

Il faut jurer avec jugement, c'est-à-dire avec prudence et discrétion, et jamais pour quelque chose de peu important. Ne vous habituez pas au serment; que le nom de Dieu ne vienne pas fréquemment sur vos lèvres, et ne mêlez pas à vos paroles le nom vénérable des Saints.

Que devons-nous penser après cela de la violation du serment? C'est une faute grave, en exécration à Dieu et aux hommes ! Violer une promesse confirmée par un serment, c'est en quelque sorte rendre Dieu complice de son crime. Saint Augustin résume en trois mots la doctrine de l'Église sur le serment : Le faux serment est pernicieux, le serment qui confirme la vérité est périlleux, ne pas faire de serment est plus sûr. Il vaut mieux dire simplement : cela est, ou cela n'est pas ; ce qu'on ajoute en plus est mauvais ; il ne faut jamais faire un serment sans une absolue nécessité, et quand on est engagé par un serment, on doit le garder avec fidélité.

De tous les parjures, le plus coupable, c'est la violation des promesses que nous avons faites à Dieu.

Il y a souvent des inégalités dans le caractère de l'homme ; quand il est bien disposé, il promet à Dieu de réformer ses défauts. De pareilles promesses doivent être réalisées, autrement elles seraient dérisoires. Cependant leur violation n'entraîne pas ordinairement de faute grave. Il n'en est pas ainsi du vœu.

Le vœu est la promesse formelle d'une œuvre importante, faite à Dieu avec discernement. Il faut donc, pour constituer le vœu: une promesse et une œuvre importante, c'est-à-dire, qui ait quelque valeur aux yeux de la religion, et qui soit méritoire devant Dieu ; ainsi, promettre d'accomplir une œuvre frivole, n'est pas un vœu ; il faut aussi qu'elle soit faite avec discernement, c'est-à-dire avec connaisance pleine et entière; ce qui fait que les promesses des enfants ne sont pas graves comme ils le croient; et avec liberté, car s'il y avait contrainte le vœu serait nul.

Le vœu est obligatoire. « Ne tardez pas, dit l'Écriture, d'accomplir le vœu que vous avez fait à Dieu. » Du moment qu'il s'agit d'un engagement vis-à-vis des hommes, il en résulte une obligation grave, et à plus forte raison d'un engagement envers Dieu.

Le vœu est un acte excellent de religion. Par le vœu l'homme soumet à Dieu la plus noble de ses facultés, sa liberté; et pourquoi ne le pourrait-il pas ? servir Dieu, c'est régner. Par le vœu, l'homme ne s'arrête plus au simple accomplissement de la loi, il s'élève jusqu'au conseil, et il mérite ainsi d'être récompensé au centuple dans ce monde, et d'arriver à la possession de la vie éternelle.

LEÇON V.

DU TROISIÈME COMMANDEMENT.

I. Obligation de sanctifier le dimanche, et motifs de cette institution.

Rien n'était plus propre à exciter dans le cœur de l'homme l'amour de son créateur que le souvenir de ses bienfaits, et voilà pourquoi Dieu lui dit dans le commencement : « Souviens-toi de sanctifier le jour du Sabbat. » Dans la suite cette obligation devint plus expresse encore : elle fut inscrite en tête de la loi.

Même chez les païens la tradition, relative à l'observation du septième jour, se perpétua d'âge en âge, et ne put être complétement obscurcie par les fables de la mythologie. Les œuvres de Dieu étaient trop apparentes, ses bienfaits écrits en caractères trop lisibles dans le livre de la nature pour que les hommes en perdissent le souvenir. Et ces sentiments de reconnaissance, provoqués par de tels bienfaits, devaient se transformer en actes qui, malgré les absurdités de l'idolâtrie, attestaient toujours la foi des hommes à ce précepte.

Jésus-Christ le conserve ; ses apôtres seulement y introduisent une modification peu importante, puisqu'en changeant le jour, ils conservent l'essence même du commandement. Quant à ce changement de jour, on n'en a jamais contesté ni les motifs, ni l'opportunité. Le dimanche, en effet, s'étaient accomplis les plus grands mystères du christianisme, la naissance de Jésus-Christ, sa résurrection, la première prédication de l'Évangile aux hommes, et le commencement de la conversion du monde. Il fallait d'ailleurs soustraire les juifs convertis à leurs anciennes pratiques qu'un grand nombre voulaient conserver par superstition. Le dimanche doit donc être pour nous un jour de méditation et de prière, comme il l'a été pour l'Église universelle depuis les apôtres. Saint Chrysostome l'appelle le jour du pain, parce que les fidèles y communiaient; le jour de la lumière, à cause des instructions qu'on y recevait : Pour tous, dit-il, c'est un jour de sanctification : « Souvenez-vous de sanctifier le jour du repos. »

Ce précepte est en même temps affirmatif et négatif. En tant qu'affirmatif, il commande de sanctifier le dimanche par la pratique de certaines bonnes œuvres. En tant que négatif, il défend d'une manière absolue le travail permis et commandé pendant les six jours de la semaine. On ne saurait violer cette défense, sans offenser Dieu gravement et compromettre son salut éternel.

Il y a deux sortes d'œuvres : les œuvres libérales : celles de l'esprit ; elles sont permises ; et les œuvres serviles : celles du corps; elles sont défendues. Il y en a aussi qui participent des deux, comme les travaux des artistes, les opérations de commerce, les échanges, les trafics, et tout ce que nous faisons dans un but d'intérêt matériel. Elles sont défendues ou permises, selon que le corps y a plus ou moins de part que l'esprit.

Quelquefois on dit : mais ce travail est nécessaire. Comment pourrais-je autrement faire honneur à mes affaires, soutenir ma famille, conserver mes clients ! S'il en était ainsi, ce serait donc en vain que Dieu aurait dit par Ezéchiel : « Mes préceptes seront pour l'homme, s'il les accepte, un principe de vie. » En vain saint Paul aurait dit à Timothée : « La piété est utile à tout. » Certes, s'il est un jour où il faille chercher le royaume des cieux, c'est bien le dimanche. En voulant mêler l'intérêt temporel et spirituel, nous compromettons sûrement l'un et l'autre.

Souvent l'homme ne se contente pas de ne pas servir Dieu le dimanche, il emploie ce saint jour à l'offenser, et par là il se sert des dons qu'il a reçus de lui pour l'outrager, en sorte que dans ces fautes l'ingratitude s'ajoute à la profanation.

On ne saurait contester l'importance et la sainteté de cette institution au point de vue de la religion, de la société et de la morale.

Le culte est un lien nécessaire à l'humanité. Ceci est d'expérience, car si on trouve des nations sans lois, sans gouvernement régulier, on n'en trouve jamais sans Dieu et sans religion. L'universalité du culte prouve donc sa nécessité, et le culte reconnu nécessaire doit au moins s'excercer à certains jours.

La société ne peut exister et se perpétuer qu'en vertu de lois morales; et de même que si Dieu cessait de soutenir l'homme, il ne tarderait pas à rentrer dans le néant, de même l'homme doit demander à Dieu les grâces de conservation qui lui sont nécessaires ; de là découle l'utilité de cette institution.

Le repos du septième jour est fondé encore sur la nature de l'homme.

Aussitôt qu'il commence à avoir l'usage de la raison, son âme, semblable à la flamme qui s'élève toujours, se sent attirée en haut vers des régions supérieures pour connaître Dieu et l'aimer. Créé d'ailleurs pour des destinées immortelles, il doit éviter tout ce qui pourrait lui faire perdre de vue sa fin surnaturelle, et il l'oublierait infailliblement s'il n'était pas obligé à certains jours de s'occuper de ses intérêts éternels.

Ajoutons que Dieu ayant créé le corps, l'âme, et les facultés de l'homme, ne lui a donné qu'une mesure de force suffisante pour accomplir sa volonté et faire le travail qu'il lui imposait. Ce repos du septième jour devient donc ainsi, par l'ordre de Dieu, une nécessité pour sa conservation, et le violer, c'est commettre un attentat de lèse-humanité. Tous les moralistes ont reconnu qu'en effet le travail, non interrompu, entraînait une déperdition de forces telles que dans un temps donné les sources de la vie s'en trouvaient altérées, et le terme de l'existence avancé.

Que penser donc de ce travail excessif introduit par nos mœurs industrielles dans les fabriques et dans presque toutes les branches du commerce? La morale, aussi bien que la religion, réprouvent de pareils attentats, et un peuple qui s'en rend coupable s'expose à la vengeance et à la malédiction divines.

II. Que faut-il faire pour remplir ce précepte? Comment le viole-t-on?

Il y a une œuvre capitale qui est essentielle à l'accomplissement de la loi : la participation au grand sacrifice du christianisme, l'assistance au saint sacrifice de la messe.

L'assistance à la messe est absolument nécessaire pour ne pas offenser Dieu mortellement; il y a d'autres œuvres importantes à remplir quoique d'une obligation moins rigoureuse.

La principale est de s'instruire de ses devoirs soit en assistant à une prédication, soit en y suppléant par de bonnes lectures. L'ignorance des enseignements du christianisme est un des plus grands malheurs de notre époque, et une des principales causes du dépérissement de la foi. Les personnes suffisamment instruites elles-mêmes ne tardent pas à oublier le peu qu'elles ont appris quand elles négligent de s'éclairer davantage.

On viole ce précepte en négligeant ce qui est commandé, et en faisant ce qui est défendu.

On néglige ce qui est commandé pour deux raisons principales, par indifférence et par amour du plaisir. L'homme continuellement absorbé par le soin de ses intérêts matériels, ne voit rien au delà de l'horizon borné de cette vie et des passions mesquines qui s'y agitent; et comme l'observation du dimanche paraît étrangère à son intérêt actuel, il traite ce devoir avec indifférence et dédain, ou s'il y pense, c'est uniquement pour se livrer au plaisir. Les mœurs du paganisme se sont introduites dans le christianisme. Le jour du Seigneur qui devrait être consacré à la prière et aux bonnes œuvres, est indignement profané par les excès de toute sorte. Aussi entendez en quels termes le Seigneur parle de pareilles solennités : « Mon âme a vos fêtes en horreur... Vos solennités sont pour moi comme des immondices. » De tels désordres sont un outrage à la morale publique en même temps qu'à la religion, et les chrétiens qui s'en rendent coupables ont apostasié leur foi. Ce n'est point ainsi que vivaient les premiers fidèles. Théodoret, évêque de Cyr en Mésopotamie, écrivait: Nos fêtes ne sont pas comme celles des païens; nous y sommes modestes, chastes et tempérants. On n'y passe pas le temps en banquets et en conversations, mais à chanter les louanges de Dieu et à le prier.

On fait ce qui est défendu, par impiété ou par nécessité. La soif de s'enrichir ne connaît pas de loi; elle foule aux pieds la probité, la délicatesse, l'honneur lui-même, elle ne respecte les lois humaines que tout autant qu'elle en redoute les atteintes, et quand elle espère se soustraire à leur action, elle en fait bon marché. Comment donc la loi de Dieu serait-elle un obstacle à une pareille frénésie? On la méprise parce qu'elle n'annonce de châtiments que dans un temps éloigné; aussi que de crimes enfante cette passion!

On fait aussi par nécessité ce qui est défendu. Il y a deux sortes de nécessité, l'une qui résulte de la volonté d'autrui, et l'autre des besoins de la vie. La tyrannie la plus redoutable et la plus odieuse n'est pas toujours celle qui exerce la contrainte sur les délibérations de notre propre volonté. C'est le plus souvent celle qui s'impose en contradiction de la loi divine. Il n'est pas rare que des maîtres sans foi, ni religion, exigent le dimanche le même travail que pendant la semaine, et l'ouvrier ne peut pas toujours répondre: Il vaut mieux obéir à Dieu qu'aux hommes. Alors c'est le maître et non le travailleur qui est coupable.

Tels sont les principaux motifs qui portent à la violation de la loi de Dieu, violation qui entraîne les plus fâcheuses conséquences. C'est un élément dissolvant qui brise les liens de la société. Dans les pays où l'on observe la loi de Dieu, le dimanche est un jour où les familles se fréquentent, les hommes se rapprochent, les amitiés se cimentent, et souvent les haines s'éteignent. Au contraire, quand un peuple perd la foi pratique qui se manifeste par l'accomplissement des préceptes divins, il ne tarde pas à perdre la foi spéculative; il s'habitue aisément à vivre sans Dieu. Alors la loi morale perd de son autorité, l'ascendant de la religion disparaît. C'est là le principe ordinaire de la décadence des nations, qui se matérialisent, et la cause secrète qui attire les vengeances divines.

Il n'en faut pas douter, tous les événements heureux ou malheureux ont une cause supérieure aux vaines combinaisons de l'homme et s'expliquent aisément pour le chrétien. L'homme de la matière ne comprend rien aux faits qui se passent sous ses yeux; son horizon est borné de toutes parts. Mais l'homme de la foi s'explique tout facilement. Sa foi est comme le télescope de son intelligence; aussi pour lui les événements malheureux ne sont pas l'effet d'une fatalité qui pèse sur l'humanité, mais un châtiment mérité par les offenses des peuples. Il y voit facilement l'accomplissement de la menace que Dieu fait par son prophète : « Ils ont violé le jour du repos, voilà pourquoi j'ai résolu de décharger ma colère sur eux et de les perdre. »

La violation du dimanche est aussi fatale aux individus qui s'en rendent coupables. Elle les atteint dans leur existence en abrégeant leur vie : dépasser dans son travail les bornes fixées par la volonté divine, c'est s'exposer à un châtiment qui se fait souvent sentir dès cette vie par un affaiblissement notable des forces physiques, et qui quelquefois même amène une mort prématurée. Elle les expose à la malédiction divine. Les hommes se plaignent fréquemment de l'inutilité de leurs efforts pour arriver à la fortune. Leur travail est infructueux parce qu'ils ne craignent pas Dieu et qu'ils ne le servent pas ; ils ne s'appuient que sur eux-mêmes et sur leur prudence, mais c'est une base fragile sur laquelle rien ne peut s'édifier.

D'autres fois nous nous plaignons d'accidents de fortune, d'afflictions de toutes sortes, d'épreuves qui semblent nous poursuivre, mais tous ces malheurs ont souvent pour cause unique la transgression de la loi divine.

C'est surtout pour l'autre vie que cette violation est funeste. Dieu, dans sa sagesse, ne veut pas toujours faire prévaloir son autorité sur la dureté du cœur de l'homme, comme il l'a fait autrefois à l'égard des violateurs de la loi Mosaïque, et alors l'homme croit pouvoir l'offenser impunément. N'oublions pas qu'il est patient parce qu'il est éternel, *patiens quia æternus*. Toutes nos offenses s'accumulent, et un jour viendra le châtiment auquel le chrétien doit trembler de s'exposer. Est-ce à dire qu'il faille pour cela recourir à l'autorité d'une puissance humaine? non, car elle serait impuissante et odieuse.

LEÇON VI.

PREMIÈRE INSTRUCTION.

DES SEPT DERNIERS COMMANDEMENTS EN GÉNÉRAL OU DE LA CHARITÉ ENVERS LE PROCHAIN.

I. Obligation de la charité envers le prochain.

Dieu, après avoir dans les trois premiers commandements déterminé les relations des hommes avec lui, a voulu, dans les sept derniers, régler les rapports des hommes entre eux. Or l'humanité a une triple expression : l'individu, la famille, et la société. A chaque terme correspondent un précepte que nous étudierons et des devoirs qui garantissent les intérêts physiques comme la vie et les biens de la fortune, et les intérêts spirituels comme la réputation et l'honneur. Voilà donc une législation complète quoique énoncée en quelques mots. Tout se résume en un seul précepte : la Charité.

Dieu nous a fait connaître par la loi naturelle l'obligation de la charité envers le prochain : il y a, au fond de nos cœurs, un sentiment qui nous dit qu'enfants du même père nous avons les mêmes droits et les mêmes destinées.

Au commencement Dieu dit à Adam : Tu domineras sur tous les animaux, il n'ajouta pas sur tes semblables. C'est la première loi réglant nos relations avec les créatures. C'est ce qui a fait dire à saint Grégoire le Grand : « La nature a fait tous les hommes égaux, — voilà le principe, il ne reculera pas devant la conséquence rigoureuse et logique, — et la domination irrégulière de l'homme sur l'homme n'a que le péché pour principe. »

La charité envers le prochain est le commandement favori du Fils de Dieu. « Je vous donne, dit-il à ses disciples, un commandement nouveau : Vous aimerez votre prochain comme vous-même. » C'est vraiment un commandement nouveau, car, avant Jésus-Christ, Moïse avait dit : œil pour œil, dent pour dent, et en opposition avec la loi naturelle qui prescrivait seulement de faire le bien et d'éviter le mal.

Cependant ce précepte rencontre quelquefois des obstacles dans notre orgueil. Jésus-Christ nous répond alors : « Quiconque voudra dominer parmi vous sera votre serviteur.... Le disciple n'est pas au-dessus du maître. » Or le maître s'est abaissé jusqu'à prendre la forme d'esclave. Du côté des hommes surgissent de nouveaux obstacles : leur méchanceté les porte à nous nuire, et provoque souvent des représailles de notre part. Jésus-Christ au contraire nous ordonne de rendre le bien pour le mal, d'aimer nos ennemis, de prier pour ceux qui nous persécutent. Leur injustice entraîne des torts à notre égard, mais ne légitime jamais la vengeance. Celui-là est condamné qui aura dit à son frère : Vous êtes un fou. Saint Pierre demande un jour à Jésus-Christ : Est-ce assez de pardonner sept fois? Jésus-Christ lui répond : Vous pardonnerez jusqu'à soixante-dix-sept fois sept fois, et il confirme ses paroles par ses exemples.

Ce grand commandement a toujours été observé dans l'Église. A toutes les époques de son histoire la charité s'est épanouie dans son sein comme une fleur précieuse que fait germer le sang versé sur le calvaire.

Dès les temps apostoliques, saint Jean disait aux fidèles d'Ephèse : « Mes petits enfants, aimez-vous les uns les autres, c'est le précepte du Seigneur et, si vous l'accomplissez, il suffit. » Saint Paul désirait être anathème pour le salut de ses frères.

Les premiers chrétiens étonnèrent le monde par le spectacle de leur charité. Il n'y avait pas de pauvres parmi eux. Tous les biens étaient en commun, et les martyrs, jusque sur le bûcher ou sous le tranchant du glaive, priaient pour leurs bourreaux. Durant une peste qui faisait de cruels ravages dans la ville d'Alexandrie, les chrétiens seuls, au témoignage des auteurs païens, bravèrent le fléau pour soigner les malades. Les infidèles, ravis de tant d'héroïsme, ne pouvaient se lasser de répéter : Voyez comme ils s'aiment!

Que de monuments élevés par la charité dans

la suite des âges! Que de noms illustrés par leur dévouement! Et quand un nouveau monde s'ouvre à l'activité du vieux continent, les apôtres, les missionnaires se lèvent de toute part et vont, sous d'autres cieux et sur des terres nouvelles, étancher la soif des âmes qui les dévore.

Au moment même où le protestantisme reprochait à l'Église d'avoir vieilli, elle enfantait un saint dont la prodigieuse charité prouve l'éternelle jeunesse et la perpétuelle fécondité du catholicisme. Que d'hospices et d'œuvres de bienfaisance sont dus à l'illustre saint Vincent de Paul! Quelle gloire ne procure-t-il pas encore à l'Église par la célèbre congrégation des sœurs grises, toujours saintes parce qu'elles sont toujours héroïques d'abnégation et de charité!

II. Devoirs qu'impose la charité.

Il y a dans l'Évangile deux principes qui règlent nos relations avec le prochain : « Ne faites pas aux autres ce que vous ne voudriez pas qu'on vous fît à vous-même; et faites aux autres ce que vous voudriez qu'on vous fît à vous-même. »

Le premier principe défend de nuire au prochain dans les biens du corps, la vie et la fortune; et dans les biens de l'âme, l'honneur et la vertu.

Le second principe nous prescrit des devoirs. L'homme n'est pas un être isolé. Il reçoit de la société le bienfait de l'éducation, de l'instruction, et la faculté d'acquérir le bien-être par suite de ses relations. Il doit, en retour, se servir de sa science dans l'intérêt des autres, les édifier par le bon exemple d'une vie morale, et faire participer aux avantages qu'il a acquis tous ceux qui en sont privés : les pauvres par les œuvres de miséricorde, et les riches par l'aumône spirituelle du bon exemple ou des bons conseils.

LEÇON VI.

DEUXIÈME INSTRUCTION.

DU QUATRIÈME COMMANDEMENT.

Le tendre enfant, qui vient d'ouvrir pour la première fois les yeux à la lumière, est assiégé d'une foule de besoins; mais il ne peut pas même demander ce qu'il lui faut. Il n'a pour tout langage que des cris et des larmes, triste héritage qu'il reçoit en naissant, et que lui ont valu les fautes de nos premiers parents.

Toutefois la divine Providence ne l'a point abandonné dans sa misère ; elle a mis auprès de lui deux êtres chargés de la représenter visiblement : ce sont les parents de cette infortunée créature. Cette mission, qui crée les droits de l'enfant, lui impose aussi des devoirs.

I. Devoirs des parents envers leurs enfants.

L'enfant, que Dieu appelle à l'existence, a sa place marquée au soleil. Il acquiert des droits à la conservation. Son père devient son gardien ; il protége ses premières années par son travail et fournit à sa subsistance. Dès lors que de privations et de sacrifices il doit s'imposer tous les jours et à tous les instants; mais son cœur a reçu de Dieu ces tendres sentiments que rien ne saurait rebuter. La mère surtout éprouve d'ineffables tendresses pour le fruit de ses entrailles ; elle l'allaite de son sein, le réchauffe dans ses bras, le console, essuie ses larmes, et ne cesse pas même de veiller sur lui quand le sommeil vient fermer ses paupières.

Les soins matériels du père se continuent au delà de l'enfance ; car le jeune homme est sans expérience et incapable d'embrasser une carrière, il faut que le père lui en facilite les moyens et prépare son avenir.

On pèche de trois manières contre ce premier devoir :

1° En dépensant pour ses plaisirs ce qui appartient à la famille. 2° En mettant des enfants dans la nécessité d'aller chercher ailleurs la vie du corps au péril de celle de l'âme : « Vous conservez précieusement, dit saint Augustin, l'image de César gravée sur une pièce d'argent, et vous ne conservez pas l'image du Sauveur gravée dans les âmes. » 3° Par un amour excessif qui ferme les yeux sur les défauts des enfants : Agrippine, consultant un devin sur l'avenir de Néron, apprend qu'il régnera, mais qu'il sera parricide ; elle répond : « Qu'il me tue, pourvu qu'il soit empereur. »

A mesure que l'enfant croît en âge, les devoirs des parents augmentent à son égard. Au lieu que dans sa première enfance ils n'avaient à soigner dans lui que le corps, un nouvel ordre de devoirs se développe pour eux quand sa raison commence à jeter les premières clartés. Il faut instruire son ignorance, lui apprendre que son véritable père est Dieu ; arracher, dès le principe, les mauvaises inclinations qui commenceraient à se déclarer dans son âme ; le porter par toutes sortes de soins et de vigilance, surtout par de saints exemples, à la pratique de toutes les vertus. Malheur même à ses parents si, par une tendresse mal entendue, ils refusaient de corriger leurs enfants selon que la prudence le commande, et sans jamais s'écarter des règles de la modération ! Il est des circonstances où la rigueur est salutaire. Que l'exemple du grand prêtre Héli les instruise ! Ils doivent trembler qu'un jour le même excès d'indulgence n'attire sur eux les mêmes malheurs.

Les parents doivent surtout veiller à ne laisser paraître aucune préférence à l'égard de quelqu'un de leurs enfants ; ils ne doivent point croire qu'il leur est permis d'aimer l'un, et de n'avoir pour l'autre que de la répugnance ou de l'indifférence. Une conduite aussi injuste n'est propre qu'à exciter les haines, et des frères les uns contre les autres, et des enfants ainsi rebutés contre leurs parents, ce qui est en quelque sorte un parricide. « Je veux que l'un de vos enfants soit plus aimable que les autres ; ses caresses vous attirent vers lui comme par une sorte d'enchantement ; vous n'en devez pas moins à tous les mêmes égards et les mêmes tendresses. Ne vous appuyez point de l'exemple de Rébecca. Si elle préférait l'un de ses fils à l'autre, c'est parce qu'il pratiquait la loi de Dieu, tandis que l'autre l'avait abandonnée. En cela même, elle travaillait au salut de l'aîné de ses deux fils, puisque son but était de le ramener à la vertu, de le soustraire par le repentir à la vengeance divine, et surtout de l'empêcher de se rendre plus coupable devant Dieu par l'abus qu'il aurait sans doute fait de la bénédiction que son père lui aurait donnée. »

II. Devoirs des enfants envers leurs parents.

En retour de tous ces bienfaits, et pour honorer leur Père qui est dans les cieux, les chrétiens ne doivent point oublier d'honorer aussi ceux qui sont ses représentants sur la terre, et à qui, après Dieu, ils sont redevables de la vie. « Honore ton père et ta mère, nous est-il dit dans la loi, afin que tu vives longuement sur la terre. » En nous donnant ce précepte, Dieu n'a pas prétendu nous astreindre seulement à rendre des honneurs stériles à nos parents; il faut que ce respect que nous avons pour eux se manifeste par des actions; il faut qu'en toute occasion nous nous empressions de leur témoigner toute l'étendue de notre reconnaissance. Et certes, pour peu que nous ayons de sensibilité dans l'âme, c'est un devoir qu'il doit nous être bien doux de remplir.

Ainsi nous devons : 1. respecter nos parents. Il faut avoir pour eux le respect intérieur qui consiste dans les égards et les prévenances.

2. Leur obéir. Saint Paul dit aux enfants : Obéissez en toutes choses à vos père et mère. Le Seigneur lui-même, quand il veut restreindre ce précepte dans ses justes bornes, ne nous dit pas : Celui qui aime son père et sa mère n'est pas digne de moi : cela serait une contradiction manifeste avec la loi ; mais il dit : « Celui qui aime son père et sa mère plus que moi. » Ainsi donc si nos parents, selon la chair, nous commandaient quelque chose de contraire aux volontés du Père que nous avons dans les cieux, ce ne serait plus le cas de leur obéir ; nous les aimerions alors plus que Dieu ; nous serions coupables, nous ne serions plus dignes de Jésus-Christ ; mais, tant qu'ils n'apportent aucun obstacle à notre salut, si nous poussions l'ingratitude jusqu'à les mépriser, nous nous trouverions sous le poids de cette sentence : « Que celui qui aura maudit son père ou sa mère, meure de mort ! »

3. Les aimer. Le vrai chrétien s'empresse, avec tout le zèle que lui inspire sa tendresse pour eux, de leur alléger les peines de la vie et de faire tout ce qui peut leur être agréable.

4. Les assister. Nous devons à nos parents des secours qui les mettent à même de soutenir le

fardeau de la vie; nous devons les assister dans leur vieillesse, et leur procurer, autant qu'il dépend de nous, tout ce qui peut les consoler et les soutenir. Malheur à celui qui verrait d'un œil tranquille ses parents dans le besoin ; malheur à celui qui ne leur prêterait point l'appui de son bras, lorsqu'il les voit chanceler sous le double poids des ans et des infirmités! Il ne doit attendre de Dieu que des châtiments, et il n'aura point à se plaindre de la justice qui le condamnera.

Et remarquons de quelle manière Dieu nous parle de ce devoir d'honorer nos parents, afin de nous faire comprendre l'importance qu'il attache à ce que nous le remplissions. Il ne nous dit pas de les honorer, sans nous montrer en même temps la récompense qui sera le fruit de notre obéissance à ce commandement. Cette récompense, c'est une longue vie. De même, il ne parle pas du manque d'égards envers les parents, sans nous montrer en même temps le châtiment qui en sera la suite; et ce châtiment, c'est la mort. Ainsi nous avons à choisir ici entre la vie et la mort : la vie, si nous rendons à nos parents l'honneur que nous leur devons; la mort, si nous nous en écartons, soit dans nos paroles, soit dans nos actions.

Le quatrième commandement regarde encore les devoirs des inférieurs envers leurs supérieurs, et des supérieurs envers leurs inférieurs. Les inférieurs doivent obéir à leurs supérieurs avec crainte et avec respect, dans la simplicité de leur cœur, comme à Jésus-Christ même, car toute autorité vient de lui. Les supérieurs doivent témoigner de l'affection à leurs inférieurs, veiller sur leur conduite, et leur faciliter les moyens d'accomplir leurs devoirs de religion ; parce que tout gouvernement, même temporel, n'est institué de Dieu sur la terre que pour conduire les hommes à leur fin dernière, et à leur souveraine félicité.

LEÇON VII.

DU CINQUIÈME COMMANDEMENT.

I. L'homicide.

Quand Dieu appelle une créature à l'existence, il lui marque une place dans l'harmonie universelle. A plus forte raison l'homme, la plus parfaite de ses créatures, reçoit-il de lui une mission providentielle. Ainsi, lui ôter la vie, c'est le détourner de sa voie et le priver d'un bien inestimable; c'est commettre une très-grande injure à l'égard de Dieu, qui seul est le maître absolu de la vie et de la mort des hommes, à qui seul appartient le droit de la leur ôter, comme lui seul peut la leur donner.

On attente directement à la vie du prochain :

Par le meurtre. Il est permis dans ces trois cas seulement : 1° dans l'exercice de la justice publique. Le magistrat peut condamner un malfaiteur à mort, suivant les lois du pays.

2° Dans les guerres. Il est permis de tuer les ennemis sur les champs de bataille.

3° Dans le cas d'une légitime défense. Dans ces trois cas le meurtre n'est pas défendu, Dieu le permet pour protéger la société et les individus.

Par le duel. C'est un crime aussi contraire à

l'humanité qu'au christianisme, aussi opposé à la raison qu'à la religion. Les Grecs et les Romains, tout païens qu'ils étaient, n'ont jamais connu cet usage barbare. Ils étaient passionnés pour la gloire, mais ils connaissaient mieux que nous la véritable gloire; ils la faisaient consister à répandre son sang pour la patrie, et à tirer l'épée contre les ennemis de l'État, et non pas contre ses concitoyens.

On attente indirectement à la vie du prochain : par des paroles menaçantes, comme celles que proféra Henri II contre saint Thomas de Cantorbéry; par des pensées de haine et des désirs de vengeance; par des actions telles que les querelles, les blessures, l'ignorance d'un médecin qui cause la mort d'un malade, et certaines injustices qui, en privant le prochain de ses biens, peuvent le porter à des actes de désespoir, ou qui, en le réduisant à la misère, le privent des choses nécessaires à la vie.

On attente directement à sa propre vie par le suicide. On a essayé de l'excuser, de le justifier, de le glorifier: s'il est commis par folie, il n'y a aucune faute; si c'est par désespoir, il mérite le bénéfice des circonstances atténuantes; mais c'est une faute grave et inexcusable quand il est inspiré par le dégoût de la vie.

On attente indirectement à sa propre vie : par des imprudences et des témérités, quand on s'expose inutilement au danger; par des excès dans le mal, quand on lâche la bride à ses passions, ou dans les vertus, comme les mortifications et les jeûnes indiscrets.

II. Le scandale.

Autant l'âme est au-dessus du corps, l'esprit au-dessus de la matière, le ciel au-dessus de la terre, autant le meurtre de l'âme est plus grave que celui du corps.

Le scandale est ou une parole, ou une action vicieuse qui donne occasion au prochain de commettre le péché. Une parole quelquefois suffit pour faire entrer la mort dans l'âme : « Les mauvais discours corrompent les bonnes mœurs. » Vous ne conseilleriez pas une violation flagrante des devoirs religieux, mais vous les traitez avec indifférence comme peu importants. Vous ne parleriez pas avec mépris des pratiques de la piété, mais vous ne vous privez pas de les railler avec une apparente bonhomie.

Quel n'est pas à plus forte raison le pernicieux effet des paroles mauvaises, comme les blasphèmes, les impiétés, les jurements! cependant le mal est relatif, parce qu'une bonne éducation préserve du danger, et empêche l'imitation.

Les spectacles, la littérature, ne sont pas toujours sans péril à cause de la perversité du cœur, car les frivolités qu'on y trouve piquent la curiosité et excitent à voir et à lire.

Les conseils mauvais sont toujours dangereux, à cause de notre nature toujours plus portée au mal qu'au bien.

Quant aux actions en général, toute action qui peut porter le prochain au mal, comme écrire des romans dangereux pour les mœurs, faire des gravures obscènes, est danger de scandale, ainsi que tout fait accompli précédemment, qui demeure et qu'on ne rétracte pas, par exemple : quand on garde chez soi des livres dangereux et des gravures mauvaises.

Toutefois quand une action est bonne et surtout commandée par la loi de Dieu, il faut la faire, quand même elle donnerait lieu au scandale. Si on se scandalise quand vous dites la vérité, il vaut mieux permettre le scandale que de parler contre sa pensée.

Est aussi matière de scandale, toute action par laquelle on pourrait empêcher le scandale, et qu'on omet cependant. Ainsi saint Paul regarde comme coupables d'idolâtrie les anciens philosophes qui auraient pu, étant plus éclairés que le peuple, lui faire connaître le vrai Dieu.

Le scandale existe lors même qu'une seule personne connaîtrait l'action mauvaise; il n'est donc pas nécessaire qu'elle soit publique.

Trois sortes de personnes peuvent donner plus aisément du scandale :

1. Les grands et ceux qui ont une autorité quelconque sur leurs semblables, parce que leur conduite est plus en évidence, et que

leurs actes exercent une plus grande influence sur les personnes qui en sont les témoins.

2. Les vieillards, parce qu'ayant mission de reprendre les jeunes gens, ils doivent être moins répréhensibles ; il faut que leur vie puisse être proposée à l'imitation d'autrui. Voilà pourquoi le saint vieillard Éléazar ne voulut jamais simuler une action qui violait la loi de Dieu.

3. Les femmes, dans leur tenue et dans leur vêtement, doivent éviter tout ce qui peut éveiller dans l'esprit de ceux qui les voient, la pensée du mal; car l'expérience montre que de grands saints sont tombés uniquement parce qu'ils ont été fascinés par leur convoitise.

Par rapport à Dieu, le scandale n'est plus seulement une injure isolée, mais une offense complexe et multiple. C'est un embauchage au profit du démon, une ligue contre celui qui a droit à nos hommages. Il détruit la plus excellente de ses œuvres, qui est la Rédemption. Pour créer le monde, une seule parole suffit à Dieu : « Il dit, et tout fut fait; » mais pour le racheter, il verse tout son sang. Eh bien ! le scandale perd les mêmes âmes qu'il a sauvées. Une profanation de l'Eucharistie serait un crime, mais le scandale, en perdant une âme rachetée au prix du sang de Jésus-Christ, foule aux pieds les mérites de sa passion.

Albert le Grand avait réussi à faire une statue qui prononçait des paroles; saint Thomas d'Aquin, son disciple, qui ignorait le prodige réalisé entend parler la statue pendant l'absence du maître. Aussitôt d'un coup de pied il la jette à terre et la brise en mille morceaux. Albert, en rentrant, lui dit : « Eh quoi ! mon fils, vous avez détruit en un seul instant ce qui m'a coûté trente années de travail ! » Jésus-Christ a travaillé pendant trente-trois ans pour le salut de cette âme, et nous, par un scandale, nous avons détruit en un seul instant l'œuvre de Dieu ! Quel incendie a jamais fait un pareil dégât ?

Par rapport au prochain, le scandale est une injustice d'autant plus grave qu'elle lui ravit le plus précieux des biens : Dieu et sa grâce. Tout le reste peut lui manquer ; au milieu de ses larmes, Dieu seul est son soutien, et par le scandale vous le bannissez de son âme. Perte irréparable ! si la personne est morte en état de péché, et, si elle est vivante, quel moyen prendra-t-on pour la ramener à Dieu ?

Par rapport à nous-mêmes, le scandale nous rend coupables de toutes les offenses commises par ceux qu'on a portés au mal. Bérenger, à son lit de mort, après avoir rétracté son hérésie et fait pénitence, tremblait en pensant aux âmes qu'il avait pu égarer et perdre.

Dans les autres péchés on voit la gravité du mal, on peut en calculer les conséquences. Là, on ne peut s'en rendre compte. C'est l'étincelle qui peut s'éteindre sans aucun dommage, ou qui peut allumer un vaste incendie. Là on ignore le nombre de péchés et de personnes portées au mal. L'exemple du mauvais riche a des conséquences prodigieuses : en se transmettant de génération en génération, il accumule sur la tête de celui qui l'a donné une multitude de fautes. Malheur à l'homme par qui arrivent les scandales !

Le moyen de réparer le scandale est de donner le bon exemple. C'est le bon exemple qui amène le règne de Dieu sur la terre et dans le ciel : « Que votre lumière brille aux yeux des hommes avec tant d'éclat que, témoins de vos bonnes œuvres, ils glorifient votre Père qui est dans les cieux ! »

Dieu est presque aussi ignoré qu'à l'époque de ce grand cataclisme qui purifia la terre de ses crimes. Le principal moyen de le faire connaître n'est pas seulement d'instruire les hommes de sa grandeur ; on résiste à un enseignement, on ne résiste pas au bon exemple, c'est une morale en actions. Il oppose une digue à l'entraînement si funeste du mauvais exemple, et il coopère à l'œuvre si excellente de la rédemption. Ainsi, en portant les âmes au bien, il répare le mal que nous leur avons fait, et augmente le nombre des élus. Aussi du haut du ciel les regards de Dieu s'abaissent avec complaisance sur le juste qui édifie la terre.

Le bon exemple nous force nous-mêmes à mener une vie meilleure, et il assure notre salut. « Il est impossible, dit saint François de Sales, qu'une personne qui parvient à retirer une âme du péché pour la remettre dans la bonne voie, et à procurer son salut, se perde elle-même. » Et, en effet, elle s'est assuré une puissante protection.

Dans la société civile on a compris toute la puissance de l'exemple, car on a établi des primes d'encouragement pour les bonnes actions. Autrefois il suffisait des enseignements de la foi pour faire germer les vertus; aujourd'hui il est indispensable de recourir aux prix Montyon.

Il faut, pour donner le bon exemple, du zèle et de la prudence.

Toutes les fois qu'une action vertueuse peut rencontrer des imitateurs, on ne doit pas la cacher. Car alors ce serait placer la lumière sous le boisseau; cependant il faut éviter d'agir par ostentation. Toutes les fois que l'omission d'un devoir pourrait être contagieuse, nous ne devons jamais rougir de l'accomplir. Saint Polycarpe, évêque de Smyrne, sommé par ses bourreaux de renoncer à Jésus-Christ, leur adresse ces nobles paroles : « Eh quoi! il y a quatre-vingts ans que je sers mon maître, qui ne m'a jamais fait que du bien, et vous voudriez m'y faire renoncer? »

La prudence consiste à ne pas heurter les préjugés; à bien comprendre les situations faites par l'éducation; à tenir compte du défaut d'instruction religieuse pour excuser certaines fautes; à ne pas accuser facilement les personnes plus âgées ou plus élevées que nous, lors même qu'elles feraient le mal. En un mot, jugeons le prochain avec charité, attendons le moment favorable de la monition, à l'imitation de Dieu qui fait luire son soleil sur les bons et sur les méchants, et qui attend patiemment l'heure de sa grâce.

LEÇON VIII.

DU SIXIÈME ET DU NEUVIÈME COMMANDEMENT.

I. A quoi nous obligent le sixième et le neuvième commandement?

Le sixième et le neuvième commandement nous obligent à pratiquer la chasteté chrétienne; ils condamnent les pensées, les sentiments, les désirs et les actions contraires à cette vertu.

Les pensées. — Souvent l'esprit s'occupe de pensées dangereuses. Elles présentent à notre imagination des fantômes voluptueux, à l'aide desquels le démon espère nous faire commettre quelque mauvaise action, ou du moins nous empêcher de servir Dieu avec toute la pureté qu'il a droit d'exiger de nous. Pour résister au mal, pensons aux amertumes qui en sont la suite, et rappelons-nous ce trait de l'histoire de François Ier : il demandait quelle route il fallait suivre pour aller à Pavie. Son fou lui dit : « Et pour en revenir? »

Les sentiments et les désirs. — Il faut détacher son cœur de l'affection au mal : « C'est du cœur que proviennent les mauvaises pensées. » Il faut même éloigner le désir, et ici la loi chrétienne se montre plus parfaite que celle de Moïse, car Jésus-Christ formule ainsi son commandement : « Il a été dit aux anciens : Vous ne pécherez pas, et moi je vous dis : Vous ne désirerez pas pécher. »

Les paroles et les actions. — On doit éviter toute parole, toute action contraires à la chasteté, quelque prétexte qu'on ait de se les permettre. Souvent une familiarité, en apparence fort innocente, peut devenir l'occasion de fautes graves et nombreuses. Évitons aussi l'oisiveté, car les fautes opposées à la chasteté sont nécessairement, dit Épictète, l'occupation des personnes oisives. Quand une place est assiégée, ses défenseurs doivent veiller ; de même notre cœur a besoin de vigilance parce qu'il est entouré d'ennemis. Mais, en fuyant le mal, il faut aller se réfugier dans le sein de Dieu qui seul peut nous préserver : « Si le Seigneur ne garde pas la cité, c'est en vain que celui qui la garde est plein de vigilance. » Lui seul nous élèvera par sa grâce au-dessus des misères de notre nature : *Suscitans a terra inopem, et de stercore erigens pauperem.*

II. Raison de ce commandement.

Le motif de la chasteté chrétienne est la dignité de l'homme.

1° Par son origine il a été placé au-dessous des anges. La chasteté l'élève au-dessus de ces créatures qui sont spirituelles par nature, tandis que l'âme n'est pas seule dans l'homme. Elle est unie à un corps, et souvent le corps se révolte contre elle. L'âme doit le régir, et souvent elle est soumise à son empire. C'est là une sujétion que repousse notre dignité et qui est pour les peuples, aussi bien que pour les individus, un principe de décadence. Dans les temps anciens, l'immoralité des hommes a amené la ruine des sociétés. Les plaisirs des sens, divinisés par la Grèce, amollirent le fier courage de ses fils, et Rome, victorieuse des nations, fut bientôt vaincue et ruinée par leurs vices. Il fallut, pour raviver le monde, l'énergie nouvelle de la sainteté. Le christianisme ne put le sauver qu'en prêchant Jésus crucifié et en divinisant la souffrance.

Dans les temps modernes, le sensualisme est un système corrupteur qui a pour but le triomphe des sens, et pour effet l'abaissement des caractères et la dégénération sociale. Le christianisme lui oppose aujourd'hui comme autrefois la doctrine, le jeûne, la pénitence et l'exemple des saints.

2° Par la régénération spirituelle, par le baptême, l'homme est devenu le temple de l'Esprit-Saint. Le plus auguste trône que Dieu puisse avoir sur la terre, c'est le cœur de l'homme, plus saint que les temples augustes où la gloire du Seigneur repose, plus digne d'être possédé avec honneur et avec respect que les vases mêmes du sanctuaire. Et c'est dans ce cœur que le chrétien oserait élever une idole, et en chasser son Seigneur et son maître?

3° Par ses destinées, le corps doit recevoir l'immortalité et être conforme à la ressemblance glorieuse de Jésus-Christ ressuscité ; il reposera dans le lieu saint « et ses cendres attendront, sous l'autel de l'Agneau, le jour de la révélation, mêlées avec les cendres des vierges et des martyrs. » Il faut donc rechercher ce qui est en haut et non pas les choses de la terre. C'est là, en effet, ce qui convient aux vierges. Saint Jean, dans l'Apocalypse, dit qu'elles suivent l'Agneau partout où il va.

Quelle n'est pas la gloire de la chasteté ! Elle a produit les plus grands saints, depuis saint Jean-Baptiste et les apôtres saint Paul et saint Pierre, qui sont morts pour avoir prêché la chasteté aux empereurs, jusqu'aux religieux qui se sont ensevelis vivants au fond des déserts pour préserver leur vertu du naufrage ; depuis ces illustres vierges qui ont fait à leur innocence le sacrifice de leur vie, jusqu'à l'humble fille de charité, qui préfère aux séductions du monde les attraits puissants de la grâce, et l'amitié de Dieu, exemples admirables qui honorent d'une manière éclatante la pureté de la morale évangélique !

LEÇON IX.

DU SEPTIÈME ET DU HUITIÈME COMMANDEMENT.

I. Légitimité du droit de propriété.

L'origine primitive du droit de propriété a été l'occupation, car, au commencement, Dieu seul est le maître absolu de la terre, mais en établissant l'homme roi de la création il lui a cédé ses droits.

L'origine actuelle est l'acquisition. On acquiert : par contrat, on convient d'un échange d'une somme d'argent ou d'un travail; par succession, en vertu du droit de famille, qui est d'une incontestable utilité; par donation fondée sur la liberté. Cependant la loi civile met quelques restrictions à ces diverses manières d'acquérir.

Ce droit a revêtu des formes diverses chez les différents peuples. Dans les sociétés anciennes, l'homme était la propriété de l'homme, c'était l'esclavage. Puis vint la propriété usurpée par le droit de guerre, et, à la fin, une propriété plus rationnelle, réglée par le droit romain. Du reste, il y a toujours eu inégalité dans les propriétés, et par suite d'interminables querelles entre les propriétaires et les prolétaires ; de là les tentatives de la loi agraire.

Dans la société juive, l'origine de la propriété fut le partage égal des terres. Pour le maintenir on établit une fête : celle du jubilé, qui chaque cinquante ans était célébrée par l'affranchissement des esclaves, le retour des biens aliénés, le repos de la terre.

Chez les modernes, le christianisme exerce une puissante influence sur le droit de propriété. Le moyen âge voit tomber les chaînes des esclaves, et, s'il n'éteint pas toutes les querelles qui surgissent entre les prolétaires et les propriétaires, sous le nom de jacquerie, il rapproche le vassal du seigneur jusqu'à l'extinction du servage.

Actuellement la propriété a revêtu ses formes les plus rationnelles, elle est foncière, immobilière, individuelle, collective, industrielle et intellectuelle.

Rien de plus légitime que la propriété. Dieu a dit à l'homme par Moïse : « Vous ne volerez pas.... vous ne désirerez pas le bien d'autrui. » Les saints patriarches ont fidèlement observé cette loi, comme nous le voyons par l'exemple de Tobie, et Jésus-Christ n'est pas venu abolir la loi, mais l'accomplir. On objecte la pratique des premiers chrétiens qui mettaient leurs biens en commun, mais c'était un état transitoire et de perfection seulement. Dans l'histoire de Lazare et du mauvais riche, Jésus

Christ condamnait, il est vrai, l'abus de la propriété, mais les abus sont-ils inhérents à la propriété? Animé de l'esprit vraiment chrétien, ce droit sait condescendre aux nécessités du prochain, mais exercé rigoureusement, comme à Rome et à Athènes, il n'est pas d'abus qu'il n'entraîne, d'agitations sociales qu'il ne provoque.

Le droit divin n'a fait que consacrer sur ce point le droit naturel. Cela est en effet de droit naturel qu'on retrouve chez tous les peuples. Or, en tout temps, toutes les guerres n'ont d'autre motif que de prendre par violence ce qu'un autre croit lui appartenir, et cela suffit pour constater le fait.

Quand se forme le droit social, il commence par consacrer la légitimité du droit de propriété, et c'est par la plus ou moins facile acquisition et défense de ce droit qu'on reconnaît les progrès de la civilisation.

Que dire de l'axiome : « La propriété, c'est le vol? » il est vrai si la propriété est mal acquise, et absolument faux si elle est bien acquise. Il importe donc d'apprécier la tendance de l'homme à s'approprier les biens de ce monde. L'égoïsme produit le désir illégitime qui cherche à triompher des obstacles par tous les moyens possibles. De là la violation du droit des autres et une multitude de dangers qui en résultent.

II. Devoirs de la propriété.

1. Si la propriété est illégitime, on est obligé à la restitution, car toute acquisition illégitime étant une violation flagrante de la loi divine, naturelle, civile, il en résulte que se soustraire à la réparation, que jouir par exemple d'une fortune mal acquise, est un acte injuste en lui-même et qui continue la violation de la triple loi. Il en résulte que la restitution est encore d'une obligation plus stricte et plus rigoureuse que la loi qui défend de voler, et que le refus d'accomplir ce devoir est plus grave que le vol lui même. En effet, le vol est une action transitoire, un dérèglement passager, tandis que le refus de restituer est l'effet d'une volonté qui persévère dans le mal. Aussi ce principe fondamental de l'obligation de restituer a été reconnu et proclamé par tous les législateurs, et il y a un axiome théologique qui dit : Le péché n'est remis qu'autant qu'on restitue la chose volée.

Quant à la manière de restituer, ne pouvant prévoir toutes les difficultés particulières qui peuvent se présenter, nous allons nous borner aux principes généraux.

Un grand principe gouverne la société : la solidarité dans les droits entre ceux qui sont appelés à les partager, solidarité dans les devoirs entre ceux qui sont tenus de les accomplir. D'après ce principe, examinant le cas particulier de restitutions, nous trouvons deux sortes de personnes : 1º celles qui doivent restituer ; 2º celles à qui on doit restituer. Donc il y a solidarité entre celui qui doit et ceux qui ont partagé le produit de l'injustice, ou ceux qui le reçoivent par succession ; l'obligation est commune et les atteint tous, en sorte que, si l'un ne peut ou ne veut la remplir, les autres y sont tenus. Il y a aussi solidarité entre ceux à qui on doit : s'il y a plusieurs personnes frustrées on est tenu envers toutes, et envers les héritiers, si la personne lésée n'existe plus.

On lit dans l'*Histoire de la Chronique de Cîteaux*, que Thibaud, usurier fort riche de Paris, vint consulter Maurice de Sully sur l'emploi qu'il devait faire de ses richesses mal acquises. Celui-ci, occupé de la construction de Notre-Dame, lui proposa de lui venir en aide. Dans le doute, Thibaud alla trouver Pierre le Chantre qui lui dit : « Il ne vous a pas bien conseillé pour cette fois, faites publier que vous allez restituer. » Il le fit, puis revint en disant : « Il me reste encore une très-grande fortune. — Allez, maintenant, lui répondit alors Pierre le Chantre, et employez votre argent en bonnes œuvres. » Et il consacra ses trésors à la construction de la cathédrale. C'est ainsi que les murs de Notre-Dame se sont élevés à la faveur de l'obligation de restituer.

2. Si la fortune est bien acquise, il faut exercer la bienfaisance. L'existence n'est pas donnée à l'homme comme un bien absolu, indépendant; elle n'a sa raison d'être que tout autant qu'on s'en sert au profit des autres hommes : l'égoïste est non-seulement un être inutile, mais nuisible et malfaisant. L'existence même de la société est attachée au droit de ses membres; la plupart des dangers qui la menacent ne viennent que de l'oubli de ce principe : « Si un membre souffre, tous les autres doivent compatir [1]. »

Parmi les œuvres de bienfaisance, l'aumône occupe le premier rang. Elle est dans l'ordre providentiel : Dieu seul est le maître de tous les biens, nous lui en devons le tribut. Or, ce tribut il l'affecte aux pauvres ; le leur refuser, c'est se révolter contre son autorité. Elle est l'objet d'un commandement formel : Jésus-Christ nous a fait un précepte de l'aumône dans l'histoire de Lazare et du mauvais riche. Au jugement dernier, il condamnera ceux à qui il dira : J'ai eu faim et vous ne m'avez pas donné à manger. Or Jésus-Christ ne condamnera que les violateurs d'un précepte rigoureux.

Écoutons l'énergique langage des Pères : « On retient le bien d'autrui, quand on accumule le superflu [2]. » — « Quand les pauvres meurent d'ina-

---

1. Saint Paul. — 2. Saint Augustin.

nition, si vous ne les secourez pas, vous les tuez[1]. » — « Dans le cas d'une extrême nécessité, tout est commun[2]. »

La raison nous commande de faire aux autres ce que nous voudrions qu'on nous fît à nous-mêmes. Or chaque homme à sa naissance reçoit un droit, la vie, et personne au monde ne peut la lui disputer. Si donc les uns manquent, c'est un devoir pour les autres de les secourir. Ajoutons qu'il y a solidarité entre les hommes : on ne peut la contester dans l'ordre moral et religieux. Il y a eu solidarité dans la réparation accomplie par la rédemption, et si on la trouve dans l'ordre le plus élevé, elle existe à plus forte raison dans l'ordre naturel ; c'est là une conséquence rigoureuse.

Quant à la manière de faire l'aumône et à la proportion où il faut la faire, saint Paul dit aux Corinthiens : « Que votre abondance supplée à l'indigence des autres avec son superflu. » Et saint Ambroise : « Retenir notre superflu, c'est un vol. » — « Dieu, dit saint Thomas, n'aurait pas partagé les biens de la terre en deux, si le superflu des uns ne devait être communiqué aux autres. »

Voilà l'économie providentielle ; mais quel est ce superflu ? C'est ce qui n'est pas nécessaire à l'état où Dieu nous a placés. De là mille

---

1. Saint Ambroise. — 2. Saint Thomas.

prétextes pour ne pas faire l'aumône. L'orgueil, l'ambition ne laissent rien à la charité. L'esprit du monde est de toujours s'enrichir; l'esprit de Jésus-Christ limite nos désirs, modère nos appétits et réprime notre orgueil. A sa lumière divine le chrétien envisage, non pas les biens qui passent, mais ceux qui demeurent éternellement.

LEÇON X.

DU HUITIÈME COMMANDEMENT.

Le huitième commandement défend les pensées, les paroles et les œuvres opposées à la vérité; il défend aussi de révéler sans nécessité les fautes et les défauts du prochain.

I. Du jugement téméraire ; du mensonge et des fraudes.

La vérité réside dans le cœur, se manifeste par la parole et se montre dans les œuvres. D'où il suit qu'on peut l'altérer de trois manières : par la pensée, c'est le jugement téméraire ; par la parole, c'est le mensonge ; par les œuvres, ce sont les fraudes.

Du jugement téméraire. Jésus-Christ défend ainsi les fautes de pensée : « Ne jugez pas selon l'apparence extérieure. » Un ancien disait : « Quand une personne est malade, tout le monde veut être médecin. » Il eût mieux fait de dire que chacun veut être juge. Lorsque nous sommes témoins d'une action, nous la jugeons au lieu de l'excuser, ce qui fait dire à saint Augustin que le jugement téméraire est le poison de la charité. D'où il résulte qu'un jugement téméraire, en matière grave et pleinement consentie, sera un péché mortel : « Ne jugez pas, pour que vous ne soyez pas jugés. » Cependant ces jugements, étant souvent indélibérés ou portant sur des actions d'une importance secondaire, n'entraînent pas ordinairement de faute grave. Cela est vrai surtout quand l'action est mauvaise, car alors le jugement cesse d'être téméraire.

La cause de ces jugements est l'inoccupation de l'esprit qui, ne se suffisant pas à lui-même, va chercher au dehors un aliment à son activité, et l'excessive mobilité de notre imagination qui passe facilement d'un extrême à l'autre. Saint Paul, jeté par une violente tempête sur les côtes de Malte, fut piqué par une vipère, ce qui fit dire aux insulaires : « Ces voyageurs sont des impies justement poursuivis par la colère du ciel, ils n'ont échappé à un naufrage que pour périr de la morsure d'un serpent. » Puis, voyant qu'ils n'en souffraient aucun mal, ils se prirent à exalter leur vertu.

Le manque de charité n'est pas non plus étranger au jugement téméraire. Si vous pensez du mal, c'est qu'il y en a en vous : « La charité ne pense pas le mal. » On juge différemment la personne qu'on aime et celle qu'on n'aime pas. Dans la première tout est bien; dans l'autre tout est mal. La rosée tombant sur une vigne devient un vin agréable, et sur une terre semée de ciguë elle produit un poison mortel.

Ce droit de juger le prochain que nous voulons nous arroger est une usurpation sur l'autorité de Jésus-Christ, seul juge des actes des hommes. Sujets à l'erreur, nous jugeons souvent d'après des apparences trompeuses un homme qui quelquefois est meilleur que nous. Le pharisien méprise le publicain, et devant Dieu lequel est le plus juste? Suivons donc le conseil de saint Bernard : « Excusez l'intention si vous ne pouvez excuser l'action; attribuez-la à l'ignorance, à l'erreur, aux circonstances; si l'évidence du fait empêche toute illusion charitable, dites-vous : la tentation a été très-violente, qu'aurais-je fait moi-même, si j'avais été ainsi exposé? »

Du mensonge. Mentir c'est parler contre sa pensée, c'est exprimer par paroles, ou autres signes, le contraire de ce qu'on a dans l'esprit.

On distingue trois sortes de mensonges : le mensonge joyeux, qui a pour but d'amuser le prochain; le mensonge officieux, qu'on dit pour l'obliger; le mensonge pernicieux, qui cause du dommage à autrui. Il n'est jamais permis de mentir, parce que tout mensonge est un péché par lui-même : Les paroles, dit saint Thomas, étant naturellement le signe et l'image de nos pensées, c'est agir contre la nature et contre la raison que de s'en servir pour exprimer le contraire de ce qu'on pense; c'est abuser de la faculté de parler, or tout abus des choses contre leur institution est un péché. On peut comparer le mensonge à un trait empoisonné qui blesse à la fois Dieu, vérité éternelle, l'esprit de celui à qui l'on parle en lui dérobant la vérité, et le public en violant la foi commune et en détruisant la société. Au jugement des saints Pères et en particulier de saint Bonaventure, le mensonge est si essentiellement un péché qu'il n'y a point de conjoncture, point de dispense, ni divine, ni humaine qui puisse le rendre licite[1]. On ne doit s'en permettre aucun, ajoute saint Augustin, quand il s'agirait du salut d'une âme[2]. Aiguisez le fer, préparez le feu, dit Eusèbe de Césarée, vous avez beau me menacer des plus rudes châtiments, j'aimerais mieux mourir que de prononcer la moindre fausseté[3].

Cependant il faut convenir, tout en condamnant le mensonge, que tous ne sont pas criminels. Il y a divers degrés de malice dans ce péché. Le moins blâmable de tous semble être le mensonge officieux. On ne doit pas non plus condamner trop sévèrement le mensonge joyeux, qu'on se permet pour égayer la conversation. Ces deux sortes de mensonges ne sont que des fautes vénielles, mais qui peuvent avoir quelquefois de fâcheux inconvénients. Il ne faut pas même appeler mensonges ces fictions ou exagé-

---

1. D. Bonavent., 3, dist. 38, art. 1, q. 2.
2. D. Aug. *de Mendac.*, c. xx.
3. *Præp. ev.*, lib. VI, c. iv.

rations, dont certaines personnes embellissent leurs discours, sans aucune intention de tromper, parce qu'à leur ton et à leurs manières, on peut voir aisément que ce qu'elles disent n'est que pur badinage. Quant au mensonge pernicieux, il est mortel de sa nature ; c'est à celui-là que s'appliquent ces paroles de l'Écriture : « La bouche, qui ment, tue l'âme, les lèvres menteuses sont en abomination devant le Seigneur[1]. » Le plus grave est le mensonge en justice, qui ne saurait être une faute légère, puisqu'en prenant Dieu à témoin qu'on dira la vérité, on voudrait, quand on ment, rendre sa majesté infinie complice d'une calomnie. Outre l'injure faite à Dieu, il y a dans le faux témoignage un grave préjudice causé au prochain qui entraîne envers lui l'obligation de restituer.

Les fraudes. Où se réfugient maintenant la bonne foi, la droiture, l'équité et la justice ? Est-ce que tous les visages ne portent pas un masque ? La plupart des hommes n'empruntent-ils pas les dehors de la vertu et de l'humanité pour parvenir plus sûrement à leurs fins ? Tous les jours la morale publique est attristée par le spectacle d'hommes luttant d'astuce et de duplicité, et venant étaler devant les tribunaux le cynisme de leurs fautes et de leur dissimulation. Or, veut-on savoir à qui Dieu, dans l'Écriture, compare l'homme qui se rend coupable de

---

1. Prov. XII, 22.

fraudes? à l'assassin[1]. Il le menace de son anathème dès cette vie[2].

II. De la médisance.

Saint Jacques nous dit qu'il n'y a pas d'animal si farouche qu'on ne puisse dompter, mais que la langue est *une bête sauvage* que nulle puissance humaine ne peut subjuguer. La grâce seule nous aide à la dominer. Et voilà pourquoi dans l'Écriture l'Esprit-Saint nous recommande, tantôt de peser nos paroles, tantôt d'y mettre un frein; il veut même que nous placions sur nos lèvres *une porte scellée avec soin* et que cette porte soit gardée par une sentinelle. Pourquoi tous ces soins? sinon parce que de ce côté la charité court les plus grands dangers? La médisance sait recourir aux prétextes les plus spécieux pour se produire : J'ai révélé, dit-on, les défauts de mon prochain, mais je n'ai pas menti, telle personne a été le témoin de sa faute. Mais n'est-ce pas blesser les lois de la charité que de faire connaître certains péchés cachés, quand cette connaissance peut priver le prochain de l'estime à laquelle il a droit?

Souvent la médisance emprunte des formes plus perfides. Il se trouve des personnes dont le cœur est comme un vase brisé qui ne peut garder ce qu'il contient. Le médisant cherche pour se satisfaire le spécieux prétexte de confi-

---

1. *Virum sanguinum et dolosum abominatur Dominus.*
2. *Viri sanguinum et dolosi non dimidiabunt dies suos.*

dences soi-disant nécessaires : « Je me trouve dans une situation difficile.... Cet homme, que je vois souvent, n'est pas vertueux comme on le croit, il a des défauts. » On les énumère complaisamment, et quand on a dit : Que dois-je faire? Que feriez-vous à ma place? on se croit justifié.

La médisance recourt encore quelquefois à des artifices plus coupables. Elle semble inspirée par la pitié ou l'intérêt qu'on porte à la personne qui a commis une faute; on la plaint. Perfidie! Écoutons saint Bernard : « Voyez le médisant, il pousse les plus profonds soupirs, son visage est triste, ses paupières abaissées, sa voix gémissante. Son langage est d'autant plus persuasif qu'on le croit dicté par la compassion plutôt que par l'envie de nuire. »

La première victime de la médisance n'est autre que celui qui se la permet et dont le châtiment est d'autant plus certain que la faute, dont il s'est rendu coupable, est plus grave. On comprend en effet que celui qui a dévoilé une action, dont la connaissance peut nuire d'une manière notable à la réputation du prochain, ne saurait se soustraire à l'anathème porté par saint Paul : « Les médisants ne posséderont pas le royaume de Dieu. »

Il ne suffit pas pour être sans reproche devant Dieu de pouvoir dire : « Je n'ai pas médit de mon prochain; » si on prête l'oreille à sa médisance, on se rend complice du médisant. Saint

Bernard hésite à dire quel est le plus grand péché, de médire ou d'entendre médire. Ainsi celui qui entend la médisance doit-il intervenir avec prudence, pour rectifier ce qui est dit s'il y a exagération, excuser le mal s'il est vrai, ou tout au moins chercher à changer la conversation et s'abstenir d'y prendre part. Cet avertissement muet sera souvent très-efficace.

La troisième victime de la médisance n'est autre que l'homme dont on dévoile les défauts. L'homme a trois sortes de vies : vie naturelle, union de l'âme et du corps; vie spirituelle, union de l'âme avec Dieu par la grâce, vie civile, union de l'homme avec ses semblables. Or le médisant nuit à la première, ôte souvent la deuxième, et prive toujours de la troisième. La médisance parvient trop souvent à ébranler la bonne réputation, sans laquelle l'homme, perdu dans l'estime de ses semblables, se voit privé des ressources nécessaires à la vie naturelle; et comme tôt ou tard il apprend l'origine du mal qui l'a frappé, il en conçoit une haine qui engendre le péché.

Enfin, quand l'infortunée victime de la médisance a perdu la confiance à laquelle elle avait droit, ses relations avec ses semblables en souffrent un préjudice si notable qu'il est souvent impossible de le réparer. La médisance ne ressemble pas à un messager qui s'affaiblit en courant : c'est une boule de neige qui forme une avalanche, un ruisseau qui devient un fleuve, une étincelle qui allume un incendie. Donc plus la faute est grave, plus grave aussi est l'obligation de la réparer.

Puisque tels sont les effets de la médisance, nous devons nous efforcer de l'éviter, en suivant les conseils de l'Évangile. Le premier de tous c'est de considérer ce que nous sommes, nous, qui accusons si facilement les autres. L'humilité sera la première gardienne de notre langue, et quand nous connaîtrons un peu mieux nos imperfections et nos mérites, nous serons moins tentés de médire. La charité, qui, suivant la parole de l'apôtre, couvre la multitude des péchés, nous viendra encore utilement en aide pour nous éloigner de ce vice, et, en nous inspirant une grande indulgence pour notre prochain, elle nous méritera à nous-mêmes l'indulgence de Dieu. Sur le point de mourir, un religieux du Sinaï était tranquille et rassuré, malgré une vie bien imparfaite, parce qu'il n'avait jamais mal parlé de ses frères. La crainte, la défiance de nous-mêmes sera aussi un utile préservatif contre ce triste défaut. Quand nous sommes nous-mêmes si fragiles, comment oserions-nous relever les fautes ou les vices d'autrui?

LEÇON XI.

DES COMMANDEMENTS DE L'ÉGLISE.

Il ne suffit pas pour être sauvé d'observer les commandements de Dieu, il faut encore observer ceux de l'Église. L'oracle du Sauveur est formel : « Quiconque n'écoute point l'Église doit être regardé comme un païen et un publicain. » Épouse de Jésus-Christ, l'Église parle au nom du céleste Époux, et la marque à laquelle nous pouvons nous reconnaître comme ses enfants, c'est une prompte soumission à observer ce qu'elle nous prescrit. Elle nous gouverne par les préceptes qu'elle nous impose; et ce pouvoir lui est tellement nécessaire que si on le lui ôtait et qu'il fût libre à tout chrétien d'observer la loi divine comme il l'entend, chacun agirait bientôt sans autre règle que ses passions, ses intérêts ou ses caprices, et l'Église serait en proie au trouble et à l'anarchie.

I. L'Église a le pouvoir de faire des lois.

Dans toute société bien constituée, il faut un pouvoir législatif et administratif pour faire les lois et les appliquer. Un État où il n'y aurait point de chef pour gouverner, ne tomberait-il pas bientôt dans la plus horrible confusion? Or l'Église nous est représentée dans l'Évangile sous divers symboles, tantôt comme un royaume, tantôt comme une famille, tantôt comme un troupeau. Il lui faut donc des magistrats spirituels pour la gouverner. C'est Jésus-Christ lui-même qui leur a donné le droit de nous commander, quand il a dit à ses apôtres ces paroles tant de fois répétées : « Celui qui vous écoute m'écoute; celui qui vous méprise me méprise.... Tout ce que vous délierez sur la terre sera délié dans le ciel, » c'est-à-dire, tout ce que vous jugerez, tout ce que vous déciderez, tout ce que vous ordonnerez, ou pour la doctrine ou pour les mœurs, sera confirmé et ratifié dans le ciel; si bien que tout ordre de l'Église, en tant qu'il est émané de l'Église, devient pareillement un ordre du ciel même.

« Pouvoir divin qui ne tient pas à la vertu, au talent, au génie de ceux qui l'exercent; c'est un droit inhérent à leur caractère, à leur dignité; c'est un pouvoir auquel les hommes peuvent bien résister, mais qu'ils n'ont pas le droit de changer à leur gré. C'est donc en vain que pour se dispenser du fardeau de l'obéissance on allègue les défauts des pasteurs et des ministres de l'Église.

« Pouvoir universel qui s'étend sur toutes les parties du monde, et devant lequel tout doit plier et s'humilier : depuis le monarque qui domine sur le trône jusqu'au plus humble sujet qui s'abrite sous le chaume, depuis le savant jusqu'au plus simple, tous sont soumis à l'Église. Point là-dessus d'exception, ni de lieux, ni de rangs, ni de conditions.

« Pouvoir tout spirituel, car l'Église, bien loin de s'élever au-dessus des puissances humaines, ou d'affaiblir leur domination, est au contraire la plus zélée à maintenir leurs droits et l'obéissance qui leur est due.

« Pouvoir d'une telle prééminence que nul autre parmi les hommes ne l'égale, ni ne peut atteindre au même degré. De tous les rois, de tous les princes et de tous les potentats du siècle, aucun n'a le même droit sur les opérations de notre âme ni dans la même étendue; c'est-à-dire qu'aucun ne peut ordonner de condamner intérieurement tout ce qu'il condamne, ni d'approuver tout ce qu'il approuve. Au dehors ils peuvent exiger de nous ou un silence respectueux, ou certaines apparences d'une soumission extérieure. On doit même, dans le fond du cœur et par un esprit d'obéissance, se conformer autant qu'il est possible à ce qu'ils ordonnent; mais du reste, dans la persuasion qu'étant hommes comme les autres, ils ne sont pas plus exempts d'erreur que les autres, s'ils se trompent en effet, nous pouvons ne pas approuver intérieurement ce qu'ils proposent. Il n'appartient qu'à l'Église de dominer les consciences avec cette autorité souveraine qui est celle de Jésus-Christ même. »

II. But que s'est proposé l'Église en nous imposant des commandements.

L'Église n'a ni le droit, ni la prétention d'établir une morale nouvelle; sa mission est uniquement de nous enseigner ce qu'elle a appris du divin Maître. Mais Jésus-Christ ne nous a imposé que des préceptes généraux, tels que ceux de la pénitence, de la charité, de la communion, etc. Il ne nous a prescrit ni le temps, ni le lieu, ni la manière pour les accomplir. Voilà ce que l'Église décide. Et si elle nous impose certaines observances particulières, qui ne soient pas d'institution divine, c'est toujours pour nous faciliter les moyens d'observer plus exactement les commandements de Dieu et les maximes de l'Évangile. Par exemple : Dieu nous ordonne de l'adorer, de consacrer un jour de la semaine à son culte; l'Église a déterminé que la manière principale, par laquelle on honorera Dieu en ce jour, sera l'assistance à la messe; elle a établi des fêtes et des cérémonies pour célébrer les mystères de la religion. Jésus-Christ nous ordonne de nous nourrir de son corps et de son sang adorables; l'Église fait un précepte de recevoir la sainte Eucharistie au moins à Pâques et de s'y disposer par la réception du sacrement de pénitence. Le divin Sauveur nous dit que si nous ne faisons pénitence nous périrons tous; l'Église détermine le mode de cette pénitence par le cinquième et par le sixième précepte.

Nous devons donc être pleins de reconnaissance pour cette Église, qui vient au secours de notre faiblesse; car telle est notre indifférence et l'entraînement des passions, sans parler des embarras du siècle, que nous passerions une grande partie de notre vie dans l'oubli de la loi divine et de nos obligations les plus sacrées : mais l'Église nous rappelle à nos devoirs et en fixe l'accomplissement à tel jour déterminé. Dès lors nos illusions se dissipent; et c'est principalement à la sagesse de cette mère attentive qu'est due notre fidélité.

III. Combien y a-t-il de commandements de l'Église ?

Il y a plusieurs commandements de l'Église que nous ne nous proposons pas d'expliquer ici parce que ces préceptes ne concernent que certaines personnes, ou que nous aurons occasion de les exposer ailleurs ; mais il y en a six bien connus, qui concernent tous les fidèles sans exception.

LEÇON XII.

DU PREMIER ET DU DEUXIÈME COMMANDEMENT DE L'ÉGLISE.

Les fêtes tu sanctifieras, qui te sont de commandement.
Les dimanches la messe ouïras et les fêtes pareillement.

I. Obligation et manière de sanctifier les fêtes.

Jésus-Christ a donné à l'Église toute son autorité. Elle peut donc instituer des fêtes, c'est-à-dire consacrer certains jours à célébrer les grandeurs, les bontés et les miséricordes de Dieu. C'est un droit qu'avait l'ancienne synagogue et dont elle a souvent usé, comme on le voit dans le livre des Machabées, ch. xv; serait-il possible que la société chrétienne en fût privée? La pratique constante de l'Église et l'accord unanime des docteurs ne laissent aucun doute sur ce sujet. On distingue deux sortes de fêtes: celles qui ont été instituées pour honorer les mystères de Notre-Seigneur Jésus-Christ, et celles qui ont pour but d'honorer la mémoire de la sainte Vierge et des Saints.

Les principales fêtes de Notre-Seigneur Jésus-Christ sont celles de Noël, de la Circoncision, de l'Épiphanie, du Vendredi saint, de Pâques, de l'Ascension, du saint Sacrement et du Sacré-

Cœur. Elles ont pour but de nous rappeler les événements les plus mémorables de sa vie, ses grandes miséricordes à notre égard, comme sont les mystères de son incarnation dans le sein de la sainte Vierge, de sa bienheureuse nativité dans l'étable de Bethléem, des premières gouttes de sang qu'il a répandues pour nous en prenant le nom adorable de Jésus, de la mort qu'il a endurée sur la croix pour notre salut, de sa glorieuse ascension dans le ciel, du sacrement de la divine Eucharistie par lequel il demeure toujours avec nous sur la terre, de son Sacré Cœur qui a tant aimé les hommes.

Les principales fêtes de la sainte Vierge sont celles de son Immaculée Conception, de sa Nativité, de sa Présentation au temple, de l'Annonciation, de la Visitation, de la Compassion et de l'Assomption. L'Église en a établi encore plusieurs autres pour développer dans le cœur des fidèles une tendre affection et une profonde confiance pour cette sainte et bienheureuse Mère de Dieu.

Il y a aussi des fêtes en l'honneur des saints Anges et en particulier des Anges gardiens. Nous les célébrons le 29 septembre et le 2 octobre. Nous en célébrons durant le cours de l'année en l'honneur des saints apôtres, des saints martyrs, des vierges et des autres bienheureux. Comme les jours de l'année ne suffiraient pas pour honorer chacun d'eux en particulier, l'Église a institué une fête solennelle pour les honorer tous ensemble : c'est la fête de la Toussaint, le 1ᵉʳ novembre.

Pour bien célébrer les fêtes de Notre-Seigneur, nous devons nous établir plus solidement dans la résolution de vivre d'après les exemples qu'il nous a donnés et les vérités qu'il nous a enseignées, de sorte qu'on puisse nous reconnaître pour de véritables disciples de Jésus-Christ. Les jours de fêtes de la sainte Vierge, nous nous réjouirons avec elle des grâces qu'elle a reçues de Dieu dans le mystère que nous célébrons, et nous nous exciterons à l'honorer, à la respecter et à l'aimer davantage. Pour bien célébrer les fêtes des Saints, nous devons lire leur vie afin de connaître leurs vertus, renouveler la résolution d'imiter leur patience, leur charité, leur mortification, leur zèle, leur détachement de ce monde ; les prier de nous obtenir la grâce de marcher sur leurs traces; honorer leur reliques ; nous humilier en voyant combien notre vie est différente de la leur.

Il nous est très-avantageux de célébrer toutes ces fêtes autant que nous le pouvons, mais nous ne sommes pas obligés de les sanctifier toutes comme le dimanche, en nous abstenant des œuvres serviles et en assistant à la messe. Il y a, d'après les intentions de l'Église, des fêtes de dévotion et des fêtes d'obligation. En France, il n'y a que quatre fêtes d'obligation en dehors de celles qui tombent le dimanche; ces quatre fêtes que nous sommes tenus de sanctifier, sont:

LEÇON XII. 303

Noël, 25 décembre, l'Ascension qui est un jeudi, le quarantième jour après Pâques, l'Assomption de la sainte Vierge, le 15 août, la Toussaint le 1ᵉʳ novembre.

II. Obligation d'assister à la Messe; comment il faut l'entendre.

1. Si nous nous représentons un prophète de l'ancienne loi, Élie par exemple, debout en face de la victime qu'il va immoler, la foule immense et silencieuse qui l'entoure pendant qu'il élève seul la voix pour prier, et la flamme se précipitant tout à coup du haut du ciel sur l'holocauste : voilà des prodiges qui saisiront notre âme. De ce sacrifice, transportons-nous à la célébration de nos mystères. Le prêtre est debout, il prie longtemps non pour qu'une flamme envoyée d'en haut dévore les offrandes, mais pour que la grâce descendant sur la victime embrase par elle les âmes de tous les fidèles. Qui donc, à moins d'être dans le délire, pourra dédaigner un mystère si redoutable? Et cependant telle est l'indifférence des hommes pour ce spectacle le plus attendrissant et le plus étonnant qui fut jamais, que l'Église s'est vue obligée de nous faire un commandement formel d'assister à la messe les dimanches et les fêtes. Mais en nous l'imposant, elle ne fait que nous indiquer le moyen le plus efficace d'honorer le Seigneur et de sanctifier les jours qui lui sont consacrés. En effet, comme nous le verrons plus loin, la plus excel-

lente sans contredit de toutes les œuvres de piété et celle qui rend à Dieu le plus de gloire, c'est le saint sacrifice de la messe. L'Église ne pouvait nous prescrire rien de plus conforme à nos véritables intérêts que de nous ordonner d'aller puiser à cette source abondante de grâces, tous les dimanches et les fêtes d'obligation.

Cette loi oblige sous peine de péché mortel: ainsi l'ont décidé plusieurs conciles, plusieurs souverains pontifes, et d'une voix unanime tous les théologiens.

Quelque rigoureuse que soit cette obligation, il y a cependant plusieurs raisons qui en dispensent. Ce sont:

L'impuissance physique. A l'impossible nul n'est tenu; par conséquent, ceux qui sont retenus chez eux par la maladie ou une infirmité, les prisonniers, les aveugles qui n'ont personne pour les conduire, ceux qui voyagent sur mer s'ils n'ont pas de prêtre avec eux, et ceux qui se trouvent dans des cas pareils ne sont pas soumis au précepte d'entendre la messe.

L'impossibilité morale. Elle existe quand on ne peut aller à l'église sans un grave inconvénient spirituel ou temporel. Ainsi sont dispensés de la messe : les convalescents qui ne peuvent sortir sans de grands efforts et sans courir le risque de faire une rechute; ceux qui sont trop éloignés de l'église, surtout quand le temps ne permet que difficilement de se mettre en route.

LEÇON XII. 305

L'exécution d'un autre devoir plus pressant, comme celui de secourir ou de garder un malade lorsque personne ne peut le faire ; les devoirs de justice et de charité l'emportent sur le précepte ecclésiastique. L'usage de certains pays peut encore fournir une excuse légitime, par exemple : la coutume de ne pas sortir pendant quelque temps après la mort d'un proche parent.

Il faut bien se garder de se créer des difficultés imaginaires qui n'excusent pas auprès de Dieu. On serait grandement répréhensible si on se permettait de manquer la messe pour un peu de mauvais temps, pour une légère incommodité.

Comme au précepte ecclésiastique d'entendre la messe, se joint le précepte naturel de servir Dieu, ceux qui ne peuvent assister au saint sacrifice doivent y suppléer par des prières et d'autres œuvres de religion.

2. Il ne suffit pas d'une assistance quelconque pour remplir ce précepte; il y a, en outre, plusieurs conditions requises pour bien entendre la messe.

Il faut : *y être moralement présent*, c'est-à-dire être placé de telle sorte qu'on puisse voir par soi-même, ou comprendre par le moyen des autres assistants ce qui se fait à l'autel. Ainsi on satisfait au précepte, quoique l'on entende la messe en se tenant au chœur derrière le maître-autel, ou bien derrière un pilier, ou même, quand il n'y a pas assez d'espace, hors de la porte de l'église, sans apercevoir le prêtre, pourvu que, dans cette position, on soit uni au peuple qui est dans l'église, et qu'on puisse donner une attention suffisante aux diverses parties de la messe.

Avoir l'intention d'y assister. On ne remplirait pas ce devoir si on n'y allait que par force, ou pour voir la beauté de l'église ou dans un autre dessein que celui d'entendre la messe.

Y apporter l'attention et le respect convenables. Ce n'est pas tant la présence du corps qui est de rigueur qu'une présence religieuse. Dieu veut être adoré en esprit et en vérité. Pour entendre la messe d'une manière chrétienne, conforme aux intentions de Jésus-Christ et de son Église, il faut joindre la piété aux saintes réflexions. On peut s'aider d'un livre spirituel, ou bien penser avec amour et douleur à ses péchés, à la passion de Jésus Christ, ou méditer quelque maxime du salut, comme par exemple la mort, le jugement, l'éternité. Quant à ceux qui vont à la messe pour voir et être vus, plutôt que par dévotion, qui ne s'y occupent qu'à parler, à rire, à badiner, qui promènent çà et là des regards dissipés, ils profanent ce qu'il y a de plus saint dans la religion.

L'entendre tout entière. On doit arriver au commencement et ne se retirer qu'à la fin, après avoir reçu la bénédiction du prêtre. En manquer volontairement une partie notable, c'est commettre une faute grave. La faute ne serait que vénielle si on n'en manquait qu'une légère partie. On regarde généralement comme notable, la partie qui s'étend depuis le commencement de la messe jusqu'à l'offertoire inclusivement. Si on la manque, on est obligé d'entendre une autre messe en entier. Pareillement si on n'était pas présent à la consécration et à la communion du prêtre, on ne satisferait point au précepte, parce que ces deux parties sont essentielles au sacrifice et notables par leur dignité. S'il arrive qu'on ne puisse assister à toute la messe, il faut du moins assister à la partie qu'on peut entendre.

Entendre la messe entière du même prêtre. On ne satisferait certainement pas au précepte si on entendait deux moitiés de messes, dites simultanément par deux prêtres différents ; on ne le remplirait pas davantage si on se contentait de deux demi-messes qui se diraient successivement, parce qu'alors il n'y aurait ni unité, ni intégrité dans le sacrifice.

LEÇON XIII.

DU TROISIÈME ET DU QUATRIÈME COMMANDEMENT DE L'ÉGLISE.

Tous tes péchés confesseras, à tout le moins une fois l'an.
Ton créateur tu recevras, au moins à Pâques humblement.

I. Du précepte de la Confession.

Ce précepte n'a pas existé dès le commencement du christianisme. Dans les premiers siècles, l'Église ne détermina rien sur cette matière, parce qu'alors les fidèles s'approchaient souvent des sacrements; mais la première ferveur ayant commencé à se refroidir, elle leur ordonna, dans le huitième siècle, de se confesser au moins trois fois par an. C'est le quatrième concile général de Latran, tenu à Rome l'an 1218, qui a établi le précepte de la confession annuelle.

Voici ses paroles :

« Que tout fidèle de l'un et de l'autre sexe, arrivé à l'âge de discrétion, confesse fidèlement tous ses péchés à son propre prêtre, au moins une fois l'an; qu'il tâche, selon son pouvoir, d'accomplir la pénitence qui lui aura été imposée. Autrement, qu'il soit privé de l'entrée de l'église, pendant sa vie, et de la sépulture chrétienne après sa mort. »

Le saint concile de Trente renouvela ce commandement, et prononça la sentence d'excommunication contre ceux qui oseraient soutenir que le décret du concile de Latran n'est pas obligatoire.

Ce décret oblige sous peine de péché mortel, comme le prouvent le sentiment commun des théologiens et les peines portées par le concile. L'année, dont il fait mention, est ainsi finie à l'expiration du temps fixé pour la communion pascale.

Les paroles du décret, qui prescrivent de se confesser à son propre pasteur, n'obligent plus aujourd'hui. La coutume contraire a prévalu dans nos pays; de sorte que tout fidèle peut se confesser au prêtre qu'il voudra choisir, pourvu qu'il soit approuvé. Il satisfait même au précepte en se confessant hors de son diocèse. Ainsi l'a décidé Benoît XIV.

Les enfants sont censés être parvenus à l'âge de discrétion, de manière à être tenus à la confession annuelle, lorsqu'ils sont capables de commettre un péché mortel, et qu'ils peuvent suffisamment apprécier la différence qu'il y a entre le bien et le mal. « Ainsi, dit saint Liguori, un enfant, arrrivé à l'âge de sept ans environ, doit peu à peu se préparer à recevoir l'absolution au moins une fois dans le courant d'une année, afin de satisfaire au précepte du concile de Latran. »

Celui qui ne se serait pas confessé pendant une année, serait tenu de se confesser au plus tôt, sans attendre de nouveau l'époque du temps pascal. Telle est l'intention de l'Église et la doctrine commune des théologiens.

Tout fidèle, arrivé à l'âge de discrétion, est donc obligé de se confesser au moins une fois l'an; mais s'en tenir à la confession annuelle, c'est méconnaître l'esprit de l'Église qui, par ces mots : *A tout le moins une fois l'an*, nous fait assez comprendre que son intention est que les fidèles s'approchent plus souvent du sacrement de pénitence. C'est s'exposer à la mal faire. Comment, en effet, se souvenir d'un si grand nombre d'iniquités, et détester sincèrement des péchés qu'on a aimés jusqu'à vouloir les conserver toute une année? C'est montrer la plus grande négligence pour le salut et s'exposer évidemment à la réprobation. Pour peu donc que nous ayons souci de notre âme, nous aurons recours à la confession fréquente; elle nous donnera de nouvelles forces pour résister aux tentations, pour pratiquer les bonnes œuvres et mener une vie innocente, et elle nous procurera un nouveau degré de grâce et de charité.

II. Du précepte de la Communion pascale.

Le précepte de la communion pascale, aussi bien que celui de la confession annuelle, est un précepte divin quant à la substance, mais il est ecclésiastique en ce qui regarde le temps déterminé.

En tant qu'il est ecclésiastique, le précepte n'existe pas depuis le commencement du christianisme. Dans les premiers siècles, l'Église ne l'imposa point aux fidèles, parce qu'alors les chrétiens communiaient presque tous les jours; mais cette ferveur s'étant refroidie, l'Église ordonna d'abord aux fidèles de communier tous les dimanches de l'année. Plus tard, on trouve plusieurs décrets du droit canon par lesquels il fut établi que les chrétiens qui ne communieraient pas, au moins trois fois l'an, c'est-à-dire à Noël, à Pâques et à la Pentecôte, ne seraient plus considérés comme catholiques. Enfin, l'éloignement de la sainte communion augmentant de jour en jour, l'Église dans le concile de Latran a fait un commandement à tout chrétien de s'approcher de la sainte Table à la fête de Pâques.

Ce précepte oblige sous peine de péché mortel, parce que la matière en est grave, et que les peines infligées par l'Église à ceux qui négligeraient de l'accomplir, sont très-rigoureuses.

L'Église a choisi le temps pascal pour obliger les fidèles à la communion, parce que Notre-Seigneur institua l'Eucharistie et célébra les saints mystères au temps de la Pâque, où les Juifs, en mémoire de leur délivrance de l'Égypte, mangeaient l'agneau pascal ; parce qu'elle est un mémorial de la passion et de sa mort arrivés alors; et enfin parce que le mystère de Jésus-Christ sortant du tombeau, dont l'Église célèbre la mémoire à Pâques, représente mieux la vie nouvelle que les chrétiens doivent mener au sortir de la pénitence du carême.

D'après le rituel de plusieurs diocèses, on peut satisfaire au devoir pascal depuis le dimanche de la Passion jusqu'au second dimanche après Pâques exclusivement. Ceux qui, pour des raisons majeures, ne peuvent communier au temps prescrit, sont obligés, sous peine de péché mortel, de se mettre en mesure de remplir ce devoir au plus tôt. Bien que la quinzaine soit passée, l'obligation de recevoir Notre-Seigneur n'en subsiste pas moins; c'est une dette sacrée, dont on n'est déchargé que lorsqu'on y a satisfait.

Il faut communier dans sa paroisse; car il est convenable, pour l'édification publique, que les habitants d'un même lieu se réunissent, au moins une fois l'année, autour de la même table, pour manger l'agneau pascal sous l'œil de leur pasteur qui doit connaître ses brebis, afin de les diriger plus sûrement dans les voies du salut. Ceux qui auraient des raisons particulières pour communier hors de leur paroisse, doivent en obtenir la permission de leur curé.

D'après les paroles du concile de Latran, on n'est pas tenu à ce précepte avant que l'on soit parvenu à l'âge de discrétion. Cet âge n'est pas le même pour la communion que pour la confession ; il arrive plus tôt pour les uns, plus tard pour les autres, cela dépend des qualités naturelles des enfants ou de l'instruction qu'ils ont reçue. Ordinairement, c'est de dix à treize ans qu'on commence à avoir ce discernement, qui nous fait comprendre l'excellence du pain eucharistique, et nous le fait distinguer du pain ordinaire.

Tout fidèle est donc tenu de communier, comme de se confesser, au moins une fois l'an ; mais fidèle interprète des sentiments de son divin Époux qui brûle du désir de se donner à nous, l'Église nous invite, nous sollicite, nous presse de le faire plus souvent. Le saint concile de Trente voudrait que tous les fidèles communiassent, non-seulement spirituellement à chaque messe où ils assistent, mais encore sacramentellement, afin de recevoir avec plus d'abondance les fruits merveilleux du très-saint sacrement.

Les Docteurs et les Pères de l'Église, pour nous engager à la communion fréquente, nous représentent tantôt les avantages que nous en retirons, tantôt le besoin que nous en avons, tantôt le danger qu'il y a de ne communier que rarement. « Si c'est un pain quotidien, dit justement saint Ambroise, pourquoi ne le recevez-vous qu'une fois l'année ? Recevez chaque jour ce qui vous est avantageux chaque jour ;

vivez de manière à mériter de le recevoir chaque jour; celui qui n'est pas digne de le recevoir chaque jour, n'est pas digne non plus de le recevoir au bout de la semaine. »

LEÇON XIV.

DU CINQUIÈME ET DU SIXIÈME COMMANDEMENT DE L'ÉGLISE.

Quatre-temps, vigiles jeûneras, et le carême entièrement.
Vendredi chair ne mangeras, ni le samedi mêmement

I. Qu'est-ce que jeûner et faire abstinence ?

Jeûner, c'est ne faire qu'un seul repas par jour, auquel il est cependant permis d'ajouter une légère collation. Faire abstinence, c'est se priver, certains jours, de l'usage d'aliments gras.

Celui qui jeûne doit faire en même temps abstinence, s'il n'en est pas dispensé par quelque nécessité; car toutes les fois que le jeûne est prescrit, l'abstinence l'est aussi. Il n'en est pas de même de l'abstinence qui est souvent commandée, sans qu'il y ait obligation de jeûner, comme les dimanches de carême, les vendredi et samedi de chaque semaine.

Quand on est obligé de jeûner, il faut donc :

1° *S'abstenir de certains aliments.* L'abstinence comprend non-seulement la privation de la viande, mais aussi celle de toute substance qui en est tirée, telle que graisse, moelle, sang, jus. Quant aux animaux aquatiques, distingués du poisson, on peut manger ceux qui n'ont presque pas de sang ou n'ont qu'un sang froid comme les poissons, tels que les loutres, les martres, les tortues, les castors qui ne vivent que de poisson. Dans certains diocèses, on tolère les sarcelles, les poules d'eau et autres semblables[1]; dans d'autres, au contraire, ils sont prohibés. Il faut s'en tenir à l'usage des lieux que l'on habite.

La loi de l'abstinence oblige de sa nature, sous peine de péché mortel. Mais si on ne prenait qu'une quantité légère d'aliments gras, la faute ne serait que vénielle.

On pèche encore par scandale et irréligion lorsqu'au mépris des lois de l'Église, on pousse quelqu'un à faire gras, les jours défendus, sans raison, comme aussi si on le tourne en ridicule à cause de sa délicatesse de conscience.

2° *Ne faire qu'un seul repas*. C'est ainsi que cela s'est toujours pratiqué, non-seulement dans la loi nouvelle, mais encore sous l'Ancien Testament. Toutefois, pour s'accommoder à notre faiblesse, l'Église a permis qu'on prît une légère réfection, qu'on appelle collation; on ne doit manger, à cette collation, ni poisson, ni aliments préparés au beurre, ni lait; il faut se borner à l'usage des légumes en salade et des fruits. Il y a cependant, sur ce point, des usa-

1. Ces animaux étant de véritables oiseaux, on ne peut en manger pendant le carême sauf une coutume contraire, telle qu'elle existe à Paris pour la macreuse.

ges un peu différents selon les pays. Les fidèles peuvent les suivre en sûreté de conscience, quand ils sont autorisés par les pasteurs. Il est difficile de déterminer la quantité d'aliments que l'on peut prendre. Ce que l'on peut dire de plus précis, c'est qu'il ne faut pas que cette collation soit un repas proprement dit, pas même un souper médiocre. On doit tenir compte du tempérament, du pays, de la coutume suivie par les personnes pieuses. On ne doit faire la collation que le soir, à moins que l'usage du pays, ou quelque raison légitime, ne permette de la faire à l'heure ordinaire du dîner.

3° *Ne faire le repas qu'à une certaine heure du jour.* Dans les premiers siècles de l'Église, ce repas ne devait avoir lieu que vers le soir; pendant le carême et les autres jours de jeûne, il avait lieu à trois heures après midi. Aujourd'hui, l'Église permet de faire ce repas vers midi. Selon les théologiens les plus sévères, on peut anticiper d'une demi-heure et saint Liguori dit d'une heure.

II. Raisons de cette loi.

Il n'est pas de pratique religieuse qui ait trouvé de plus nombreux détracteurs, et cependant il n'en est aucune de plus salutaire, sous le rapport de l'hygiène, de l'intelligence, de la morale et de la religion.

S'il est des constitutions pour lesquelles le jeûne et l'abstinence sont dangereux, ce serait un déplorable préjugé de croire que le jeûne par lui-même soit nuisible à la santé. Un régime simple et végétal purifie le sang et préserve de ces maladies graves que fait naître et développe une nourriture copieuse et irritante. Le sage l'a dit expressément: « L'homme sobre n'en vit que plus longtemps. »

C'est surtout l'esprit que le jeûne développe et fortifie. Après une abondante réfection, toutes les forces vitales se portent à l'estomac, et c'est une vérité généralement admise, qu'on ne peut être à la fois un grand mangeur et un grand penseur.

Sous le rapport moral le jeûne et l'abstinence, en corrigeant l'appétit et l'impétuosité des humeurs, rendent les mœurs douces et pures, et disposent éminemment à l'acquisition de toutes les vertus. Aussi les philosophes païens firent-ils consister toute la perfection morale dans la pratique de cette maxime: souffrir et s'abstenir.

Mais c'est principalement sous le point de vue religieux que nous devons considérer le jeûne. Dans l'Ancien et le Nouveau Testament il est approuvé et loué comme un moyen capable de satisfaire à Dieu et de désarmer son courroux. C'est par le jeûne que David, Achab, Tobie, Judith, Esther, les Ninivites ont obtenu du Seigneur le pardon de leurs fautes ou des grâces particulières, et que les apôtres se sont préparés aux actions importantes de leur ministère. Ne nous étonnons donc plus que l'Église ait établi la loi du jeûne et de l'abstinence ; elle veut que nous jeûnions pour dompter la chair, toujours prête à se révolter contre l'esprit, et nous disposer par là à cette autre mortification, bien plus importante et plus difficile, de notre cœur et de nos convoitises; elle veut que nous jeûnions afin d'expier les fautes que nous avons commises. Notre corps, qui est si souvent le principe et l'instrument du péché, doit être immolé au Seigneur comme une hostie vivante et agréable à ses yeux.

III. Qui sont ceux que l'Église oblige à jeûner et à faire abstinence, et quels jours les y oblige-t-elle ?

Tous ceux qui ont atteint l'âge de raison sont tenus de faire abstinence les jours déterminés par l'Église, s'ils n'en sont légitimement empêchés; la loi du jeûne n'oblige que ceux qui ont vingt et un ans accomplis.

Comme l'abstinence est plus facile à supporter que le jeûne, il n'y avait pas de motif pour que les enfants eux-mêmes ne dussent pas l'observer. Quant au jeûne, elle a craint qu'il n'eût quelques inconvénients pour ceux dont le tempérament n'est pas encore assez formé, et c'est pour cela qu'elle attend que nous ayons vingt et un ans pour nous l'imposer.

L'Église n'est pas moins indulgente pour dispenser, soit de l'abstinence, soit du jeûne, ceux qui ne pourraient pas, sans de graves inconvénients, observer ces lois, comme les infirmes, les malades, les personnes obligées à des travaux pénibles, les enfants et les ouvriers qui ne sont pas libres de se procurer des aliments maigres.

On est obligé de faire abstinence pendant tout le carême, depuis le mercredi des cendres jusqu'au samedi saint inclusivement; les Quatre-Temps, c'est-à-dire les mercredi, vendredi et samedi de chaque semaine. Dans un grand nombre de diocèses, on permet de faire gras plusieurs jours de carême, les dimanche, lundi, mardi et jeudi; dans quelques pays, le souverain pontife a permis de faire gras le samedi. Chacun peut profiter de ces permissions, en suivant fidèlement les conditions prescrites par l'autorité qui les donne; mais là où les dispenses ne sont pas accordées, on doit observer la loi tout entière.

On jeûne tous les jours de carême, les dimanches exceptés, les mercredi, vendredi et samedi des Quatre-Temps, la veille de Noël, de la Pentecôte, de l'Assomption et de la Toussaint.

L'Église a prescrit l'abstinence et le jeûne du carême pour nous faire imiter la pénitence de Jésus-Christ et afin de nous préparer à célébrer saintement la Pâque. Elle a établi le jeûne des Quatre-Temps pour consacrer à Dieu chaque saison de l'année par l'abstinence et par le jeûne de ces trois jours, pour obtenir de saints ministres de l'Église, parce que c'est à ces époques que se font les ordinations. Elle a institué les jeûnes des vigiles, pour nous préparer à célébrer saintement les fêtes principales, à l'imitation des premiers chrétiens qui jeûnaient rigoureusement la veille de ces fêtes. Enfin, elle nous commande l'abstinence du vendredi et du samedi pour honorer par cette pratique les jours de la mort et de la sépulture de Notre-Seigneur Jésus-Christ.

LEÇON XV.

DU PÉCHÉ EN GÉNÉRAL.

I. Qu'est-ce que le péché ?

Dieu est père, maître et roi. Il nous impose à ce titre des commandements qui doivent être la règle de nos actions, et dont l'observation nous conduit à la vie éternelle. Toutes les fois qu'on enfreint sa loi, on se rend coupable d'un péché, et comme on peut l'enfreindre de cinq manières, on dit que le péché est une pensée, un désir, une parole, une action ou une omission contre quelqu'un des commandements de Dieu ou de l'Église ; on ajoute *de l'Église*, parce que désobéir à l'Église c'est désobéir à Dieu, selon cette parole : « Celui qui vous écoute m'écoute, et celui qui vous méprise me méprise. »

Il y a donc des péchés de *pensées*. Dieu regarde surtout l'intérieur des âmes et veut que nous soyons aussi purs d'esprit que de corps. C'est donc pécher que de s'arrêter avec plaisir et réflexion à des pensées de haine contre le prochain, de désespoir contre la religion, de chercher le moyen de satisfaire son orgueil et de repaître son esprit des souvenirs d'une conversation mauvaise ou impie. Mais pour que ces pensées soient coupables, il faut qu'elles soient volontaires, car on n'est pas toujours maître de son esprit et de son imagination.

De désirs. Le désir du mal est lui-même un mal parce que le cœur s'y attache et par conséquent il s'éloigne de Dieu pour qui seul il est fait.

De paroles. La langue nous a été donnée pour louer et bénir le Seigneur et entretenir avec les hommes cet heureux échange de pensées et de sentiments qui est indispensable pour les besoins de la vie. Mais que de gens en font un usage détestable, en proférant des jurements, des blasphèmes, des médisances, des calomnies !

D'action. C'est faire quelque chose de défendu par la loi de Dieu, par exemple : voler, frapper.

D'omission. C'est omettre un devoir qui nous est prescrit, comme, par exemple, manquer la messe, négliger ses prières.

II. Combien y a-t-il de sortes de péchés?

Il y a deux sortes de péchés : le péché originel et le péché actuel.

Nous avons déjà parlé du péché originel. Le péché actuel est celui que nous commettons par le libre usage de notre volonté. A la différence du péché de notre origine, le péché actuel est celui que l'on commet par des actes personnels et dépendants de la volonté. On l'appelle actuel, parce qu'il est l'acte de notre mauvaise volonté.

Pour qu'il y ait péché, il faut : l'advertance et le consentement.

L'advertance est la connaissance de ce que l'on fait. Ainsi les petits enfants au-dessous de six ou sept ans ne pèchent pas, parce qu'ils n'ont pas l'âge de raison pour pouvoir discerner le bien du mal. Les fous, les malades dans le délire ne pèchent pas, parce qu'ils n'ont pas l'usage de la raison.

Le consentement est le libre usage de notre volonté. Dieu nous a donné des commandements ; nous sommes libres de les garder ou de les transgresser. Cette liberté est nécessaire, car comment mériter la récompense ou le châtiment que nous attendons, si on fait le bien ou le mal nécessairement et par force ?

Il y a deux sortes de péchés actuels : le péché mortel et le péché véniel ; car il en est de nos offenses envers Dieu comme des désobéissances des enfants à l'égard des parents. Toutes ne sont pas également graves ; il en est qu'ils pardonnent, d'autres qui les irritent.

Pour qu'un péché soit mortel, il faut : 1° que la volonté y donne un consentement parfait ; 2° que la matière soit grave.

Le consentement de la volonté est parfait

lorsqu'on se livre au mal avec réflexion, délibération, sans faire aucune résistance. La matière du péché est grave, quand ce péché renferme une notable injure contre Dieu, contre le prochain ou contre nous-mêmes, quand il choque grandement la raison et la vertu, et qu'il est défendu sous une forte peine; tels sont les injustices considérables, les graves injures, les faux serments, les blasphèmes, etc.

On l'appelle mortel parce qu'il tue l'âme; ce n'est pas qu'il puisse la détruire, parce qu'elle est immortelle de sa nature, mais il éteint en elle la grâce et la charité qui sont les principes de la vie surnaturelle. De même que la mort est la séparation de l'âme et du corps, ainsi le péché mortel est la séparation de l'âme.

Le péché véniel est celui qui ne nous fait pas perdre la grâce de Dieu, mais qui refroidit en nous la charité et nous dispose au péché mortel. Ainsi tandis que le péché mortel tue l'âme en détruisant en elle la charité qui est sa vie, pour y faire dominer la volonté mauvaise qui est sa mort, le péché véniel ne fait qu'affaiblir la grâce sanctifiante et que refroidir l'âme dans le service de Dieu. Il ne chasse pas le Saint-Esprit, mais il le contriste.

III. Causes et effets du péché.

C'est l'orgueil qui a fait tomber les anges, qui a perdu Adam et qui est encore la source de tous nos péchés. Il y a au fond de toute faute un amour déréglé de soi-même, et un mépris de Dieu. L'homme ne désobéit à Dieu, que parce qu'il se complaît dans sa volonté et sa propre excellence.

Qui pourra calculer les effets du péché mortel? Il fait une grave injure à Dieu et cause à l'homme le plus grand préjudice. 1. L'offense se mesure d'après la grandeur de la personne. Or, qui est comme Dieu? Et de plus, qu'est-ce que l'homme à côté de l'infinie majesté? Il renonce à son maître pour un vil intérêt, il outrage le meilleur des pères au milieu des témoignages même de son amour. 2. Le péché mortel souille horriblement notre âme. Ornée des dons précieux de la grâce, l'âme est si éclatante de beauté qu'elle éblouit les anges, et que s'il nous était donné de la voir en cet état, nous ferions volontiers, dit sainte Thérèse, le sacrifice de tous nos biens, celui même de la vie pour la posséder, ne fût-ce qu'un seul instant! Et, au contraire, l'âme souillée par le péché mortel est tellement défigurée qu'au jour du jugement les démons eux-mêmes en seront épouvantés. — Il fait perdre l'amitié de Dieu. Quand l'homme se retire de Dieu, Dieu se retire de l'homme, et il le livre, comme les philosophes dont parle saint Paul, à leurs instincts réprouvés. — Il dépouille l'âme de ses biens spirituels. En état de grâce, l'âme est enrichie des dons du Saint-Esprit et de toutes les vertus surnaturelles qui accompagnent inséparablement la charité. C'est ce qui nous est représenté par ce vêtement d'innocence que le chrétien reçoit au baptême, qui a été figuré lui-même par cette robe de diverses couleurs que le patriarche Jacob avait donnée à son fils Joseph. — Il la met dans l'impossibilité de rien faire pour l'éternité. Quand l'homme est uni à Dieu par la grâce sanctifiante, la moindre de ses actions devient d'un prix infini pour le ciel; c'est le verre d'eau froide de l'Évangile. Mais quand l'âme est souillée par le péché mortel, nous aurions beau avoir la foi qui transporte les montagnes, l'éloquence de saint Paul, le zèle de saint François Xavier, si nous n'avons pas la charité, tout ne nous servira de rien. — Il lui fait perdre la paix et le repos de la conscience : le péché est un poison qui déchire le cœur. Tandis que la conscience du juste est comme un festin délicieux, le pécheur est dans le trouble et l'inquiétude, il trouve en lui-même, dit saint Augustin, son propre tourment. Le péché finit même par le tuer : lorsqu'il est consommé, il engendre la mort, dit saint Jacques. — Il lui mérite la damnation éternelle. On raconte que Luther, étant sur le point de mourir, fit écarter les draperies de sa couche funèbre pour contempler une dernière fois le ciel. A la vue de la voûte céleste étincelante de myriades d'étoiles, il poussa, dit-on, ce cri de désespoir : Beau ciel, je ne te posséderai pas.

Le péché véniel, s'il ne tue pas l'âme, l'affaiblit et l'empêche d'avancer dans le chemin de la perfection. Il la souille et la rend moins agréable à Dieu. Saint François de Sales compare les péchés véniels aux araignées, qui ne tuent pas les abeilles, mais qui s'introduisent dans leurs niches, en gâtent et salissent les rayons et corrompent le miel. Le péché véniel fait perdre à l'âme la suavité de la dévotion, la couvre de poussière, efface sa beauté. On ne voit plus briller en elle la pureté du lis et l'éclat de la rose. Il la soumet à une peine temporelle qu'elle devra subir dans ce monde, à l'exemple de Moïse et des vingt-cinq mille Bethsamites, ou dans le purgatoire. Il l'expose au plus grand de tous les malheurs, qui est le péché mortel. Celui qui méprise les petites fautes ne sera pas longtemps sans tomber dans de plus grandes. Il y a plusieurs degrés pour le crime comme pour la vertu. Les chutes arrivent par la malice du démon qui nous cache la malice du péché et par la punition de Dieu qui nous prive de sa grâce pour en avoir abusé, ou sont l'effet d'une malheureuse coutume de commettre le péché véniel de propos délibéré.

LEÇON XVI.

DES PÉCHÉS CAPITAUX.

Les péchés capitaux ne sont pas tant une désobéissance à la loi de Dieu que des inclinations perverses que nous portons avec nous en naissant. Ils sont ainsi appelés, parce qu'ils sont comme la tête et les sources d'où proviennent les autres péchés. On en compte sept : l'orgueil, l'avarice, la luxure, la gourmandise, l'envie, la colère et la paresse. Si on les considère comme des dispositions de l'âme, on doit plutôt les appeler vices que péchés ; ils ne sont péchés que lorsque l'âme en produit les actes.

I. L'Orgueil, l'Envie, et la Colère.

L'orgueil est une estime déréglée de soi-même, qui fait qu'on se préfère aux autres et qu'on veut s'élever au-dessus d'eux. C'est le plus grave des péchés et la racine de tous les autres. Au lieu de reconnaître Dieu comme le principe et l'auteur de tout ce qu'il a de bon en lui et de le rapporter à sa gloire, l'orgueilleux se l'approprie comme s'il le tenait de lui-même et pour lui-même. De là viennent la vanité et le désir déréglé de l'estime et des louanges. L'orgueilleux veut être admiré, dans tout ce qu'il fait et dans tout ce qu'il dit, il ne se propose que de s'attirer des éloges, et dès qu'il a obtenu l'approbation des hommes, il est satisfait. La flatterie la plus grossière il la reçoit avec avidité, il la recherche même avec empressement; si on la lui refuse, il s'aigrit, il s'irrite. De là vient que l'orgueilleux cache avec soin les défauts qu'il a, et qu'il affecte des vertus qu'il n'a pas; il cherche à s'attirer les regards publics et à paraître meilleur qu'il n'est en effet. De là le mépris du prochain : la haute opinion que l'orgueilleux a de lui-même et de son propre mérite fait qu'il méprise les autres; comme il se croit fort au-dessus d'eux, il tient à leur égard une conduite pleine de fierté, il leur parle avec hauteur et prend avec eux un air dédaigneux. De là enfin la désobéissance : l'orgueilleux ne veut point se soumettre aux ordres de ses supérieurs, toute autorité le blesse et le révolte.

L'envie est une tristesse qu'on ressent à la vue du bien du prochain, ou une joie coupable du mal qui lui arrive. C'est ordinairement l'orgueil qui inspire l'envie, car l'orgueilleux, qui est tout plein de son prétendu mérite et désireux de dominer sur les autres, ne peut pas voir sans dépit le bonheur du prochain. En proie à la plus sombre mélancolie, il se dessèche, périt consumé d'un mal qu'il rougirait de faire connaître. Le seul soulagement qu'il peut se promettre et qu'il attend avec avidité, c'est de jouir bientôt de la chute de quelqu'un de ceux à qui il porte envie. Voilà le but de sa haine, son horrible félicité : voir dans les larmes ceux que naguère il voyait nager dans la joie. En résumé, ennemi de tout bonheur dans les autres, il ne se plaît pour ainsi dire qu'au milieu de leurs débris.

L'envieux, dit saint Basile, se reconnaît à la figure : il a les yeux ternes, les joues abattues, les sourcils froncés, l'âme dans le trouble. On le voit se précipiter sur les moindres fautes de ses frères, comme un avide vautour se jette sur sa proie infecte. Personne n'a plus d'adresse que lui, soit pour interpréter en mal une bonne action, soit pour répandre le venin de la calomnie sur la vertu. Quoi de plus propre que ce vice à flétrir l'âme, à dénaturer l'homme? L'envieux déteste tous les dons que Dieu fait à ses frères, et se fait gloire en quelque sorte d'être en contradiction avec Dieu! Fuyons donc une semblable peste! elle est une horrible invention des démons, cette ivraie que l'ennemi vient semer parmi le bon grain, le chemin qui conduit à l'enfer et comme le gage de notre malheur éternel.

De même que Dieu a donné à l'homme différents sens corporels qui lui sont très-nécessaires pour les usages auxquels ils sont destinés, de même il a donné à son âme divers sentiments qu'il lui appartient de contenir dans de justes bornes. Ainsi il lui a inspiré la colère, afin que par elle il contienne dans le devoir ceux qui prétendraient s'en écarter. Mais hélas ! qu'arrive-t-il ? Les hommes aveugles ne savent point discerner la limite du bien et du mal, et de même qu'ils abusent des autres dons de Dieu, de même ils abusent de la colère pour nuire, lorsqu'ils s'emportent contre ceux qu'ils ont pris en haine. De là il arrive qu'ils s'irritent non-seulement contre ceux qui font des fautes, mais aussi contre ceux qui n'en font point ; non-seulement contre leurs inférieurs, mais aussi contre leurs égaux et leurs supérieurs ; de là enfin les crimes les plus atroces qui affligent l'humanité. Cette colère n'est ni selon Dieu, ni selon la droite raison. Ce mouvement impétueux et déréglé de l'âme, qui nous porte à repousser avec violence ce qui nuit et déplaît, est ordinairement l'effet de l'orgueil qui trouve insupportable toute contradiction ; il fait naître le trouble dans l'âme et le désordre qu'il y cause se peint sur le visage et dans tout l'extérieur de l'homme qui s'y livre. Ses yeux s'enflamment, tout son corps tremble, il ne se connaît plus, il ne respecte rien. Sa figure a quelque chose de terrible ; il grince des dents ; son teint est livide et comme tacheté de sang ; tout son corps est dans les convulsions ; ses nerfs sont tendus, sa voix aigre et entrecoupée, ses paroles confuses. Tout ce qui s'offre à lui devient pour lui des armes. S'il rencontre une colère égale dans ses adversaires, le combat s'engage, le sang coule, et bientôt si les combattants ne succombent point tout à fait, ils vivent du moins pour regretter la perte de quelque membre.

Voilà la colère que la religion condamne; voilà les excès auxquels elle porte. Évitons avec soin un péché dont les suites sont si terribles; et quelque contrariété que nous éprouvions, tâchons de ne nous emporter jamais, et de nous contenir toujours dans les bornes d'une sage modération.

II. L'Avarice, la Luxure, la Gourmandise et la Paresse.

Levez et ouvrez les yeux, et voyez les liens cachés dans lesquels votre cœur est pris! Pour comprendre tous les degrés de cette déplorable servitude où nous jette l'amour de nos corps, contemplons avec ordre ce que font en nous les quatre autres péchés capitaux.

La luxure et la gourmandise sont un amour déréglé des plaisirs sensibles. Cet amour déréglé de soi-même ne va pas comme l'orgueil à se plaire dans l'idée de son mérite, mais il fait rechercher d'une manière désordonnée tout ce qui peut procurer au corps quelque satisfaction. Celui qui aime démesurément son corps pèche souvent contre la modestie; il soupire après les plaisirs défendus par la loi de Dieu; il recherche les aliments les plus délicats et les prend avec excès; il aime à boire des liqueurs, et il en use quelquefois jusqu'à perdre la raison ; abus déplorable des choses que Dieu a créées pour notre usage et pour sa gloire, désordre qui fait tomber l'homme au-dessous de la brute, puisque entre les bêtes et lui il n'y a d'autre différence sinon qu'il est criminel dans son emportement, ce que les bêtes ne peuvent être.

C'est de là, remarque Clément d'Alexandrie, que les poètes qui furent les théologiens du paganisme, lorsqu'ils décrivaient les pratiques honteuses de leurs fausses divinités, ne les représentaient jamais dans leur forme naturelle, mais toujours déguisées et souvent métamorphosées en bêtes. Nous les blâmons, dit ce Père, d'avoir ainsi déshonoré leur religion et outragé la majesté de leurs dieux ; mais, à le bien prendre, ils en jugeaient mieux que nous, car ils voulaient nous dire par là que ces dieux prétendus n'avaient pu se porter à de telles extrémités sans se méconnaître, et qu'en agissant de la sorte non-seulement ils s'étaient dépouillés de l'être divin, mais qu'ils avaient même renoncé à l'être de l'homme.

La paresse est un amour déréglé du repos et une lâcheté qui fait qu'on néglige ses devoirs. Cette lâcheté, cet amour du repos vient ordinairement de l'amour déréglé du corps ; on craint la fatigue, on aime passionnément le plaisir, on ne peut supporter ce qui demande une application un peu soutenue. Il n'y a point de péchés, point de désordres auxquels la paresse ne conduise, parce qu'elle met l'âme dans un état d'engourdissement et de faiblesse qui l'empêche de résister à ses mauvaises inclinations; on l'appelle ordinairement la mère de tous les vices: ceux qui en naissent plus directement sont l'oisiveté et la pusillanimité.

Aussi peu soucieux de remplir les devoirs de la religion que ceux de son état, le paresseux passe les jours, les mois, les années ou à ne rien faire ou dans les amusements frivoles. « Voilà ce que l'on peut bien appeler aujourd'hui le péché du monde, puisque c'est le péché d'un nombre infini de personnes qui ne sont, à ce qu'il paraît, sur la terre que pour y recevoir les tributs du travail d'autrui, sans jamais payer du leur; qui n'ont d'autre emploi dans leur condition que de jouir des commodités, des aises et des douceurs de la vie, dont le plus grand soin et la plus importante affaire est de couler le temps; qui se divertissent toujours, ou plutôt qui, à force de se divertir, ne se divertissent plus, puisque, selon la maxime de Cassiodore, le divertissement suppose une application honnête, ce que ceux-ci ne connaissent point. »

Le second vice qui naît de la paresse est la pusillanimité. Le paresseux n'a pas la force d'entreprendre les choses les plus faciles, et est arrêté par le moindre obstacle; tout lui paraît impossible, parce qu'il ne veut faire aucun effort. « Malheur, dit l'Écriture, à ceux qui manquent de cœur ! La négligence abat les toits ; les mains languissantes font entrer la pluie de tous côtés dans les maisons. » S'il arrive que l'on conçoit quelque désir de se corriger, les désirs sont faibles et ils ne durent pas longtemps ; on se lasse bientôt et on retombe dans sa première indolence. « Les désirs tuent le paresseux ; il veut et il ne veut pas ; il veut aujourd'hui une chose et demain une autre ; aujourd'hui il veut le bien et demain il changera d'avis. Ce n'est qu'à force de vouloir et d'agir qu'on assure le succès de ses desseins. Semez donc le matin, ne cessez pas le soir ; vous ne savez lequel des deux profitera, et si c'est tous les deux, tant mieux pour vous. »

L'avarice est un attachement désordonné aux biens de la terre, principalement à l'argent. La cause de l'avarice, c'est tantôt l'orgueil, tantôt l'amour du plaisir, parce qu'avec beaucoup d'argent, l'ambitieux se peut assouvir d'honneurs, le voluptueux de plaisirs. Ce n'est pas un péché de désirer et d'aimer les biens de la terre avec modération, dans les limites que la raison nous prescrit pour une fin honnête, ou comme des moyens de pratiquer la vertu en faisant des bonnes œuvres. Ce qui fait le crime d'avarice, c'est l'attachement immodéré que l'on a pour les richesses, et qui se traduit par la passion d'acquérir ou de conserver ce que l'on possède, même par des moyens injustes ; une économie sordide qui craint les dépenses les plus légitimes et fait qu'on enferme précieusement ses trésors dans des coffres sans en faire aucun usage; l'affection déréglée que l'on a pour les biens de la terre, d'où il résulte qu'on rapporte tout à l'argent, qu'on ne vit, qu'on ne respire que pour l'argent.

Cet amour immodéré des richesses est, dit saint Paul, la racine de tous les maux : il produit l'oubli de Dieu. Les avares, dit saint Jean Chrysostome, font leur Dieu de leurs richesses, mettant en elles leur béatitude, osant à peine y toucher, se contentant de les admirer, sacrifiant à cette idole leur âme, leurs pensées, les affections de leur cœur. Si l'avare pense, poursuit le saint docteur, sa pensée n'a pour objet que les richesses ; s'il travaille, il ne parle que des richesses, il ne travaille que pour elles, et ainsi il ne fait que pour elles ce que les chrétiens font pour leur salut et pour Dieu.

L'avarice produit la dureté envers les pauvres. Elle ôte à ceux qu'elle possède tout sentiment de miséricorde à l'égard de leurs semblables, les dépouille de toute compassion pour leurs débiteurs et de toute charité envers les malheureux. Elle en fait autant de bêtes féroces qui ne cherchent qu'à dévorer les hommes, quelquefois jusqu'à leurs plus proches parents.

Un autre excès presque incroyable où porte cette passion insensée, c'est que l'avare s'oublie lui-même; plus il a, plus il veut avoir; il aime mieux conserver ce qu'il possède que de s'en servir ; ce qui fait que, loin d'être le maître de ses richesses, il en est l'esclave. Esclavage le plus honteux et le plus cruel ! Le maître de l'avare, dit saint Bernard, c'est un peu d'or et d'argent ; il lui impose les travaux les plus pénibles sans lui donner un seul instant de repos, et après que son malheureux esclave a tout fait pour le satisfaire, ce maître cruel ne lui donne pour récompense que les châtiments éternels : il le conduit en enfer après lui avoir fait commettre toute espèce de crimes, qui sont sa famille maudite. Ces crimes, dit saint Grégoire le Grand, sont la trahison, la fraude, la ruse, la perfidie ou le manque de fidélité dans les promesses et dans les œuvres, la violence, l'insensibilité envers les pauvres. Pendant toute l'éternité, l'avare verra qu'il a perdu le royaume des cieux pour quelque bien passager.

LEÇON XVII.

DES VERTUS OPPOSÉES AUX PÉCHÉS CAPITAUX.

La source de tout le mal, c'est, nous venons de le voir, l'amour déréglé de soi-même; le remède est donc l'amour de Dieu par-dessus tout. Et de même que tous les péchés capitaux proviennent de l'amour désordonné de nous-mêmes, les vertus qui leur sont opposées procèdent du véritable amour de Dieu; elles en sont l'effet naturel. Ce sont l'humilité, le détachement des biens de la terre, la chasteté, la charité, la tempérance, la douceur et la vigilance chrétienne.

I. L'Humilité.

L'humilité chrétienne n'est pas la bassesse des sentiments. L'homme humble connaît le fonds de misères qui est en lui, il se méprise lui-même, il ne cherche pas à s'élever au-dessus des autres; mais il a l'âme noble et très-énergique parce qu'il préfère Dieu à tout, et que dans toutes ses œuvres, il considère Dieu et sa gloire.

L'humilité est donc une vertu qui, par le sentiment que la foi nous donne de notre misère et de la grandeur de Dieu, nous inspire le désir que Dieu seul soit glorifié de tout ce qui est bien Tous les chrétiens sont obligés de la pratiquer, la justice exige que l'on rende à chacun ce qui lui appartient. Or, nous n'avons de nous-mêmes que le néant et le péché; s'il y a en nous quelque chose de bon, d'estimable, nous l'avons reçu de Dieu; les avantages de l'esprit et du corps, les biens de la nature et de la grâce, tout vient de Dieu, et dès lors la justice veut que nous rapportions à Dieu la gloire de tout. Un homme pénétré de cette vérité est donc bien éloigné de s'enorgueillir, de rechercher les louanges, ou d'ambitionner de vains honneurs. Il est l'ennemi de l'ostentation et du faste. S'il trouve en lui quelque bonne qualité, il en rapporte à Dieu toute la gloire. Loin de mépriser les autres, il les croit meilleurs que lui. S'il pense avoir fait quelque chose de bien, il ne perd point le souvenir de ses anciennes fautes. S'il voit faire quelque chose de mal à un de ses frères, il se rappelle ce qu'autrefois il lui a vu faire de bien; puis, se comparant ensuite avec lui, il le trouvera souvent meilleur, s'il examine la chose avec impartialité.

Voilà les moyens que nous devons employer pour nous préserver de l'orgueil. Imitons surtout Notre-Seigneur: il est descendu du ciel pour vivre au sein de la plus profonde humilité. Bientôt si nous le suivons dans ses abaissements, nous le suivrons aussi dans sa gloire, et nous comprendrons combien sont véritables les paroles qu'il nous a dites lui-même : « Quiconque s'humilie sera exalté, et quiconque s'exalte sera humilié. »

II. Le Détachement.

Par l'humilité nous combattons l'amour déréglé de notre propre excellence ; par le détachement des biens de ce monde nous luttons contre cette malheureuse inclination qui nous pousse d'une manière désordonnée à nous procurer les jouissances de la fortune. Ce n'est pas un mal de se procurer les biens de la terre, mais il faut que cette recherche soit réglée selon les maximes de l'Évangile. Or la loi chrétienne nous enseigne que notre véritable bien est Dieu seul que nous devons posséder éternellement dans le ciel, et que les richesses de la terre nous détournent de ce bien suprême et nous le font perdre, si nous nous y attachons d'une manière désordonnée. Donc, si vous avez des richesses, n'y mettez pas votre cœur, surtout songez que vous n'emporterez rien avec vous ; répandez-les dans le sein des pauvres, et par ce saint usage vous vous ferez un trésor qui ne périra jamais. Si vous êtes pauvres, ne portez point envie à ceux qui sont riches ; ne désirez pas trop vivement de le devenir vous-mêmes. Les biens fragiles et périssables ne font qu'irriter nos désirs, loin de les satisfaire. Sachez que vous êtes dignes non point de posséder cet or et cet argent corruptibles, mais de devenir vous-mêmes un or et un argent que la rouille ne saurait ternir. Vous êtes aux yeux de Dieu un or pur; vous êtes l'argent et le trésor de Jésus-Christ et du Saint-Esprit ; c'est pour vous que la céleste cité toute resplendissante d'or a été bâtie. Ne vous alarmez de rien. Rien n'y manque jamais, tous les biens y abondent sans cesse. Ce qui est à tous appartient à chacun; personne n'y cache des habits précieux, ni or, ni pierreries; et la divine vérité nous apprend que les voleurs n'y sont point à craindre.

III. La Chasteté.

Il ne suffit pas de détacher son cœur des biens de la terre, il faut s'interdire les plaisirs défendus et ne se permettre les plaisirs honnêtes qu'avec modération : c'est l'effet de la chasteté; on peut voir ce qui en a été dit au sixième commandement.

IV. La Charité.

La quatrième vertu qu'il faut opposer aux péchés capitaux, c'est la charité. Quand elle est bien établie dans un cœur, elle dissipe l'envie, car elle nous fait aimer notre prochain comme nous-mêmes. L'homme vraiment charitable jouit de l'avancement d'autrui, loin de s'affliger des honneurs qu'il lui voit rendre, de la dignité où il le voit élever. Il regarde tous les autres comme meilleurs que lui, ne cherche en rien sa gloire personnelle, ne poursuit point les honneurs. Il se réjouit avec ceux qui se réjouissent, aide ceux qui avancent dans la voie du salut et de la perfection, loue ceux qui vivent bien, les exhorte à mieux vivre encore, avertit charitablement les pécheurs, calme ceux qui s'irritent, console ceux qui pleurent, instruit les ignorants, se réjouit enfin de toutes les vertus qu'il voit dans ceux qui l'entourent [1].

V. La Sobriété chrétienne.

Pour éteindre de plus en plus cet égoïsme, qui est le principe de toutes nos inclinations mauvaises, il faut nous rendre maîtres de nous-mêmes et réduire nos corps à un tel point de soumission que la nourriture et les aliments ne leur soient plus une espèce de félicité, mais la satisfaction raisonnable d'un besoin légitime. Or c'est ce que nous faisons par la sobriété chrétienne, vertu qui modère le plaisir du boire et du manger et nous maintient dans les termes du besoin et de la convenance.

Tout éloignés qu'ils étaient des délices et des

1. S. Ephrem.

enchantements du siècle, les plus grands hommes du christianisme ne laissaient pas de combattre sans cesse l'intempérance comme un des plus dangereux ennemis qu'ils eussent à vaincre. Saint Augustin lui-même, ce grand génie, cet esprit si sublime et si élevé, ce docteur de l'Église, rempli des plus hautes connaissances, apportait le plus grand soin à s'étudier sur ce point. « Savez-vous, disait-il, ce qui fait maintenant ma peine dans l'état même de ma pénitence et depuis l'heureux moment où je me suis converti à mon Dieu ? Ce n'est plus la curiosité et la présomption de mon esprit : je l'ai soumis à la foi ; ce n'est plus l'ambition et le désir des honneurs mondains : j'y ai renoncé ; ce n'est pas la faiblesse de mon cœur, ni mes engagements criminels : je suis libre enfin et avec le secours de la grâce, j'ai rompu mes liens. Toute la difficulté qui me reste est à l'égard de l'entretien du corps, et ce qui me coûte le plus, est une sobriété raisonnable. D'une part, Dieu m'ordonne de soutenir mon corps, et de l'autre, il me défend de m'y attacher ; il me commande d'en avoir soin, afin qu'il serve aux opérations de mon âme, et il me défend de m'y attacher, afin qu'il ne les trouble pas. De là, je me vois engagé dans une guerre continuelle, et contre qui ? contre la concupiscence qui règne encore dans moi, malgré moi, et qui me doit être d'autant plus suspecte qu'elle me paraît moins criminelle, parce qu'elle se couvre des dehors de la vertu.... Et où est l'homme, Seigneur, que cette concupiscence n'emporte quelquefois ?... S'il y en a quelqu'un qui l'ait entièrement détruite, il est vraiment grand, et c'est à lui qu'il appartient de louer et d'exalter votre nom... Mais moi, mon Dieu, je n'en suis pas encore là, parce que j'ai encore dans moi les restes du péché. » Or, si saint Augustin, revenu de ses égarements et sanctifié par une grâce particulière du ciel, se sentait néanmoins dans une telle disposition, quelle doit être la vigilance de ceux qui passent leur vie dans la dissipation du monde !

VI. La Douceur.

Si par la pratique de la sobriété chrétienne nous savons renouveler dans notre corps la mortification de Jésus-Christ, il nous sera plus facile de résister aux mouvements impétueux de notre âme, à la colère.

La vertu opposée à ce vice c'est la douceur et la patience qui nous font supporter les contradictions avec calme et avec dignité, et qui nous apprennent à ne vouloir surmonter les obstacles qui s'opposent à nos désirs que par des moyens sages, persuasifs, tels que les dictent la raison et la religion.

L'homme vraiment doux et patient répond par des bénédictions à celui qui le maudit et le frappe, il le supporte avec patience ; s'il le méprise, il songe qu'il est fait d'argile, et s'il lui vient à la pensée de répondre quelquefois aux injures par des injures; il donne à son esprit quelque délai, pour qu'il délibère et prenne le meilleur parti. Il laisse cet homme hors de lui s'épuiser en clameurs inutiles et se consumer en lui-même de dépit. Puis il écoute les jugements bien différents que porteront les témoins de cette scène : l'un passera pour un emporté, et l'autre pour un homme d'une âme forte et grande. Bientôt la personne se repentira de ce qu'elle aura dit; mais le second ne se repentira jamais de son sang-froid.

Mais si vous voulez rendre la pareille à votre ennemi, répondre à ses injures par d'autres injures, quelle excuse pouvez-vous alléguer? qu'il vous a provoqué; mais cette excuse est-elle bien valable? Ce qui vous fâche quand votre adversaire vous dit des injures, c'est que vous trouvez qu'il a tort, et cependant vous l'imitez comme s'il avait raison; vous faites ce que vous blâmez; n'avait-il pas droit de s'en prendre à vous, puisqu'il n'a pas trouvé dans vous un exemple qui pût lui apprendre à mieux faire?

Si vous voulez réprimer en vous les mouvements insensés de la colère, éloignez de votre cœur deux défauts : la présomption, qui vous ferait croire que vous êtes capable de grandes choses; l'orgueil qui vous ferait croire que vous êtes supérieur à tout le monde. Dès que vous serez bien pénétré de cette humilité que le Sauveur est venu vous apprendre par ses exemples avant tout, et ensuite par ses paroles, quand il a dit : « Celui parmi vous, qui veut être le premier, doit être le dernier ; » dès que vous serez accoutumé à vous regarder comme le dernier, vous ne vous indignerez pas facilement sous prétexte que l'on vous a manqué et que l'on a oublié votre rang. Quand c'est un enfant qui vous injurie, il ne fait qu'exciter votre rire ou votre pitié. Ce ne sont donc pas les paroles qui vous blessent; c'est votre orgueil, c'est la bonne opinion que vous avez de vous-même, qui vous font illusion; et si vous parvenez à vous défaire de ces deux ennemis, vous ne voyez plus dans les injures que l'on vous dit que des sons qui frappent inutilement les airs; et si vous parvenez à arracher la racine amère de la colère, que de vices vous retirerez en même temps, car la ruse, la violence, les manques de foi et mille autres vices en sont comme les rejetons.

VII. La Vigilance chrétienne.

A l'amour déréglé du repos que l'égoïsme développe dans l'homme, le christianisme oppose la vigilance chrétienne qui nous porte à remplir nos devoirs avec courage et exactitude. C'est une force, une fermeté inflexible, une persévérance infatigable qui s'avance sans jamais dévier vers son but. Le chrétien vigilant s'attache d'abord à tous ses devoirs de religion, parce qu'ils sont les plus importants et que la nature est plus portée à les négliger. Il s'acquitte ensuite avec exactitude de ses devoirs d'état, parce que la religion les lui commande, parce qu'étant quotidiens, ils sont les premiers menacés par la paresse.

Pour arriver à cette précieuse vigilance, il faut : 1° le vouloir; la volonté aidée de la grâce est le remède à tous les vices, et spécialement à la paresse qui est un relâchement de la volonté; 2° arrêter la paresse à son début; il est facile de l'extirper au commencement pour peu qu'on soit attentif à la combattre; mais, lorsque par une longue habitude on lui a laissé prendre de profondes racines dans le cœur, il est difficile de s'en rendre le maître; 3° réfléchir sur les tristes suites de l'oisiveté pour l'âme et pour le corps, et sur les avantages du travail, châtiment infligé à tous comme une ressource nécessaire et devenu par la providence d'un Dieu, père dans sa justice, une source de bénédictions et de salut; 4° considérer le peu de temps que nous avons pour mériter le ciel. Le démon, dit saint Jean, s'arme contre nous de toute sa fureur pour nous tenter, parce qu'il n'a qu'un temps très-court pour le faire; à plus forte raison devons-nous mettre notre ardeur à remplir nos devoirs et à pratiquer la vertu, pour éviter les maux éternels qui nous menacent et mériter l'éternité de bonheur promise à ceux qui, selon les paroles de saint Paul, auront poursuivi leur course jusqu'à cet heureux terme.

TROISIÈME PARTIE.

DES MOYENS QUE DIEU A ÉTABLIS POUR NOUS SANCTIFIER.

La première partie de la doctrine chrétienne proposait à notre foi de grandes et mystérieuses vérités; mais quoique le mystère l'enveloppe de toutes parts, notre esprit aime mieux voir que croire. La deuxième nous a tracé les lois d'une morale belle mais austère comme la vertu. La troisième partie nous rassure en nous donnant des secours infaillibles pour agir et penser en chrétiens.

Ces moyens de sainteté et de salut sont la grâce qui s'épanche sans mesure par les sacrements, comme le sang de Jésus-Christ s'écoulait tout entier par ses plaies sacrées.

LEÇON I.

DE LA GRACE.

I. Ce que c'est que la Grâce.

Dans le langage ordinaire, on exprime souvent par le mot grâce la gratitude que l'on ressent et que l'on manifeste, ou un bienfait quelconque de l'ordre naturel accordé gratuitement. Mais les théologiens entendent presque toujours par ce mot : un don surnaturel, ou un secours que Dieu nous accorde par pure bonté et en vue des mérites de Jésus-Christ, pour nous aider à faire notre salut.

Un don surnaturel. La vie, la santé, la faculté de juger et de choisir librement ; tout ce qui orne et relève le bienfait de l'existence, la beauté, la fortune, la pénétration de l'esprit, en un mot toutes les qualités naturelles de l'âme et du corps, voilà autant de dons naturels. La grâce proprement dite est un don surnaturel qui ne perfectionne pas seulement notre nature mais qui l'élève au-dessus d'elle-même. Comme la greffe transforme la séve du pied et la couronne de fleurs et de fruits supérieurs à sa nature, la grâce, greffe toute divine, n'est que l'action et l'infusion de la vie de Dieu en nous.

Il y vient pour exciter et diviniser nos pensées, nos volontés et nos sentiments, pour être à notre âme un principe de vie et de grandeur divine.

Que Dieu nous accorde. Cette puissance d'agir divinement, ni les saints, ni la Reine des saints ne peuvent nous la donner eux-mêmes, et le prêtre n'est qu'un canal qui nous la transmet par les sacrements. C'est que la vie de Dieu ne se sépare pas plus de Dieu que l'amour du cœur, et la lumière du foyer ; et la grâce de Dieu n'est, dit l'Écriture, que sa lumière et son amour.

Par pure bonté. Dieu est le maître absolu de ses faveurs ; il les accorde à qui il veut, comme il veut. Il n'était pas obligé de créer Adam avec cette abondance de grâces qu'il lui avait données et encore moins de les lui rendre quand il en eut abusé. Cependant, touché de compassion pour son sort et le nôtre, il nous a prévenus de l'abondance de ses bénédictions, alors même que nous en étions tout à fait indignes, et qu'au lieu des dons célestes nous ne méritions qu'ana-nathèmes et damnation. La grâce est donc un bienfait purement gratuit que Dieu nous accorde, et si nous pouvions la mériter par nos œuvres ce ne serait plus une grâce.

Pour nous aider à faire notre salut. Par le péché l'homme n'a pas perdu toute intelligence du bien et toute liberté de le faire. Il y a eu et il peut y avoir chez les infidèles de belles actions dans l'ordre naturel, c'est-à-dire sans rapport avec Dieu, connu par Jésus-Christ, et par conséquent sans mérite pour le ciel. Le nier, ce serait se mettre en opposition avec l'Église, la raison et l'histoire. Mais notre volonté a été viciée par le péché originel et inclinée au mal. Les tristes défaites de notre conscience et les efforts que nous coûtent nos victoires nous le prouvent tous les jours. L'Église, aussi éloignée de Luther et de Calvin qui justifient tous les crimes en les proclamant inévitables que de l'orgueilleux misérable qui disait à Dieu : Donnez-moi vie et richesse, la vertu je la trouverai en moi, l'Église enseigne que nous pouvons quelque chose, mais non pas tout. A plus forte raison, laissés à nos seules forces, ne pourrions-nous pas accomplir les préceptes de l'Évangile. C'est un joug pour lequel notre nature n'est pas faite et qui achèverait de l'alourdir, si elle ne lui donnait un élan qui l'élève au-dessus d'elle-même. Encore moins pourrions-nous pratiquer l'austère morale du christianisme d'une manière surnaturelle et utile pour le ciel.

II. Des diverses espèces de grâces.

On distingue plusieurs espèces de grâces, mais principalement la grâce habituelle et la grâce actuelle.

La grâce habituelle est une grâce qui demeure dans notre âme, et qui la rend sainte et agréable aux yeux de Dieu. Elle n'est pas seulement un mouvement passager qui porte au bien, mais elle habite en nous d'une manière stable et permanente, adhérant toujours à l'âme comme une qualité à son sujet, à moins qu'on ne vienne à la perdre par un suicide spirituel qui est le péché mortel. C'est cette grâce qui nous rend saints et amis de Dieu : d'où son nom de grâce sanctifiante, quand on la considère à son commencement. C'est elle qui fait la beauté de l'âme, qui l'embellit d'un éclat tout divin, et la rend digne des complaisances du Très-Haut. Aussi n'y a-t-il pas de trésor qui puisse lui être comparé, et tout homme, qui la conserve, nous force à nous incliner devant lui comme devant l'image la plus parfaite de la divinité ici-bas.

La grâce actuelle est un secours du moment, par lequel Dieu éclaire notre esprit et touche notre cœur, pour nous exciter et nous aider à faire le bien et à éviter le mal. *Secours du moment* ou pour l'acte présent, elle passe avec lui comme l'assistance d'une mère toujours attachée aux pas de son enfant. *Par lequel Dieu éclaire notre esprit et touche notre cœur.* Il y a des grâces de lumière, qui nous éclairent et nous montrent la route que nous devons suivre; il y a des grâces de force, qui nous soutiennent dans le chemin de la vertu. Ce sont : tantôt de salutaires terreurs qui nous agitent, d'autres fois s'accommodant aux dispositions de chacun, de bonnes pensées, un puissant attrait qui nous attirent. Aujourd'hui, une voix tonnante du Seigneur qui ébranle le désert, brise les cèdres et renverse Saul sur le chemin de Damas, la grâce actuelle est, demain, un doux murmure de l'esprit de paix et de silence qui touche le cœur et ne lui laisse de ses répugnances que ce qu'elle peut surmonter avec mérite. *Pour nous exciter et nous aider.* Notre volonté est faible, elle a besoin d'être comme soulevée et soutenue jusqu'au bout pour prévenir l'inconstance après avoir triomphé de la mollesse. C'est ce que ne peut faire la parole humaine, quelque puissante qu'elle soit, mais c'est le rôle de la grâce du commencement à la fin de nos actes. *A faire le bien et à éviter le mal.* Ce mal c'est le péché, car il n'y a pas d'autre mal; ce bien c'est tout acte de vertu, qui seule est un bien. La grâce ne s'occupe pas du reste, parce que, viatique du ciel, elle dédaigne ce qui ne rapproche pas ou n'éloigne pas de ce grand but.

III. Nécessité et distribution de la grâce actuelle.

Le péché originel a répandu d'épaisses ténèbres dans notre esprit et une profonde corruption dans notre cœur. Nous naissons dans l'ignorance et avec une forte inclination au mal ; voilà les deux sources générales de toutes nos fautes. Nous ne péchons que parce que nous ignorons nos devoirs, ou parce que, les connaissant, nous aimons mieux suivre nos penchants que nos lumières. Nous ne pourrions jamais sortir de l'état du péché, ni faire le bien, si Dieu ne nous ouvrait pas les yeux de l'esprit, et s'il n'imprimait à notre cœur un bon mouvement qui le tourne vers la vertu. La grâce remédie à ces deux plaies que le péché a faites à notre âme; elle nous fait connaître le bien, elle nous inspire le désir et nous donne la force de le pratiquer.

A cette pente qu'a l'homme pour le mal se joignent encore les tentations qu'il éprouve de la part du démon et des créatures. Que de pièges le monde ne lui dresse-t-il pas de tous côtés! Il étale à ses yeux ses pompes et ses faux biens pour y attacher son cœur et le détourner de Dieu. Le démon lui livre de continuelles attaques, présentant à ses sens des objets flatteurs et séduisants, remuant son imagination par mille prestiges, et excitant dans sa chair des mouvements de révolte contre l'esprit. Voilà pourquoi en récitant tous les jours la prière du Seigneur, nous demandons à Dieu que son nom soit sanctifié, que sa volonté soit faite sur la terre comme dans le ciel, qu'il ne nous abandonne pas à la tentation, et qu'il nous délivre du mal. Il est donc vrai, d'après la doctrine de Jésus-Christ, que nous ne pouvons travailler à notre salut que par le secours de Dieu même, mais avec la grâce nous pouvons tout, selon cette parole de saint Paul : « Je puis tout par le secours de celui qui me fortifie. »

Mais Dieu nous donne-t-il toujours la grâce actuelle ? Il n'est pas, comme le disent les hérétiques, un tyran inique qui exige de sa chétive créature plus qu'il ne lui a donné, et la châtie de l'impuissance où il la laisse. Créateur, il est au moins un maître équitable de ses œuvres ; rédempteur, il est père et nous aime comme ses enfants. Or ces enfants doivent être tous les hommes : il les a tous rachetés ; il veut tous les sauver. Il est donc manifeste qu'il ne leur refuse jamais les grâces dont ils ont besoin pour ne pas pécher, puisqu'il n'y a pas de péché nécessaire. Les justes sont toujours sous ses yeux puisqu'il est dans leur cœur. Il parle à la conscience des pécheurs ordinaires, et les rappelle à lui par la voix de ses ministres et de l'Esprit-Saint, qui frappe toujours à la porte de leur âme par l'amertume et le regret. Quant aux grands criminels, l'Église ne désespère jamais de leur salut, elle prie et veut qu'on prie toujours pour eux parce que, plus d'une fois, un larron est revenu à Dieu jusque dans les bras de la mort. Quelle que soit l'influence de la grâce sur la détermination de notre volonté, elle nous laisse cependant dans la main de notre conseil. Tous les jours, en effet, nous avons à gémir d'avoir omis une bonne œuvre qu'elle nous conseillait, ou violé un commandement de Dieu ou de l'Église, malgré ses plus énergiques réclamations. Lors même que nous cédons à son doux empire, nous sommes toujours libres et capables de nous révolter. Nous soumettre quand nous pouvons résister, c'est là notre mérite. Résister quand la grâce du précepte nous appelle, c'est pécher, car c'est fouler aux pieds une goutte de sang de Jésus-Christ, qu'il veut lui-même appliquer sur notre âme. Écoutez donc cette voix de Dieu qui crie sans cesse à votre cœur de lui rester fidèles ! En pénétrant en vous, la grâce vous fortifiera, profitera à votre âme et vous en méritera de nouvelles, tandis que l'abus des grâces amène la diminution des grâces, la faiblesse et la mort. Ordinairement on ne se précipite pas, tout à coup, on glisse peu à peu du sein de Dieu.

LEÇON II.

DE LA PRIÈRE.

I. Ce que c'est que la Prière; son obligation, son efficacité.

Dieu nous donne ordinairement la grâce par le moyen de la prière et par la vertu des sacrements.

La prière est une élévation de notre âme vers Dieu pour lui rendre nos hommages, lui exposer nos besoins et lui demander ses grâces. Par la prière, tant faibles, tant mortels que nous sommes, nous conversons, nous nous entretenons avec Dieu. Ce léger murmure que nos lèvres font entendre, ces paroles que nous prononçons en nous-mêmes sans ouvrir la bouche, sont autant de gémissements et de cris qui s'élèvent de notre âme vers Dieu, et que ce Dieu plein de bonté daigne exaucer. Car si la voix et la parole nous ont été accordées pour nous faire comprendre des autres hommes, pourquoi Dieu n'entendrait-il pas aussi le langage de notre âme? Est-il donc impossible, n'est-il pas démontré, que les esprits ont aussi leur manière de s'entendre et de se communiquer réciproquement leurs pensées? Ainsi Dieu n'attend point que nos paroles aient exprimé nos besoins, et nous aient servi comme d'interprète auprès de lui : il connaît nos âmes, et ce que notre parole est pour les autres hommes, notre pensée l'est pour Dieu. On peut donc prier, même sans que la bouche fasse entendre les moindres sons, pourvu que notre âme appliquant sa pensée aux besoins sans nombre qui l'assiégent, et dirigeant vers Dieu tous ses désirs et toutes ses espérances, fasse ainsi retentir à son oreille ce cri intérieur, ces gémissements inénarrables, qu'il ne manque jamais d'exaucer.

La prière est un devoir qui a sa source dans la charité et qui émane de la volonté positive de Dieu : « Il faut prier sans jamais se lasser. »

Alors même que Dieu n'eût jamais fait un commandement formel de la prière, nous aurions senti en nous-mêmes le besoin de le prier par amour; car la prière, sa définition l'indique, renferme l'adoration, l'offrande, la louange, l'action de grâces et la demande.

La pensée de la puissance infinie de Dieu ne peut se présenter à notre esprit sans nous porter à l'adorer de tout notre cœur. Que sommes-nous devant la Majesté divine, sinon cendre et poussière, et que devons-nous faire, sinon lui dire, à ce grand Dieu : « Vous êtes tout et moi rien, je vous adore et je vous offre mon corps, mon esprit, tout ce qui m'appartient; prenez-le et faites que je n'agisse jamais que pour votre gloire. »

En adorant la toute-puissance de Dieu, on se laisse entraîner à louer sa perfection. N'est-il pas la beauté souveraine? Sans doute, le monde offre de bien ravissantes images; cependant, qu'est-ce que toutes ces harmonies en comparaison de la splendeur de celui *qui est?* Nous verrons un jour à découvert cette beauté de notre Dieu; mais avant cette heure fortunée, la foi nous suffit pour pouvoir lui adresser nos louanges, et avec elles celles de tout l'univers.

N'est-il pas également naturel que nous rendions à Dieu des actions de grâces pour ses innombrables bienfaits, et que nous implorions le secours de son bras au milieu des périls qui nous entourent? Notre vie corporelle ne se conserve que par une sorte de miracle, tant nos organes sont délicats, et si nombreuses sont les causes de destruction qui nous entourent. Notre vie spirituelle est encore plus dangereusement exposée; autour de nous des ennemis invisibles rôdent sans cesse. Ce qu'ils veulent, c'est la perte de notre âme. Les plaisirs les plus innocents sont des moyens dont ils se servent pour nous tendre des piéges. Satan sait même se transformer en ange de lumière; et dans l'exercice des vertus les plus héroïques, les saints eurent plus d'une fois à se défier d'inspirations, spécieuses au premier abord, mais au fond diaboliques. Comment résister à cette action combinée de la nature et du démon? Nous ne le pouvons que par la grâce. Or, la plupart des dons de la grâce, au moins dans l'ordre commun, ne sont accordés qu'à la prière. On dira peut-être que Dieu connaît nos besoins, et que sa providence, qui prend soin de l'herbe des champs, saura bien venir à notre aide; mais n'est-il pas juste que nous demandions les grâces nécessaires, et Dieu, l'équité même, n'exige-t-il pas que nous le fassions? On ne saurait en douter, et, pour s'en convaincre, il est inutile que Dieu nous le révèle, les principes de la droite raison nous suffisent.

Aussi l'Église, toute pénétrée de l'esprit de son divin Époux, nous a-t-elle constamment enseigné la doctrine de la prière. Les justes de l'Ancien et du Nouveau Testament furent des hommes de prière; ils ne cessèrent jamais de payer à Dieu ce tribut d'amour et de piété si essentiel à la vie sainte que dans le ciel, après la consommation des temps et lorsque les élus jouiront tous de la vraie gloire, la prière subsistera encore. Il n'y aura plus, il est vrai, à implorer des grâces de salut, pour nous ou pour nos frères dans l'état d'épreuve, puisque le salut aura été obtenu, et que la prière comme demande serait sans but; mais elle demeurera comme adoration, louange, action de grâce et même comme offrande, car s'il était possible que Dieu le désirât, les chérubins et les séraphins, tous les esprits bienheureux pour témoigner de leur ardent amour, s'offriraient à retourner dans l'état d'épreuve.

LEÇON II.

Il n'y a aucun doute à élever sur l'efficacité de la prière. C'est elle qui a apaisé les eaux du déluge; qui a partagé les eaux de la mer; qui a séparé les flots du Jourdain; qui a arrêté le cours du soleil. Abraham, parce qu'il avait fait monter vers Dieu l'encens d'une prière pure, ramena cinq rois captifs; son épouse, longtemps stérile, lui donna un fils; et ce pieux patriarche reçut bientôt la consolante promesse que dans ce fils seraient un jour bénies toutes les nations de la terre. Isaac pria pour Rebecca, et elle devint mère. Jacob, lui-même, n'eut pas plus tôt offert ses prières à Dieu, dans Bethel, qu'il vit s'ouvrir à ses yeux la porte du ciel, c'est-à-dire qu'il vit apparaître le Christ en personne et cette échelle mystérieuse, qui figurait d'avance le mystère de la croix. Nulle bouche ne pourrait dire tous les prodiges qui ont été opérés par la prière. Que de malheureux elle a tirés du fond des abîmes, du milieu des flammes, du sein des afflictions! Que si Dieu accorde aux prières les prospérités temporelles, combien plus leur accorde-t-il les vrais biens, c'est-à-dire les vertus! Elles sont le fruit naturel d'une âme unie à Dieu par l'oraison. L'oraison qui nous les obtient nous apprend à les pratiquer, non-seulement comme nécessaires, mais encore reçues du Père des lumières, d'où descend sur nous tout don parfait.

II. Conditions et objet de la prière.

Pour que la prière soit efficace, elle doit être faite avec attention, humilité, confiance et persévérance, et au nom de Jésus-Christ.

Avec attention. Que signifient des paroles prononcées uniquement par les lèvres? Le culte du Dieu vivant est un culte en esprit et en vérité; il faut que dans la prière l'esprit soit d'accord avec la bouche, autrement, selon l'expression de saint Augustin, loin d'honorer Dieu, on provoque sa colère par les moyens mêmes qui devraient l'apaiser. Comment éviter ce mal? Il faut avant l'oraison se recueillir quelques instants afin d'oublier le monde, et de ne voir plus que Dieu seul. Il faut être fidèle à repousser les distractions à mesure qu'elles se présentent, et leur multiplicité ne peut qu'augmenter notre mérite.

Avec humilité. Nous devons prier, non pas comme le pharisien, en rendant grâces à Dieu de n'être pas tels que les autres hommes, — Dieu repousse avec indignation cet orgueil d'une conscience qui ne déguise à elle-même sa plaie secrète, — mais comme le publicain en baissant la tête et disant intérieurement : « Seigneur, ayez pitié de moi, soyez propice à un pauvre pécheur. »

Avec confiance. C'est une arme à laquelle Dieu ne résiste pas, parce qu'il est bon; il y résiste d'autant moins qu'il est infiniment bon; et comme la miséricorde est un océan qui s'étend partout, et qui baigne la création tout entière de ses eaux purifiantes, il en résulte que partout on peut lui arracher ses faveurs, lui extorquer ses bienfaits, comme parlent les saints. Dieu est d'autant plus raisonnable, sous ce rapport, qu'il a plus envie de nous accorder ses dons que nous de les recevoir ; que ses mains sont non-seulement ouvertes pour répandre la bénédiction, mais percées de part en part, et que la miséricorde en découle à l'insu de la justice.

Avec persévérance. Élisée ayant dit au roi d'Israël de frapper la terre avec ses flèches, celui-ci frappa trois fois et il s'arrêta. L'homme de Dieu reprit avec une sainte indignation : « Si vous aviez frappé la terre cinq ou six fois, vous auriez remporté une victoire complète sur vos ennemis ; mais maintenant vous n'en triompherez que trois fois. » Ces flèches, ce sont nos prières : plus nous frapperons la terre ou plutôt le ciel, sans hésiter et en répétant nos coups, plus nous obtiendrons de victoires. Ouvrons aussi la fenêtre de notre âme vers ces parties supérieures où elle regarde le ciel ; de là, lançons nos flèches avec un courage que rien ne fatigue. La persévérance est une flèche toute-puissante. Le ciel nous résistera, mais seulement quand nous hésiterons. « O vous, dit saint Jérôme, qui fatiguez la bonté de Dieu, le jour et la nuit, ayez soin de ne pas cesser un seul instant de faire retentir votre voix, soyez indiscret et importun. » Notre-Seigneur nous a donné l'exemple de la persévérance dans la prière en demeurant quarante jours dans le désert. Souvent aussi, il se retirait du milieu de la foule et passait les nuits entières à prier. Dans le jardin des Oliviers il se prosterna, répétant les mêmes paroles; au milieu de son agonie, il priait avec une ferveur plus soutenue. Notre divin Maître n'avait pas besoin d'une prière longue et persévérante pour être exaucé de son Père, il lui suffisait d'un regard intérieur plus prompt que l'éclair; mais il a voulu nous montrer, par son exemple, que la persévérance était nécessaire à nos demandes, que Dieu, par des raisons de sagesse et de miséricorde, différait souvent de nous exaucer, et qu'il fallait faire violence au ciel par la continuité de nos désirs. « Sachez, dit l'Esprit-Saint, que Dieu exaucera vos demandes, si vous persévérez dans vos prières. »

Au nom de Jésus-Christ. Jésus est le seul médiateur entre Dieu et les hommes. Son cœur divin est le trône où doivent monter nos prières pour s'y pénétrer d'une vertu céleste et s'élever jusqu'au sanctuaire de l'Éternel. « En vérité, dit le Sauveur, si vous demandez une chose à mon Père, en mon nom, il vous l'accordera; demandez et vous recevrez[1]. » Ailleurs, c'est lui-même qui se charge d'exaucer

---

1. Jean, XVI, 23-24.

nos demandes : « Tout ce que vous demanderez à mon Père, en mon nom, je vous l'accorderai; et si vous me demandez à moi-même quelque chose, en mon nom, je vous l'accorderai. »

Il est de fait que nos actions n'ont de valeur surnaturelle que par les mérites de Jésus-Christ. Nos pensées, nos paroles, nos bonnes œuvres, tout doit passer par le calvaire pour s'imprégner d'un parfum divin, et le sang de Jésus-Christ peut seul mettre un cachet surnaturel sur les actions de l'homme. Lors donc que nous voudrons être tout-puissants dans nos prières, appuyons-nous sur les mérites de Jésus-Christ, mettons-les autour de nous comme un habit parfumé, et nous surpendrons la bénédiction de Dieu. Alors le Seigneur dira aussi : « C'est bien la voix d'un pécheur que j'entends, mais les vêtements que je touche sont ceux de mon Fils bien-aimé, c'est l'odeur de ses vertus. » Si nous savions prier comme il faut avec le Sauveur, et en son nom, nous serions effrayés des grâces que Dieu nous accorde. La prière, faite au nom de Jésus-Christ, avec la pensée et l'amour de Jésus-Christ, c'est, pour rappeler une pensée de saint Augustin, une espèce de billet à ordre, signé avec le sang précieux du Sauveur, et que le Père céleste ne peut pas refuser : il est, d'après ses promesses, obligé de le solder, au moins dans la manière qu'il saura devoir nous profiter davantage.

Nous devons demander uniquement à Dieu

ce que Notre-Seigneur demanderait à notre place, c'est-à-dire ce qui se rapporte à la gloire de son Père, à notre salut et au salut du prochain. Demander au ciel, par Jésus-Christ, la santé et les biens temporels pour alimenter ses débauches ou son orgueil, c'est prétendre que le Dieu de toute sainteté devienne le complice de l'iniquité. Et malheur à celui que Dieu exauce alors! les routes de la gloire et du plaisir ne s'ouvrent devant cet homme que pour creuser plus avant son lit dans l'enfer. Loin de nous la pensée que solliciter de la bonté divine les biens de la nature, soit toujours une faute; l'esprit, la fortune, la santé, peuvent être grandement utiles à la propagation de la vérité! Il est donc permis de les demander à Dieu, mais en suppliant sa miséricorde de garder ses trésors s'il prévoit que nous devons en abuser.

LEÇON III.

DE L'ORAISON DOMINICALE.

Entre autres avis et préceptes salutaires qu'il nous a donnés pour nous conduire au salut, Jésus-Christ nous a prescrit une formule de prière afin que nous fussions plus facilement exaucés par son Père. Aussi l'Église fait-elle un usage continuel de cette divine prière : c'est par elle qu'elle commence et qu'elle finit tous ses offices, elle la récite en particulier au saint sacrifice de la messe, les fidèles doivent la dire tous les jours le matin et le soir.

L'oraison dominicale est composée d'une courte préface et de sept demandes, dont les trois premières se rapportent à Dieu, et les quatre autres nous regardent nous-mêmes. Elle renferme tout ce que nous pouvons désirer et demander à Dieu; elle est la règle sur laquelle nous devons former nos sentiments et nos désirs. Nous pouvons bien nous servir d'autres paroles dans nos prières, mais nous ne pouvons demander à Dieu autre chose que ce qui y est renfermé; toute demande qu'on ne peut y rapporter est indigne d'un chrétien, et ne saurait être agréable à Dieu.

La préface consiste dans ces paroles : *Notre Père qui êtes aux cieux.*

Jésus-Christ a réuni dans ce peu de mots tout ce qu'il y a de plus capable d'engager Dieu à nous exaucer, et de nous inspirer à nous-mêmes des sentiments de respect, d'amour et de confiance : nous appelons Dieu notre Père. Il est, en effet, notre Père par la création, puisqu'il nous a donné la vie et qu'il nous a formés à son image; il l'est encore plus par la grâce de la régénération, puisque dans le baptême il nous a adoptés en Jésus-Christ pour ses enfants. *Notre Père!* O nom plein de douceur et de charmes! quelle confiance! quel respect! quel amour et quelle reconnaissance ne doit-il pas exciter dans notre cœur ! S'il est vrai que Dieu est notre Père, pouvons-nous craindre qu'il rejettera notre prière lorsque nous lui rappellerons un nom qu'il prend à notre égard avec tant de complaisance. Nous disons *notre Père* et non pas mon Père, parce qu'ayant tous le même Père, et espérant de lui le même héritage, nous ne devons pas seulement prier pour nous, mais encore pour tous les fidèles qui sont nos frères, et aussi pour donner plus de force à notre prière par notre union à tout le corps de l'Église. Nous ajoutons : *Qui êtes aux cieux,* car quoiqu'il remplisse tous les espaces de son immensité, c'est dans le ciel, néanmoins, qu'il fait éclater sa magnificence et qu'il se montre à ses élus à découvert et sans nuage. C'est au ciel que nous sommes appelés nous-mêmes : voilà notre patrie et l'héritage que notre Père nous destine. Lors donc que nous nous mettons en prière, élevons notre pensée et nos sentiments de ce lieu d'exil et de cette vallée de larmes, et excitons dans notre cœur le désir de voir et d'aimer notre Père céleste pendant l'éternité.

I. Demandes qui se rapportent à Dieu.

Que votre nom soit sanctifié. Le nom de Dieu, c'est-à-dire tout ce qui est en lui, son essence, ses attributs, ses perfections, est saint par lui-même, et il ne peut acquérir aucun nouveau degré de sainteté; mais il est souvent déshonoré par les discours et par la conduite des hommes. Ce que nous demandons par ces paroles, c'est que le saint nom de Dieu soit connu, loué et adoré par toutes les créatures ; que les infidèles soient éclairés des lumières de la foi ; que les hérétiques abjurent leurs erreurs, que les catholiques vivent d'une manière conforme à leur croyance. Si nous étions animés d'un véritable amour de Dieu, comme les apôtres et tous les saints, nous brûlerions sans cesse du désir de voir tous les hommes s'unir pour le louer et le bénir, et à l'exemple du roi-prophète nous ressentirions plus vivement les injures qu'il reçoit que celles que nous sont faites à nous-mêmes.

Que votre règne arrive. Dieu possède un pouvoir souverain sur toutes les créatures, rien ne peut se soustraire à son empire; mais il y a un autre règne, un règne tout spirituel où l'âme prévenue et aidée par la grâce, obéit volontairement et librement à toutes les inspirations de Dieu, se conforme en toutes choses et sans réserve à son bon plaisir, exécute avec une pleine fidélité tous ses ordres, et n'a point d'autre règle de conduite que sa loi et ses divins commandements; un règne où le cœur se donne lui-même à Dieu, pour qu'il le dégage de toute attache humaine et le possède tout entier. Il y a un règne de gloire où Dieu a préparé à ses élus une couronne immortelle, où il répand sur eux tous ses trésors et ses richesses, où il les enivre de l'abondance des biens de sa maison et d'un torrent de délices. C'est ce royaume céleste qui était l'objet de toutes les prières du roi David. « Je ne demande à mon Dieu qu'une seule chose, disait-il, et je la lui demanderai toujours, c'est de pouvoir être reçu dans ses tabernacles éternels. » O royaume céleste, quand te posséderons-nous? O notre Père qui êtes aux cieux, nous sommes vos enfants; donnez-nous cet héritage céleste que vous nous avez promis! Que votre règne arrive!

Que votre volonté soit faite! Pour obtenir du Père céleste le royaume qu'il nous destine, il faut, dit Jésus-Christ, faire sa volonté. « Tous ceux qui s'écrient: Seigneur! Seigneur! n'entreront point pour cela dans le royaume des cieux,

mais ceux qui feront la volonté de mon Père. »
Il y a en Dieu, dit saint Thomas, une volonté
de signe, qui est la règle de nos devoirs par laquelle il nous commande le bien et nous défend
le mal; cette volonté divine nous est manifestée
par les commandements du décalogue, par la
Sainte-Écriture et principalement par tout ce
que son divin Fils nous a recommandé dans son
Évangile; par la voix de l'Église, des pasteurs,
des prédicateurs, par le moyen des lumières
intérieures qui éclairent notre âme, et des mouvements de l'Esprit de Dieu qui la portent au
bien.

Quelle est notre obéissance à cette volonté?
Quelle est notre fidélité à ses commandements?
notre docilité aux avis de nos supérieurs et
notre attention aux inspirations divines? Cependant, ce serait mentir à Dieu que de lui demander des lèvres ce que le cœur ne désire
pas.

Il y a une autre volonté de Dieu, c'est la volonté du bon plaisir qui ordonne toutes choses,
qui se sert de toutes les créatures et principalement du bon vouloir ou de la malice des
hommes, de leur imprudence, de leur ignorance, comme d'autant de moyens et d'instruments pour accomplir dans le temps ce qu'il a
déterminé de toute éternité. Notre devoir à
l'égard de cette volonté divine est de l'adorer,
de nous y soumettre, d'accepter avec résignation les maux qu'il lui plaît de nous envoyer.

Dieu permet qu'ils nous arrivent, parce qu'il a sur nous des vues de miséricorde. C'est plutôt par bonté que par justice qu'il nous punit en cette vie : ce qui fait dire à l'apôtre que le Seigneur châtie celui qu'il aime, et qu'il frappe celui qu'il croit au nombre de ses enfants, et qu'en cela même il le traite comme ses enfants; car, ajoute-t-il, quel est l'enfant qui n'est pas châtié par son père?

O Dieu de bonté et d'amour, que votre très-juste, très-sainte et très-adorable volonté soit faite en nous, par nous, sur nous et sur tout ce qui nous appartient maintenant et dans les siècles des siècles!

II. Demandes qui se rapportent à l'homme.

Dieu est la source de tous les biens; c'est lui qui pourvoit à tous nos besoins dans l'ordre de la nature et dans celui de la grâce. Voilà pourquoi après les trois premières demandes qui regardent la gloire de Dieu nous demandons au Père céleste ce qui nous est nécessaire pour la vie du corps et pour celle de l'âme : *Donnez-nous aujourd'hui notre pain de chaque jour.* Par le pain nous devons entendre d'abord non pas des richesses superflues, non pas de quoi satisfaire notre sensualité ou notre orgueil, mais uniquement notre pain; c'est-à-dire ce qui nous est absolument nécessaire pour notre subsistance selon notre état. Encore ne devons-nous le demander que pour le jour présent, car

LEÇON III.

Notre-Seigneur nous défend de nous inquiéter du lendemain. Il veut que nous nous réposions sur la bonté de notre Père toujours également disposé à accorder à ses enfants tout ce qui leur est nécessaire. Cette confiance ne doit pas être présomptueuse ; Dieu ne veut pas favoriser la paresse, mais il nous ordonne de faire tout ce qui dépend de nous et, quand nous l'avons fait, de compter sur les trésors ineffables de sa providence.

« L'homme ne vit pas seulement de pain, dit l'Évangile, il vit encore de toute parole qui sort de la bouche de Dieu, » et cette nourriture est celle de l'âme. C'est là cette nourriture qui ne périt pas ; nous devons la demander avant tout.

Si Jésus-Christ est le pain de notre âme par sa parole, il l'est aussi par sa grâce, surtout par le sacrement adorable de son corps et de son sang. C'est la grâce qui soutient l'âme, qui la fortifie, qui la fait agir. Nous en avons un continuel besoin, non-seulement chaque jour, mais à chaque instant pour nous maintenir dans l'amitié de Dieu, et pour persévérer dans la vertu, malgré les efforts combinés du monde et du démon. L'Eucharistie est notre véritable aliment. C'est le pain au-dessus de toute substance, le vrai pain de vie. Il fait vivre éternellement ceux qui le prennent avec de saintes dispositions. C'est notre pain de chaque jour parce que, si nous n'avons pas le bonheur de le recevoir tous les jours, le corps de l'Église le reçoit à toute heure et que les grâces que nous obtenons à chaque instant sont le fruit des communions précédentes.

Dans les quatre premières demandes de l'Oraison dominicale nous demandons à Dieu tous les biens qui peuvent contribuer à sa gloire et à notre salut. Dans les trois dernières nous le prions d'éloigner de nous tous les maux de l'âme et du corps : le péché, les tentations et tous les maux temporels et éternels, qui sont les suites du péché. *Pardonnez-nous nos offenses.* Littéralement : remettez-nous nos dettes. Jésus-Christ appelle nos péchés des dettes, parce que tout péché ravit à Dieu l'obéissance qui lui est due, et nous constitue ainsi débiteurs envers lui de ce que nous lui avons enlevé, parce que Dieu ayant sanctionné sa loi en décernant une récompense à celui qui l'observerait et un châtiment à celui qui aurait l'audace de la transgresser, l'homme qui agit contre cette loi contracte l'obligation de subir la peine qu'il a encourue. *Comme nous pardonnons à ceux qui nous ont offensés.* Le pardon que nous accordons aux autres est la mesure de celui que nous demandons à Dieu pour nous-mêmes. Si nous pardonnons à notre prochain, Dieu nous pardonnera ; si nous ne voulons pas lui pardonner, Dieu ne nous pardonnera pas non plus. Il est écrit : « Heureux les miséricordieux, parce qu'eux-mêmes ils recevront miséricorde ! »

Hélas ! combien de chrétiens ne réfléchissent point assez au sens de cette demande. Celui qui l'adresse à Dieu et nourrit dans son cœur des sentiments de haine et des désirs de vengeance prononce lui-même sa condamnation. « Cette prière, dit saint Jean Chrysostome, devient alors une épée dont il se sert pour se transpercer lui-même et pour se donner la mort. » Il en coûte, il est vrai, à notre faible nature pour pardonner à ceux qui nous ont offensés. Mais il en a bien plus coûté à Jésus-Christ pour nous mériter la faveur de pouvoir obtenir le pardon de nos fautes à cette condition. Du reste elle deviendra facile, si nous considérons combien les offenses reçues du prochain sont légères en comparaison de celles que nous avons faites à Dieu. Notre prochain n'outrage qu'un homme comme lui, au lieu que nous outrageons un Dieu d'une majesté infinie ! C'est ce que Jésus-Christ a voulu nous apprendre dans la parabole des dix mille talents.

Ne nous laissez pas succomber à la tentation. Si, après avoir obtenu la rémission de nos fautes, nous étions abandonnés à nos propres forces, livrés à la fureur de nos ennemis, bientôt nous serions de nouveau leurs esclaves. Voilà pourquoi dans cette sixième demande nous prions notre Père céleste de nous en préserver à l'avenir en nous délivrant des tentations, ou en nous donnant la grâce de les vaincre.

Par tentation en général on entend l'épreuve

que l'on fait de la fidélité d'une personne ; c'est ainsi que Dieu tente ses élus et qu'il éprouva la fidélité d'Abraham, de Job et de Tobie. Mais la tentation dont il s'agit dans cette demande est principalement celle qui peut nous porter au mal. On distingue trois degrés dans la tentation : le premier est la suggestion ou la sollicitation par laquelle nous sommes engagés à faire le mal, elle n'est point un péché, puisque nous n'y avons aucune part. Le second est la délectation ou le plaisir produit par la suggesgestion. Elle est un péché plus ou moins grand selon qu'elle est plus ou moins volontaire et que la matière est plus ou moins grave ; mais elle ne serait point un péché si la volonté n'y avait aucune part. Le troisième est le consentement, c'est-à-dire l'acte de la volonté par lequel elle se détermine à faire le mal proposé. La tentation, telle que nous l'envisageons ici, ne vient de Dieu en aucune manière, parce que, ayant une horreur souveraine du péché, il ne peut engager personne à s'en souiller. Les causes de nos tentations sont le démon, le monde et la concupiscence. Le démon, ange déchu à qui Dieu a permis de tenter les hommes pour éprouver leur fidélité, cherche sans cesse à nous faire participer à sa rébellion, afin de se procurer la cruelle satisfaction de nous voir partager son châtiment dans l'enfer. Il s'applique surtout à connaître notre passion dominante pour diriger toutes ses forces de ce côté et se rendre maître de notre âme. Par le monde on entend les pécheurs, les mauvais chrétiens, les amateurs de ce monde visible. Ils sont les instruments du démon, et par leurs maximes perverses, par leurs mauvais exemples, leurs conseils, leurs ruses, leurs faveurs, souvent leurs dérisions, leurs moqueries, leurs mépris, leurs menaces, leurs persécutions, ils font une guerre acharnée aux justes, pour les détourner de la vertu et les entraîner avec eux dans le vice. La concupiscence est la partie inférieure et sensitive de l'âme, qui, après le péché d'Adam, s'étant révoltée contre la partie supérieure et raisonnable, la sollicite, la pousse, la porte avec violence au péché. Elle devient une arme puissante dans les mains du démon, qui s'en sert pour exciter dans notre cœur l'amour des plaisirs, des honneurs et des biens de la terre.

Toutefois ce n'est pas un mal d'être tenté. Lorsque nous avons le bonheur d'y résister, les tentations nous sont même très-utiles et nous procurent de grands avantages. Elles nous montrent combien est peu solide l'édifice de nos vertus puisque la moindre secousse peut le renverser. Or, rien n'est plus propre que cette connaissance à entretenir en nous les sentiments de la plus profonde humilité. En nous apprenant que de Dieu seul vient tout notre secours, elle nous attire dans ses bras comme l'enfant, qui craint de tomber, se jette dans ceux de sa mère. Elle nous rend plus attentifs à nous éloigner des occasions, plus circonspects dans les périls, plus vigilants pour ne pas nous laisser surprendre. Elle nous découvre les ruses et la malice du démon ; car, que sait-il, nous dit l'Esprit-Saint, celui qui n'a jamais été tenté? La vue de l'abîme, qu'elle nous montre ouvert sous nos pas, en nous donnant un grand courage pour avancer malgré les obstacles, fait croître nos vertus, et la lutte qu'elle entraîne augmente nos mérites et notre gloire. Mais c'est à la condition que nous emploierons de notre côté tous les moyens qui sont en notre pouvoir, afin de ne pas succomber à la tentation. Le premier de ces moyens est la fuite des occasions dangereuses ; car comment voulons-nous que Dieu nous aide à vaincre, si nous allons nous mettre nous-mêmes entre les mains du démon? Il nous soutiendra dans les tentations qui nous arrivent contre notre volonté, comme il a soutenu Joseph et la chaste Suzanne, mais non dans celle où nous nous exposons par caprice, par curiosité ou pour passer le temps. Il faut en outre se rappeler souvent la présence de Dieu, veiller sans cesse sur nous-mêmes, recourir souvent et avec piété aux sacrements de Pénitence et d'Eucharistie, et nous préparer à la tentation par la pratique de la mortification, par la méditation des maximes chrétiennes, par la défiance de nous-mêmes, par une grande confiance en Dieu, disant avec David : « Quand des armées entières se réuniraient contre moi, je n'aurais rien à craindre, parce que mon Dieu est avec moi ; » enfin par la prière et surtout par celle que Jésus-Christ nous a enseignée. Munis de ces armes puissantes, nous serons prêts pour l'heure des combats et assurés de la victoire.

Mais délivrez-nous du mal. Nous terminons cette prière en demandant à Dieu qu'il nous délivre du mal. Saint Basile, saint Jean Chrysostome, saint Augustin, par ce terme *mal*, entendent le démon lui-même, qui s'appelle à juste titre mauvais par excellence. La conjonction *mais*, qui unit en quelque sorte cette demande à la précédente, indique assez que c'est du démon que Jésus-Christ veut parler ici. Après nous avoir appris à dire, *ne nous laissez pas succomber à la tentation*, il nous fait ajouter : mais délivrez-nous de l'esprit mauvais qui nous tente sans cesse, qui est notre ennemi implacable et qui ne cherche qu'à nous faire tomber dans ses filets.

On peut entendre aussi par ce mot la concupiscence qui nous porte sans cesse au péché, l'enfer et le purgatoire qui sont le châtiment du péché et même les amertumes de la vie. De combien de maux notre existence n'est-elle pas remplie ? Les maladies, la douleur assiégent notre corps ; le trouble, l'inquiétude, le chagrin attaquent notre âme. Nous ne demandons pas d'être entièrement affranchis de toutes ces misères ; ce privilége ne convient point à notre état présent; ce que nous demandons, c'est d'être délivrés de celles qui seraient pour nous des occasions de péchés et qui nuiraient à notre salut. Si les infirmités, l'indigence, les calamités peuvent être appelées des maux, c'est surtout parce qu'elles jettent l'âme dans le trouble et que nous n'avons pas assez de vertus pour les supporter sans péché ; mais les peines que l'on souffre patiemment, loin de nous être préjudiciables, servent à nous corriger, et contribuent à notre justification. Ce sont plutôt des biens que des maux : quelque pénibles qu'elles soient, elles sont dans l'ordre de la Providence. Le châtiment du péché est un moyen pour arriver au bonheur éternel. Il nous est cependant permis de désirer et de demander d'en être délivrés, pourvu que nous fassions cette prière avec une entière résignation à la volonté de Dieu. Il l'exaucera, soit en nous délivrant du mal, soit en l'adoucissant par des consolations spirituelles ; c'est ainsi qu'il consola par ses promesses et par des révélations le patriarche Jacob lorsqu'il fuyait devant la colère de son frère Ésaü. Il le fait d'autres fois en exaltant plus tard ceux qui ont été maltraités ou calomniés comme il le fut envers Joseph.

Ainsi soit-il est la récapitulation de la prière.

LEÇON IV.

DE LA SALUTATION ANGÉLIQUE ET DE LA DÉVOTION A LA SAINTE VIERGE.

I. De la salutation angélique.

Afin de nous obtenir plus facilement et plus efficacement avec l'intermédiaire de Marie les grâces que nous demandons dans le *Pater*, l'Église joint la salutation angélique à la prière du Seigneur.

L'*Ave Maria* est composé en partie des paroles de l'archange Gabriel saluant Marie, en partie de celles que lui adressa sainte Élisabeth visitée par elle et enfin d'une supplication ajoutée par l'Église. C'est tout à la fois une louange à Marie, dont il proclame les plus beaux titres, une action de grâces à Dieu pour le mystère de l'incarnation, et une prière humble et puissante pour nous pauvres pécheurs. Le chrétien qui le récite doit se pénétrer de ces trois sentiments, et entrer d'esprit et de cœur dans le sens des paroles que nous allons expliquer.

Je vous salue. Je vous révère avec l'ambassadeur de Dieu qui s'étonne de découvrir dans une fille de la terre une perfection qu'il n'a pas vue dans les princes de la cour céleste.

Pleine de grâce. La grâce, nous l'avons vu, est une infusion de la vie de Dieu, une participation à sa nature; Marie en est comme inondée. A sa conception, elle apparaît au milieu des enfants souillés d'Adam, aussi pure qu'une aurore sans nuages; on dirait un lis au milieu des épines, une goutte de miel au milieu des flots amers, la toison de Gédéon couverte de rosée sur une terre desséchée. Depuis lors, l'Esprit-Saint n'a cessé de diriger et de sanctifier toutes ses actions. Elle a entendu toutes ses voix et suivi toutes ses lumières. Fidèle au conseil comme aux préceptes, une grâce était pour elle la source d'une multitude d'autres grâces. Les anges lui apportaient les faveurs de Dieu qu'ils rapportaient au ciel converties en mérites : ainsi l'eau qui tombe dans l'Océan remonte en vapeur vers le ciel d'où elle était descendue. Marie est donc pleine de grâce et de cette plénitude qui convient à une mère de Dieu et répond à la sublimité de ce titre. Dieu a appelé mer, dit saint Bernard, l'amas de toutes les eaux, et Marie la réunion de toutes les grâces.

Le Seigneur est avec vous. Il habitait en elle comme dans son temple; il était dans son cœur comme sur un trône, il remplissait son entendement, sa mémoire, sa volonté. Il était le principe de toutes ses pensées et de toutes ses actions.

« Dieu le Père, dit un pieux écrivain, est avec Marie comme avec son épouse; le Fils est avec elle comme avec sa mère, avec elle corporellement pendant neuf mois dans ses entrailles et pendant trente années sous son fidèle et amoureux regard; il est avec elle à la croix, et avec elle dans la gloire d'où il bénit par elle les hommes qu'il a rachetés avec elle; le Saint-Esprit par la vertu duquel elle l'a conçu est avec elle; elle est plus remplie de ses dons que toutes les créatures ensemble. »

Vous êtes bénie entre toutes les femmes, bénie de Dieu, bénie des hommes et source vous-même de bénédiction. Où a-t-on vu en effet une enfant d'Adam conçue sans péché, une vie entière de fidélité à une grâce toujours croissante, une maternité virginale et divine, un enfantement sans souillure et sans douleur, un tombeau sans corruption, une résurrection anticipée dans un corps angélique et une glorieuse assomption? Mère de Jésus, Marie l'est partout où il vit. La grâce est le prix du sang de son Fils et elle ne reste pas étrangère à l'application de ses fruits. Elle est la coopératrice du Sauveur dans la sanctification aussi bien que dans la rédemption des hommes, le canal de toutes ses bénédictions comme le proclament à l'envi les plus illustres docteurs. *Vous êtes bénie entre tou-*

tes les femmes : c'est le dernier mot de l'ange et ici finit proprement la salutation angélique.

Et Jésus le fruit de vos entrailles est béni. En recevant la visite de la sainte Vierge, sainte Élisabeth répéta les dernières paroles de l'ange : *Vous êtes bénie entre toutes les femmes*, et elle ajouta : *Et le fruit de vos entrailles est béni.*

Ces paroles renferment une grande louange à la gloire de Marie, parce que la chair de Jésus est la chair de Marie, ayant été formée dans son sein par l'opération du Saint-Esprit. Or, comme les glorieuses prérogatives d'un fils rejaillissent sur la mère qui l'a engendré, comme la bonté d'un fruit fait la gloire de l'arbre qui l'a produit, de même les perfections de ce divin Fils rendent digne de mille louanges et de mille bénédictions le sein très-pur de Marie qui l'a conçu, et mis au monde d'une manière si glorieuse. C'est donc lui qui est la source de toutes les bénédictions que nous admirons en Marie et qui nous sont venues par elle. C'est en lui qu'elle puise pour nous donner, et notre gratitude qui la bénit doit toujours remonter avec elle jusqu'à Jésus, notre unique Sauveur.

Sainte Marie, c'est le premier mot de la prière ajoutée par l'Église à la salutation angélique. Elle l'appelle *Sainte* par excellence, parce qu'elle fut exempte du péché originel et de tout péché actuel ; qu'elle fut ornée de toutes les grâces qui convenaient à sa dignité de Mère de Dieu et qu'elle eut en partage toutes les vertus et tous les dons du Saint-Esprit au plus haut degré. Marie : le nom le plus honoré, le plus béni après celui de Jésus ; le nom qui inspire aux anges le plus profond respect, aux hommes l'amour et l'espérance, aux démons la terreur et la crainte. Il veut dire : *Souveraine;* Marie est la Reine du ciel et de la terre ; *Illuminatrice :* Marie a donné le jour au vrai Soleil de justice qui éclaire nos âmes ; *Étoile de la mer :* de même qu'une étoile projette ses rayons à travers l'espace sans éprouver elle-même aucune altération, ainsi Marie a été mère de Dieu sans que sa virginité en ait reçu la plus légère atteinte. Et comme le rayon de l'étoile augmente sa beauté, au lieu de la ternir, ainsi la virginité de Marie acquit un nouveau degré de perfection lorsqu'elle donna le Sauveur au monde. Elle est appelée *Étoile de la mer*, dit saint Thomas, parce que les mortels qui naviguent sur la mer orageuse de ce monde doivent fixer leurs regards sur elle pour arriver au port de la bienheureuse éternité.

Mère de Dieu : voilà le plus glorieux privilége de Marie et la raison de tous les autres et de tout le culte que nous lui rendons. Notre dévotion s'adresse à la Mère de Dieu et est fondée sur cette auguste dignité. Dignité infinie, puisque Dieu qui pourrait faire une terre plus féconde et des cieux plus magnifiques, n'en saurait conférer une plus sublime. Dignité qui introduit Marie au sein de l'adorable Trinité et lui donne avec elle les relations les plus sacrées et les plus intimes de la famille : Épouse du Père, Marie dira éternellement au Verbe : Mon Fils, et éternellement le Verbe lui répondra avec les égards que commande ce titre : Ma Mère.

Priez pour nous. Quelque grande que l'ait faite son Fils, Marie n'en est pas moins restée une simple créature, et elle n'a sur lui qu'une autorité suppliante. Mais tandis que tout en nous provoque sa colère, dans Marie tout lui plaît et l'attire. Mère de Dieu qui ne peut rien lui refuser, elle est aussi la mère des hommes, d'autant plus aimés que leur naissance lui a coûté plus de larmes. Marie nous a engendrés dans la douleur la plus amère qui fut jamais, et en sortant de son sein maternel, nous avons cruellement déchiré ses entrailles. Il a fallu pour qu'elle devînt notre mère qu'elle se tînt debout au pied de la croix dans l'attitude du sacrificateur; il a fallu qu'elle vît son divin Fils suspendu entre le ciel et la terre et que dans la personne de saint Jean elle échangeât un Fils Dieu contre des enfants ingrats, des hommes pécheurs qui ne l'aimeront pas.

Pauvres pécheurs. L'Église a placé ici le mot de pécheurs pour mieux faire ressortir la sainteté de Marie. Elle n'a jamais été sujette au péché; elle n'a jamais ressenti la moindre inclination au mal, tandis que nous y sommes portés sans cesse et avec violence. O vous qui êtes la mère et le refuge des pécheurs, ayez pitié de notre misère et priez pour nous !

Maintenant et à l'heure de notre mort. Maintenant, sans retard, car l'ennemi est toujours là. Nous avons besoin de la protection de Marie pendant tout le temps de notre vie, le jour, la nuit, à chaque instant, puisqu'à tout moment nous avons des devoirs à remplir, des dangers à éviter, des ennemis à vaincre, et que de nous-mêmes nous ne sommes que faiblesse, impuissance. Priez maintenant et surtout à l'heure de notre mort, heure suprême qui décidera de notre éternité, dernier combat où le démon redoublera ses efforts pour nous perdre. Ah! heureux celui qui trouvera cette puissante défense au chevet de son lit de mort. Elle y sera avec eux, elle calmera ou rendra vaines leurs frayeurs, et emportera leur âme dans le sein de son Fils pour lui faire chanter éternellement ses bontés et ses miséricordes.

II. De la dévotion à la Sainte Vierge.

Puisque Marie est la mère de Dieu, la reine des anges et des hommes, qu'elle nous a tous adoptés au pied de la croix dans la personne de saint Jean, nous devons avoir pour elle un profond respect et une tendre confiance. Il n'y a pas de dévotion qui touche de plus près aux entrailles mêmes du christianisme, et les génies qui ont le mieux compris la religion ont tous été fort dévots à la très-sainte Vierge. Dieu lui-même, qui l'a fait annoncer par des prophètes et les figures d'Esther et de Judith et qui ensuite a rempli sa vie d'une suite de priviléges et de miracles; le Verbe divin, qui lui a obéi pendant sa vie mortelle et l'a associée à son sacrifice sanglant; l'Église qui a condamné Nestorius, l'impie détracteur de la divine maternité de Marie, et honoré la mère de Jésus par les fêtes les plus douces et les plus aimables, consacrent par leur exemple tous les honneurs rendus à la très-sainte Vierge. Ils nous autorisent à l'exalter aussi haut qu'il plaira à notre piété, pourvu que nous n'oublions pas qu'elle n'est toujours qu'une créature, infiniment au-dessous de Celui dont elle a tout reçu.

Pour témoigner notre dévotion à Marie, nous devons l'invoquer fréquemment. N'ayons ni une peine, ni une joie qu'elle ne partage. Ne laissons passer aucun jour sans lui offrir avec ses pieux serviteurs au moins une partie de cette couronne de roses qu'on appelle chapelet et que l'Église a enrichie des indulgences les plus précieuses. Si notre piété est sincère et profonde, elle se répandra autour de nous comme un suave parfum, et lui gagnera doucement et discrètement les âmes.

Mais le culte public de Marie nous sera cher avant tout, nous sanctifierons toutes ses fêtes,

LEÇON IV. 391

nous célébrerons le mois qui lui est consacré, temps plus doux et plus joyeux que celui de la pénitence qui le précède, et qui dans bien des villes ne convertit pas moins de pécheurs.

LEÇON V.

DES SACREMENTS.

Par la prière, nous obtenons les grâces actuelles qui nous sont nécessaires pour faire le bien et éviter le mal. Par les sacrements, seconde source de sanctification qu'il a établie dans son Église, Jésus-Christ produit dans notre âme la grâce habituelle qui nous sanctifie.

I. Ce que c'est qu'un Sacrement.

Entre Dieu et l'homme il y a eu, dès l'origine, de fréquents rapports. L'Écriture nous apprend qu'Adam et Ève ont entendu la voix du Créateur les appeler par leurs noms et qu'ils ont répondu comme des enfants à leur père : « Seigneur, nous voici. »

Le péché a rendu ces communications moins fréquentes, mais elles n'ont jamais été entièrement rompues. Pour empêcher son peuple de perdre la foi et le souvenir de sa providence, Dieu lui prodigue les preuves visibles de sa divine protection; et dans la loi judaïque nous trouvons des *sacrements*, c'est-à-dire des institutions stables et sacrées, qui ne rappelaient pas seulement aux Israélites les bienfaits du Seigneur, mais leur donnaient encore la grâce, non pas, il est vrai, d'après une vertu qui leur était propre, mais selon les dispositions de celui qui les recevait et en vue des mérites de Jésus-Christ.

L'agneau pascal, la consécration des prêtres, les purifications du peuple et de ses ministres étaient des sacrements de la loi donnée par Moïse. Ces sacrements, comparés à ceux de la loi nouvelle, ne peuvent être regardés que comme des emblèmes ou des figures. Aussi saint Paul les appelle de pauvres et faibles commencements, tandis qu'il considère ceux institués par Jésus-Christ, *comme des fontaines intarissables de pureté et de sanctification*, sources abondantes qui rejaillissent jusqu'à la vie éternelle.

Autant donc la réalité l'emporte sur l'ombre, autant le ciel s'élève au-dessus de la terre, autant nos divers sacrements l'emportent sur ceux des Hébreux.

On les définit *des signes sacrés*, parce qu'ils sont des actions extérieures, des cérémonies saintes qui, tout à la fois, produisent en nous la grâce et la représentent d'une manière sensible. Pour en avoir un exemple, considérons ce qui se passe dans le baptême : l'eau que le prêtre répand sur le front de l'enfant, les paroles qu'il prononce en même temps, signifient l'action purifiante de Dieu. L'ablution extérieure ne nous apprendrait rien si elle était seule, si elle n'était pas faite dans une circonstance qui nous avertit qu'il s'agit de la rémission des péchés.

Les sacrements sont donc composés de deux choses : l'une qui est comme la matière ou l'élément ; l'autre qui est la forme, c'est-à-dire l'application de cette matière à un but déterminé.

Ces signes sacrés ont été *institués par Jésus-Christ*. Leur institution divine paraît dans l'Écriture sainte, ou par les paroles expresses de Jesus-Christ; ou par la grâce qui selon la même Écriture y est attachée et qui marque nécessairement un ordre de Dieu.

Leur but est de *produire la grâce dans notre âme et de nous sanctifier*. Notre nature, si dépendante des sens, avait besoin, pour s'élever à la hauteur des choses purement intellectuelles, d'être frappée et saisie par les sens. « Si vous étiez de purs esprits, dit saint Chrysostome, Dieu se serait contenté de vous faire des dons purement spirituels, mais parce que votre âme est unie à un corps, il vous donne la grâce qui est toute spirituelle sous des signes visibles et corporels[1]. »

II. Il y a sept sacrements.

L'Église catholique, fondée sur l'Écriture et sur la Tradition universelle, nous enseigne que ces signes de la grâce divine sont au nombre de sept, savoir : le Baptême, la Confirmation,

---

1. Bossuet, *De la Doctrine catholique.*

l'Eucharistie, la Pénitence, l'Extrême-Onction, l'Ordre et le Mariage.

Saint Thomas explique le nombre septenaire des sacrements, par l'analogie qui existe entre la vie surnaturelle de l'âme et celle du corps. « Sept choses, dit-il, sont nécessaires à l'homme pour vivre et pour conserver sa vie : il faut qu'il naisse, qu'il croisse, qu'il se nourrisse, qu'il recouvre la santé, s'il vient à être malade ; qu'il répare, qu'il entretienne et augmente ses forces; comme il est fait pour vivre en société, il lui faut des magistrats pour maintenir l'ordre, et enfin il doit exister un moyen légitimement établi pour la conservation du genre humain.

De même dans l'ordre spirituel, l'homme a besoin de sept dons analogues.

Il faut qu'il naisse à la vie divine en Jésus-Christ, c'est l'effet que produit le Baptême.

Qu'il croisse et se fortifie, c'est l'effet de la Confirmation ; qu'il se nourrisse, et son aliment est la divine Eucharistie.

S'il est blessé ou affaibli par le péché, il recouvre la justice ou la santé par le sacrement de Pénitence.

A l'heure dernière il a recours à l'Extrême-Onction pour se disposer à mourir saintement.

L'Ordre lui donne des pasteurs pour le gouvernement de la société spirituelle et pour le diriger dans la voie du salut.

Le Mariage perpétue et augmente le nombre des enfants de Dieu.

Il y a bien d'autres pratiques pieuses que l'on emploie très-utilement pour sa propre édification, telles que l'usage de l'eau bénite et du pain bénit, mais ce ne sont pas de vrais sacrements de la loi évangélique, parce que Notre-Seigneur n'y a pas attaché la vertu de produire dans l'âme la grâce sanctifiante.

III. Effets des sacrements.

Tous les sacrements n'ont pas une égale dignité. Ainsi il est évident que l'Eucharistie qui contient Jésus-Christ, source de toutes les grâces, l'emporte en excellence sur tous les autres sacrements.

Ils ne sont pas non plus d'une égale nécessité; les uns sont nécessaires de nécessité de moyen, de sorte qu'on ne peut être sauvé sans les avoir reçus. Ainsi on ne peut être sauvé sans avoir reçu le baptême, ou sans en avoir eu au moins le désir, et si l'on est tombé dans le péché mortel après le baptême, sans avoir reçu le sacrement de pénitence ou au moins sans avoir eu le désir de se confesser.

Tous les sacrements ont pour effet, quand ils sont bien reçus, de nous sanctifier; les uns nous font passer de la mort du péché à la vie de la grâce; les autres augmentent en nous la grâce, tous confèrent ainsi la grâce habituelle ou sanctifiante. De plus chaque sacrement a une grâce particulière, que l'on appelle grâce sacramentelle, et qui consiste dans un droit à recevoir en temps opportun les grâces actuelles par lesquelles l'homme pourra atteindre le but et l'effet de chaque sacrement. Enfin trois sacrements impriment dans l'âme un caractère, c'est-à-dire une marque spirituelle et ineffaçable qui fait que la même personne ne peut les recevoir qu'une fois. Nous ne savons pas d'une manière précise en quoi consiste ce caractère ; mais Dieu qui daigne orner notre âme de tant de dons spirituels, comme de la foi, de l'espérance et de la charité, de tant de facultés diverses, comme de l'intelligence, du jugement de la volonté, a bien pu aussi lui imprimer une marque spirituelle.

Les sacrements qui nous font passer de l'état du péché à la vie de la grâce sont le baptême et la pénitence. Le baptême efface le péché originel et tous les péchés actuels.

La pénitence remet tous les péchés commis depuis le baptême. Ces deux sacrements sont appelés *sacrements des morts*, parce qu'ils ont été institués pour ceux qui sont en état de péché mortel.

Les sacrements qui augmentent en nous la grâce sanctifiante sont la Confirmation, l'Eucharistie l'Extrême-Onction, l'Ordre et le Mariage. On appelle ces sacrements *sacrements des vivants*, parce qu'il faut déjà être vivant de la vie de la grâce pour les recevoir.

Les trois sacrements qui produisent un caractère, sont le Baptême, la Confirmation et l'Ordre.

Ils ne peuvent être reçus qu'une seule fois, parce que la marque qu'ils impriment dans l'âme est ineffaçable. Par le baptême, dit saint Paul, est gravé en nous le sceau de la promesse de Jésus-Christ[1]. Cela veut dire, comme l'enseigne saint Jean Chrysostome, que par ce sacrement nous avons été marqués non pas sur le corps comme les Israélites, mais dans l'esprit comme étant les enfants de Dieu. Par la confirmation nous recevons dans nos cœurs le *sceau de Dieu et le gage du Saint-Esprit*[2], pour pratiquer dans l'occasion des actes de vertu, et surtout pour confesser la foi au milieu des plus grands dangers, en qualité d'athlètes de Jésus-Christ. Enfin, par le sacrement de l'ordre, nous sommes consacrés à Dieu pour remplir les fonctions ecclésiastiques. Comme l'état nouveau, dans lequel ces sacrements établissent l'homme, est permanent de sa nature, on ne renouvelle pas le sacrement de l'ordre, de la confirmation et du baptême. Seulement on devrait les donner sous condition s'il y avait un doute sérieux qu'on ne les eût pas reçus validement.

Celui qui recevrait un de ces trois sacrements sans avoir les dispositions requises recevrait

---

1. Eph. I. — 2. II, Cor. I.

le caractère, parce que cette marque spirituelle ne dépend que de la volonté de Dieu qui l'a établie pour persévérer dans l'âme, et qu'il n'y a point d'ennemi qui puisse la détruire.

Bien que les sacrements produisent la grâce par une vertu intrinsèque, ils n'opèrent cependant qu'à raison des dispositions qu'on apporte à les recevoir. Plus ces dispositions sont parfaites, plus aussi on reçoit de grâces et de secours pour le salut. Mais ceux qui s'en approcheraient sans dévotion mettraient un obstacle insurmontable à leur efficacité. Ils se rendraient même coupables d'une profanation sacrilége par l'abus criminel qu'ils feraient des choses les plus saintes, et ces sources de sanctification deviendraient pour eux un principe de mort et de malédiction éternelle.

Pour que les sacrements des morts produisent la grâce sanctifiante, il faut, d'après le concile de Trente[1], s'y disposer par la foi, l'espérance, un commencement d'amour de Dieu et la haine du péché.

Pour recevoir avec fruit les sacrements des vivants, il faut, outre les dispositions que nous venons d'énumérer, être en état de grâce, comme nous le démontrerons en parlant de chacun de ces sacrements en particulier. On ne les appelle sacrements des vivants que parce qu'ils supposent la vie spirituelle, ou au-

---

1. Sess. 6, ch. vi.

trement l'état de grâce dans ceux qui les reçoivent.

Lorsqu'on a reçu, sans avoir les dispositions nécessaires, un des sacrements qui impriment un caractère, on a reçu, comme nous l'avons dit, le caractère, et plus tard, si l'on se trouve dans les dispositions voulues, on reçoit la grâce; nous le démontrerons en parlant de ces sacrements.

Le chrétien admire cette merveilleuse efficacité des sacrements. « Mais ici l'orgueil humain objecte que dans l'ordre naturel tout se comprend, et il dit : Je saisis un levier et je produis une force que j'ai relâchée; il y a proportion entre la cause et l'effet. Dans l'ordre surnaturel, au contraire, tout est incompréhensible; quelle proportion peut-il y avoir, en effet, entre quelques gouttes d'eau répandues sur la tête du catéchumène et la régénération spirituelle d'une âme?

« Mais qu'est-ce donc que cette *force du levier*, sinon la volonté elle-même, qui met en jeu les nerfs, qui à leur tour font agir les muscles, lesquels, de leur côté, donnent l'impulsion aux organes?

« En définitive, la matière ne fait donc autre chose qu'obéir à un commandement de mon âme. Or, de grâce, quelle proportion y a-t-il entre la cause et l'effet, entre mon âme qui veut, qui commande, et la masse inerte que je soulève avec un levier? D'un côté l'esprit, de l'autre la matière ; entre eux deux l'organisme, puis des instruments adaptés à cet organisme ; mais toujours entre l'esprit et le corps un abîme incommensurable, qui ne peut être franchi que par la puissance de Dieu !

« Ainsi toute force découle de Dieu. Ce *sacrement*, qui fait sourire dédaigneusement l'incrédule, est l'instrument de la grâce, comme le levier est l'instrument de la mise en mouvement de la matière. Le sacrement tire de Jésus-Christ son efficacité divine, agissante et sensible, et produit des effets spirituels, de même que notre âme, substance spirituelle, agit sur le corps par la volonté.

« Dans un ordre inverse, les rapports sont les mêmes, et les deux forces ne sont au fond ni plus ni moins incompréhensibles l'une que l'autre.

« Cessez donc, esprits forts du jour, de nous regarder, nous autres catholiques, avec une pitié si dédaigneuse ; ne haussez plus les épaules à des actes dont d'autres hommes regardent l'accomplissement comme un devoir sacré ; respectez la mère qui, alarmée pour l'âme de son enfant, l'envoie au prêtre afin qu'il le baptise, et la foule qui s'agenouille pieusement autour de l'autel où se célèbre le mystère eucharistique, qu'elle adore ; ne méprisez ni cette foule, ni cette mère, car il n'y a de véritablement méprisable que le vice et le crime [1]. »

J. Lacordaire.

Au reste, si vous voulez savoir pourquoi Dieu a attaché un aussi grand don que la grâce à des causes qui n'ont de leur nature aucune proportion avec un effet si admirable, nous vous répondrons avec les premiers apologistes, qu'il a voulu nous marquer clairement la nécessité d'une opération spéciale du Saint-Esprit et d'une application particulière des mérites du Sauveur.

LEÇON VI.

DU BAPTÊME.

I. Ce que c'est que le Baptême.

Le baptême est la porte du grand édifice élevé par le Rédempteur ; le sceau de l'adoption des enfants de Dieu, le titre conférant le droit au ciel à l'homme condamné à arroser la terre de ses sueurs.

On le définit : un sacrement qui efface le péché originel, et nous fait chrétiens, enfants de Dieu et de l'Église.

Un sacrement. — Pour un vrai sacrement, il faut : qu'il y ait un signe extérieur et sensible ; que ce signe ait été institué par Jésus-Christ ; qu'il ait la vertu de produire la grâce, et qu'il soit établi pour durer d'une manière permanente dans l'Église. Or, nous trouvons ces quatre éléments dans le baptême : 1° le signe sensible, c'est-à-dire l'ablution et les paroles ; 2° ce signe a été institué par Jésus-Christ. Nous lisons dans saint Matthieu (chap. XXVIII) : « Allez, enseignez toutes les nations, les baptisant au nom du Père, du Fils et du Saint-Esprit ; » 3° ce signe a la vertu de produire la grâce, c'est-à-dire de régénérer par l'Esprit-Saint : « Quiconque, est-il dit dans saint Jean, ne renaît pas par l'eau et par l'Esprit-Saint, ne peut pas entrer dans le royaume des cieux ; » 4° ces mêmes paroles indiquent qu'il est établi pour durer toujours dans l'Église.

Qui efface le péché originel. — Nous naissons ennemis de Dieu, objets de sa haine, enfants de colère, esclaves du démon, dévoués à la damnation éternelle. Ténèbres dans l'esprit, corruption dans le cœur, penchant au mal, voilà l'effet du péché originel que détruit le baptême. Il efface aussi tous les péchés actuels. Saint Pierre dit aux Juifs : « Que chacun de vous soit baptisé pour obtenir la rémission de ses péchés. » — Ananie dit à saint Paul : « Levez-vous, recevez le baptême, afin que tous vos péchés soient effacés. »

Le baptême remet en outre le peine due au péché, de telle sorte que si quelqu'un venait à mourir immédiatement après l'avoir reçu ou qu'il fût assez heureux pour vivre sans péché, il entrerait dans le ciel sans passer par les flammes du purgatoire. Car le baptême est une rénovation complète, il est la destruction entière de l'homme de péché pour faire place à l'homme nouveau, qui a été créé selon Dieu dans la justice et la vérité. C'est à cause de cette puissante vertu du baptême qu'il est appelé par saint Grégoire de Nazianze la clef du royaume des cieux. Mais il ne nous rétablit pas dans notre perfection première. Nous sommes soumis aux tentations, aux incommodités de la vie, à la nécessité de mourir. Les peines spirituelles et corporelles doivent dans les desseins de la Providence servir d'exercice à nos vertus ; nous devons vivre dans l'humilité et la défiance de nous-mêmes, et nous souvenir que la terre est un lieu d'exil. Ce n'est qu'à la résurrection générale que notre délivrance sera complète ; alors, la maladie, la mort et tous les effets du péché seront détruits.

Nous fait chrétiens, enfants de Dieu et de l'Église. — Par le baptême nous sommes unis à Jésus-Christ de la manière la plus intime. Nous faisons en quelque sorte partie de lui-même, comme l'os de ses os, la chair de sa chair, l'esprit de son esprit. « Le Père éternel, dit saint Augustin, a envoyé son Fils sur la terre, afin qu'il ne fût plus seul, mais qu'il eût pour frères tous ceux qu'il adopterait pour ses enfants. » Jésus-Christ, selon la belle expression de saint Paul, devient notre frère ; aussi il ne dédaigne pas de nous appeler ses frères.

Rachetés par les mérites de Jésus-Christ, les hommes ne naissent pas seulement comme autrefois de la chair et du sang ; c'est de Dieu lui-même qu'ils tirent leur naissance. La même voix, qui se fit entendre au baptême de Notre-Seigneur, a prononcé sur nous comme sur lui ces douces et consolantes paroles : « C'est ici mon Fils bien-aimé, en qui j'ai mis mes complaisances. » Enfants de Dieu ! quelle noblesse, quelle gloire ! Sur la terre il n'est pas de grandeur qui puisse se comparer à ce titre glorieux ! et dans le ciel Dieu n'a dit à aucun de ses anges : « Vous êtes mon fils. » Je suis enfant de Dieu, peut se dire le chrétien à lui-même, et, par conséquent, je suis, selon le témoignage de saint Paul, devenu participant de la nature divine, ayant la même substance que Dieu, et en quelque sorte semblable à lui-même comme un enfant est semblable à son père.

Enfants de Dieu, nous devenons aussi enfants de cette sainte Église dont Jésus-Christ est le chef et qu'il a aimée jusqu'à mourir pour elle. Incorporés à l'Église par notre union avec Jésus-Christ, nous avons droit de participer à ses prières, à ses mystères, à ses bonnes œuvres, à ses solennités, à ses sacrements, qui sont la portion la plus précieuse des trésors que Jésus-Christ lui a confiés.

Arrêtons-nous un instant à contempler la beauté de l'âme ainsi régénérée.

L'éclat du soleil disparaît devant la gloire qui l'environne, c'est une sorte de transfiguration qui s'opère en elle ; elle sort des ténèbres pour briller d'une splendeur divine ; c'est une seconde création où il n'y a rien d'humain ; l'image de Dieu reparaît sous de plus nobles traits ; et l'Éternel, frappé lui-même de ce nouveau chef-d'œuvre, s'admire dans son propre ouvrage, et s'y contemple avec complaisance.

Cette grâce, que le baptême nous communique,

est accompagnée des vertus infuses et de tous les dons du Saint-Esprit; ce sont la Foi, l'Espérance, la Charité et les facultés surnaturelles par le moyen desquelles celui qui est baptisé peut plus facilement s'acquitter des devoirs de la vie chrétienne et de la piété. Mais ce qui est infiniment au-dessus de tous les autres bienfaits du Seigneur, c'est que le baptême fait de notre âme et de notre corps le temple du Saint-Esprit. « Ne savez-vous pas, disait l'apôtre aux Corinthiens, que vous êtes le temple de Dieu, et que l'Esprit-Saint habite en vous? Vous n'êtes plus à vous : vous êtes à l'Esprit-Saint qui habite en vous, et vous lui êtes consacrés. » Et l'Esprit-Saint n'est pas seulement dans celui qui a été baptisé comme le maître est dans sa maison, il y est comme l'âme est dans le corps qu'elle vivifie : les enfants de Dieu sont unis par l'esprit de Dieu.

Que dirons-nous maintenant de l'excellence du caractère que le baptême imprime, non sur la chair, mais dans nos âmes. Caractère glorieux qui fait du peuple chrétien une race choisie, une nation sainte; caractère royal qui nous élève au-dessus des rois de la terre, en nous rendant les enfants du Roi des rois; caractère sacerdotal qui nous consacre en quelque sorte prêtres du Seigneur en nous unissant aux plus saints mystères; caractère divin qui grave dans notre âme les traits de la Divinité; caractère immortel que rien ne peut détruire, et qui sera une auréole de gloire pour les élus et un signe de dégradation pour les réprouvés.

II. Nécessité du Baptême.

Il y a deux sortes de nécessités : la nécessité de moyen et la nécessité de précepte.

On dit qu'une chose est nécessaire de nécessité de moyen, lorsque sans elle on ne peut pas atteindre la fin pour laquelle elle a été établie, et cela, lors même qu'il n'y aurait aucune faute, aucune négligence de la part de l'homme. C'est ainsi que la nourriture est nécessaire pour vivre.

Une chose est nécessaire de nécessité de précepte, lorsqu'on peut, absolument parlant, atteindre la fin pour laquelle elle est ordonnée, sans accomplir le précepte, mais dans le cas où l'omission est involontaire.

Le baptême est nécessaire de nécessité de moyen et de nécessité de précepte. La parole du Sauveur est formelle : « En vérité, en vérité, je vous le dis, personne ne peut entrer dans le royaume de Dieu, s'il ne renaît de l'eau et de l'Esprit-Saint. » Cette sentence est générale et sans exception. Elle n'excepte personne, dit saint Amboise, ni l'enfant qui vient de naître, ni celui qui se trouve dans l'impossibilité d'être baptisé. Tous les saints Pères sont unanimes sur ce point. Nous nous bornerons à citer ce passage de saint Cyrille de Jérusalem : « Quiconque n'est pas baptisé, n'est pas sauvé; les martyrs seuls sont exceptés. »

Notre-Seigneur nous dit encore : « Quiconque croira et sera baptisé, sera sauvé.... Il faut que l'homme naisse de nouveau.... Faites pénitence et que chacun de vous soit baptisé. » Non-seulement le baptême est nécessaire pour être sauvé, mais encore pour recevoir d'une manière valide les autres sacrements, à l'exception cependant de l'Eucharistie qui alors ne produirait aucun fruit dans l'âme. Le concile de Florence appelle le baptême la porte spirituelle. Innocent III et les saints Docteurs, après saint Thomas, l'appellent le fondement de tous les autres sacrements.

III. Du ministre et des cérémonies du Baptême.

C'est aux évêques et aux prêtres qu'il appartient de donner le baptême. On ne s'adresse pas indifféremment à tout évêque ni à tout prêtre, mais à l'évêque du diocèse ou au curé de la paroisse de l'enfant, lequel seul, dans les cas ordinaires, confère ce sacrement ou le fait conférer par un autre prêtre.

Mais dans le cas de nécessité, toute personne peut et doit baptiser. Jésus-Christ l'a ainsi voulu pour faciliter la réception du baptême. Un homme quel qu'il soit, une femme ayant l'âge de raison, un hérétique même ou un juif pourrait baptiser, pourvu qu'il eût l'intention de faire ce que fait l'Église.

Pour donner le baptême, on verse de l'eau naturelle sur la tête de la personne que l'on baptise, et on dit en même temps : Je te baptise au nom du Père, et du Fils, et du Saint-Esprit.

L'eau est la matière nécessaire du baptême : « Personne, dit Notre-Seigneur, ne peut entrer dans le royaume des cieux, s'il ne renaît de l'eau et de l'Esprit-Saint. » Il l'a voulu ainsi, parce que cet élément se trouve partout, et qu'il nous représente d'une manière frappante l'action parfaite de la grâce du baptême.

Il faut de l'eau naturelle, c'est-à-dire, de fontaine, de rivière, de pluie, de rosée, de puits ou de mer, n'importe. Mais celle que l'on aurait obtenue par la distillation des roses, des herbes, des plantes, ne serait pas une matière valide pour le baptême, par la raison qu'elle n'est pas de l'eau naturelle, quoiqu'elle puisse servir à laver. Il en est de même d'un composé d'eau et d'une liqueur quelconque. Tout au plus, dit saint Liguori, pourrait-on s'en servir, comme d'une matière douteuse, au défaut de l'eau simple dans le cas d'une nécessité extrême, et avec l'administration du sacrement sous condition. Si le baptême se donne à la maison dans le cas de nécessité, il faut se servir de l'eau bénite autant qu'on le peut.

Dans le baptême solennel, quoique cela ne soit pas nécessaire pour la validité du baptême, on doit, sous peine de péché grave, employer l'eau qui a été bénite la veille de Pâques ou la veille de la Pentecôte, selon ces paroles de saint Basile : Ce jour-là, bénissons l'eau du baptême et l'huile de l'onction.

On verse l'eau sur la tête de l'enfant, parce qu'elle est le siége du raisonnement et que là se trouvent tous les sens.

On doit prononcer les paroles en même temps que l'on verse l'eau, et c'est la même personne qui fait les deux choses. Si l'ablution ne se faisait pas en même temps que l'on dit: *je te baptise*, ou bien, si une personne versait l'eau et qu'une autre prononçât ces paroles, le baptême serait nul, car il n'y aurait pas d'union morale entre le matière et la forme.

C'est au nom des trois personnes de la sainte Trinité que l'on donne le baptême, parce que c'est Dieu, Dieu unique en trois personnes, qui nous purifie, qui nous sanctifie, qui nous adopte pour ses enfants dans ce sacrement ; c'est en son nom et par sa vertu toute-puissante que nous sommes régénérés.

Quand le baptême est conféré à la maison de l'enfant en cas de nécessité, on ne fait pas d'autres cérémonies; mais lorsqu'il est donné à l'église, le prêtre fait diverses cérémonies sur celui qu'il baptise ; il fait le signe de la croix sur sa tête et sa poitrine; lui met du sel dans la bouche, et touche ses narines avec un peu de salive ; il fait des onctions avec une huile bénite, sur la poitrine et les épaules du baptisé ; il fait une autre onction avec du saint chrême au sommet de la tête; il le revêt d'une robe blanche, ou du moins il pose un voile blanc sur sa tête, et lui met ensuite à la main un cierge allumé. Tous ces rites sont accompagnés de touchantes prières.

Voici le sens des principales cérémonies :

Les exorcismes sont des commandements que le prêtre fait au démon, de la part de Dieu, de se retirer des personnes ou des choses que l'on veut bénir. Comme par le péché originel, les hommes sont en la puissance du démon, le prêtre fait des exorcismes sur ceux qu'il va baptiser; il commande avec empire au démon de se retirer d'eux ; il lui dit, en soufflant par trois fois sur la personne qui est présentée au baptême : Sors de cette créature, esprit immonde, et fais place au Saint-Esprit consolateur. Le prêtre trace ensuite le sceau auguste de la rédemption sur le front et la poitrine de l'enfant, pour montrer que c'est par la vertu de la croix, c'est-à-dire par les mérites infinis de Jésus-Christ, mort en croix pour nous sauver, que cet enfant va être régénéré; de plus, il veut l'avertir que le chrétien ne doit jamais rougir de son glorieux titre, mais faire de la croix ses délices et sa félicité. La croix est la pensée du christianisme. Aussi ce qui la rappelle est souvent répété dans l'administration des sacrements, pour nous faire souvenir que leur grâce découle du calvaire et du grand et sanglant sacrifice qui a été offert pour le rachat et le salut des hommes!

Le sel que le prêtre met dans la bouche de l'enfant est le symbole de la vraie sagesse que l'on acquiert en se soumettant à la loi de Jésus-Christ. La salive avec laquelle il touche légèrement les oreilles et les narines de l'enfant, indique que le fidèle doit écouter avec docilité la voix de Notre-Seigneur, et le suivre à la bonne odeur des vertus dont il nous a donné l'exemple. C'est par une action semblable qu'autrefois le divin Sauveur guérit un sourd et muet de naissance; l'Église se souvient des actions comme des paroles de son auguste fondateur, elle sait qu'une grâce céleste et efficace y demeure attachée. C'est parce qu'elle désire la voir se répandre sur ses enfants qu'elle en rappelle la mémoire dans ses cérémonies.

Les onctions faites de l'huile sur la poitrine et les épaules, marquent la douceur et la force de la grâce du baptême, laquelle nous aide puissamment à porter le joug du Seigneur, comme l'huile assouplit et fortifie les membres. L'onction faite au sommet de la tête avec le saint chrême, rappelle ce qui s'est observé dès les temps anciens, pour consacrer les rois et les pontifes. L'Église veut apprendre aux chrétiens que par leur union étroite avec Jésus-Christ, ils sont devenus, en un certain sens, rois et pontifes. Comme rois spirituels, ils doivent gouverner leurs penchants et leurs actions. Comme pontifes, ils doivent s'offrir eux-mêmes, offrir leur vie et leur mort à Dieu; c'est le sacrifice auquel les porte la grâce du baptême.

Quant à la robe blanche que l'on donne au nouveau baptisé, elle exprime l'innocence acquise par le sacrement et que l'on doit s'efforcer de conserver tous les jours de sa vie. Et le cierge allumé représente la lumière de la foi, qui doit éclairer le chrétien et le conduire dans toutes les situations de la vie. C'est aussi, par cela même, le bon exemple qu'il donnera par une vie pure, selon cette parole de Jésus-Christ : « Que votre lumière luise devant les hommes, pour que voyant vos bonnes œuvres, ils glorifient notre Père qui est au ciel. »

IV. Des promesses du Baptême. Les Parrains et Marraines.

Celui qui reçoit le baptême s'engage : 1° à renoncer au démon, à ses pompes et à ses œuvres.

L'Église demande que dans ce sacrement on renonce solennellement au démon, parce qu'on ne peut pas servir deux maîtres si opposés l'un à l'autre que le sont Dieu et son ennemi.

Par les pompes du démon, on entend l'ambition, le luxe, la superfluité dans les meubles, dans la table, les fêtes mondaines, les bals, les spectacles profanes et tout ce qui peut favoriser l'orgueil et la sensualité.

Ses œuvres sont tous les péchés auxquels

nous devons être morts après le baptême, selon la parole de saint Paul aux Romains.

2° A croire en Jésus-Christ et à pratiquer sa loi. La vie de celui qui a reçu le baptême doit être une vie sainte et parfaite semblable à celle de Jésus-Christ. Ses pensées, ses sentiments, ses paroles et ses actions doivent être conformes aux pensées, aux sentiments, aux paroles et aux actions de Jésus-Christ. Or Jésus-Christ ne se proposait, dans toutes ses paroles, que la gloire de son Père et le salut des hommes. Qu'il parle dans le temple, sur les eaux, dans les déserts, sur les montagnes, au milieu de la multitude, on n'entend jamais sortir de sa bouche que les paroles les plus saintes, les discours les plus célestes. Au milieu même des festins où il était invité, il ne savait donner que les enseignements les plus sublimes. En les écoutant, Marie, sœur de Marthe, était ravie en extase, et elle ne pouvait se détacher de ses pieds divins. Dans toutes ses actions comme dans toutes ses paroles, il n'envisage que ce qui plaît à son Père; il ne cherche point sa gloire, mais la gloire de celui qui l'a envoyé. Il nous a donné l'exemple afin que nous fassions comme il a fait lui-même.

Voilà jusqu'où s'étendent les promesses du baptême; promesses solennelles et obligatoires s'il en fut jamais. Saint Ambroise les appelle un contrat passé entre Dieu et l'homme, des conventions mutuelles et réciproques par lesquelles Dieu s'engage à élever l'homme à la dignité de son enfant et de son héritier, et par lesquelles l'homme promet à Dieu de lui être toujours fidèle. Saint Augustin les considère comme le plus grand de tous les vœux, vœu fait à Dieu en présence de celui qui le représente.

Si le nouveau baptisé est en âge de comprendre ces saints engagements, il s'y soumet de lui-même et sans réserve. L'Église ne pourrait jamais consentir à conférer le sacrement sous d'autres conditions. Si c'est un petit enfant que l'on baptise, il ne comprend d'abord rien à ce qui se fait, mais il n'en contracte pas moins les mêmes obligations, parce que c'est Dieu qui les lui impose, et quand, parvenu à l'âge de raison, il en aura été suffisamment instruit, il sera tenu de les observer de la même manière que s'il avait reçu le baptême dans un âge avancé. Ses parrain et marraine le présentant aux fonts baptismaux, promettent pour lui et en son nom qu'il en observera les engagements.

Ceux qui se présentent pour remplir ces fonctions doivent être des personnes de bonnes mœurs, instruites de la religion et attachées à l'Église catholique. Sans cela, comment pourraient-ils promettre de veiller sur l'éducation chrétienne du nouveau baptisé, et quelle confiance pourrait-on avoir dans leurs promesses?

Certes il serait à souhaiter que la mission des parrains et marraines fût mieux comprise qu'elle ne l'est communément de nos jours. Il faudrait que le père et la mère, avant de se déterminer, se demandassent si ceux à qui ils veulent concéder une partie de leur autorité sur leur enfant, sont vraiment dignes de cette marque de haute confiance. Il faudrait que ceux qui doivent, dans la suite, soutenir des chrétiens dans les combats de la terre contre l'enfer, ne fussent pas seulement des gens d'honneur, selon le monde, mais des chrétiens véritables que Jésus-Christ ne désavouera pas au grand jour de la rémunération. Mais hélas! dans bien des pays qui choisirait-on, si l'on exigeait autant que nous le désirons!

LEÇON VII.

DE LA CONFIRMATION.

I. Ce que c'est que la Confirmation.

Les anciens Pères désignent le sacrement de confirmation sous un grand nombre de noms différents. Les plus fréquemment employés par eux sont ceux d'imposition des mains, de chrême du salut, de sacrement du chrême, du sceau de la vie éternelle, du sceau royal, de l'onction spirituelle. Les Grecs et les latins l'appellent encore du nom de perfection. Enfin saint Ambroise serait le premier qui aurait employé le mot de *confirmation*, parce que le principal effet de ce sacrement est qu'il fortifie et confirme notre cœur contre toutes les attaques et les séductions du monde. On le définit : un sacrement qui nous donne le Saint-Esprit avec l'abondance de ses dons, et nous rend parfait chrétien.

Un sacrement. Il est dit dans les Actes, ch. VIII, 14 et suivants, que les apôtres firent des prières pour les habitants de Samarie, afin qu'ils reçussent le Saint-Esprit, car il n'était encore descendu sur aucun d'eux, mais ils avaient seulement été baptisés au nom du Seigneur Jésus.

Alors ils leur imposèrent les mains et ils reçurent le Saint-Esprit. Certes voilà bien un signe sensible et pratique de la grâce ; voilà un véritable sacrement de la loi nouvelle ; il y a là matière et paroles, imposition des mains et prière ; il y a des ministres, ce sont les apôtres et leurs successeurs ; le principal effet du sacrement, qui est la grâce sanctifiante.

Qui nous donne le Saint-Esprit. Quoique le Saint-Esprit ne descende pas visiblement sur ceux à qui les évêques administrent le sacrement de confirmation, ils le reçoivent d'une manière aussi réelle que les apôtres. Les merveilles qui, le jour de la Pentecôte, étaient nécessaires pour frapper et convertir les Juifs et les gentils, ne le sont plus, à présent que la religion de Jésus-Christ comme un bienfait immense s'est étendue sur le monde.

Aujourd'hui, c'est par le fait même du sacrement administré par un évêque que l'Esprit-Saint descend dans notre âme.

Avec l'abondance de ses dons. Les dons du Saint-Esprit sont des habitudes surnaturelles communiquées à l'âme juste qui la poussent à suivre promptement les inspirations et les mouvements de l'esprit de Dieu. Ils sont au nombre de sept : *la sagesse, l'intelligence, le conseil, la force, la science, la piété et la crainte de Dieu.*

La *sagesse* nous fait connaître la véritable fin à laquelle nous sommes destinés, et prendre les moyens les plus propres pour y arriver. Ce don introduit l'homme dans les secrets de la vie céleste et l'élève au-dessus de toutes les créatures mortelles. Il le défend et le garantit des emportements et du délire des passions ; il tempère la fougue du jeune âge, maintient la raison de l'homme fait et ranime la défaillance de la vieillesse. Avec lui point de mirage décevant et de folles illusions. L'âme qui le possède prend comme en passant les choses passagères de ce monde, mais pour les éternelles elle les porte dans son cœur et s'y attache avec une application constante, sans lassitude ni fatigue.

Le don d'*intelligence* élève l'entendement arraché par la sagesse aux préoccupations de la terre jusqu'à la hauteur des vérités de la foi et de ses plus augustes mystères; il lui en donne des images, des vues plus claires, plus lumineuses. Il lui fait voir le bel ordre, le rapport, la symétrie de toutes les parties de notre sainte religion, le concert de l'ancien et du nouveau Testament, où rien ne se dément, rien ne se choque, rien ne se heurte. C'est au moyen de l'*intelligence* que le Saint-Esprit découvre à l'âme le sens caché des Écritures, qu'il lui fournit une abondance de saintes pensées, de nobles connaissances, de méditations profondes, de contemplations sublimes.

La *science* donne à l'homme le discernement des choses spirituelles, naturelles. C'est le propre de ce don de nous montrer ce que nous sommes, d'exciter en nous par la vue de nos faiblesses et de nos misères un vif sentiment d'humilité et de componction. Il nous indique les moyens les plus efficaces pour corriger les inclinations mauvaises, les habitudes invétérées, suivre les attraits du Saint-Esprit et reconnaître tous les artifices du démon. C'est de la science que parle Salomon, quand il dit qu'il n'y a rien de bon là où manque la science de l'âme.

Comme la science instruit l'homme de tout ce qui est arrêté et déterminé par la loi de Dieu dans l'ordre de notre salut, jamais il n'agit sans qu'auparavant le *conseil* ne soit venu préparer la voie et mûrir sagement ses projets. Ce don est une lumière surnaturelle qui éclaire notre entendement et qui nous fait connaître les moyens les plus sûrs pour arriver au ciel, notre vraie et grande patrie. Saint Jean Chrysostome définit ainsi le même don : L'esprit de conseil est pour l'âme ce que l'œil est pour le corps, c'est à sa lueur que le jeune homme peut s'avancer d'un pas ferme et assuré dans le chemin de la vertu. Quand pour lui est arrivé le moment solennel de choisir un état de vie, s'il n'a pas le don du conseil, quels risques ne court-il pas de s'égarer et d'avoir à se repentir éternellement d'une vocation manquée?

Ces quatre premiers dons, dans leur nature, opèrent principalement leurs effets sur l'entendement, qu'ils initient aux secrets les plus cachés de Dieu et de l'humanité. Les trois autres agissent principalement sur la volonté; ils sont comme nos armes offensives et défensives contre l'ennemi du salut. C'est la *crainte de Dieu*, la *piété* et la *force*.

Le don de *crainte* nous détourne du péché et de tout ce qui peut déplaire à notre Souverain Maître. Il y a deux espèces de crainte : l'une servile, par laquelle on craint Dieu à cause du châtiment dont sa justice menace le pécheur, l'autre filiale, qui redoute par-dessus tout l'offense de Dieu, c'est la véritable. Gardienne de toutes les vertus, elle est inséparable de la charité, et prend d'elle sa force et sa vie. C'est elle qui mène à la piété douce et tendre des enfants de Dieu, et forme cet arome précieux de la perfection chrétienne dont le parfum réjouit le ciel.

Le chrétien qu'anime la *piété* aime tendrement le Seigneur et toutes les pratiques qui peuvent l'honorer. Elle le porte avec un saint empressement aux divers exercices du culte religieux, à la prière, à la méditation, à la fréquentation des sacrements. Penser à Dieu, s'entretenir avec Dieu, se nourrir de sa loi, assister aux offices de l'Église, s'enfermer dans la retraite, faire quelques austérités, renoncer aux amusements bruyants et dangereux du siècle, voilà sa plus douce occupation, son unique plaisir.

Le Saint-Esprit n'a pas seulement voulu rendre l'homme intelligent, pieux et sage, mais il l'a encore revêtu de *force*. La vie de l'homme est un combat sur la terre ; il a des ennemis redoutables à vaincre, le monde à mépriser, des passions à dompter, le diable à enchaîner.

C'est pourquoi l'Esprit de Dieu l'a enveloppé de sa *force* comme d'un bouclier, afin que ce qui est impossible à la nature soit rendu possible par la grâce et qu'au milieu des travaux, des peines, des dangers, des obstacles et des tentations, il marche dans l'abondance de toutes les richesses. Ceux qui espèrent dans le Seigneur prendront des ailes comme l'aigle, ils courront et ne seront pas fatigués, ils marcheront et ne défailliront pas.

Et nous rend parfait chrétien. La grâce propre de ce sacrement, c'est qu'il nous donne la force et le courage de confesser hautement, énergiquement l'Évangile et de pratiquer la religion de Jésus-Christ, malgré les railleries et les contradictions du monde.

Outre ces précieux effets, la confirmation imprime dans l'âme un caractère spécial ; il nous distingue de ceux qui ayant été seulement baptisés, sont appelés des enfants nouveaux-nés ; il nous fait entrer dans la milice de Jésus-Christ et nous communique une magnanimité qui nous élève au-dessus de toute crainte et de tout respect humain. Ce sont les paroles de saint Thomas.

Ce sacrement n'est pas absolument nécessaire pour être sauvé, c'est cependant un grand péché de négliger de le recevoir; c'est désobéir à Jésus-Christ, qui l'a institué pour fortifier en nous la grâce du baptême, et qui nous ordonne d'y avoir recours pour croître dans la vie spituelle. Il faut à l'enfant dès que la raison commence à poindre dans sa jeune intelligence, un redoublement de secours et de protection céleste; car comme Dieu l'a dit à Noé, les sens et les pensées de l'homme sont portés au mal dès son adolescence. « C'est le moment où le cœur ne tarde pas à s'enflammer du feu des passions, le moment où il peut concevoir la Divinité. Dieu devient l'immense génie qui saisit, qui tourmente tout à coup l'adolescent et qui remplit les facultés de son âme agrandie. Mais le danger augmente, il faut de nouveaux secours à cet étranger sans expérience, exposé sur le chemin du monde; la religion ne l'oubliera point, elle tient en réserve un appui. La confirmation vient soutenir des pas incertains et tremblants, comme le bâton dans les mains du voyageur. Observons que la morale entière de la vie est renfermée dans le sacrement de confirmation. Quiconque a la force de confesser Dieu, pratiquera nécessairement la vertu, puisque commettre le crime, c'est renier le Créateur. »

II. Cérémonies du sacrement de Confirmation. Dispositions qu'il faut y apporter.

Le ministre ordinaire de ce sacrement est l'évêque. Nous voyons dans les Actes, chap. VIII, que les apôtres seuls confèrent l'Esprit-Saint par l'imposition des mains. Mais un simple prêtre peut l'administrer par délégation spéciale du souverain pontife, et en être ainsi le ministre extraordinaire. C'est la doctrine de tous les théologiens. L'évêque impose les mains sur ceux qu'il confirme pour montrer que le Saint-Esprit descend sur eux et qu'il prend possession de leur âme.

Il fait une onction en forme de croix pour apprendre au chrétien qu'il ne doit jamais rougir de la croix de Jésus-Christ. Aujourd'hui les orgueils s'abaissent, les renommées pâlissent sous l'influence d'une misérable honte, et cette honte on ne l'a ni de ses défauts, ni de ses vices, mais ce dont on rougit, c'est de marcher sous l'étendard de la croix, c'est de servir Dieu comme il veut être servi.

Le saint chrême dont se sert le prélat pour faire cette onction est composé d'huile d'olive et de baume, et il est béni par l'évêque, le Jeudi-Saint, avec une grande solennité. L'huile d'olive est le symbole du chrême dont Jésus-Christ a été oint, c'est-à-dire du Saint-Esprit ; il signifie sa douceur et sa force. Le baume qui exhale une odeur suave nous montre ce que doit être le chrétien confirmé, ainsi que le parfum de ses vertus. Et comme on embaume un mort pour le préserver de la corruption, ainsi le chrétien étant mort au monde par le baptême, on l'embaume avec le saint chrême, pour le préserver de la corruption que pourraient occasionner en lui ses mauvaises inclinations et les fausses maximes du monde.

C'est dans la cérémonie de l'onction et de l'imposition des mains que consiste la matière du sacrement de confirmation. La forme consiste dans ces paroles que l'évêque prononce en les faisant :

Je vous marque du signe de la croix, et je vous confirme avec le saint chrême du salut, au nom du Père, et du Fils, et du Saint-Esprit.

L'évêque donne un léger soufflet au nouveau confirmé, pour lui apprendre qu'il doit être prêt à souffrir toutes sortes d'affronts pour l'amour de Jésus-Christ.

Quand les incrédules se riront de sa foi et de son espérance au Seigneur, il aura le courage de ne pas le renier devant des gens qu'il n'estime pas. Le Très-Haut, le Souverain maître de toutes choses, celui qui lui a commandé de l'appeler : « Mon Père, » sera plus pour lui qu'une simple créature et le monde n'aura pas seul ses hommages et son culte.

On distingue deux sortes de dispositions nécessaires pour recevoir la confirmation : celles du corps et celles de l'âme. Il faut être à jeun si c'est possible, et se présenter avec le front bien purifié, et avec un extérieur décent et modeste. Du côté de l'âme, il faut savoir le symbole des Apôtres, le sens de chacun de ses articles et connaître les devoirs qui nous sont prescrits par les commandements de Dieu et de l'Église, car il est impossible si on les ignore de confesser la religion de Jésus-Christ et de pratiquer sa loi. On doit être en état de grâce, puisque ce sacrement est un de ceux que l'on appelle sacrements des vivants. Celui qui le recevrait en état de péché mortel, se rendrait donc coupable de sacrilége.

Il faut s'y préparer par des prières ferventes, par des actes de foi, d'espérance, de charité, de contrition, afin de purifier son cœur et d'en faire une demeure agréable au Saint-Esprit.

LEÇON VIII.

DU SACREMENT DE PÉNITENCE.

I. Ce que c'est que le sacrement de Pénitence.

Le démon, le plus cruel et le plus opiniâtre de nos ennemis, ne nous laisse jamais en repos. Sans cesse il nous attaque, il nous assiége; il s'efforce ou de frapper nos yeux par les attraits de la concupiscence, ou d'enlacer nos âmes dans les vanités du siècle comme dans un piége. Il ne manque ni de scandales, ni de tentations.

Dieu donc, considérant tous les dangers auxquels nous nous trouvions exposés par là, et voyant qu'il ne nous était plus possible de recourir de nouveau aux eaux salutaires du baptême, a voulu nous ménager encore une ressource: il a placé dans le vestibule du sanctuaire une seconde piscine, destinée à nous purifier des fautes que nous aurions commises depuis notre baptême. C'est la pénitence, par laquelle l'homme déteste son crime, le pleure, l'expie, le répare et mérite de recouvrer la grâce qu'il avait perdue.

La vertu de pénitence, qui consiste dans la douleur d'avoir offensé Dieu et dans la réparation de cette offense, a été dans tous les temps d'une absolue nécessité pour obtenir la rémission des péchés. Tous les pécheurs que Dieu, avant la venue de Jésus-Christ, a reçus en grâce, ne l'ont été et n'ont pu l'être que d'après leur vive et sincère pénitence. Nous ne voyons dans les saintes Écritures aucun exemple de pardon accordé sans repentir, nous voyons au contraire souvent que, sans repentir, il n'y a point de salut à espérer.

Sous la loi de grâce, Jésus-Christ a élevé la pénitence à la dignité sacramentelle, car on y trouve tout ce qui est nécessaire pour constituer un sacrement : *un signe sensible*, qui est dans les trois actes du pénitent, la confession, la contrition, la satisfaction, et dans la sentence que le prêtre prononce au nom de Jésus-Christ pour remettre les péchés. Les actes que produit le pénitent, c'est-à-dire l'accusation de ses fautes et l'acte de contrition qu'il prononce sont la matière du sacrement de Pénitence ; et les paroles de l'absolution en sont la forme, l'accomplissement, signifiant avec plus d'assurance la grâce sanctifiante qui efface les péchés.

L'institution divine. Il n'appartient qu'à celui qui a reçu l'offense de la pardonner ; et voilà pourquoi le péché s'attachant directement à Dieu, il n'y a que Dieu qui puisse le remettre. « C'est moi, c'est moi-même qui efface vos iniquités, » dit le Seigneur par la bouche d'Isaïe. Et c'est là une des preuves que Notre-Seigneur donna aux Juifs de sa divinité. Mais depuis qu'il est monté au ciel, notre divin Sauveur n'exerce plus par lui-même le pouvoir de remettre les péchés ; il l'a confié à ses ministres, qu'il a établis ses représentants sur la terre, les dépositaires et les distributeurs de ses grâces. Il l'a accordé d'abord à ses apôtres. C'est à eux qu'il a dit lorsqu'il parut au milieu d'eux après sa résurrection et peu de jours avant son ascension : « Que la paix soit avec vous. Je vous envoie comme mon Père m'a envoyé. » Puis il souffla sur eux et ajouta : « Recevez le Saint-Esprit : les péchés seront remis à ceux à qui vous les remettrez, et ils seront retenus à ceux à qui vous les retiendrez. »

Jamais paroles furent-elles plus précises, plus positives que celles-ci? Mais comme les apôtres ne pouvaient aller partout administrer ce sacrement à tous les fidèles, et vivre jusqu'à la fin du monde, il a voulu qu'ils conférassent en son nom ce pouvoir aux évêques qu'ils établiraient, et que ces évêques le communiquassent à leur tour aux prêtres de leurs diocèses. Ce sont donc les évêques, institués légitimement, et les prêtres, approuvés par eux pour ce ministère, qui peuvent remettre les péchés par le sacrement de pénitence.

La collation de la grâce. Pourvu que le pécheur n'y mette point d'obstacle, les paroles du prêtre opèrent ce qu'elles signifient. Elles remettent tous les péchés sans aucune exception, sans délai, aussi souvent que le pécheur a recours à cette source de salut et pour toujours. Elles réparent tout le mal de l'âme et la rétablissent dans tous ses mérites et dans tous ses droits à la gloire éternelle. Le péché l'avait mise comme dans un état de mort, enchaînée, dégradée et dépouillée de toutes ses richesses spirituelles, le sacrement de Pénitence la ressuscite, la délivre de la servitude de Satan, la réconcilie avec le Seigneur, la relève, la fait briller de tout l'éclat de l'innocence, et lui rend tous ses mérites ; il ramène en elle comme un printemps nouveau où toutes les plantes mortes durant l'hiver reverdissent. Voilà quelle est l'efficacité du sacrement de pénitence, c'est donc avec raison qu'il est regardé comme le chef-d'œuvre de la miséricorde divine qui, étant infinie, l'emporte toujours sur la malice humaine.

II. Quand reçoit-on le sacrement de Pénitence.

On ne reçoit le sacrement de pénitence que lorsque le prêtre donne l'absolution des péchés, c'est-à-dire quand il prononce une sentence par laquelle il nous déclare au nom de Dieu qu'il nous pardonne les péchés que nous avons commis ; car Notre-Seigneur a donné aux apôtres le pouvoir de pardonner ou de ne pas pardonner, selon les dispositions où le pécheur se trouve. Il ne suffit donc pas de s'approcher du prêtre et de se confesser à lui pour recevoir ce sacrement, mais il faut qu'il donne l'absolution.

Ce mot absolution fait allusion à un usage en vigueur dans les familles juives au temps de Jésus-Christ. Tous les soirs le maître de la maison fermait sa porte au moyen d'un bâton solidement attaché par des petites cordes que lui seul déliait le matin. Voilà pourquoi Jésus-Christ se sert de cette expression lorsqu'il donne à ses apôtres le pouvoir de remettre les péchés : *Tout ce que vous lierez*, etc....

Le prêtre n'est point le dissipateur des mystères de Dieu : il en est le dispensateur et il doit se conformer dans l'exercice de son ministère aux règles qui lui sont prescrites. La principale est d'examiner les dispositions du pénitent et de voir s'il réalise les trois conditions nécessaires pour obtenir le pardon de ses péchés par l'absolution : la contrition, la confession et la satisfaction.

Ces trois actes du pénitent ne sont pas, dans le même degré et de la même manière, nécessaires pour la validité du sacrement de pénitence. La contrition est essentiellement requise, car le péché ne consiste pas à proprement parler, remarque saint Thomas, dans la matérialité de l'acte, mais dans la détermination de la volonté. C'est pourquoi avant d'offrir à Dieu le sacrifice de son corps au moyen de la satisfaction, le pécheur doit par la contrition lui offrir le sacrifice de son cœur; car la douleur volontaire du péché dont on s'est souillé est la première condition indispensable au pécheur pour qu'il puisse obtenir son pardon et se réconcilier avec Dieu, et c'est elle qui constitue essentiellement la vraie pénitence. La confession virtuelle suffit, c'est-à-dire que lorsqu'il y a impossibilité absolue de faire une véritable confession, elle peut être suppléée par le désir qu'on a de s'y soumettre. La satisfaction en acte n'est pas nécessairement exigée. Ainsi la contrition, la confession sont parties essentielles du sacrement, mais la satisfaction n'est que partie intégrante, il subsiste sans elle dans son essence, quoiqu'il ne soit pas parfait.

LEÇON IX.

DE LA CONTRITION.

I. Ce que c'est que la Contrition.

Le mot contrition signifie brisement, parce que notre cœur doit être en quelque sorte brisé par la douleur qu'il ressent d'avoir offensé Dieu. La pénitence ne consiste pas simplement dans l'accusation du péché et l'amendement de la vie ; elle renferme de plus l'horreur et la détestation des péchés commis. Voilà pourquoi on appelle cette douleur *contrition*, mot qui exprime parfaitement la vivacité du regret qui brise un cœur endurci par le mal, le pénètre et le rend docile aux impressions de la grâce.

Ce regret de ses fautes doit être nécessairement accompagné du bon propos, c'est-à-dire de la ferme résolution de ne plus offenser Dieu à l'avenir. Ces deux choses se tiennent : l'une ne peut être sans l'autre. Celui qui regrette sincèrement d'avoir fait une action qu'il sait être mauvaise se propose naturellement de ne plus la commettre, et s'il n'avait pas ce propos quelle serait la sincérité de son regret? Cette douleur d'avoir offensé Dieu et ce ferme propos de ne plus l'offenser à l'avenir sont d'une absolue nécessité pour obtenir la rémission de ses péchés. On conçoit en effet qu'on est entièrement indigne de pardon tant qu'on aime le mal et qu'on n'est pas décidé à l'éviter. Dieu, qui est la justice et la sainteté même, pourrait-il accorder sa grâce à celui qui veut rester dans l'impénitence? sa miséricorde ne peut nous dispenser de la satisfaction que réclament sa sagesse et son honneur.

Mais pour que la contrition soit l'âme de la vraie pénitence, elle doit avoir quatre qualités : elle doit être intérieure, universelle, souveraine et surnaturelle.

Intérieure. Nous devons détester nos péchés de tout notre cœur, parce que c'est le cœur qui a péché. La bouche, les yeux, les mains et les autres membres du corps ne sont que les instruments de la volonté. « C'est du cœur, dit Jésus-Christ, que sortent les mauvaises pensées, les homicides, les vols, les faux témoignages et les blasphèmes. » Puisque le cœur est le principe et la cause de tout mal, il est donc juste qu'il soit le siége de la douleur, qu'il souffre et qu'il expie par le repentir le mal qu'il a produit.

Souveraine, c'est-à-dire que nous devons être plus affligés d'avoir offensé Dieu et d'être tombés dans sa disgrâce, que de tous les maux qui pourraient nous arriver. Le bien que le péché nous enlève est le plus grand de tous les biens, le mal qu'il nous fait est le plus grand de tous les maux; il est donc juste que la douleur que nous ressentons de l'avoir commis, soit la plus grande de toutes les douleurs. Perdre ses biens, passer de longs jours sur un lit de souffrance, voir un père chéri ravi par la mort sont sans doute de grands sujets d'affliction. Mais qu'est-ce que tous ces maux si on les compare à la perte du ciel et aux supplices de l'enfer!

Universelle. Par la même raison que nous devons confesser tous nos péchés, il faut aussi que, sans en excepter un seul, nous ayons la contrition de tous. En effet, comme il n'est aucun péché qui n'ait fait injure à Dieu, aucun qui n'ait crucifié Jésus-Christ, il n'en est aucun que nous ne devions haïr ni détester, si nous voulons en obtenir le pardon. On ne peut pas être en même temps vivant et mort à la grâce, ami et ennemi de Dieu, digne du ciel et mériter l'enfer.

Surnaturelle, de deux manières : dans son principe et dans ses motifs. Tombés par nous-mêmes, par notre propre malice, nous ne pouvons nous relever par notre propre vertu ; il faut que Dieu vienne à notre secours et nous tende la main. La contrition est donc un don de Dieu, et elle doit être excitée en nous par le Saint-Esprit. La foi nous enseigne que de nous-mêmes nous ne pouvons ni croire en Dieu, ni espérer en lui, ni l'aimer d'une manière utile à notre salut. Comment donc pourrions-nous avoir, sans l'assistance du Très-Haut, cette haine du péché qui conduit à la justification? Le Saint-

Esprit nous touche le cœur, il lui inspire le regret de ses péchés, en lui suggérant des motifs de contrition que la foi nous fait connaître. « Il y a deux sortes de tristesse, dit saint Paul, l'une selon Dieu qui opère la vraie pénitence et procure le salut, l'autre selon le monde, laquelle donne la mort. » Se repentir de ses péchés pour des motifs purement naturels, tels que la crainte des maux temporels qui en sont la suite, la honte qui en revient aux yeux des hommes, ou même son opposition avec les simples lumières de la raison ne peut suffire pour la contrition. Dieu ne doit pas accorder le pardon à des regrets dont il n'est pas l'objet, et qui lui sont absolument étrangers.

Les vrais motifs d'une bonne contrition c'est que nous avons offensé un Dieu la bonté même, qui nous a tirés du néant et s'est immolé pour notre salut ; c'est que par ces malheureux péchés nous avons mérité l'enfer et perdu le ciel.

II. Combien y a-t-il de sortes de Contritions ? Leurs effets.

La contrition ne peut être une détestation douloureuse et chrétienne du péché sans être un amour de Dieu chrétien et repentant. Tous les motifs d'aimer Dieu et de fuir le péché sont donc les vrais motifs de la contrition. Ils se divisent, comme nous l'avons vu, en deux classes bien distinctes, en motifs désintéressés, pris du côté de Dieu, en motifs intéressés, pris du côté de nous-mêmes. Or, notre contrition sera parfaite ou imparfaite, selon qu'elle sera principalement excitée en nous par la première, ou par la seconde classe de ces motifs. Aimer Dieu pour lui-même et regretter le péché, parce qu'il est le mal de Dieu, c'est la charité pure, la contrition parfaite. Qu'y a-t-il en effet de plus élevé, de plus filial, de plus parfait? Aimer Dieu parce qu'avec cet amour tous les biens nous sont assurés, et détester nos péchés parce qu'ils sont notre plus grand mal, notre seul mal, c'est la contrition imparfaite. Quoique intéressée, ce ne sont pas les choses du temps, mais uniquement celles de l'éternité qui la touchent. Or, après la divine charité, c'est là ce que Dieu produit de plus grand dans une âme. L'attrition est donc l'œuvre de la grâce; éclairée par la foi et excitée par le Saint-Esprit, elle est surnaturelle dans son principe comme dans ses motifs. Bien loin, comme le prétend Luther, de rendre l'homme plus hypocrite, elle le rapproche de Dieu. L'enfant qui est docile par crainte est digne d'éloges, car il fait la volonté de son père qui n'emploie les menaces que pour être obéi. Mais nous préférons l'obéissance de son frère, qui redoute avant tout de contrister le cœur paternel, ce n'est pas qu'il soit insensible à la crainte de la punition ou à l'espoir de la récompense. Les solitaires de la Thébaïde avaient une très-grande frayeur de l'enfer et un vif désir du ciel, mais quand ces motifs les avaient arrachés à la terre et au mal, les ailes du pur amour, les transportaient dans une région plus voisine de Dieu.

La contrition parfaite, comme nous venons de le voir, n'est autre chose que la charité pénitente, l'amour du prodigue rentré en grâces; elle nous justifie même avant l'absolution, pouvu que nous ayons le désir de la recevoir, car la charité, c'est la justice, la vie, la grâce, et le Saint-Esprit donné avec elle. Le pécheur ira néanmoins se présenter au prêtre, parce qu'il n'est jamais sûr de sa guérison, et pour obéir au précepte qui ne cesse pas de l'obliger. D'ailleurs quelle gratitude ne doit-il pas à Dieu qui lui a rendu la vie, et quelles grâces ne puisera-t-il pas dans les sacrements, si salutaires à celui qui les reçoit vivant! Nous devons faire tous nos efforts pour nous exciter à cette bienheureuse contrition, elle est difficile, mais beaucoup moins qu'on ne le pense. Elle n'est pas autre chose que l'accomplissement du premier précepte : « Vous aimerez le Seigneur de tout votre esprit et de tout votre cœur. » Et ce commandement, imposé à tous, ne dépasse pas les bornes d'une bonne volonté ordinaire. Il est impossible de réfléchir aux perfections de Dieu, ainsi qu'aux bienfaits de la création, de la conservation, de la rédemption, sans nous affliger d'avoir outragé un Père si plein de bontés, qui nous aime d'un amour infini et sans prendre la résolution de ne plus lui déplaire. La passion de Jésus-Christ doit surtout faire vibrer les fibres les plus sensibles de notre cœur. — Quant à la contrition imparfaite, comme elle n'est pas la justice et la grâce sanctifiante, elle n'efface pas par elle-même le péché, mais elle nous dispose à recevoir l'absolution dans le sacrement de pénitence. Ce qui éloigne de Dieu, c'est un défaut d'espérance, et de charité. Or, la contrition imparfaite est animée par l'espérance, puisqu'elle se dirige, quoiqu'en tremblant, vers le tribunal du pardon. Elle frémit à la pensée de l'enfer, mais le regard qu'elle adresse au ciel, quoique plein de regrets, est encore un regard de désir. C'est déjà, comme dit saint François de Sales, le commencement, le premier rayon, l'aube et l'aurore de la charité. Le cœur de l'homme ne peut crier miséricorde à son Père, sans qu'une fibre s'émeuve en lui, et il est impossible que l'Esprit-Saint, qui a consumé toutes ses affections déréglées, ne laisse pas tomber dans son cœur une seule étincelle de son amour. C'est ainsi que la contrition imparfaite prépare l'homme au sacrement de pénitence ; et le chrétien qui, pour s'y disposer, ferait trois stations, une première en enfer, pour y voir la place qu'il a plus d'une fois méritée et où ses infidélités peuvent encore le conduire; une station au ciel, prix infini de travaux légers, et risqué par un seul péché; une station devant la croix où le cœur d'un Dieu mourant par amour

LEÇON IX. 441

remplit nos cœurs d'un amour qui ne calcule plus; ce chrétien, dis-je, serait le plus souvent réconcilié avant d'entrer au tribunal de la réconciliation.

LEÇON X.

DE LA CONFESSION.

I. Ce que c'est que la Confession.

Confession veut dire aveu. Mais la confession n'est pas une simple confidence, c'est une accusation que nous portons contre nous-même. Au tribunal de la pénitence, le pécheur ne s'entretient pas de choses indifférentes, mais de ses fautes qui ont tué et dépouillé son âme. Il y parle à Dieu qui lit dans le cœur et qui juge de la sincérité de la déposition *faite à son ministre*. Ce ministre est approuvé pour remettre ou retenir les péchés en son nom. C'est pour cela qu'il est sur son tribunal, qu'il entend et interroge le pécheur. La confession qu'il reçoit est sacramentelle; elle prépare son jugement et en fait partie. Dans sa conscience de juge, il examine s'il doit prononcer ou ajourner l'acquittement de grâce qui est l'absolution.

C'est Notre-Seigneur Jésus-Christ qui a établi la confession, lorsqu'il dit à ses apôtres: « Recevez le Saint-Esprit : les péchés seront remis à ceux à qui vous les remettrez ; ils seront retenus à ceux à qui vous les retiendrez. » Les voilà eux et les prêtres, qui sont leurs successeurs dans le sacerdoce, établis juges et médecins. Aucun homme tombé dans le péché mortel après le baptême, ne peut être guéri spirituellement ni se réconcilier avec Dieu sans l'exercice de leurs pouvoirs. Or, ces pouvoirs si formidables, ils ne peuvent les exercer arbitrairement. Ils doivent connaître la cause qu'ils ont à juger ou la maladie qu'ils ont à guérir. Mais dans ce tribunal divin et secret, où tout se passe entre le ministre de Dieu et le pénitent, il ne saurait y avoir d'autre témoin que le coupable. C'est donc Jésus-Christ et pas un autre qui a établi la confession.

Si la confession est divine, elle est donc nécessaire : car Jésus-Christ n'a pas établi un autre moyen d'obtenir la rémission des péchés. L'Église, il est vrai, nous enseigne que la contrition parfaite peut justifier avant la confession, mais elle enseigne aussi que cette justification ne s'accomplit pas sans le désir du sacrement, et qu'elle a le droit d'assurer par les eaux de la pénitence une guérison dont on ne peut être certain. Les dix lépreux ne furent guéris qu'en allant se montrer aux prêtres, selon les ordres du Sauveur. Telle a été la pratique constante de l'Église et la doctrine des Pères dans chaque siècle. Saint Luc nous dit aux Actes, ch. xix, que ceux qui embrassaient la foi venaient confesser leurs péchés aux apôtres. Depuis lors, la confession n'a jamais cessé d'être en usage parmi les fidèles. « Il est nécessaire, dit saint

Basile, de découvrir ses fautes aux dispensateurs des mytères de Dieu. »

« Pourquoi craignez-vous de vous confesser? dit saint Augustin; si votre péché demeure ignoré du prêtre, vous serez condamné. Ne pas vous confesser, c'est le moyen de faire connaître votre péché à tout l'univers. »

Saint Irénée, Tertullien, Origène, saint Cyprien, saint Ambroise, saint Jérôme, saint Jean Chrysostome parlent de la nécessité de la confession d'une manière aussi claire et aussi positive.

Ses avantages ne sont pas moins incontestables. Quand l'homme fatigué du monde et courbé sous le poids du malheur de ses fautes va chercher sous les voûtes d'une église, un de ces tribunaux toujours ouverts à l'infortune et au repentir, il y trouve assis le meilleur des pères, le plus sûr des amis, le plus discret des confidents. Si l'on est pécheur, il pardonne; si l'on est déjà parmi les justes, il dirige; dans l'affliction il console, dans l'abattement il relève, dans le découragement il fortifie, dans la tiédeur il réchauffe; et quand tout nous courbe vers la terre, il donne des ailes à notre âme pour l'élever vers Dieu.

C'est avec raison que plusieurs Pères de l'Église ont appelé le tribunal de la pénitence *une sainte école de sagesse* pour tous les âges de la vie.

La confession, dès que la raison commence à poindre dans l'intelligence de l'enfant, en lui faisant un devoir de la vérité aide à lui conserver le parfum de l'innocence. Ce fragile trésor est préservé par la crainte du mal que le prêtre inspire à l'enfant, par la fuite des mauvais compagnons qu'il recommande, par l'obéissance et le respect pour ses parents qu'il sait inculquer à cette jeune âme.

Le jeune homme trouve au confessionnal un remède contre l'entraînement si redoutable des passions. La voix qu'il y entend l'excite à la vigilance, en lui faisant éviter les lectures dangereuses et les compagnies suspectes.

Dans la confession il y a pour la famille une garantie sainte, un gage de fidélité, un principe de bon accord et de paix, une source de vraie félicité conjugale. C'est elle qui, dans le peuple surtout, prévient ces débauches funestes qui absorbent dans l'orgie d'un jour le fruit des travaux d'une semaine, et jettent ainsi dans les familles la ruine et le désespoir.

La confession est faite pour tous, est utile et salutaire à tous, mais nul n'a plus que le vieillard besoin d'y recourir ; elle le console de la venue des infirmités, de la fuite de ses jeunes années, de l'absence de ses amis et des privations de l'adversité. C'est à elle qu'il doit le calme de ses jours et le sommeil de ses nuits : en lui ôtant les remords qui sont les épines de la conscience, elle lui a assuré le repos.

Témoins des effets merveilleux que produit cette salutaire institution, les impies eux-mêmes sont forcés de lui rendre hommage. J. J. Rousseau a écrit quelque part : Que de restitutions, que de réparations, que de réconciliations ne fait-elle pas faire chez les catholiques¹!

Voltaire dit à son tour : « La confession est une chose très-excellente, inventée dans l'antiquité la plus reculée : on se confessait dans la célébration de tous les anciens mystères. Nous avons sanctifié cette sage coutume ; elle est très-bonne pour engager les cœurs ulcérés de haine à pardonner. »

II. Qualités de la Confession.

Les théologiens en distinguent un grand nombre ; mais toutes peuvent se résumer dans l'humilité, la simplicité, la prudence et l'intégrité.

L'humilité se manifeste : 1° dans les habits. Saint Charles Borromée défend aux confesseurs de recevoir au tribunal les personnes qui ne seraient pas vêtues d'une manière modeste. 2° Dans le maintien. Un sujet coupable qui se présenterait devant son roi avec un air hautain ne ferait que provoquer sa colère et son indignation. 3° Dans les paroles. Il faut laisser toute excuse et dire : c'est par ma propre malice que j'ai péché. Lorsque nos premiers parents eurent transgressé le commandement qu'il leur avait fait, Dieu leur demanda pourquoi ils avaient agi de la sorte, afin, dit saint Augustin, de leur donner occasion d'accuser leur péché,

---

1. *Émile*, tome III, p. 201, dans la note.

et il était disposé à ne pas les condamner s'ils se fussent avoués coupables.

La simplicité consiste à se borner à l'accusation de ses fautes et à laisser de côté tout préambule, tout récit inutile et tout ce qui est étranger à la confession.

La prudence empêche le pénitent de faire connaître à son confesseur les péchés d'autrui, à moins qu'il n'ait pas d'autre moyen de procurer l'intégrité de la confession. Dans ce cas, on le peut; car, ainsi que nous allons le voir, on doit déclarer en confession les circonstances qui rendent le péché plus grand ou qui en changent l'espèce. Or il arrive souvent qu'on ne peut pas faire connaître ces circonstances sans manifester son complice. Tel est le sentiment de saint Bernard, de saint Thomas et de saint Bonaventure.

L'intégrité consiste dans l'accusation complète de ses fautes. Le pénitent est obligé de déclarer au moins tous ses péchés mortels, sans en cacher un seul par sa faute, de même que les circonstances qui rendent le péché plus grand ou qui en changent l'espèce. Une circonstance change l'espèce du péché lorsqu'elle fait qu'un même acte devient contraire à plusieurs préceptes, ou à plusieurs vertus, comme serait le vol dans une église. Les circonstances aggravantes sont celles qui rendent le péché plus grand sans en changer l'espèce : par exemple, médire de plusieurs personnes.

Lorsqu'on doute prudemment si l'on a commis tel péché mortel, ou si le péché est mortel ou véniel, ou si on l'a déjà déclaré, on doit manifester ces doutes au confesseur pour ne pas s'exposer à faire une confession sacrilége par défaut d'intégrité.

Il y a quelquefois des raisons qui dispensent de l'intégrité de la confession, comme sont l'oubli involontaire, l'ignorance invincible. Mais si un péché mortel revenait plus tard à la mémoire, on devrait l'accuser. L'impuissance actuelle ou imminente dispense ainsi de l'intégrité de la confession. Ainsi un malade qui aurait commencé sa confession et qui se trouverait en danger de mort avant d'avoir pu l'achever devrait être absous.

Rien n'est plus propre à porter un pénitent à faire l'accusation entière et sincère de ses fautes, que la considération des fins dernières, surtout du jugement, où les péchés cachés seront dévoilés à la face de toutes les nations, et la peine de l'enfer éternel où le pécheur en subira la honte et le châtiment.

On doit être humilié, dit saint Augustin, de commettre le péché, mais on ne doit pas rougir de remédier au mal que l'on fait à son âme. Plus le pénitent s'avoue coupable, plus le confesseur admire sa générosité.

Quelle bonté de la part de Jésus-Christ d'avoir choisi un homme pour absoudre son semblable! Il faut commencer par la déclaration des fautes les plus pénibles à avouer et acepter cette peine comme la première partie de la satisfaction que l'on doit à la justice divine.

Quoi! s'écrie Tertullien, dans son magnifique livre de *la Pénitence*, vous vous repentez de vos fautes, vous prétendez avoir le désir de faire votre salut, et vous redoutez si fort les œuvres de la pénitence? Ah! voyez ceux qui aspirent aux charges de l'État, qui ambitionnent les magistratures : tourments de l'esprit, fatigues du corps, efforts de toute espèce, rien ne les rebute. Ils foulent aux pieds tous les obstacles pour s'avancer vers ce qui fait l'objet de leur désir, et tout cela pour se procurer une satisfaction bien passagère assurément, et qui souvent ne dure pas plus d'une année; et nous, quand il s'agit de la grande affaire de notre éternité, nous ne pourrions supporter ce qu'ils endurent pour les haches et les faisceaux du consulat! Nous avons offensé notre Dieu, et nous nous laissons rebuter parce qu'il nous en coûterait pour retourner à lui quelques privations dans la nourriture, quelques retranchements dans le luxe de nos vêtements. Ah! quand votre cœur se soulève à la seule pensée qu'il faudra faire l'aveu de telle ou telle faute, considérez un instant par les yeux de votre foi les flammes vengeresses de l'enfer que cet aveu peut vous faire éviter.

LEÇON XI.

DE LA MANIÈRE DE SE CONFESSER.

I. L'Examen de conscience.

La confession doit être précédée de l'examen de conscience, c'est-à-dire de la recherche exacte des pensées, des désirs, des paroles, des actions et des omissions dont on s'est rendu coupable envers Dieu et sa loi sainte. Cet examen est indispensable pour faire une confession exacte de tous ses péchés : sans un examen sérieux en effet, on ne se rappellerait pas les péchés commis, on ne les confesserait pas ; et par suite de cette négligence, on n'en obtiendrait pas la rémission. Au lieu de rentrer en grâce avec Dieu, on en deviendrait plus coupable à ses yeux.

Avant de se présenter au tribunal de la pénitence il faut donc bannir de notre esprit toutes les pensées qui pourraient nous distraire, et là, seul avec notre conscience, demander à Dieu de connaître nos fautes comme il les connaît lui-même, s'examiner sur les commandements de Dieu et l'Église, sur les péchés capitaux, sur ses obligations générales et particulières, sur l'usage que nous avons fait de notre esprit, de nos sens, de nos biens, des grâces que nous avons reçues de Dieu, etc. Afin de découvrir plus facilement toutes nos fautes, nous devons considérer spécialement quelles sont nos inclinations, nos habitudes, les personnes avec lesquelles nous avons eu quelque rapport, les occupations auxquelles nous sommes livrés, les lieux dans lesquels nous nous sommes trouvés.

Au reste, cette recherche doit se faire sans trouble et sans inquiétude : quand nous avons fait ce qui dépend de nous, quand nous y avons mis l'attention et le temps que demande une action si importante, nous devons être tranquilles. Lors même que dans nos confessions nous aurions oublié quelques péchés, ils sont remis avec ceux que nous avons déclarés, parce qu'il n'y a point eu de négligence de notre part. Les péchés, dit le concile de Trente, qui ne se présentent pas à l'esprit d'une personne qui y pense avec application, sont censés compris en général dans la confession qu'elle fait, et c'est pour ces péchés que nous disons avec confiance, après le prophète : « Purifiez-moi, Seigneur, de mes crimes cachés. » Il suffit de déclarer dans la prochaine confession le péché qui avait été oublié.

Après avoir examiné sa conscience, il faut s'exciter de tout son cœur à la contrition, sans laquelle, nous l'avons vu, on ne peut jamais obtenir le pardon de ses péchés.

II. L'acte même de la Confession.

Lorsqu'il est arrivé au confessionnal, le coupable se met à genoux ; pour animer sa confiance, il fait le signe de la croix, et déjà sa bouche a prononcé ces paroles :

Mon père, bénissez-moi, parce que j'ai péché.

Dès ce début, ce ne sont plus les habitudes, les allures du monde. C'est un criminel qui s'est agenouillé près du prêtre ; et cependant, plein d'une merveilleuse confiance, il dit : *Bénissez-moi.* L'enfant prodigue, qui est revenu plein de repentir dans la maison natale, est digne, en effet, des bénédictions paternelles.

Dans toute sa confession le pécheur ne donnera pas d'autre nom au prêtre que celui de père. Le ministre de Jésus-Christ a accepté ce titre ; car la grâce qui a inondé le cœur du pénitent pénètre aussi le confesseur. Une tendre et sainte paternité lui est venue, et ses entrailles sont émues à la voix de l'enfant qui demande à être lavé de ses souillures. Aussi voici comment il lui parle en faisant sur lui le signe de la croix : *Que le Seigneur soit dans votre cœur et sur vos lèvres, afin que vous fassiez une sincère et entière confession de tous vos péchés, au nom du Père, du Fils, et du Saint-Esprit. Qu'il en soit ainsi.*

Le pénitent récite alors le *Confiteor* jusqu'à *meá culpá* ; ou en français *Je confesse à Dieu* jusqu'à *c'est ma faute* ; il dit combien il y a de temps qu'il s'est confessé, s'il a reçu l'absolution, et s'il a fait sa pénitence. Il commence la révélation pleine, entière et sincère de tous les péchés, de tous les crimes qui ont si longtemps oppressé sa conscience. Après qu'il a déclaré ses péchés, il ajoute : *Je m'accuse encore de tous les péchés dont je ne me souviens pas; j'en demande pardon à Dieu et à vous, mon père, pénitence et absolution.* Et il achève le *Confiteor* en disant *meâ culpâ*, etc., ou en français *c'est ma faute*. Il écoute ensuite respectueusement les avis du confesseur, car le prêtre n'est pas seulement un juge, un père, il est encore le médecin de l'âme qui vient de se révéler à lui. Ses paroles sont douces comme l'huile et le vin versé sur des blessures, douces comme celle d'une mère qui a écouté son fils.

Pour éviter de nouvelles rechutes à son enfant, le père lui impose une pénitence bien douce en comparaison des fautes ; il l'excite au repentir avant de le rétablir dans tous ses droits.

Le pécheur s'incline, tout son corps frissonne quelquefois d'une honte salutaire, et souvent des larmes de douleur mouillent ses yeux ; il prononce dans toute l'amertume de son âme l'acte de contrition, en évoquant en lui tout ce que peuvent inspirer la haine de ses péchés et l'amour pur de Dieu.

De son côté, le confesseur invoquant le Dieu de bonté et de clémence dont il tient la place au tribunal sacré, lui dit : *Que le Seigneur tout-puissant et tout miséricordieux vous accorde le pardon, l'absolution et la rémission de tous vos péchés. Qu'il soit fait ainsi.* Et levant la main, il prononce les paroles toutes-puissantes de la formule d'absolution qui se termine ainsi : *Ego te absolvo a peccatis tuis, in nomine Patris, et Filii, et Spiritus Sancti :* **Je t'absous de tous tes péchés au nom du Père, du Fils et du Saint-Esprit.**

LEÇON XII.

DE LA SATISFACTION ET DES INDULGENCES.

I. De la Satisfaction.

Le pécheur s'accuse par la confession, se condamne par la contrition, se punit par la satisfaction.

La satisfaction est donc la réparation de l'injure que nos péchés ont faite à Dieu et du tort qu'ils ont fait au prochain.

On a traité de la réparation due au prochain dans les commandements qui nous défendent de lui nuire, le cinquième, le septième et le huitième ; il sera ici principalement question de la réparation qui est due à Dieu.

L'obligation de la satisfaction résulte de la nature même du sacrement de pénitence : comme tous les autres signes productifs de la grâce, il aide, mais ne remplace pas notre action. Il remet bien les peines éternelles de l'enfer ; mais il ne nous dispense pas des peines temporelles qu'il faut ordinairement souffrir en cette vie ou en l'autre. La satisfaction achève ce qui manque à l'expiation.

C'est dans ce sens que saint Paul disait :

J'achève dans ma chair ce qui manque à la passion de Jésus-Christ.

On conçoit facilement que Dieu, pour se réconcilier avec le pécheur, lui ait posé des conditions. Il réclame de lui tout ce qu'il peut payer ou du moins une partie, ne fût-ce qu'en reconnaissance de la dette plus considérable dont on lui fait grâce. C'est ainsi qu'il pardonne à Adam, à Moïse et à David. Quant au baptisé, qui n'a pas péché par sa volonté propre ou qui ne l'a offensé que par ignorance, il lui accorde un pardon sans réserve. Mais convient-il de montrer la même indulgence à ceux qui, après avoir été délivrés de la servitude du démon, ont osé violer en eux le temple de Dieu et contrister le Saint-Esprit avec une pleine connaissance? N'est-il pas bon qu'ils se souviennent de leur crime, et que leur second baptême soit laborieux? Les péchés doivent nous être pardonnés, de manière que ce ne soit pas pour nous une occasion de les regarder comme des fautes légères, d'en commettre bientôt de plus graves et de nous amasser un trésor de colère. C'est ainsi que la satisfaction devient à la fois médicinale et préservatrice. Non-seulement elle venge Dieu outragé par nos fautes, mais elle ferme de plus en plus les blessures de notre âme, et prévient les rechutes en prescrivant ce qui nous répugne peut-être, mais nous fortifie. On conçoit aussi que la contrition soit si profonde qu'elle renferme toute l'amertume de longues expiations. Un cœur, dont le dévouement est sans bornes, paye de lui-même plus qu'il ne doit, et alors Dieu n'a plus à compter avec lui. C'est l'enfant prodigue rentré dans la plénitude de ses droits, Madeleine aux pieds de Jésus, le bon larron mourant si pieusement avec le Sauveur qu'il sera le jour même avec lui dans son paradis.

Ce n'est pas encore assez de satisfaire à Dieu pour l'injure que nous lui avons faite, il faut de plus réparer le tort que nous avons causé au prochain. « Le péché, dit saint Augustin, ne peut être remis si l'on ne restitue, ou au moins si l'on n'est disposé à restituer le bien enlevé. » Ce principe est incontestable et universellement admis.

La première des œuvres satisfactoires est la pénitence sacramentelle. Le nom en indique à la fois l'obligation et l'excellence. Le vœu ou le désir de l'accomplir est, avec la contrition et la confession, un des trois actes essentiels du pénitent; et si le prêtre ne le supposait pas en nous, il ne nous absoudrait certainement pas. Car comment allier le refus de la pénitence avec une vraie contrition? « Seigneur, disait saint Augustin après sa conversion, coupez, brûlez, tranchez tout ce qu'il y a de criminel en moi ! Je compte pour rien tous les maux de la vie présente, pourvu que vous m'épargniez dans l'éternité. »

Il faut donc accepter la pénitence quelque

rigoureuse qu'elle soit, et l'accomplir entièrement, dans le temps marqué, et dévotement. Le confesseur n'agit pas par caprice; il est le mandataire et le représentant de Dieu, dont il doit venger la gloire en proportionnant la satisfaction à l'offense. Omettre une partie de la penitence, c'est frustrer la justice divine d'un droit acquis et reconnu; mais l'omission n'est mortelle que lorsqu'elle est considérable et volontaire.

Comme la pénitence est très-souvent médicinale, ce serait la priver de son effet que de ne pas la faire au temps marqué par le confesseur.

Enfin, on doit l'accomplir dévotement, c'est-à-dire avec attention du côté de l'esprit et piété du côté du cœur. Telle est la nature et l'étendue de la satisfaction. Mais il ne faut pas se borner à la pénitence que le confesseur nous impose, car elle est ordinairement insuffisante pour l'expiation de nos péchés; pour nous en convaincre, il suffit de nous rappeler les pénitences que l'on donnait dans la primitive Église :

Pour avoir juré le saint nom de Dieu sans y penser, on imposait sept jours de jeûne au pain et à l'eau, et quinze jours pour la seconde et la troisième fois.

Pour avoir parlé à l'église pendant le service divin, dix jours au pain et à l'eau.

Pour avoir injurié son père ou sa mère, trois ans de pénitence.

LEÇON XII.

Aujourd'hui, l'Église, pour s'accommoder à notre faiblesse, a adouci, il est vrai, la rigueur de sa discipline; mais Dieu ne s'est point relâché des droits de sa justice. Il faut que nous fassions une pénitence équivalente au nombre et à la grandeur de nos fautes; si ce n'est dans ce monde, ce sera dans l'autre au milieu des flammes du purgatoire. Armons-nous donc d'une sainte colère contre nous-mêmes, en ajoutant de notre propre mouvement d'autres œuvres satisfactoires à celles qui nous sont imposées par le confesseur.

Les principales œuvres de pénitence sont la prière, le jeûne et l'aumône. La prière est prise ici dans le sens de tout acte de religion honorant Dieu, comme la prière vocale, la méditation, les lectures, l'examen de conscience, la visite des églises, l'assistance à la messe, aux instructions, etc. Sous le nom de jeûne, on comprend tout ce qui nous prive et mortifie : les peines corporelles, les abstinences, la privation des jeux. Par aumône, on entend toutes les œuvres de miséricorde corporelle et spirituelle.

Nous pouvons encore satisfaire à Dieu par le travail et les peines de la vie, pourvu que nous les supportions avec patience et résignation. Il y a des devoirs qui demandent quelque courage pour n'être pas omis; la peine que nous éprouvons à les remplir peut être la plus fructueuse des pénitences. Il y a des peines de nécessité que la religion nous permet de faire et qui nous atteindront toujours : le travail fatigant ou monotone de chaque jour, les chagrins de famille, les caractères difficiles, les maladies, les dépendances. Souffrances aussi stériles, pour un grand nombre de chrétiens, que celles de l'enfer, elles peuvent être changées en peines expiatoires comme celle du calvaire; mais c'est à la condition de ne pas les rendre plus amères par des murmures sans profit ou d'inutiles résistances.

II. Des Indulgences.

Pour suppléer à l'insuffisance de nos satisfactions et pour nous dispenser de faire pénitence, l'Église, toujours animée et conduite par l'esprit de Dieu, accorde des indulgences, c'est-à-dire qu'elle remet à ses enfants une partie de leurs expiations qui avaient dû leur être imposées selon les anciennes règles. L'indulgence est donc, non la remise du péché, mais de la peine temporelle due aux péchés déjà pardonnés. Elle n'est pas une grâce proprement dite, mais le simple acquittement d'un ami envers son ami. Voilà pourquoi Jésus Christ a donné ce pouvoir à l'Église dans la personne des apôtres lorsqu'il leur a dit : « Tout ce que vous lierez sur la terre sera lié dans le ciel, et tout ce que vous délierez sur la terre sera délié dans le ciel. »

Elle a donc le pouvoir d'*imposer des peines* pour l'expiation de nos péchés, et celui de remettre ces peines, lorsque la vue de la grâce de Dieu et le bien spirituel de ses enfants l'engagent à user d'indulgence à leur égard. La preuve que fournissent les paroles de Jésus-Christ est confirmée par une pratique ancienne, constante et universelle. Saint Paul condamne un pécheur scandaleux à une rigoureuse pénitence; plus tard, apprenant son sincère repentir et l'excès de sa tristesse, il lui remet le reste de sa peine, agissant dans la personne de Jésus-Christ. L'Église, dans ces premiers siècles, avait égard à la recommandation des martyrs et à leurs prières, elle traitait avec indulgence leurs frères pénitents.

L'exercice de ce pouvoir appartient au pape et aux évêques. Il est restreint dans les évêques à leurs diocésains et aux limites fixées dans les canons de l'Église. Le quatrième concile de Latran a dit que les évêques ne pouvaient accorder que des indulgences de quarante jours, à l'exception du jour où ils font l'inauguration d'une église. Ils peuvent à cette occasion accorder des indulgences d'un an. Quant au souverain pontife, rien ne limite son droit de grâce, qu'il exerce par des indulgences plénières ou partielles sur tous les catholiques, puisqu'il est le chef de toute l'Église.

Elles sont octroyées en dehors du sacrement et par les mains de l'Église, qui cependant ne dispose de la grâce que par les sacrements. C'est avec les mérites surabondants de Jésus-Christ, de la sainte Vierge et des Saints que l'Église acquitte ses enfants de ce qu'ils doivent à la justice divine. « De même que dans tout corps vivant, il se fait entre eux un perpétuel échange de vie. Il n'y a pas de force perdue dans ce monde dont Jésus-Christ est l'âme. Tous les mérites y sont récompensés, toutes les souffrances et toutes les satisfactions utiles. Oh! que d'expiations qui n'ont pu être que des mérites pour les saints qui se les appliquaient! Du haut du Calvaire se précipite comme un fleuve de sang, qui se grossit tous les jours du sang d'innombrables martyrs. La justice en a pris sa part, l'Église en déverse le reste sur les fidèles. » La disposition de ce trésor immense lui appartient, et elle le distribue avec la mesure que lui dicte sa sagesse! Quelquefois elle n'accorde qu'un certain nombre de jours ou d'années d'indulgences, c'est-à-dire qu'elle diminue d'autant la pénitence que prescrivent les saintes règles de la discipline. Quelquefois elle accorde une indulgence plénière, c'est-à-dire qu'elle remet au pécheur pénitent tout ce qui lui reste à faire pour accomplir la pénitence canonique. Remarquons cependant que l'intention de l'Église n'est pas de nous dispenser de l'expiation, mais de nous aider à la faire. Elle peut suppléer à l'impuissance des pécheurs et non pas favoriser le relâchement et la paresse. D'ailleurs les œuvres de pénitence n'ont pas seulement une valeur expiatoire, mais elles servent encore à préserver de la rechute et à dompter les passions; et, à cet égard, on ne peut jamais en être dispensé.

Il y a plusieurs conditions requises pour gagner les indulgences : il faut être en état de grâce, parce que la peine due au péché n'est jamais remise sans que le péché soit pardonné. Il n'est pas nécessaire néanmoins d'accomplir toutes les œuvres présentes en état de grâce, mais il faut y être au moins en faisant la dernière, parce que c'est alors que l'indulgence produit son effet. Il faut de plus faire toutes les œuvres prescrites dans le temps et de la manière indiquée par celui qui les accorde, et avoir l'intention au moins virtuelle de gagner telle indulgence, ou bien en général de gagner toutes les indulgences attachées aux bonnes œuvres que l'on fait.

LEÇON XIII.

PREMIÈRE INSTRUCTION.

DE L'EUCHARISTIE.

Parler maintenant de l'Eucharistie, c'est le désir et le besoin de notre cœur. Mais comment exposer sur une terre d'exil des mystères que les anges eux-mêmes comprennent à peine dans le ciel? Dieu dans l'Eucharistie habite une lumière inaccessible, et semble nous dire comme autrefois au prophète : « Quel est celui qui ose se permettre des discours inconsidérés et des paroles pleines d'ignorance? »

Toutefois, s'il était permis aux enfants d'Israël de demander à Moïse ce qu'était la manne du désert, il ne saurait nous être interdit sous la loi de grâce, de considérer cette manne que Dieu nous fait tomber dans le désert de la vie, et de demander avec la curiosité de l'amour : Quelle est cette merveille de la charité d'un Dieu?

Voici l'ordre que nous suivrons dans nos instructions sur ce sujet : 1° ce que c'est que l'Eucharistie; 2° du Saint Sacrifice de la messe; 3° de la communion; 4° du sacrilége; 5° des dispositions à la communion.

LEÇON XIII.

CE QUE C'EST QUE L'EUCHARISTIE.

I. Noms et figures de l'Eucharistie.

Pour nous faire comprendre les admirables effets de cet auguste sacrement et toute son excellence, les divines Écritures et les auteurs ecclésiastiques l'ont désigné sous divers noms.

On l'appelle :

Eucharistie. — Mot grec qui signifie action de grâces, parce qu'en l'instituant Jésus-Christ rendit grâce à son Père, et que nous n'avons pas de moyen plus efficace pour témoigner à Dieu notre reconnaissance que de lui offrir cette hostie sans tache, qui est son divin Fils lui-même, l'objet de toutes ses complaisances.

La Sainte Table, la Cène du Seigneur, parce que Notre-Seigneur l'institua à table, après avoir mangé l'agneau pascal, et qu'il nous y invite tous comme à un festin spirituel, où il se donne lui-même à nous, pour être la nourriture de nos âmes. « Ma chair, nous dit-il, est vraiment une nourriture, et mon sang est vraiment un breuvage. »

Le Pain vivant, le Pain des anges, le Pain des enfants, parce que le pain est la matière de ce sacrement, et parce qu'il est l'aliment de nos âmes.

Communion, parce qu'en le recevant nous contractons avec Jésus-Christ et par Jésus-Christ avec la Trinité tout entière l'union la plus intime.

Le Très-Saint-Sacrement, parce qu'il n'est pas

seulement comme les autres sacrements un signe de la grâce, mais qu'il renferme substantiellement celui qui est l'auteur et la source même de la grâce.

Les Saints Mystères, parce que Jésus-Christ, pour réaliser ce prodige de son amour, opérera jusqu'à la fin des temps les plus étonnantes merveilles.

Le Saint Viatique, parce qu'il nous aide à nous avancer dans la voie du salut, et qu'il nous soutient pour le grand voyage de l'éternité.

La Sainte Hostie, *le Saint Sacrifice*, *la Victime sainte*, parce que Jésus-Christ y est en état de victime s'immolant chaque jour à son Père pour notre amour.

Dieu lui-même, pour nous donner la plus haute idée du sacrement de l'Eucharistie, a voulu qu'il fût annoncé longtemps avant son établissement par diverses figures. Il a été figuré :

Par l'arbre de vie que Dieu avait planté dans le paradis terrestre, et qui était pour tous ceux qui devaient s'en nourrir une source de gloire et d'immortalité. L'Eucharistie préserve le chrétien de la corruption du péché, et elle est le germe de la vie éternelle.

Par le sacrifice de Melchisédech, qui fut une oblation de pain et de vin. De là vient que Jésus-Christ avait été appelé d'avance Prophète, Prêtre selon l'ordre de Melchisédech.

Par l'agneau pascal, dans lequel nous trouvons trois similitudes avec la sainte Eucharistie : l'agneau lui-même, qui était victime et nourriture en même temps ; son sang dont étaient teintes les portes des Hébreux, et par lequel ils furent préservés de l'ange dévastateur, et le pain azyme et sans levain, avec lequel on devait manger l'agneau pascal, et qui représentait la matière du sacrement de l'autel.

Par la manne, dont la douceur et l'origine céleste figuraient admirablement la divine Eucharistie.

Par les pains de proposition, qui ne devaient servir de nourriture qu'à ceux qui étaient purs et qui s'étaient sanctifiés.

Par les sacrifices de l'Ancien Testament, et surtout *par les sacrifices propitiatoires*.

Mais entre toutes ces figures et la réalité, il y a autant de différence qu'entre l'ombre et le corps, qu'entre les ténèbres et la lumière.

II. Définition de l'Eucharistie.

L'Eucharistie est un véritable sacrement de la nouvelle loi, qui contient Jésus-Christ tout entier, mais voilé sous les apparences du pain et du vin. Nous y trouvons un signe sensible, c'est-à-dire les espèces du pain et du vin qu'on voit, qu'on touche, qu'on goûte, quoique la substance du pain et du vin ait été changée au corps et au sang de Jésus-Christ. Le signe sensible marque que l'Eucharistie nous est donnée pour être le soutien et la réfection spirituelle de nos âmes, comme le pain et le vin matériels sont la nourriture de notre corps. Il a été institué par Jésus-Christ. « Le Sauveur prit du pain, et ayant rendu grâces, il le rompit, et il le leur donna en disant : *Ceci est mon corps qui est donné pour vous; faites ceci en mémoire de moi.* Il prit de même la coupe après le souper, en disant : *Cette coupe est la nouvelle alliance de mon sang qui sera répandu pour vous.* » Il produit la grâce : « Celui qui mange de ce pain vivra éternellement.... Si vous ne mangez la chair du Fils de l'homme, vous n'aurez pas la vie en vous. »

Ce sacrement contient non-seulement en figure comme le prétendent les calvinistes, mais réellement, véritablement et substantiellement le corps, le sang, l'âme de Jésus-Christ; c'est-à-dire le même Jésus-Christ qui est né de la Vierge Marie, qui est mort sur la croix et qui réside au ciel à la droite de son Père. Il renferme encore sa divinité, parce que le corps, le sang, l'âme de notre adorable Sauveur sont inséparablement unis à sa nature divine; de sorte que l'Eucharistie contient Jésus-Christ tout entier, vrai Dieu et vrai homme; en un mot tel qu'il lui a plu autrefois de se manifester à la terre, mais voilé cependant sous les espèces du pain et du vin.

C'est pour se proportionner à notre faiblesse et nous inspirer plus de confiance qu'il s'est revêtu ainsi des dehors du mystère. Quel homme en effet eût jamais osé manger sa chair

LEÇON XIII. 469

et boire son sang, s'il ne les avait ainsi offerts sous l'apparence de la nourriture la plus commune? D'où on peut conclure que la sainte Eucharistie est le plus adorable comme le plus auguste des sacrements. « Bien que tous aient pour but de ramener en Dieu les facultés de notre âme égarée ou distraite et les affections de notre cœur perverti ou partagé, et qu'ils tendent ainsi à nous mettre en rapport intime avec la pureté, la simplicité et l'unité de Dieu, cependant aucun n'opère cet effet d'une façon plus merveilleuse que l'Eucharistie, et c'est pour cela qu'on l'appelle sainte communion. Les autres sacrements commencent l'œuvre de notre union avec Dieu, mais l'Eucharistie l'achève. Les autres nous donnent la grâce, l'Eucharistie nous unit à l'auteur même de la grâce.

« Les autres nous rapprochent de notre Père qui est au ciel; mais l'Eucharistie, en nous faisant participer en paix à un même aliment et à un même breuvage, au corps et au sang de Jésus-Christ, nous impose à tous une mutuelle concorde, comme elle nous transmet une vie identique, de sorte qu'elle nous unit tendrement à nos frères en nous unissant à Dieu de la manière la plus intime[1]. »

Non content de s'être uni à chacun de nous par l'Eucharistie, Notre-Seigneur a voulu aussi nous appliquer par elle les mérites de sa pas-

---

1. Mgr Darboy, *Imitat. de J. C.*, liv. IV, Réflexions.

sion et de sa mort; il ne l'a pas instituée seulement comme sacrement pour être la nourriture de nos âmes, mais encore comme sacrifice pour s'offrir chaque jour à son Père en qualité de victime pour notre salut.

III. Institution de l'Eucharistie.

Quand nous avons quelque grand événement à annoncer, nous avons recours à la pompe du style ; les voies de Dieu sont toutes différentes. Ainsi, lorsque le divin Rédempteur va opérer la plus grande des merveilles, afin de demeurer au milieu des hommes que son sang aura rachetés, avec quelle simplicité sublime il nous prépare à l'institution du plus saint, du plus consolant, du plus adorable des sacrements !

Quand l'heure fut venue, dit l'écrivain sacré, Jésus-Christ se mit à table et les douze apôtres avec lui.

Et il leur dit : « J'ai souhaité avec ardeur de manger cette Pâque avec vous avant de souffrir.

« Car je vous déclare que je ne la mangerai plus désormais jusqu'à ce qu'elle s'accomplisse dans le royaume de Dieu.

« Et, après avoir pris la coupe, il rendit grâces, et leur dit : Prenez-la, et distribuez-la entre vous.

« Car je vous le dis, je ne boirai plus du fruit de la vigne jusqu'à ce que le royaume de Dieu soit arrivé.

« Puis il prit du pain et, ayant rendu grâces, il le rompit, et le leur donna en disant : Ceci est mon corps, qui est donné pour vous; faites ceci en mémoire de moi.

« Il prit de même la coupe après le souper, en disant : Cette coupe est la nouvelle alliance de mon sang qui sera répandu pour vous. »

Par ces paroles si simples il fit le plus grand de tous les miracles; car il changea le pain en son corps et le vin en son sang.

LEÇON XIII.

DEUXIÈME INSTRUCTION.

PRÉSENCE RÉELLE DE JÉSUS-CHRIST DANS L'EUCHARISTIE

Depuis près de dix-neuf siècles, Jésus-Christ, malgré sa glorieuse ascension, habite parmi les fils des hommes; et ce n'est pas seulement en esprit qu'il est au milieu de nous, son corps adorable y est aussi bien que son essence divine. Les anges et les justes jouissent de sa présence dans le ciel; ils voient rayonner sa gloire : nous le possédons ici-bas, et nous voyons son amour pour nous sous le pain et le vin de la trois fois sainte Eucharistie.

I. Quand et comment Notre-Seigneur est-il présent dans l'Eucharistie ?

Après avoir institué le sacrement auguste de son corps et de son sang, Jésus-Christ dit à ses apôtres : « *Toutes les fois que vous ferez ces choses, faites-les en mémoire de moi.* »

Par ces paroles il leur donna à eux et dans leur personne à tous les prêtres leurs successeurs le pouvoir de renouveler le miracle qu'il venait lui-même d'opérer. Chaque jour au saint

LEÇON XIII. 473

sacrifice de la messe ils prennent sur l'autel l'hostie qui est du pain, le calice où il y a du vin, et prononcent les paroles sacrées, auxquelles Notre-Seigneur a attaché la vertu du changement de substance. Aussitôt le miracle a lieu : le ciel s'entr'ouvre en quelque sorte, Jésus-Christ en descend, et il va se renfermer entre les mains du prêtre sous les voiles eucharistiques : c'est la consécration. Avant ce moment il n'y a que du pain dans l'hostie, que du vin dans le calice; mais après, la substance entière du pain et du vin se trouve miraculeusement transformée, et devient le vrai corps et le vrai sang de Jésus-Christ. Il n'y a plus alors ni pain, ni vin, mais seulement les espèces ou apparences. L'hostie conserve la même blancheur, la même rondeur, le même goût qu'auparavant. On voit aussi dans le calice la couleur du vin, on y trouve le goût du vin. Nos sens sont toujours affectés de la même manière. Dieu dans sa bonté l'a voulu ainsi; il a vu que la chair et le sang excitent une invincible répugnance, voilà pourquoi il a donné à son corps le goût de l'aliment qui sert de nourriture à la plupart des hommes. De plus, le pain et le vin étaient propres à signifier l'union de Jésus-Christ avec nous dans l'Eucharistie : Le pain se compose de grains de blé, le vin de grains de raisin, de même nous ne formons qu'un même corps avec Jésus-Christ.

Le corps de Notre-Seigneur Jésus-Christ dans

l'Eucharistie est absolument dans le même état qu'il se trouve dans la personne adorable du Sauveur. Or, lorsqu'il prononça ces paroles : « Ceci est mon corps, ceci est mon sang, » le corps de Notre-Seigneur était vivant et uni à son âme et à sa divinité. Aussi le sacrement de l'Eucharistie contient-il non-seulement le corps de Jésus-Christ mais aussi son âme et sa divinité; Jésus-Christ est tout entier sous l'espèce du pain, tout entier sous l'espèce du vin. Et lorsque le prêtre divise l'hostie, il est tout entier dans chaque partie de l'hostie, à peu près comme l'âme qui est dans notre corps et dans chaque partie de notre corps. Dans l'état glorieux où il est, Jésus-Christ ne meurt plus, et par conséquent il ne peut souffrir ni partage, ni division. Aussi lorsqu'on rompt une hostie consacrée, on ne divise que le signe visible qui paraît à nos sens, c'est-à-dire les espèces ou accidents ; mais le corps de Jésus-Christ demeure tout entier sous chaque partie divisée. On peut expliquer en quelque manière cette indivisibilité du corps de Jésus-Christ par une comparaison traditionnelle dans les catéchismes, celle du miroir. Quoiqu'on le brise, on ne brise pas pour cela le visage de l'homme qui s'y trouve représenté, et que l'on voit pareillement tout entier dans chaque pièce du miroir, après qu'il a été rompu.

Le corps de Jésus-Christ est dans l'Eucharistie aussi longtemps que les espèces subsistent.

Mais dès qu'elles viennent à s'altérer et à se corrompre, Jésus-Christ cesse d'y être présent, comme il arrive que l'âme se sépare du corps, quand la complexion naturelle de celui-ci s'altère et dépérit.

Voilà en quelques mots le miracle de la transsubstantiation. Ce n'est pas à nous de l'examiner puisque c'est un mystère incompréhensible, mais de le croire d'une foi vive et très-ferme, parce que Dieu qui nous en assure la vérité est incapable de mentir. Saint François de Sales nous dit à ce sujet d'une façon charmante : « Hé quoi ! petit moucheron, voulez-vous brûler vos ailes à cet immense feu de la lumière divine, laquelle consumerait et dévorerait les séraphins s'ils se fourraient à de telles curiosités ! Non, petit papillon, il vous convient d'adorer et de vous abîmer et non pas de sonder. »

Vous ne comprenez pas, dites-vous, qu'un même corps peut être en plusieurs lieux à la fois. Mais si vous n'étiez pas en France, Dieu pourrait bien vous produire en Allemagne. Or, la présence d'une personne en un lieu quelconque n'empêche pas la toute-puissance divine de la reproduire ailleurs s'il lui plaît. Car pour le Seigneur le lieu n'est pas plus un obstacle que le temps.

Rien donc n'empêche que le corps de Jésus-Christ, aujourd'hui dans le ciel, ne se reproduise sur les autels et en tel lieu du monde qu'il voudra.

Vous ne comprenez pas encore, dites-vous, qu'un corps entier soit renfermé dans un si petit espace. Et vous-même, comprenez-vous comment un petit gland peut produire un grand chêne, comment un grain de blé pousse dans la terre, donne cent autres grains, et puis se transforme en notre substance et devient, en nous nourrissant, notre chair et nos os ? Que d'autres mystères la nature nous offre de tous les côtés ! nous les croyons parce que l'expérience nous les prouve invinciblement. Croyons pareillement à l'Eucharistie, fondée sur la parole de Dieu qui est plus sûre que nos raisons et sur sa puissance suprême qui se joue dans les plus grandes merveilles.

II. Preuves de la présence réelle.

Nous avons déjà cité les paroles dont se servit Notre-Seigneur quand il institua l'Eucharistie, « Ceci, dit-il, est mon corps, ceci est mon sang. »

Ces paroles prises dans leur sens littéral, c'est-à-dire sans image, sans figure, désignent évidemment la présence réelle. Car pour exprimer cette présence, Jésus-Christ ne pouvait se servir de paroles plus claires. Supposons en effet qu'aux noces de Cana, lorsqu'il changea l'eau en vin, il eût dit en montrant les urnes pleines d'eau : « Ceci est du vin, » quel est celui des assistants qui n'aurait pas compris qu'il n'y avait plus d'eau dans les urnes, mais seulement du vin? Eh bien! la force des paroles de l'institution est la même pour signifier qu'à la place du pain et du vin, le corps de Jésus-Christ et son sang sont présents sur l'autel. Or Jésus-Christ a entendu et voulu que les paroles prononcées par lui au moment où il institua l'Eucharistie fussent prises dans leur sens naturel, c'est-à-dire sans image, ni figure. Jamais en effet il n'a dû employer des paroles plus claires à raison des fonctions qu'il remplissait au cénacle. Alors il proposait un dogme de foi, il établissait une loi à jamais obligatoire, enfin il faisait le testament de sa charité en faveur des hommes qu'il allait bientôt racheter par son sang. Donc comme précepteur divin il devait employer des paroles qui ne présentassent pas un sens erroné. Comme sage législateur, il a dû proposer sa loi sans équivoque, et comme le meilleur des pères il a dû faire son testament d'une manière aussi claire que possible pour exprimer sa pensée.

Remarquons encore que l'intention de Notre-Seigneur était de laisser à son Église un gage de l'amour qu'il lui portait. Eh quoi! un morceau de pain, un legs si petit! serait-ce là le gage de cet amour immense qui le portait jusqu'à mourir pour son Église? Et voilà cependant ce que disent les protestants, qui ne voient dans l'Eucharistie qu'une figure du corps de Jésus-Christ.

Une simple comparaison rendra l'absurdité de leur interprétation, plus palpable, plus choquante :

Je suppose qu'un ami généreux, après nous avoir donné les plus tendres marques de son affection, nous ait légué par son testament un beau palais avec toutes ses dépendances. Nous sommes entrés depuis longtemps en possession, lorsqu'on vient nous dire : « Vous n'avez pas saisi le sens du testament, vous avez pris les paroles à la lettre; mais vous vous êtes grandement trompés, car votre ami, malgré ses belles et magnifiques promesses, n'a jamais entendu vous donner la propriété ni la jouissance de sa maison, mais seulement un tableau de cette maison. Contentez-vous de ce tableau, vous n'avez pas droit à autre chose. » Serions-nous satisfaits d'une pareille interprétation? Et à quel tribunal serait-elle reçue?

Ajoutons que Jésus-Christ parlait aux apôtres; déjà il les avait appelés ses amis, et il ne leur parlait plus en paraboles, puisqu'il leur permettait de comprendre les mystères. De plus au temps où il institua l'Eucharistie, il les consacra prêtres et les munit de ce sacrement; il devait donc leur en exposer clairement la substance.

Enfin Jésus-Christ adressait ce dogme, cette loi et ce testament à tous les chrétiens des siècles futurs. Combien parmi eux il devait y en avoir de petits par l'intelligence! Il a dû les enseigner en se servant des paroles les plus simples possibles pour exprimer clairement, sans équivoque, ce dogme, cette loi, son testament. Il prévoyait aussi les hérésies qui devaient s'élever sur ce point capital dans la première Église, et pour ce motif il fallait que nous connussions clairement ses divines volontés.

Mais personne ne peut mieux connaître la vraie doctrine de Jésus-Christ que ses disciples et son Église gardienne de la vérité.

Or les apôtres parlent de la même manière que leur maître. Saint Paul, après avoir rapporté les paroles de l'institution, en tire cette conclusion : « C'est pourquoi quiconque mangera ce pain, ou boira le calice du Seigneur indignement, sera coupable de la profanation du corps et du sang du Seigneur. Que l'homme s'éprouve lui-même, et qu'alors il mange de ce pain et boive de ce calice. Car quiconque mange ce pain et boit ce calice indignement, mange et boit sa propre condamnation, ne faisant pas le discernement du corps du Sauveur[1]. »

Ces paroles n'ont de sens qu'autant que l'Eucharistie est une vivante réalité. Alors seulement il peut y avoir profanation sacrilége, alors seulement il peut y avoir un outrage tellement réel et personnel, que la sainte hostie devient véritablement une sentence de condamnation.

1. I. Cor. xv, 23-29.

Car, si elle n'était qu'un signe de Jésus-Christ comme autrefois l'agneau pascal, il en résulterait qu'on pourrait dire aussi avec saint Paul que ceux qui le mangeaient en état de péché mortel étaient coupables de profanation du corps et du sang de Jésus-Christ. Il n'est aucun homme sérieux qui oserait admettre une pareille conséquence. Il faut donc rejeter le principe, et dire que les paroles de saint Paul supposent nécessairement la vérité et la présence réelle du corps et du sang de Jésus-Christ.

Telle est la croyance de l'Église formulée par les conciles généraux et transcrite par ses docteurs.

Voici ce qu'on lit dans le premier concile de Nicée : « Nous ne devons pas nous en rapporter à nos sens en regardant le pain et le vin, mais nous devons, en nous élevant par la foi, comprendre que l'Agneau de Dieu est présent sur cette table, celui-là même qui a enlevé les péchés du monde, et qui maintenant est immolé par les prêtres d'une manière non sanglante ; nous devons en recevant son corps et son sang, croire que c'est là le gage de notre résurrection. »

J'omets le concile d'Éphèse, le deuxième concile de Nicée et divers conciles tenus à Rome, à Latran, à Vienne, à Constance, à Florence, où la même vérité est solennellement promulguée. Le saint concile de Trente est venu le dernier résumer la doctrine catholique par ces paroles :

« Si quelqu'un nie que dans le sacrement de l'Eucharistie soient contenus vraiment, réellement et substantiellement le corps et le sang de Notre-Seigneur Jésus-Christ, avec son âme et sa divinité.... Si quelqu'un prétend que dans ce sacrement le Sauveur se trouve seulement comme dans un signe, une figure, ou par sa vertu, qu'il soit anathème[1]. »

Après la définition des conciles, entendons le témoignage des docteurs qui sont comme des feux allumés sur les différentes montagnes des âges, et qui indiquent la voie lumineuse et traditionnelle des vérités chrétiennes :

Saint Ignace, successeur de saint Pierre à Antioche, dit en parlant de certains hérétiques de son temps : « Ils s'abstiennent de l'Eucharistie parce qu'ils ne veulent pas reconnaître que c'est la chair de Jésus-Christ notre Sauveur, la même chair qui a souffert pour nos péchés, et que le Père a ressuscitée dans sa bonté. »

Saint Justin, qui vivait au commencement du deuxième siècle, raconte ce qui se passait dans les assemblées des chrétiens, et après avoir dit que des diacres distribuaient le pain et le vin, il ajoute : « Nous appelons cet aliment l'Eucharistie.... Nous ne le prenons point comme une nourriture ni comme un breuvage communs : car de même que le Sauveur a pris chair et sang pour notre salut, nous croyons aussi que cette

---

1. Concile de Trente, sess. 13, 11 octobre.

nourriture sur laquelle on a prononcé les prières du Christ est devenue la chair et le sang du Verbe incarné[1]. »

« Notre chair, s'écrie Tertullien, est nourrie du corps et du sang de Jésus-Christ, afin que l'ame s'engraisse de la Divinité[2]. »

Écoutons saint Ambroise : « Avant la consécration, c'est du pain; après la consécration, c'est la chair du Christ.... Avant les paroles, c'est du vin; après que les paroles du Christ ont été prononcées, c'est le sang du Sauveur, le même sang qui a racheté le peuple.... »

Saint Cyrille de Jérusalem a une clarté qui dépasse de beaucoup celle de tous nos catéchismes. « Nous devons recevoir ce sacrement avec la pleine conviction que c'est le corps et le sang de Jésus-Christ : car on reçoit le corps sous l'espèce du pain, et le sang sous l'espèce du vin, de telle sorte qu'après la communion, nous sommes avec le Christ, participants du même corps et du même sang. »

Ce ne sont là que quelques fragments épars, comme des notes détachées d'un grand concert. Mais elles sont tellement concordantes qu'elles suffisent à nous faire comprendre toute l'harmonie de l'ensemble que forment les voix des Augustin, des Basile, des Jérôme, des Origène, des Grégoire, des Éphrem, des Épiphane, des

---

1. S. Justin, 1re *Apolog.*, n° 66, p. 427-430.
2. Tertull., *De la Résurrect. de la chair*, ch. VIII, t. II, p. 806.

Léon, des Jean Damascène et de tant d'autres docteurs.

Il faut donc croire à l'Eucharistie, ou bien admettre que pendant quinze siècles les apôtres, les plus grands saints, les plus grands docteurs ont déraisonné sur un point aussi capital, et qu'ils ont adopté des croyances monstrueuses. Car enfin, ou bien l'Eucharistie est une vérité, ou bien c'est la plus monstrueuse des idôlatries.

Pour nous qui avons le bonheur et la gloire d'être chrétiens, nous nous en tiendrons à la parole de l'Évangile, telle que nous la présente et nous l'explique la tradition constante et unanime de l'Église.

LEÇON XIII.

TROISIÈME INSTRUCTION.

RAISON DE LA PRÉSENCE RÉELLE.

L'Eucharistie est de la part de Dieu un chef-d'œuvre de puissance : nous l'avons vu en prouvant la vérité de la présence réelle. Mais, comme en Dieu la puissance est le premier ministre de la bonté, l'Eucharistie a été donnée à l'homme comme le gage le plus précieux de l'infinie miséricorde. Parcourons, en effet, tous les degrés de l'amour divin, et nous verrons que l'Eucharistie est le dernier et le plus élevé[1]. Dieu nous a accordé la jouissance des créatures matérielles, il nous a mis en communication avec les intelligences célestes; car les anges du ciel, dit l'Apôtre, sont envoyés pour servir par des rapports de protection et d'amitié ceux qui doivent participer à l'héritage des cieux. Il a fait plus encore, il a pris une chair semblable à la nôtre, il s'est immolé comme prix de notre rédemption. C'est là sans doute une grande preuve d'amour, mais dans tous ces degrés du don de soi-même, il reste encore l'éloignement et la

---

1. Le Père Thomassin, *De Incarn. Verbi*, l. VIII, c. VIII.

séparation de l'objet aimé, et l'amour veut une vie commune et une union complète.

« Le propre de l'affection intime, dit saint Thomas, est de vivre ensemble et d'arriver à un tel degré d'union que deux vies n'en font plus qu'une. Ce sont ces deux besoins du cœur que notre divin Maître a voulu réaliser dans la divine Eucharistie. »

I. **La première pensée de Jésus-Christ en instituant l'Eucharistie a été de vivre avec les hommes et pour les hommes.**

Sur le point de quitter ses apôtres, Jésus-Christ, tout Dieu qu'il était, avait éprouvé ce sentiment de tristesse qui nous vient à tous quand nous sommes sur le point de nous éloigner de ceux que nous aimons. Dans cette nuit mémorable, la dernière qu'il passa avec eux sur la terre, il leur avait souvent répété : « *Mes enfants, je n'ai plus que peu de temps à être avec vous…. Après que je m'en serai allé et que je vous aurai préparé le lieu, je reviendrai et vous retirerai à moi, afin que là où je serai vous y soyez aussi. Je ne vous laisserai pas orphelins, je viendrai à vous.* » Et, pour accomplir à la lettre cette promesse de son cœur, il s'est fait dans l'Eucharistie le compagnon de notre pèlerinage, notre refuge dans nos peines, notre lumière dans nos incertitudes. Dans la bonne comme dans la mauvaise fortune, nous savons où trouver un véritable ami.

Lorsque resserré par le froid glacial de cette terre, notre cœur éprouve le vertige de l'ennui ou le déchirement de l'angoisse, il entend sortir du tabernacle cette douce et consolante parole : « Venez à moi, vous tous qui souffrez, et je vous soulagerai. » On dit qu'une heure de conversation et de vie commune avec un ami remet l'âme comme le rayon du soleil qui tomberait sur le calice d'une fleur, et la rafraîchit comme la goutte d'eau que l'on verserait à son pied. Avec combien plus de vérité sommes-nous autorisés à dire qu'il n'existe pas de douleurs humaines qui ne puissent se calmer après une visite au saint Sacrement. Jamais le monde ne saura combien de larmes se sont séchées, combien de tristesses ont disparu au pied de cet autel où Jésus-Christ réside, sous les voiles de l'amour.

L'âme a aussi besoin de conseils, elle regarde dans toutes les directions et partout elle ne découvre que les ténèbres les plus épaisses ! Vient-elle pour quelques instants auprès du sanctuaire, une lumière calme et tranquille tombe sur elle, s'insinue doucement dans l'intelligence, et l'éclaire davantage sur les choses du temps et de l'éternité que les plus longues réflexions de la sagesse humaine.

L'amitié n'est pas moins nécessaire dans les bons que dans les mauvais jours. Il semble que le bonheur soit une liqueur précieuse qui va glisser entre les mains, et qu'on éprouve le besoin de le placer en un lieu sûr. Or, le lieu le plus sûr de tous, celui où toutes les joies humaines perdent ce caractère de mobilité, qui trop souvent, hélas ! les empoisonne, c'est le cœur de Dieu; sa présence leur donne un principe de sécurité qui leur communique une vigueur nouvelle.

De même qu'il vit avec nous, le Sauveur vit aussi pour nous, qui sommes le cher objet de sa sollicitude. Par ses prières et ses supplications, il obtient de son Père un remède à nos maux. Par les mérites de son sacrifice constamment renouvelé sur l'autel, il nous applique les fruits de sa vie et de sa mort. Du pied de la croix coule sans cesse le torrent des grâces, qui arrivent à chacun de nous par le sacrifice de la messe : l'humble résignation dans les épreuves et dans la souffrance, la grâce de vaincre les tentations, de pleurer nos péchés, de pratiquer la pénitence et de nous avancer dans la vertu.

La première pensée de Jésus-Christ en établissant l'Eucharistie a donc été de vivre avec nous et pour nous, comme un frère, comme le meilleur des amis. « C'est le propre de l'amitié, dit saint Thomas, de vivre avec ses amis, et de les consoler dans leurs peines. » Mais cela ne suffit pas à l'amour, et surtout à l'amour d'un Dieu.

II. La seconde pensée de Jésus-Christ en instituant l'Eucharistie a été de s'unir à nous.

« L'amour tend à l'union, dit saint Augustin; il veut être un avec la personne de son choix, et tous ses efforts tendent à réaliser son vœu. Jésus-Christ avait dit : « Mon Père, je veux que mes enfants soient en nous.... qu'ils soient un comme nous.... je suis en eux et vous êtes en moi, afin qu'ils soient tous consommés dans l'unité, et je veux que cet amour dont vous m'avez aimé, soit aussi dans leurs cœurs et que moi-même je sois en eux. » Or, qui comprendra la tendresse et la profondeur de l'amour qui unit Jésus-Christ à son Père! Et cependant le divin Sauveur ne craint pas de le prendre pour terme de comparaison, quand il veut exprimer sa tendresse pour nous. L'Eucharistie seule nous donne l'intelligence de ses paroles.

Il y a dans l'amour différents degrés d'union, et quoique les hommes aient flétri les choses les plus saintes, il est dans ces questions un idéal céleste compris des cœurs purs. « C'est une grande chose que l'amour, s'écrie l'auteur de l'*Imitation*[1], c'est un bien suprême.... Rien n'est plus doux que l'amour, rien n'est plus fort, plus élevé, plus étendu, plus délicieux, rien n'est meilleur, ni plus parfait au ciel et sur la terre, parce que l'amour est né de Dieu et ne

---

1. *Imitat.*, III, c. v, n° 3.

saurait se reposer qu'en Dieu, au-dessus de toutes les créatures. » Notre-Seigneur l'a poussé jusqu'à sa dernière limite, qui est la fusion totale de deux êtres se perdant dans l'extase de l'unité. Il a voulu vivre avec nous de la même vie, nous incorporer à lui, mélanger sa chair avec notre chair, son sang avec notre sang. « Car, dit saint Grégoire de Nysse, on ne peut pas faire partie d'un autre corps à moins d'être reçu et mélangé dans les entrailles comme nourriture et breuvage[1]. » Et c'est là le dernier terme de l'amour qui tend à la transformation. Il veut trouver les objets semblables ou les rendre semblables. Or, l'Eucharistie nous unit tellement à Jésus-Christ, que nous sommes transformés en lui, et que sa vie passe en tout notre être dans le corps et dans l'âme. « Voulez-vous, disait saint Cyrille, avoir une image de ce qui se passe entre Jésus-Christ et le chrétien qui communie; prenez deux morceaux de cire, faites-les fondre au feu; ils s'écoulent l'un dans l'autre, et il en résulte un tout homogène[2]. »

« Dans la communion, dit admirablement saint Jean Chrysostome, le Sauveur se mélange à nous, il unit son corps avec le nôtre, afin que nous devenions un, et que nous soyons comme un corps uni à la tête. Tel est, en effet, le désir de l'amour. C'est ce que ressentaient les serviteurs de Job, quand ils s'écriaient dans l'ardeur de

1. S. Grég. de Nysse, *Orat. cat.*
2. S. Cyrille, *In Joan.*

leur amour : Qui nous donnera de sa chair pour en manger?... Lorsque nous participons à l'Eucharistie, dit-il ailleurs, nous ne prenons pas seulement cette nourriture divine, mais nous nous consommons avec elle dans l'unité; car, de même que cette chair est unie au Verbe, de même nous sommes unis au Christ par ce pain consacré[1]? » Par l'énergie du Sacrement de l'autel, il se forme donc entre nous et le Christ une union si étroite que pour l'exprimer il n'y a pas d'autre terme de comparaison que les rapports entre le Fils de Dieu et sa chair. Cette union n'est pas personnelle comme dans l'incarnation, mais elle va aussi loin que puisse le concevoir l'amour. Et qu'on ne dise pas que ce soit là un rêve, ce serait méconnaître les tendances les plus vives du cœur humain qui a faim et soif de Dieu, faim et soif de la vérité et de la beauté infinies et qui ne trouve que dans l'Eucharistie la réponse à tous ses désirs.

1. *In Epist. I ad Corinth.*

LEÇON XIV.

DU SAINT SACRIFICE DE LA MESSE.

L'Eucharistie n'est pas seulement, comme nous l'avons dit, le plus grand sacrement de l'Église, elle est encore un sacrifice offert à Dieu par la société chrétienne répandue sur tous les points du globe, et que chaque soleil levant voit célébrer sur nos autels.

Sous l'ancienne loi, l'agneau pascal servait aux Juifs de sacrement et de sacrifice. Sous la loi nouvelle, il en est de même; le corps et le sang de l'Agneau de Dieu, qui efface les péchés du monde, est aussi en même temps et un sacrifice et un sacrement.

I. Du Sacrifice en général.

L'homme doit à Dieu, son créateur et son père, l'hommage de son cœur par l'oblation volontaire de ses pensées et de sa volonté. La foi, l'obéissance, l'adoration et l'amour, l'action de grâces pour les bienfaits et le repentir après le péché, voilà l'essence de la religion. L'expression de tous ces sentiments forme le culte, et s'il est nécessaire à une créature intelligente d'éprouver pour son Dieu ces sentiments de religion, il ne l'est pas moins à cette intelligence servie par des organes, de les exprimer par le culte divin. Or, le culte consiste surtout dans le sacrifice, dont l'essentiel est d'être intérieur, car Dieu est esprit et veut être adoré en esprit. Mais ce sacrifice doit aussi être extérieur, parce que l'homme composé d'un corps et d'une âme doit également l'hommage de ce corps à la divine Majesté. Il est d'ailleurs presque impossible, à cause de l'étroite union de l'âme et du corps, que l'esprit soit pénétré d'adoration, sans que le corps n'éprouve quelque chose de cet anéantissement intérieur devant Dieu, et ne cherche à offrir quelque marque visible de sa dépendance.

Pris dans le sens rigoureux, le sacrifice peut donc se définir : L'offrande extérieure d'une chose sensible, consacrée par un rite mystérieux avec destruction ou changement de cette chose, et faite à Dieu seul par un ministre légitime, en témoignage de son souverain domaine sur toutes les créatures. C'est-à-dire qu'un *ministre légitime*, député du peuple auprès de Dieu, et député de Dieu auprès des hommes pour leur servir d'intermédiaire, *fait à Dieu*, à qui seul est due l'adoration d'entière dépendance, *l'oblation*, ou l'acte de renonciation au droit de jouissance sur telle ou telle chose créée pour notre usage, *avec destruction ou changement de la matière offerte,* comme l'immolation d'un animal, l'effusion d'une liqueur, l'évaporation d'un parfum; *pour reconnaître*, attester et publier, par ce renoncement extérieur au droit d'usage, *le souverain domaine de Dieu*, à qui seul appartient la propriété réelle. Par cette destruction ou ce changement de la victime nous reconnaissons le pouvoir suprême de Dieu sur la vie et la mort de tous les êtres, la mort que nous avons méritée par le péché et l'obligation de nous dévouer entièrement à son amour et à son service. Cet hommage de dépendance est le but essentiel et principal de toute oblation, qui sous ce rapport s'appelle sacrifice d'adoration ou de latrie. Mais cette fin première du sacrifice n'empêche pas que le but secondaire ne soit la sanctification de l'homme; car on l'offre soit pour demander les grâces dont nous avons besoin, soit pour solliciter le pardon de nos péchés, soit pour remercier Dieu de ses bienfaits, et sous ces divers rapports, ce sacrifice est à la fois *eucharistique* ou d'action de grâces, *propitiatoire* et *impétratoire*.

Voilà l'idée exacte et précise du sacrifice; c'est par extension que l'on donne ce nom aux prières, à l'aumône, aux bonnes œuvres, à la contrition, parce que dans un certain sens nous nous offrons à Dieu par tous ces actes de religion.

II. De l'existence du sacrifice de la Messe.

« Au sortir des mains du créateur le devoir religieux de l'homme consistait dans l'adoration, la reconnaissance, la prière. Son cœur était le temple, l'autel, la victime et le prêtre d'un sacrifice agréable au Seigneur. Mais, depuis le péché qui nous a dépouillés de notre innocence, il a été nécessaire d'ajouter à ces grandes obligations celle d'apaiser la justice divine irritée par notre orgueil, de sentir plus profondément la faiblesse de notre nature et la continuelle dépendance du secours d'en haut. Le cœur humain incapable de réparer le péché malgré sa pénitence et ses satisfactions, ne pouvait plus servir d'autel et de victime. Il fallut demander à la nature un temple, ou en bâtir quand l'ordre suprême en fut donné; une pierre froide était moins indigne que ce cœur de supporter l'hostie de propitiation; le sang des animaux devait remplacer extérieurement dans l'holocauste les hommages de l'homme coupable. Mais ces diverses obligations étaient bien imparfaites et ne tenaient leur vertu que de la grande victime du monde, et de la foi des sacrificateurs élevée jusqu'à l'espérance de l'Agneau de Dieu. Aussi le Seigneur avait-il le plus grand soin de soutenir cette foi et cette espérance au sacrifice futur de son Fils, par les figures fortes et expressives du sacrifice d'Isaac, de Melchisédech, de l'agneau pascal, du bouc émissaire sur lequel on décharge les iniquités de tous, du passereau dont le sang donne la liberté à un autre passereau; par la suite des prophètes qui annonçaient de siècle en siècle la grande victime, d'une voix éclatante et solennelle, et qui réclamaient sans cesse contre l'impuissance des hosties figuratives. Lorsque fut remplie la mesure d'attente et de préparation que Dieu avait fixée pour opérer le salut des hommes, la terre entendit enfin cette heureuse parole : Voici l'Agneau de Dieu qui efface les péchés du monde.

« Bien que le sacrifice de la loi nouvelle ait commencé avec le premier battement du cœur de Jésus dans l'incarnation, lorsqu'en entrant dans le monde il s'offrit à son Père pour être victime pour nous, et se soit continué durant toute sa vie dans l'obscurité de Nazareth, comme dans l'éclat de son ministère public; on peut et on doit dire que la première messe a été célébrée au cénacle le veille de la mort du Sauveur.

« Le soir qui précéda cette mémorable journée, étant à table avec ses disciples, il prend en ses mains saintes et vénérables du pain et du vin ; voilà l'offrande. Il bénit ce pain et ce vin, il rend grâces; et au milieu de ces bénédictions eucharistiques, entendons ces paroles qui sortent de la bouche de celui qui a créé le ciel et la terre : *Ceci est mon corps*, mon corps donné, livré, brisé pour vous; *ceci est mon sang*, le sang de la nouvelle alliance répandu pour la rémission des péchés : voilà la règle de la consécracration. Prenez et mangez, prenez et buvez ; il rompt le pain de la vie éternelle et le distribue, il présente le calice du salut, et le fait partager entre ses apôtres : voilà la communion au sacrifice. *Faites ceci en mémoire de moi;* par ces paroles le même pouvoir est transmis, l'ordre du sacerdoce nouveau est établi et fondé, et Jésus-Christ entonne l'hymne d'action de grâces après tant de merveilles et de bienfaits [1]. »

Voilà en quelques mots l'institution du sacrifice de la nouvelle loi. L'idée que nous allons en donner n'est que le développement du récit évangélique. L'Église le définit ainsi : La messe, c'est-à-dire la célébration et la consécration de l'Eucharistie, est *le corps de Jésus-Christ offert sous les espèces du pain et du vin.* En choisissant le pain, qui est, dit l'Écriture, le fondement de la vie, et le vin qui est l'emblème de tout ce qui charme et réjouit le cœur de l'homme, pour être la matière de son sacrifice, Jésus-Christ a voulu nous apprendre à immoler avec lui et en lui notre vie et tout ce qu'il y a de cher et d'agréable dans cette existence.

Cette messe, telle que nous venons de la définir, est réellement un sacrifice, et ce sacrifice existe dans l'Église par l'institution de Jésus-Christ. Nous y trouvons, en effet, toutes les conditions du sacrifice. *C'est l'oblation d'une chose sensible,* du corps et du sang de Jésus-Christ sous les espèces du pain et du vin, lesquelles espèces tombent sous nos sens. Il y a consécration de la victime *par des rites mystérieux,* par ces paroles de l'institution : « Ceci est mon corps,

---

[1]. Mgr Le Courtier.

ceci est mon sang. » La chose offerte est en quelque manière *détruite et changée*. Le glaive des paroles de la consécration, selon l'expression dont s'est servi Bossuet, après saint Cyrille, sépare sacramentellement le sang du corps de Jésus-Christ, séparation qui causerait la mort de la victime, si Jésus-Christ après sa résurrection n'était pas immortel. Il place la victime sur l'autel comme dans un état de mort, et il établit Jésus-Christ dans une telle dépendance des espèces qu'il perdra son être sacramentel lorsqu'elles cesseront d'exister. L'oblation de la messe n'est faite qu'à Dieu, parce qu'à lui seul est dû l'hommage du culte suprême et d'une entière dépendance : elle est faite par un ministre légitime, par Jésus-Christ, pontife suprême, qui y parle lui-même et en son nom et par le prêtre canoniquement ordonné, qui parle au nom de Jésus-Christ et qui lui prête le ministère qu'il a reçu de sa toute-puissance. En dernier lieu la messe est célébrée pour remplir toutes les fins du sacrifice. Il réunit seul les avantages que les différents sacrifices de l'ancienne loi ne montraient qu'en figure.

Sous la loi de Moïse, Israël avait quatre sortes de sacrifices. Les premiers s'appelaient *holocaustes* et avaient pour but et pour fin la gloire de Dieu ; les seconds étaient *propitiatoires* pour demander pardon des péchés commis ; les troisièmes *eucharistiques* ou d'actions de grâces, ils s'offraient en reconnaissance des bienfaits reçus de Dieu; les quatrièmes étaient nommés *impétratoires*, pour le supplier d'en accorder de nouveaux à son peuple. La sainte messe réunit en elle d'une manière éminente ces quatre sortes de sacrifices. Par le sacrifice de nos autels, nous satisfaisons au premier de nos devoirs envers Dieu, qui est un devoir d'adoration. Dieu mérite une gloire infinie à raison de sa majesté infinie. En lui offrant son divin Fils qui s'immole pour nous sur l'autel, nous lui offrons un autre lui-même, qui par le mérite infini de son sacrifice lui rend une gloire infinie. En assistant avec piété à la sainte messe et en offrant à Dieu ce divin sacrifice en union avec Jésus-Christ, nous lui faisons une offrande infiniment plus agréable que celle qu'on pourrait lui faire en lui présentant les hommages de Marie, de tous les anges et de tous les saints ensemble.

Par le saint sacrifice nous pouvons témoigner à Dieu notre reconnaissance pour tous les bienfaits dont il nous comble chaque jour. Ils sont innombrables dans l'ordre de la nature et dans celui de la grâce. Nous lui rendons autant que nous avons reçu de sa bonté, parce que Jésus-Christ est à nous avec tous les mérites de son sacrifice, « qui a été institué, dit saint Irénée, afin que nous ne fussions pas ingrats envers Dieu. »

Ce divin sacrifice est propitiatoire, c'est-à-dire qu'il est offert pour la rémission des péchés : « Ceci est mon sang, qui est répandu pour la rémission des péchés. » — « Si quelqu'un dit que le sacrifice de la messe est seulement un sacrifice de louange et qu'il n'est pas propitiatoire, qu'il soit anathème [1]. » C'est, comme nous allons le voir, le même sacrifice que celui de la croix. Or le sacrifice de la croix fut offert pour la rémission des péchés.

Le divin sacrifice est impétratoire, c'est-à-dire que par lui nous pouvons obtenir de Dieu toutes les grâces spirituelles, ainsi que les biens temporels qui sont utiles ou nécessaires. « Nous offrons, dit Tertullien, le saint sacrifice pour la santé de l'empereur. » — « Après que le sacrifice est achevé, nous prions Dieu pour la paix de l'Église, pour la tranquillité du monde, pour les rois, pour les malades et pour les affligés [2]. »

« Par le moyen du sacrifice, dit Bellarmin, nous obtenons le pardon de nos péchés et la délivrance des maux qui en sont la suite. Et, si Dieu, apaisé de cette manière, rentre en grâce avec ses ennemis, combien ne sera-t-il pas plus facilement disposé par le même sacrifice à accorder des grâces à ses amis! »

Jésus-Christ au sacrifice de la messe s'offre pour nous. Il nous apprtient avec tous ses mérites. En le présentant à Dieu le Père, nous lui offrons une victime d'un prix infini, qui est en même temps l'objet de ses complaisances in-

[1]. Concile de Trente, *Du sacrifice de la messe.*
[2]. S. Cyrille de Jérusalem.

finies. Que ne devons-nous pas attendre de Dieu en retour d'une telle offrande?

La messe est donc un vrai sacrifice, puisqu'elle en réalise toutes les conditions, et comme c'est l'acte de consécration qui les résume toutes, c'est donc dans la consécration que consiste l'essence même du sacrifice.

De plus, la messe est le sacrifice établi par Jésus-Christ dans la loi nouvelle; car il a fait au cénacle ce qui se fait à la messe : il a donné réellement à ses apôtres son corps et son sang sous les espèces du pain et du vin ; avec le pouvoir à eux et à leurs successeurs légitimes, d'en faire autant dans son Église. Et l'on fait à la messe ce qu'il a fait au cénacle : il a réellement offert à Dieu son corps et son sang en sacrifice, sous les apparences du pain et du vin, et il a donné à ses apôtres et à leurs successeurs dans le même sacerdoce, le pouvoir d'offrir la même oblation jusqu'à la fin des siècles.

« Car s'il ne s'était agi que de donner son corps en nourriture, Jésus-Christ aurait dit : Ceci est mon corps *qui vous est donné;* et il dit expressément : « Qui est donné, livré, brisé *pour vous.* » Or ce corps brisé, comme on brisait le pain dans les sacrifices antiques; cette coupe répandue, comme on répandait les libations sur l'autel; ce sang versé pour établir la nouvelle alliance; tout ne révèle-t-il pas l'idée d'un sacrifice véritable? Et ce sacrifice qu'il a institué au cénacle, Jésus-Christ a donné à ses apôtres et à leurs successeurs le pouvoir de l'offrir, par ces paroles si claires qu'il leur adresse en terminant : *Faites ceci en mémoire de moi*, c'est-à-dire, ne faites pas seulement la mémoire et la simple représentation de ce que j'ai fait, mais faites *ceci*, ce que j'ai fait moi-même, autant que j'ai fait et comme je l'ai fait. Ne célébrez pas un sacrifice nouveau ou isolé de mon oblation; mais offrez le même que celui que j'ai offert, et buvez le calice que j'ai bu. Faites donc, en mémoire de moi, de ma mort et de mon alliance, ce que je fais ici; j'ai pris du pain et du vin, prenez ces symboles d'oblation; j'ai béni, bénissez; j'ai rendu grâces, faites de même; j'ai rompu le pain, rompez-le; j'ai dit : « Ceci est mon corps, » dites : Ceci est mon corps; je vous l'ai donné et vous l'avez reçu; prenez et donnez-le; *hoc facite :* et faites encore cela, non pas pour le temps que vous avez à passer sur la terre, mais jusqu'à ce que je vienne juger les vivants et les morts ; par conséquent cette parole s'adresse, ce pouvoir passe à vos successeurs, héritiers du même sacerdoce. »

Voilà ce pouvoir réel et perpétuel d'offrir et de consacrer qui s'exerce tous les jours à la messe, où l'on fait, à n'en pas douter, ce que Jésus-Christ a fait une fois au cénacle. Et les Actes des apôtres, les Pères apostoliques en parlent dans les termes assez couverts de *liturgie* et de fraction du pain; c'est que les chrétiens, obligés au secret du mystère eucharistique, pouvaient s'entendre à demi-mot, comme nous nous entendons aujourd'hui par le mot de messe ou de renvoi qui a si peu de rapport avec l'action de Jésus-Christ, que les auteurs latins ne s'accordent pas sur le sens qu'il faut lui attribuer. Quelques-uns le font dériver du mot hébreu *messach*, qui signifie oblation volontaire, et d'autres, avec plus de probabilité, du mot latin *mittere*, envoyer, dont le participe passé passif fait au féminin *missa*, chose envoyée, soit parce que Jésus-Chrit est l'hostie que Dieu nous a envoyée, soit enfin parce que le sacrifice étant achevé, le prêtre ou le diacre renvoie l'assemblée des fidèles en disant : *Ite, missa est*, sous-entendu *congregatio fidelium :* allez, l'assemblée des fidèles est renvoyée.

III. De la valeur et des fruits du saint sacrifice de la Messe.

Le sacrifice de la messe est le même que celui de la croix, parce que, dans l'un et dans l'autre cas, c'est le même sacrificateur, la même victime et la même immolation.

C'est le même sacrificateur, Jésus-Christ, qui agit et qui parle ; le prêtre ne lui sert que d'organe. A l'autel comme au calvaire, c'est la même victime ou matière prochaine du sacrifice, le corps et le sang de Jésus-Christ ; les espèces du pain et du vin, qui sont la matière éloignée et préexistante, ne servant qu'à rendre sensible la présence de la victime. Enfin, c'est la même immolation; on distingue deux sortes d'immolation : l'une *mystique*, qui consiste dans la séparation mystérieuse du corps d'avec le sang, dans un état apparent de mort : c'est cette immolation qui rappelle et représente le sacrifice de la croix; l'autre *réelle*, qui consiste en ce qu'il n'y ait qu'un seul et même acte d'immolation, bien que cette immolation soit continuée et répétée par différents actes d'oblation. Or cette immolation réelle a lieu à chaque messe et dans toutes les messes sans multiplier le sacrifice; car il y a sacrifice toutes les fois qu'il y a oblation d'une victime immolée. Peu importe que l'immolation soit actuelle et présente comme dans l'oblation du calvaire, ou déjà passée et accomplie comme dans l'oblation de la messe. Elle dure toujours, parce qu'elle n'a été ni rétractée ni interrompue par d'autres pensées pour être reprise ensuite; elle persévère comme une source incessamment jaillissante ou un rayon qui ne s'éteint jamais. Il n'y a de différence, entre le sacrifice de la messe et celui du calvaire, que dans la manière d'offrir : au calvaire, l'immolation était vivante et sanglante; à la messe, l'immolation est non sanglante; et s'il y a d'un côté quelque chose de moins comme chante l'Église, *Sur la croix la divinité seule était voilée, ici l'humanité est de plus cachée à nos sens;* d'un autre côté, la messe possède le bienfait de la manducation de la victime qui manquait au sacrifice du calvaire.

Puisque la messe continue sur la terre le même sacrifice qui est continué dans le ciel, sa valeur est donc *infinie* sous le rapport de la victime qui est Dieu, de ses mérites qui seront toujours acceptés du Seigneur comme dignes de sa majesté et de sa justice; et *finie*, quant à l'exercice du prêtre secondaire, qui n'est qu'un homme revêtu des pouvoirs divins, et quant à l'application que le Seigneur nous fait des mérites de son Fils en proportion de notre foi et de notre ferveur.

Par rapport aux fruits du sacrifice de nos autels, l'Église enseigne qu'il opère par lui-même et par sa propre vertu la rémission des péchés, indépendamment de la dignité de celui qui l'offre; car c'est ici une victime pure qui ne peut être souillée ni par l'indignité ni par la malice de ceux qui l'offrent[1], et indépendamment de la dévotion de celui pour qui elle est offerte; car si le sacrifice n'opérait pas par lui-même, mais seulement en raison de la ferveur de ceux pour qui on l'offre, il n'aurait pas plus de vertu, d'efficacité que toute autre bonne œuvre. Mais il ne remet les péchés que d'une manière médiate, c'est-à-dire que, par l'acte même du sacrifice et sans aucun moyen ultérieur, la messe obtient au pécheur la grâce de

---

1. Concile de Trente, sess. 21, ch. i.

se convertir et de recevoir dans le sacrement de pénitence la rémission de ses fautes. Nous disons : la messe *obtient la grâce*, parce que le sacrifice de la croix n'a pas justifié les hommes par lui-même immédiatement et efficacement, autrement tous les habitants de la terre, pour lesquels il a été offert, auraient acquis la grâce sanctifiante au moment de la mort de Jésus-Christ; il a seulement mérité et obtenu pour tous les hommes les moyens par lesquels ils peuvent rentrer en grâce avec Dieu.

LEÇON XV.

DE LA COMMUNION.

I. Ce que c'est que communier.

Dans tous les temps, il a été d'usage de manger en commun la chair de la victime immolée, et cet usage Notre-Seigneur l'a consacré de la manière la plus admirable par l'institution de l'Eucharistie. Là il est à la fois prêtre, victime et nourriture. Nous recevons, en y participant, le corps que la sainte Vierge a déposé dans une crèche à Bethléem, ce saint corps qu'elle a si souvent porté entre ses bras quand Jésus était petit enfant, ce corps qui a été attaché sur la croix et qui est ressuscité; nous le recevons plein de vie, uni à l'âme et à la divinité du Fils de Dieu. Communier, c'est donc l'acte le plus auguste de la vie chrétienne, puisque c'est s'unir à Jésus-Christ de la manière la plus intime, c'est manger son corps et boire son sang. Mais il n'en est pas de cette manne divine comme de nos aliments grossiers qui s'altèrent et se décomposent dans notre poitrine, tandis que le corps de Jésus-Christ, qui est dans l'Eucharistie à la manière des esprits, glorieux, impassible, immortel, réside en nous sans y subir la moindre altération; les espèces seules se décomposent, et alors le corps de Jésus-Christ disparaît comme un rayon de lumière qui remonte à son principe.

Cette participation à l'Eucharistie s'appelle communion, *union commune*, parce qu'elle nous unit à Jésus-Christ, nous transforme en quelque sorte en lui-même en nous communiquant ses divines perfections, de telle sorte que nous contractons avec le divin Sauveur la plus étroite affinité.

On l'appelle encore ainsi, parce qu'elle est un signe de la charité qui doit animer les cœurs de tous les fidèles. Nous sommes tous invités au même festin, et, par conséquent, il ne doit jamais y avoir ni haine ni division entre ceux qui participent au même pain, et ne font plus en Jésus-Christ qu'un même corps et qu'une seule famille [1].

II. Effets de la sainte communion.

Si jamais sujet sacré, si jamais chose divine a excité l'admiration, l'enthousiasme, les louanges et l'adoration des Saints, c'est certes la merveilleuse efficacité de la sainte communion. Les Pères de l'Église nous disent qu'elle est une médecine pour guérir les infirmités de notre âme; qu'elle la fait reverdir, lors-

1. S. Paul, I Cor., x, 17; Gal., III, 28.

qu'elle est aride, en l'arrosant du sang de Jésus-Christ ; qu'elle l'engraisse pour ainsi dire de la substance même de Dieu ; qu'elle nous est une source de vie et un antidote contre la mort ; qu'elle nous rend en quelque sorte semblables à Dieu ; qu'elle est le gage de notre salut, le lien de l'Église militante avec l'Église triomphante, le nerf de notre âme, son empire, son salut, sa lumière et sa vie ; qu'elle est comme la frontière de la terre et du ciel, et le chariot pour nous élancer de ce monde au sein de notre véritable patrie.

Comme cette matière est de la plus haute importance, nous allons lui donner de plus amples développements en suivant la lettre du catéchisme.

La communion *nous unit intimement à Jésus-Christ.* Nous pouvons nous unir à lui par la foi, lorsque se dépouillant des pensées d'ici-bas notre esprit s'élève jusqu'à la contemplation des grandeurs infinies de Dieu ; par l'espérance, lorsque, foulant aux pieds les illusions de la terre, nous soupirons après l'heureux moment où nous jouirons de la vue de Dieu ; par la charité, lorsque, dégoûtés de ce monde de boue, nous attachons notre cœur à Dieu pour qui seul il est fait. Mais combien plus admirable est l'union que l'âme contracte avec son Dieu dans le sacrement de l'Eucharistie ! nous devenons les membres de Jésus-Christ même, il se donne tout à nous ; son corps adorable s'unit à notre corps; son âme s'identifie avec notre âme.

Ainsi est rétablie entre la créature et le créateur la sainte alliance des premiers jours. Depuis la désobéissance de nos premiers parents, l'Être éternel ne pouvait plus communiquer avec la mort, la spiritualité avec la matière. Or, entre deux choses de propriétés différentes, il ne peut y avoir de contact que par un milieu, et c'est le Fils qui l'a fourni. Il s'est donné à l'homme dans l'Eucharistie; il est devenu la route par laquelle nous nous réunissons de nouveau à celui dont notre âme tire son origine. Mais si le Fils fût resté dans son essence primitive, il est évident que la même séparation eût existé ici-bas entre Dieu et l'homme, puisqu'il ne peut y avoir d'union entre la pureté et le crime. Le Verbe en entrant dans le sein d'une femme a daigné se faire semblable à nous; d'un côté il touche à son Père par la spiritualité, de l'autre il s'unit à la chair par la nature humaine. Il devient donc le rapprochement cherché entre l'enfant coupable et le Père miséricordieux.

C'est ainsi que les Pères parlent de notre union avec Jésus-Christ dans l'Eucharistie: Le nœud de notre union avec Dieu le Père est son divin Fils, uni à nous comme homme, et à Dieu, son Père, comme Dieu; car monter à l'immortalité n'est pas plus possible à la nature corruptible de l'homme, qu'à une nature immortelle de descendre à elle, et par la participation de soi-même de nous réformer et de nous élever de notre mortalité à sa perfection. Nous sommes donc réduits et consommés à l'union de Dieu le Père par l'entremise de notre Sauveur ; car, prenant comme nous venons de le dire, corporellement et substantiellement le Fils, qui est uni avec le Père par nature, nous sommes rendus glorieux et faits participants de la divinité ! Et voilà, non cette fameuse chaîne d'or d'Homère, tant chantée par les anciens auteurs profanes, avec laquelle leur fabuleux Jupiter se vantait de pouvoir attirer la terre au ciel et les hommes à soi ; mais cette sacrée et précieuse chaîne divine, qui est infiniment au-dessus de toute estime et de toute valeur, avec laquelle Dieu le Père attire et conjoint substantiellement, dès cette vie, les corps et la nature des hommes mortels et terrestres à l'essence de la divinité[1].

Le pain eucharistique n'augmente pas seulement les forces de l'âme, il illumine encore l'entendement, échauffe et embrase la volonté. Il est, d'après saint Jean Chrysostome, une fontaine de lumière d'où jaillissent les rayons de vérité. En effet, dit ce grand docteur, nous savons, par l'histoire des Saints, que les plus grandes connaissances et les communications les plus intimes que Notre-Seigneur leur a données de ses mystères et de ses secrets leur sont

[1]. S. Cyrille.

venues après la communion, parce que le Soleil de justice étant en eux et trouvant leurs âmes transparentes et comme de cristal à cause de leur pureté, il les éclaire sans obstacle et les remplit de ses splendeurs. De nos tabernacles s'échappe ce parfum, ce baume céleste qui nous ravive et nous fait marcher avec un saint transport dans le chemin dur et hérissé d'épines qui conduit au ciel. C'est en se relevant de la table sainte que l'on éprouve, que l'on sent le besoin de proclamer devant tout ce qui existe, que rien n'est si doux, rien n'est si aimable que le règne du Sauveur.

Elle affaiblit nos passions. Par sa vertu céleste l'Eucharistie fait reculer le péché, comme le soleil en montant sur l'horizon chasse les ténèbres et diminue les ombres ; elle abat et comprime les ardeurs de la concupiscence, c'est-à-dire de ce violent penchant qui, depuis le malheureux péché de notre premier père, nous entraîne au mal, et nous offre à la table sainte un asile et un retranchement contre la fureur des ennemis de notre salut. C'est là que nous trouvons ce sel mystique qui préserve de la corruption du siècle, semblable à ces aromates qui défendent les cadavres contre les atteintes de la corruption, à cette huile précieuse qui rend l'âme impénétrable aux traits de l'enfer. Voyez les Saints : ils ont senti comme saint Paul l'ange de Satan les tourmenter bien cruellement, et c'est ce qui les faisait soupirer après l'heureux moment où ils seraient délivrés de ce corps de péché, qui rendait leur âme si lente pour le service de Dieu, en la courbant sans cesse vers la terre. Mais ils allaient puiser dans le sacrement de l'autel un remède contre la violence de nos passions, une eau rafraîchissante contre ces fièvres de l'âme qui s'appellent l'orgueil, l'avarice, la colère ou l'envie. Sainte Catherine de Sienne disait souvent aux pieuses femmes qui vivaient avec elle : « Quand j'ai reçu, quand j'ai dans ma poitrine le pain des anges, je sens en moi des flammes qui me purifient tellement, que je me crois revenue à l'innocence que j'avais à l'âge de quatre ans, et je me trouve alors embrasée d'un désir si ardent du salut des hommes, que je donnerais ma vie, non-seulement volontiers, mais encore joyeusement pour chacun d'eux. » Allons donc à Jésus-Christ quand nous sentons monter la fureur de nos passions ; et de même qu'autrefois il calmait d'un mot les vagues et les tempêtes, de même, par sa bienheureuse présence, il dissipera les plus vives agitations de notre âme et leur fera succéder le calme et la sérénité.

La communion *nous est un gage de résurrection glorieuse*. La vie de Jésus-Christ doit passer dans les chrétiens pour détruire ce qu'ils ont de terrestre et de mortel en les préparant à l'immortalité et au bonheur céleste! « Or c'est par l'Eucharistie que s'accomplit la transmission de la vie divine dans le cœur des hommes, au degré nécessaire pour les élever à la hauteur de leur vocation. Cette vie est créée et commencée en nous par le baptême, fortifiée par la confirmation, réparée par la pénitence, mais elle se développe, s'agrandit et se perfectionne graduellement par la sainte Eucharistie. Dans son union avec le Verbe, qui est esprit et vie, la chair du Sauveur contracte une vertu merveilleuse qui nous change en d'autres hommes : terrestres et charnels par l'origine, nous devenons spirituels et célestes par la grâce de la communion ; nos corps participent à ce bienfait et prennent le germe de cette glorieuse immortalité qui leur est réservée ; car comment pourraient périr à jamais ces membres tous pleins de Dieu ? Il a pris sous sa protection les froides murailles sous lesquelles se célèbre le sacrifice de la messe, et il a déclaré qu'on ne les profanerait pas impunément ; à plus forte raison ne permettra-t-il pas que notre corps, devenu sa chair et son sang, subisse sans retour les atteintes de la mort et s'anéantisse dans l'obscurité du tombeau [1]. »

Il nous en a fait lui-même la promesse solennelle : « Celui qui mange ma chair et qui boit mon sang, a la vie éternelle, et je le ressusciterai au dernier jour. » Grâce donc à ce pain de vie, nous sommes unis à Jésus-Christ, et si nous ne pouvons nous affranchir des hor-

---

1. Mgr Darboy, *Imitat. de J. C.*, liv. IV, ch. III et IV, Réflexions.

reurs du trépas, nous savons du moins qu'un jour nous en triompherons comme Jésus-Christ en a triomphé ; nous en avons pour garants, non-seulement sa parole, mais encore le corps et le sang de Dieu. Voilà pourquoi l'Église, en le déposant sur nos lèvres, ranime ainsi notre espérance : « Que le corps de Notre-Seigneur Jésus-Christ conserve votre âme pour la vie éternelle. »

Puisque tels sont les effets variés et merveilleux que produit l'Eucharistie, aurions-nous des besoins qu'elle ne pût soulager? et nous faudrait-il des grâces qu'elle ne pût répandre en nous? C'est pourquoi, dans la communion, exposons nos besoins à Jésus-Christ, et demandons-lui ses grâces avec confiance.

LEÇON XVI.

DES DISPOSITIONS A LA COMMUNION.

DE LA PURETÉ DE CONSCIENCE.

L'Eucharistie est une hostie d'agréable odeur aux yeux de Dieu, une manne céleste qui produit en nous des fruits de vie et de salut éternel; mais elle n'opère que selon les dispositions de celui qui la reçoit. Elle est, dit l'Église dans un de ses cantiques, la vie des bons et la mort des méchants.

Or la première, la plus importante, la plus indispensable des conditions pour bien communier, c'est d'être en état de grâce. L'Eucharistie étant le pain de l'âme, elle suppose la vie spirituelle dans ceux qui la reçoivent, il faut être vivant pour s'en nourrir. On doit donc avant de communier purifier son âme dans le bain de la pénitence, si on se sent coupable de quelque péché mortel. Notre grâce est à ce prix : il nous suffit de nous jeter avec componction aux pieds du Dieu que nous avons cruellement outragé, et, comme Madeleine, de les baigner de nos larmes. Notre confesseur nous attend avec bonté; le pardon est sur ses lèvres, et si nous exposons à ses yeux le douloureux tableau de nos fautes, nous passerons du tribunal du pécheur à la table des anges. Mais si nous affrontons les redoutables mystères avec une conscience souillée par quelque faute mortelle, nous faisons à Dieu la plus cruelle injure et nous attirons sur nos têtes les plus redoutables châtiments.

I. Injure que la communion indigne fait à Dieu.

Je suppose qu'au moment où le prêtre célèbre les saints mystères, un impie, dans sa fureur, s'élance tout à coup vers l'autel, qu'il arrache le corps de Jésus-Christ des mains de son ministre, et qu'il le foule aux pieds, qu'il prenne le précieux sang contenu dans le calice et qu'il en arrose le sanctuaire ; à cette vue ne frémiriez-vous pas d'épouvante ! Vous ne sauriez imaginer un châtiment assez terrible pour punir un si noir forfait. Et cependant il est moindre que celui d'une communion indigne, car ce n'est point à terre que le profanateur sacrilége jette le corps et répand le sang du Sauveur, mais dans un cœur qui est le repaire impur du vice et de l'iniquité. On lit dans l'histoire que la plus atroce barbarie inventée par le cruel Mézence était de faire attacher un homme vivant à un cadavre, bouche contre bouche, œil contre œil, pied contre pied, et de laisser le condamné mourir dans cette étreinte infecte. Eh bien ! communier avec une conscience souillée par le péché mortel, c'est unir à une âme corrompue le Christ vivant et immortel, pour qui

LEÇON XVI. 517

la puanteur du péché est plus repoussante que pour nous celle d'un cadavre.

Profaner les autres sacrements, c'est un grand crime sans doute, puisqu'on abuse de la grâce. Mais s'en prendre à la personne même de Jésus-Christ, peut-on imaginer rien de plus affreux! Attenter à la vie d'un père, d'un souverain, c'est un crime que les lois humaines punissent avec la dernière rigueur, parce que nos parents et nos supérieurs sont ici-bas pour nous l'image de Dieu. Mais l'indigne communiant s'attaque non pas à l'image, mais au propre corps et au propre sang d'un Dieu. Si nous repassons dans notre esprit les plus épouvantables forfaits qui ont souillé la terre depuis le meurtre de l'innocent Abel, jusqu'à la dernière prévarication qui se pourra commettre, nous ne trouverons rien de pareil au crime d'une communion indigne. Comme Hérode, le profanateur sacrilége semble dire qu'il vient pour adorer le Messie, et il ne s'avance que pour lui donner la mort. Comme Judas, il trahit le Fils de l'Homme par un baiser. Il le vend non pas à la Synagogue, mais aux plus criminelles passions qui, d'une voix secrète, mais encore plus menaçante que celle des Juifs, lui crient sans cesse : Crucifiez-le! crucifiez-le! Et pour quel prix l'indigne communiant se rendra-t-il coupable de cet horrible attentat? Pour un vil intérêt, pour un plaisir honteux et des habitudes mauvaises. Comme les Juifs, il crucifie de nouveau Jésus-Christ dans son cœur.

C'est l'apôtre saint Paul qui le dit expressément : « Celui qui mange indignement le pain eucharistique est coupable du corps et du sang de Jésus-Christ. » Il est vrai que Notre-Seigneur est maintenant dans un état de gloire et d'impassibilité. Mais si l'indigne communiant n'est pas déicide de fait, il l'est de désir : il déchire autant qu'il le peut ce corps adorable, et dans son cœur comme sur un nouveau calvaire il l'attache de nouveau à la croix. S'il ne fait pas expirer le Sauveur en personne, il le fait expirer dans ses dons et dans ses grâces, qui ne peuvent se répandre dans une âme impure et corrompue. Son péché a donc toute la fureur et l'énormité de l'affreux déicide. Mais si les Juifs ont crucifié Jésus-Christ, c'est qu'ils ne le regardaient pas comme le Seigneur de la gloire. Leur plus grand crime a été leur ignorance, tandis que l'indigne communiant sait très-bien que c'est le Dieu trois fois saint qu'il va recevoir. Voici, lui dit le prêtre en lui présentant la radieuse Eucharistie, voici l'Agneau de Dieu, voici celui qui efface les péchés du monde. Et cependant il s'avance, il brave avec une incompréhensible audace celui devant lequel le ciel et la terre tremblent et s'inclinent avec respect. Les anges ne s'approchent de son trône qu'avec effroi, et en se voilant de leurs ailes ; et l'indigne communiant, tout couvert de la lèpre impure du péché, opiniâtrement enfoncé dans son impénitence, n'éprouve rien, n'est point saisi de frayeur. Crime abominable, s'écrie un Père de l'Église, plus abominable encore que celui des Juifs, car ils n'ont porté qu'une fois leurs mains déicides sur la personne adorable du Sauveur, et les profanateurs sacriléges attaquent tous les jours son corps, hommes indignes de vivre et qui devraient être engloutis au fond des abîmes ! Peu importe l'intention du pécheur ; il ne s'agit pas de savoir s'il a voulu trahir le Seigneur, mais s'il l'a trahi en effet ; s'il a voulu le sacrifier, mais si en le forçant à descendre dans une conscience souillée il n'a pas renouvelé l'attentat des Juifs. « Or, dit à ce sujet le pieux et grave Bourdaloue, je soutiens sans hésiter et sans dépasser les bornes de la vérité la plus exacte, que si le Sauveur était encore dans une chair passible et mortelle et qu'il dût, comme autrefois, endurer une seconde passion et une seconde mort, rien de toutes les cruautés qu'exercèrent sur lui les bourreaux, ni de tous les tourments qu'il souffrit par la haine et la barbarie des Juifs, ne lui serait plus odieux, et, en ce sens, plus douloureux que le crime d'un chrétien qui, par un sacrilége, profane son corps et son sang. »

II. Terribles effets de la communion indigne.

Il y a dans les trésors de la colère céleste deux sortes de peines que Dieu inflige à l'indigne communiant : des peines temporelles et des peines spirituelles. C'est une voix qui sort du temple, dit Isaïe, la voix de Dieu qui se venge de ses ennemis.

On est saisi de terreur quand on voit dans l'histoire les maux affreux qui vinrent fondre sur le peuple juif en punition de la mort qu'il avait fait subir à Jésus-Christ. Or le profanateur de son corps et de son sang plus coupable que les Juifs sera-t-il plus épargné? C'est à l'indigne communion que saint Paul attribuait autrefois les maladies et les infirmités qui régnaient parmi les Corinthiens, et les morts promptes et tragiques qui portaient la désolation au sein des familles : « Beaucoup d'entre vous, leur disait-il, sont malades et infirmes, et beaucoup périssent misérablement, parce que vous mangez le pain des anges sans discernement, comme si c'était un pain commun[1]. » Saint Chrysostome attribuait à la même cause les calamités publiques de son temps, et saint Cyprien rapporte plusieurs faits qui nous montrent la grande pureté qu'on doit apporter à la réception de l'Eucharistie.

Les parents d'une petite fille qui était à la mamelle, dit le saint docteur, ayant pris la fuite pour ne pas tomber entre les mains des persécuteurs, l'enfant fut portée au magistrat par sa nourrice. Comme elle ne pouvait manger de viande, on lui fit avaler un peu de pain, qu'on avait trempé dans le reste du vin qui avait servi aux liba-

---

1. I Cor. xi, 29, 30.

tions. La persécution ayant fini, la mère revint et reprit son enfant. Elle le porta à l'église où saint Cyprien offrait le sacrifice. Pendant tout le temps de l'oblation, la petite fille ne cessa point de pousser des cris de douleur comme pour faire entendre qu'elle ne devait point être dans le temple du Seigneur. A la communion, lorsque le diacre lui présenta la coupe, elle détourna vivement la tête, serra fortement les lèvres et fit tous les efforts qui dépendaient d'elle pour ne pas boire. On vint cependant à bout de lui faire avaler quelques gouttes du sang de Jésus-Christ. Mais elle fut aussitôt saisie de convulsions violentes, accompagnées de vomissements, le Sauveur ne voulant point rester dans un corps qui avait été souillé par la participation aux sacrifices des païens.

Une femme assez avancée en âge, qui avait sacrifié aux idoles, se glissa dans l'église sans être aperçue, tandis que saint Cyprien célébrait le sacrifice; mais elle n'eut pas plutôt reçu la communion, qu'elle fut aussi violemment agitée; elle se débattait, comme si elle eût pris du poison; elle perdit la respiration et tomba en sanglotant et en tremblant de tout son corps.

Une autre femme qui avait également sacrifié se mit à ouvrir la boîte où était le corps du Seigneur; c'était alors la coutume de laisser emporter l'Eucharistie aux fidèles afin qu'il communiassent dans leurs maisons lorsqu'ils ne pouvaient assister aux cérémonies religieuses, surtout dans les temps de persécution. Cette femme ayant donc ouvert la boîte, il en sortit du feu, ce qui l'effraya tellement qu'elle n'osa toucher à l'Eucharistie. Plusieurs, dans de semblables circonstances, furent possédés du démon; d'autres perdirent l'usage de leurs sens et devinrent frénétiques : tant est vraie la parole du grand apôtre que quiconque mange ce pain et boit ce calice indignement, en porte bientôt la peine, parce que Jésus-Christ est la vie des bons, et la mort des méchants; et comme dans les uns il fait sentir sa présence par l'abondance des douceurs qu'il leur apporte, ainsi dans les autres il la fait sentir par les punitions et les supplices dont il châtie leur audace.

Les châtiments spirituels sont plus terribles que tous les maux de cette vie. Dieu se retire d'un cœur qui a abusé du plus grand de ses dons, et aussitôt le démon s'en empare. Pour le pousser à toute sorte d'excès, il cherche à l'étourdir sur les conséquences et la noirceur de son forfait, et plus l'indigne communiant commet de sacriléges, moins il voit l'abîme dans lequel il se précipite, moins il ressent ces remords salutaires, voix du ciel qui autrefois l'agitaient et lui laissaient quelque espoir de retour. Si quelquefois il rentre en lui-même, au lieu de songer à faire pénitence et à implorer la miséricorde de Dieu, il devient, comme Judas, son accusateur, son juge et son bourreau, car le sacrilége conduit à l'impénitence finale et à la damnation éternelle. C'est ce que saint Paul nous enseigne par ces paroles : « Celui qui mange ce pain et qui boit de cette coupe indignement, boit et mange son propre jugement, » c'est-à-dire, comme l'expliquent les saints Pères, que le pécheur sacrilége s'attire la réprobation éternelle, que sa condamnation se change en sa propre substance, de manière qu'elle ne peut plus pour ainsi dire se séparer de lui, à moins d'une grâce toute particulière du ciel ; car l'effet de la communion sacrilége est de faire tomber l'âme dans un abîme si profond d'impiété qu'elle devient insensible non-seulement aux remords mais aux bons conseils, aux bons exemples et aux grâces ordinaires de Dieu. C'est là ce que nous enseigne la raison. Lorsqu'un remède considéré comme le plus efficace augmente le mal d'un malade au lieu de le diminuer, on en tire cette conséquence, qu'il n'y a plus d'espoir et que la mort est certaine. Or le sacrement du corps et du sang de Jésus-Christ ayant été institué comme le plus propre à conserver la vie et la santé de notre âme, le pécheur qui communie indignement change ce remède en poison mortel. C'est ce qui a fait dire à saint Ambroise que la communion sacrilége est pour une âme la marque la plus évidente de réprobation. A Dieu ne plaise que nous voulions dire que le profanateur du corps et du sang de Jésus-Christ sera irrémissiblement damné, qu'il n'y a plus de miséricorde à attendre pour lui. Quelque grand crime qu'il ait commis, Dieu est si bon, si miséricordieux envers le pécheur repentant que s'il en a un sincère regret il le lui pardonnera.

De ce que nous venons de dire il faut tirer trois conclusions pratiques.

Quiconque se sent coupable d'un péché mortel, doit s'abstenir de la communion, tant qu'il ne s'est pas purifié par le sacrement de pénitence.

Celui qui s'approcherait de la sainte table se croyant en état de péché mortel quoique par le fait sa faute ne soit que vénielle, commettrait un sacrilége, parce que, d'après un principe reçu en morale, toutes les fois qu'on agit de propos délibéré contre la conscience on se rend coupable d'un péché de même espèce que celui qu'on croit commettre.

Se rendrait encore coupable de sacrilége quiconque communierait sans aucun désir de renoncer à ses habitudes criminelles. Quand après avoir reçu l'absolution on se rappelle avant d'aller à la sainte table un péché oublié involontairement, il serait sans doute convenable de retourner auprès de son confesseur si on le pouvait facilement, mais on peut communier sans scrupule, parce que le sacrement de pénitence a purifié l'âme de ce péché comme des autres, à cause de sa bonne disposition. Il faut cependant avoir l'intention de le confesser la première fois qu'on retournera auprès du prêtre.

LEÇON XVI.

DEUXIÈME INSTRUCTION.

DES AUTRES DISPOSITIONS A LA COMMUNION.

Si Moïse fit une arche d'un bois incorruptible qu'il revêtit d'un or très-pur, afin d'y déposer les tables de la loi ; si Salomon, le plus sage des rois d'Israël, mit sept ans à bâtir un temple magnifique pour glorifier le nom du Seigneur; et s'il en célébra la dédicace pendant huit jours aux éclats des trompettes, aux cris d'allégresse et par l'oblation de mille hosties pacifiques, quelle révérence et quelle piété ne doit pas être celle du peuple chrétien en présence du sacrement d'amour et en recevant Jésus-Christ dans son cœur !

Or, parmi les dispositions que nous devons apporter à la sainte communion, les unes regardent l'âme et les autres le corps.

I. Des dispositions de l'âme.

Pour communier dignement, la première et plus nécessaire préparation de l'âme est, nous l'avons vu, le sacrement de pénitence. Il faut en outre être instruit des principaux mystères de la foi; autrement on ne serait pas en état de comprendre la grandeur et l'excellence de l'action que l'on fait en communiant ; et croire fermement qu'en recevant l'Eucharistie, c'est Jésus même qu'on va recevoir, le même Jésus-Christ qui est mort pour nous racheter, qui est sorti du tombeau plein de gloire et d'immortalité, et qui est maintenant assis au plus haut des cieux où il reçoit les adorations des anges et des saints. Il faut le croire plus fermement que si on le voyait de ses propres yeux ; se soumettre entièrement à Dieu qui a révélé ce prodige d'amour, et courber avec docilité ses sens et sa raison sous le joug de la foi ; les sens et la raison peuvent être trompés, la foi ne peut l'être, parce que la parole de Dieu proposée par son Église ne peut jamais égarer.

Pour recevoir tous les fruits de la sainte communion, il faut y apporter encore d'autres dispositions : on doit être dans la volonté sincère de ne commettre aucun péché véniel, car celui qui reçoit Jésus-Christ dans une âme plus pure reçoit une plus grande abondance de grâces, et s'exciter à la dévotion au moment de la communion.

Or ce qui plaît au Seigneur, ce qui attire particulièrement ses grâces, c'est une profonde humilité, une tendre confiance, un désir ardent de le recevoir et le détachement des créatures. Nous devons approcher de la sainte table non point comme le pharisien hypocrite, en rendant grâces à Dieu de ne pas être tel que les autres hommes : Dieu repousse avec indignation cet orgueil d'une conscience qui se déguise à elle-même sa plaie secrète ; mais comme l'humble publicain, en baissant les yeux vers la terre et disant intérieurement : « Seigneur, ayez pitié de moi, soyez propice à un pauvre pécheur. » Et ne croyons pas abaisser la dignité de l'homme ; nul n'est pur, nul n'est saint devant celui qui est la sainteté même. Le centenier de l'Évangile reculait, saisi d'une juste frayeur et d'une sainte épouvante, en le voyant seulement paraître en sa présence. Jean-Baptiste, cet enfant de grâce et de bénédiction, sanctifié dans le sein de sa mère pour être le précurseur du Messie, se reconnaissait indigne de lui rendre le plus humble des services. Comment ne pas trembler et s'humilier lorsque c'est au fond de nos cœurs qu'il veut établir sa demeure ? Qui sommes-nous pour recevoir le Saint des saints, le monarque absolu du ciel et de la terre, celui qui voit des taches presque dans le soleil !

Toutefois la considération de notre indignité ne doit point nous abattre, mais nous faire admirer de plus en plus l'infinie bonté de notre Dieu, qui malgré notre bassesse veut bien se donner à nous. Nous avons été coupables, mais nous ne le sommes plus ; la grâce de l'absolution a lavé et purifié notre âme de toutes ses souillures. Ce n'est pas pour les anges, mais pour les hommes que Jésus-Christ a institué cet adorable sacrement. Les bonnes dispositions de nos cœurs lui sont connues ; sa grâce et sa miséricorde feront le reste.

Non-seulement il nous autorise à venir à lui avec confiance, mais il nous le commande : « Si vous ne mangez la chair du Fils de l'homme et si vous ne buvez son sang, vous n'aurez point la vie en vous. » Nous devons aspirer continuellement à ce pain descendu du ciel. « Seigneur, donnez-nous toujours ce pain, ce pain dont vous avez dit qu'il donne la vie éternelle. » C'est ce que disent les Juifs, et ils expriment par là le désir de toute la nature humaine ou plutôt de toute la nature intelligente. Elle veut vivre éternellement ; elle veut ne manquer de rien, en un mot elle veut être heureuse. Voilà ce que désire l'homme. Il se trompe dans les moyens : il a soif des plaisirs des sens, et il a soif des honneurs. Pour parvenir aux uns et aux autres il a soif des richesses. Mais il trouve au fond de tout le vide et l'ennui. Lamentable condition ! Dieu qui a fait la nature humaine n'a pas abandonné l'homme dans ces extrémités de la misère. Il l'éclaire par sa parole, il le soutient par sa grâce, il le console par la foi d'une vie meilleure et l'espérance de posséder à découvert ce bien suprême qui est lui-même. Et ces dons merveilleux d'un amour inénarrable concentrés en quelque sorte dans la divine Eucharistie, sont offerts à nos désirs sans autre mesure que ces désirs eux-mêmes. Plus nous romprons avec le monde et avec ses diverses convoitises, et plus aussi nous vivrons en Jésus-Christ. Sans doute il est des attachements légitimes qui sont dans l'ordre de la providence et que la religion approuve bien loin de les condamner. Mais n'oublions pas que nous ne devons rien aimer en ce monde qu'en vue de Dieu et pour plaire à Dieu. Le cœur adorable de Jésus, voilà quel doit être le centre de nos affections.

Plus notre foi sera vive, notre humilité et notre adoration profondes, notre espérance ferme, notre charité et nos désirs ardents, plus aussi nos communions seront ferventes et fructueuses. Mais communier sans préparation et par habitude, plutôt que par le désir de recevoir Notre-Seigneur et de nous unir à lui ; communier avec un esprit léger, distrait, dissipé ; communier avec des attaches à des péchés véniels que l'on commet souvent avec affection, c'est faire une communion tiède, et se passer des fruits les plus précieux du sacrement. Ces communions ne sont pas sans quelque grâce, mais elles ne produisent pas dans l'âme le principal effet de l'Eucharistie, qui est de l'unir étroitement à Jésus-Christ et de la fortifier contre la violence des passions ; et le peu de grâces que nous recevons se perd facilement par notre apathie spirituelle. Il y a plus, ces communions tièdes nous exposent au péril de faire plus tard des communions sacriléges, de même que les péchés véniels exposent aux péchés mortels quand on les commet de propos délibéré.

II. Des dispositions du corps.

Il faut aussi que le corps honore à sa manière l'hôte divin qu'il doit recevoir.

Il y a deux dispositions du corps nécessaires pour communier dignement. La première, c'est d'être à jeun. Quoique Notre-Seigneur Jésus-Christ ait institué l'Eucharistie après la cène et qu'il l'ait distribuée à ses apôtres qui venaient de manger avec lui l'agneau pascal, cependant une tradition constante, qui remonte jusqu'aux temps apostoliques, a fait une loi précise de ne recevoir le corps du Seigneur que lorsqu'on est à jeun. L'Église l'a ainsi ordonné par respect pour cet auguste sacrement. Ce jeûne consiste à n'avoir absolument rien pris, depuis minuit, ni comme nourriture, ni comme remède et dans le doute raisonnable si on a bu ou mangé quelque chose depuis minuit, on doit prendre le parti le plus sûr et remettre la communion à un autre jour. Lorsqu'un fidèle est en danger de mort, il peut communier sans être à jeun, c'est ce que nous avons appelé communier en viatique.

La seconde disposition du corps nécessaire, c'est la modestie extérieure. Elle regarde la propreté, la décence des habits et le maintien.

1. « Il faut recevoir, dit saint Augustin, le corps et le sang de Jésus-Christ, après s'être lavé la face. »

2. Quand on visite les grands de la terre, on tient à paraître devant eux de la manière la plus convenable. Serons-nous moins respectueux à l'égard du Roi des rois?

3. On doit s'habiller aussi proprement qu'on le peut, en ayant soin toutefois d'éviter le luxe et la mondanité. Ce serait montrer peu de foi envers le Dieu de toute majesté que de paraître à sa table sainte avec des vêtements malpropres ou avec des parures immodestes ou trop recherchées!

LEÇON XVII.

DE LA MANIÈRE DE COMMUNIER.

C'était debout que les Israélites mangeaient la pâque. C'était aussi debout que communiaient les premiers chrétiens.

Lorsque le moment solennel de la communion était venu, un diacre, du haut d'un jubé, prononçait à haute voix ces saisissantes paroles :

« Les choses saintes pour les saints ! »

C'était faire entendre à l'assistance que ceux qui n'étaient pas purs ne devaient pas approcher des redoutables mystères.

Le célébrant se communiait lui-même ; ensuite les évêques présents, après eux les prêtres qui avaient servi d'assistants au saint sacrifice ; puis les diacres, les sous-diacres, les clercs, les moines, les diaconesses, les vierges sacrées, et enfin le peuple, les hommes d'abord, les femmes ensuite.

Les premiers chrétiens recevaient dans leurs mains le pain eucharistique, comme cela résulte de plusieurs passages des Pères.

Saint Cyrille de Jérusalem, dans les enseignements qu'il donnait aux nouveaux chrétiens, leur adressait ces mots : « Quand vous vous approchez pour communier, il ne faut pas y venir les mains étendues, ni les doigts ouverts, mais soutenant de la main gauche votre main droite, qui va recevoir et contenir un si grand roi! Recevez le corps de Jésus-Christ dans le creux de votre main, en disant *amen* pour répondre au prêtre qui vous le donne comme le gage de la vie éternelle.... Si l'on vous donnait de l'or, quel soin n'apporteriez-vous pas pour le bien garder et n'en rien perdre? Quelle précaution ne devez-vous donc pas avoir pour qu'il ne tombe pas la moindre partie d'un don plus précieux que l'or et les diamants! »

L'Église, dans sa sagesse, ayant reconnu quelques abus et des inconvénients à cet usage de remettre ainsi les fractions du pain eucharistique dans la main des fidèles, changea cette coutume. Ce changement eut lieu en France sous Louis le Débonnaire et fut ordonné par le concile de Rouen.

Ce concile commande aux prêtres de ne pas mettre l'espèce du pain dans la main du chrétien qui vient communier, mais de la leur porter à la bouche aussi bien aux hommes qu'aux femmes.

Quant au sang du divin Sauveur, dès le commencement du christianisme, il était offert dans le calice même où le vin avait été consacré. Cette manière de donner la communion du sang précieux était encore en usage en France du temps de saint Grégoire de Tours, c'est-à-dire jusqu'à la fin du sixième siècle. C'est à cette époque que s'introduisit l'usage de prendre l'espèce du vin avec un chalumeau pour parer aux inconvénients et empêcher que le sang précieux ne se répandît à terre ou sur les vêtements des fidèles. La crainte de semblables accidents préoccupa davantage les ministres de l'Église, dans les temps de foi, quand une foule immense se portait à la sainte table. Il est souvent parlé de ce danger dans les livres des écrivains religieux de cette époque, qui conseillent de retrancher la coupe aux fidèles, à cause du péril d'effusion. C'est ce motif qui a déterminé l'Église à supprimer la communion sous les espèces du vin.

Voici le cérémonial usité maintenant :

Lorsque l'heureux moment de recevoir Jésus-Christ dans son cœur est arrivé, le communiant s'avance vers le sanctuaire d'un pas grave et modéré. Il tient les yeux modestement baissés, les mains jointes ou les bras croisés sur sa poitrine; et il garde, soit en allant, soit en revenant le plus profond silence. Arrivé à la table sainte il adore Notre-Seigneur par une génuflexion ou une révérence profonde, et se place ensuite à son rang. Il prend la nappe des deux mains, et, l'approchant de sa poitrine, il l'étend sous le menton, de telle manière qu'elle puisse recevoir la sainte hostie, au cas qu'elle vînt à tomber. Sur le point de communier, il regarde la sainte hostie que le prêtre lui présente, élève un peu la tête et la tient droite et ferme, sans l'avancer pour aller chercher la sainte hostie et sans la rejeter non plus en arrière. Il ouvre médiocrement la bouche, et avance la langue sur le bord de la lèvre inférieure ; il ne la retire point et ne baisse point la tête avant que le prêtre ait déposé la sainte hostie. S'il arrive qu'elle s'attache à son palais ou contre les dents, s'il a de la peine à l'avaler, il ne doit point avoir de trouble ni d'inquiétude de conscience pour cela. C'est un accident tout naturel. Il se contentera de détacher doucement la sainte hostie avec la langue sans y porter le doigt ; et ensuite il l'avalera sans jamais la laisser fondre entièrement dans la bouche ; autrement il ne communierait pas, puisque l'Eucharistie ne produit ses effets qu'à la manière de la nourriture, en entrant dans la poitrine.

Le communiant doit se retirer de la table sainte de la même manière qu'il y est venu, et arrivé à sa place, il se tiendra quelques moments en silence, recueilli en présence de Jésus-Christ. Il l'adorera, il le remerciera, il lui protestera qu'il l'aime de tout son cœur.

Il s'abstiendra de cracher, au moins pendant quelques instants, de peur de rejeter quelque parcelle des saintes espèces qui pourrait être restée dans la bouche. La décence demande aussi qu'il s'abstienne de toute nourriture pendant le temps nécessaire à la consomption des saintes espèces, un petit quart d'heure environ.

Si nous recevons souvent Jésus-Christ avec une digne préparation de l'âme et du corps, il nous rassasiera de l'abondance de ses délices. Il sera pour nous le pain des élus, la source de tout bien et de tout contentement. Il sanctifiera, il purifiera, il conservera lui-même toutes nos facultés, afin que nous méritions de goûter les douceurs de son céleste banquet.

LEÇON XVIII.

DU SACREMENT DE L'EXTRÊME-ONCTION.

I. Qu'est-ce que l'Extrême-Onction ?

Après avoir fait couler l'eau régénératrice du baptême sur la tête de l'enfant, l'Église ne détourne pas ses regards du petit chrétien. Elle le conduit à un banquet sacré, et ensuite elle le présente à l'évêque pour que le pasteur rende fort l'agneau qui va paître au loin. Par les autres sacrements, elle environne son athlète de toutes les conditions de la victoire. Mais son assistance ne lui est jamais plus nécessaire qu'au moment où la lutte va finir en devenant plus acharnée et plus décisive : et, tandis que l'éternel ennemi de l'homme multiplie ses efforts et ses ruses, l'Église redouble de sollicitude pour fournir à son fils les moyens de se défendre et de vaincre. Ce moyen, c'est l'Extrême-Onction.

« Si quelqu'un parmi vous est malade, dit l'apôtre saint Jacques, qu'il appelle les prêtres de l'Église, et qu'ils prient sur lui, l'arrosant d'huile au nom du Seigneur, et la prière de la foi sauvera le malade, le Seigneur le soulagera et s'il a commis des péchés ils lui seront remis. »

. Ce passage nous montre clairement que l'extrême-onction est un sacrement institué par Notre-Seigneur Jésus-Christ, pour le soulagement spirituel et corporel des malades. Il exprime et le rite sensible et l'institution divine, et enfin la promesse de la grâce. Le rite extérieur est marqué par l'onction de l'huile, c'est la matière de ce sacrement à laquelle est jointe comme forme la prière du prêtre. L'institution divine et la promesse de la grâce sont unies à ce rite, et on le comprend par la nature même de l'objet dont il s'agit, puisqu'il n'appartient qu'à Dieu seul de conférer la grâce. Or ces paroles : « Et s'il est en état de péché, ses péchés lui seront remis, » démontrent clairement que l'extrême-onction confère la grâce; et, en effet, les péchés ne peuvent être remis sans le don de la grâce divine.

Saint Chrysostome, au chapitre III de son Livre sur le Sacerdoce, dit en termes positifs, que non-seulement les prêtres nous régénèrent, mais qu'après nous avoir régénérés, ils peuvent encore nous remettre nos péchés; car quelqu'un de vous est-il malade, a dit l'apôtre, qu'il appelle les prêtres.

L'effet de ce sacrement est le soulagement spirituel et corporel du malade.

Il efface les péchés que le malade peut avoir commis depuis la réception des autres sacrements et qu'il ne se rappelle pas dans le moment; de sorte qu'il ne peut pas s'en accuser. Il peut se faire aussi qu'il n'ait pas apporté les dispositions nécessaires à sa confession et à la communion, et alors l'extrême-onction le purifie de ses fautes, pourvu cependant qu'il ait le repentir de ses péchés en général.

Il détruit les restes du péché, c'est-à-dire l'inclination au mal provenant du péché originel et des mauvaises habitudes contractées, et selon ses dispositions il lui remet la peine temporelle due aux péchés pardonnés.

Il console le malade accablé sous la violence du mal. Si la mort envisagée de loin est pleine d'effroi, quelles angoisses ne causera-t-elle pas à celui qui la voit de près! Mais depuis que le Verbe s'est fait chair, l'homme a trouvé une force égale à ses peines; aucune tribulation n'est supérieure au courage du chrétien; le trépas même, pour lui, n'est pas sans douceur.

Venez voir le plus beau spectacle que puisse présenter la terre : c'est la mort du fidèle. Un prêtre assis à son chevet le console. Le ministre de Dieu s'entretient avec l'agonisant de l'immortalité de l'âme, et la scène sublime que l'antiquité n'a présentée qu'une fois dans le premier de ses philosophes mourants, se renouvelle chaque jour sur l'humble grabat du modeste chrétien qui expire[1].

1. Chateaubriand.

La pensée qui effraye le plus le malade à cette heure redoutable, c'est la crainte de la réprobation éternelle; or ce sacrement, ainsi que l'enseigne le concile de Trente, fortifie le moribond, en excitant dans son cœur une grande confiance en la divine miséricorde; il éclaire son esprit sur la bonté infinie de Dieu, et allume dans son âme le feu de la charité qui lui fait désirer s'unir à Dieu comme à son centre et à sa fin dernière; il rend même la santé au malade lorsque cela est nécessaire au salut de de son âme.

Ainsi, force contre les combats du cœur, soulagement des infirmités du corps, guérison des blessures dont l'âme peut être encore déchirée, tel est le bienfait offert aux hommes dans le sacrement de l'onction sacrée.

II. Quelles sont les cérémonies de ce sacrement et quelles dispositions faut-il y apporter?

Il se rencontre des chrétiens que la vue d'un prêtre fait trembler, alors qu'ils sont pressés des étreintes glacées de la mort, et qui voudraient l'éloigner de leur lit de douleur. Jamais pourtant son ministère ne fut plus consolant. Il bénit le malade, il bénit cette maison sur laquelle plane la mort. Il supplie le Père tout-puissant, le Père commun des hommes, d'envoyer du haut des cieux son ange, afin qu'il devienne le protecteur de ceux qui sont dans la peine. Avec une parole enflammée de la charité la plus vive, il adresse au malade des consolations puisées au cœur de celui qui fut un homme de douleurs. Il invoque sur lui le secours de toutes les vertus célestes, l'aide de tous les habitants de la patrie bienheureuse, et enfin il marque son corps de l'onction sacrée pour le fortifier contre les dernières épreuves de la vie. Cette onction se fait sur les yeux, les oreilles, le nez, la bouche, la poitrine, les mains et les pieds. Une prière de pardon l'accompagne, et, comme si l'homme ne pouvait sortir assez pur de ce monde, cette prière se renouvelle sept fois, toujours implorante, toujours rappelant à Dieu et l'efficace de son sacrement et la grandeur de ses miséricordes. « Que par cette onction sainte et sa très-pieuse miséricorde, le Seigneur vous pardonne toutes les fautes que vous avez pu commettre par l'usage que vous avez fait de votre vue. Que par cette onction sainte et sa très-pieuse miséricorde, le Seigneur vous pardonne toutes les fautes que vous avez pu commettre en ne fermant point vos oreilles aux discours des méchants. » Et pendant que le prêtre poursuit ces touchantes supplications, ceux qui entourent le malade continuent ainsi à prier pour lui, afin que son âme éprouve les effets salutaires de ce sacrement.

Pour recevoir l'extrême-onction, il faut : 1° être en état de grâce; puisque c'est un sacrement des vivants, institué pour augmenter en nous la grâce sanctifiante, il suppose que notre âme est déjà en grâce avec Dieu. Si donc un malade se sentait coupable de quelque faute grave, il devrait, s'il le pouvait, purifier sa conscience par le moyen du sacrement de pénitence avant de recevoir l'extrême-onction. 2° On doit se rappeler les effets que ce sacrement produit dans ceux qui sont bien disposés et exciter dans son âme une foi vive en sa vertu et en son efficacité. 3° Il faut le recevoir avec de grands sentiments de piété et de contrition, produire des actes fervents d'amour de Dieu, de confiance en lui, de soumission à sa volonté, lui disant comme le divin Sauveur au jardin des Oliviers : « Mon Père, que votre volonté s'accomplisse et non pas la mienne; » faire le sacrifice de notre vie avec une parfaite résignation.

LEÇON XIX.

DU SACREMENT DE L'ORDRE.

L'homme par le baptême naît à la vie surnaturelle. Dans la confirmation, dépouillant les faiblesses de l'enfance, il devient homme parfait. L'Eucharistie nourrit son âme d'un pain céleste. La pénitence le relève de ses chutes. L'extrême-onction le remet de plus en plus purifié entre les mains de son Rédempteur. Mais dans toutes ces institutions la société fondée par Jésus-Christ ne paraît pas d'une manière spéciale, l'individu semble le but principal de ses bienfaits. Pour que l'œuvre de Dieu atteigne toute sa perfection, il faut un sacrement qui se rapporte à la société, qui nous présente une hiérarchie de ministres établis pour le gouvernement des âmes et la distribution de la grâce : c'est l'Ordre.

Ce mot signifie, non-seulement l'expression d'une volonté, mais l'arrangement, la disposition des personnes élevées et ordonnées.

Dans le ciel les anges sont disposés en trois ordres. Dans l'Église il y a des ordres religieux approuvés et établis par elle : mais il y a un grand ordre sur lequel elle est fondée elle-même, c'est celui de ses ministres institué par Jésus-

Christ, et perpétué par un sacrement qui prend le nom d'ordre.

I. Ce que c'est que le sacrement de l'Ordre.

On le définit : un sacrement qui donne le pouvoir de faire les fonctions ecclésiastiques et la grâce pour les exercer saintement.

Il y a dans l'ordre un signe sensible. L'imposition des mains de l'évêque sur les ordinands avec la prière qui l'accompagne exprime sensiblement les pouvoirs et la grâce qu'elle communique.

Ce signe sensible a été institué par Jésus-Christ, lorsqu'il dit à ses apôtres : « Recevez le Saint-Esprit ; les péchés seront remis à ceux à qui vous les remettrez, et ils seront retenus à ceux à qui vous les retiendrez, » et lorsque, après l'institution de la divine Eucharistie, il leur dit : « Faites cela en mémoire de moi. » Les apôtres transmirent à d'autres ce pouvoir qui ne devait pas mourir avec eux. Nous voyons dans l'Écriture qu'ils ont ordonné des évêques, des prêtres et des diacres par l'imposition des mains, et l'histoire ecclésiastique nous apprend que les premiers évêques établis par les apôtres en ont ordonné d'autres pour leur succéder. Cette succession qui n'a jamais été interrompue continuera jusqu'à la fin des siècles.

Les effets du sacrement de l'ordre sont plus grands que les effets d'aucun autre sacrement. Il imprime dans l'âme de celui qui le reçoit un caractère ineffaçable qui s'ajoute aux deux empreintes spirituelles déjà gravées par le baptême et la confirmation, et l'associe pour l'éternité au sacerdoce de Jésus-Christ. Il lui confère des pouvoirs sublimes dont ne jouissent pas les neuf chœurs des anges et la grâce nécessaire pour les exercer dignement.

Ces pouvoirs sont les plus immenses qui soient sous le soleil. Offrir l'hostie sainte et vivifiante qui a succédé à tous les sacrifices de l'ancienne loi; bénir le peuple afin d'attirer sur lui la rosée céleste de la grâce ; présider aux assemblées qui se tiennent dans la maison de Dieu pour rendre au Tout-Puissant l'hommage et l'adoration qui lui sont dus; prêcher la parole évangélique, baptiser, et administrer les autres sacrements, particulièrement ceux que Jésus-Christ a établis pour la rémission des péchés et la nourriture des âmes : telles sont les principales fonctions de ceux qui ont reçu le sacrement de l'ordre. Nous disons les principales, parce qu'il y a au-dessous d'elles les fonctions des ministres inférieurs. Il n'y a qu'un sacrement de l'ordre, mais il y a plusieurs ordres de ministres. Il était nécessaire pour le bon gouvernement de la société chrétienne que ces pouvoirs fussent divisibles aussi bien que les pouvoirs de toute société. Jésus-Christ a donc établi des degrés dans le sacerdoce, et c'est la divine hiérarchie copiée sur la hiérarchie céleste et composée comme elle de trois degrés. Le sacerdoce est comme ébauché dans le diaconat, développé dans le presbytérat et complété dans l'épiscopat. Le diacre chante l'Évangile et sert le prêtre à l'autel. Nous avons vu tout à l'heure les grandes fonctions du prêtre, elles ne le cèdent qu'aux pouvoirs de l'évêque, dont le plus remarquable est la puissance qu'il a de les communiquer en ordonnant des prêtres et des évêques comme lui.

Ce que Jésus-Christ avait fait, l'Église l'a fidèlement conservé et développé en l'imitant. Elle a ajouté des Ordres à ses Ordres, et complété la hiérarchie divine par une hiérarchie ecclésiastique. Fidèles exécuteurs de la volonté de leur Maître, les apôtres avaient établi des diacres ou servants pour aider dans leurs fonctions les évêques et les prêtres. L'Église leur a adjoint d'autres coopérateurs dont le premier est le sous-diacre, sous-serviteur. Il prépare les ornements, les vases saints, le pain, le vin et l'eau pour le sacrifice ; il chante l'épître à la messe solennelle ; il sert le diacre en tout ce qui concerne le saint sacrifice. Le sous-diaconat est une consécration irrévocable au service des autels, car il est le premier ordre qui soit obligé à la continence perpétuelle.

Les autres ministres institués par l'Église sont : l'*acolyte* ou suivant. Il reçoit dans l'ordination le pouvoir d'accompagner et d'aider à l'autel les ministres sacrés, d'allumer et de tenir les flambeaux. L'*exorciste*, dont la fonction est de chasser les démons du corps des possédés. (Dans les premiers siècles les possessions étaient fréquentes, surtout parmi les païens : nous en avons la preuve authentique dans l'Évangile, dans les Actes des Apôtres et dans les Pères de l'Église.) Le *lecteur*, qui est chargé de veiller à la garde des livres sacrés, de faire de saintes lectures aux fidèles, de chanter les cantiques et les leçons, d'instruire les enfants des premiers éléments de la doctrine chrétienne. Le *portier*, ordonné pour garder l'entrée du temple, y faire régner la propreté, la décence et le respect, et en bannir tout ce qui pourrait troubler l'ordre et la majesté de nos saintes cérémonies.

La collation de tous ces Ordres se fait dans une imposante cérémonie qu'on appelle *Ordination;* ce mot exprime l'acte même par lequel certaines personnes appelées de Dieu, sont classées et ordonnées dans la sainte hiérarchie. Les évêques seuls sont les ministres de ce sacrement. C'est ainsi que les apôtres l'ont entendu et que l'Église l'a toujours pratiqué.

II. Gloire et bonheur de la vocation ecclésiastique.

De ce que nous venons de dire, on peut conclure quelle gloire et quel bonheur c'est d'être appelé à l'état ecclésiastique. Si remettre les péchés, justifier les pécheurs, produire un Dieu sont des œuvres tellement propres à la Divinité qu'elles ne peuvent être faites que par un Dieu, on peut dire aux prêtres : Vous êtes des dieux; car tous les jours vous renouvelez ces inexprimables merveilles; et la dernière qui est la plus noble fonction du sacerdoce dans le temps, est aussi l'une des plus ineffables opérations de Dieu dans l'éternité : « Vous êtes mon Fils, je vous ai engendré en ce jour. » Devant cette prodigieuse élévation, l'esprit se trouble et se perd. Et cependant il ne pouvait en être autrement. Du moment que Dieu se donnait corps et âme aux fils d'Adam, il fallait que ses ministres fussent par leurs prérogatives au-dessus de tous les autres hommes. « Que penseriez-vous, dit saint Jean Chrysostome, d'un sujet que son roi aurait établi sur tous ses trésors, et auquel il aurait donné dans tout son royaume pouvoir de vie et de mort, et le royal privilége d'ouvrir et de fermer les prisons? Sans doute vous vous écrieriez : jamais plus de faveurs et de pouvoirs n'ont été accordés à un homme.... Eh bien ! cependant qu'est-ce que toute cette autorité en comparaison du pouvoir d'ouvrir ou de fermer les portes du ciel? pouvoir qui est confié aux prêtres. »

C'est aussi un grand bonheur d'être appelé au sacerdoce, parce que le prêtre, par l'effet de sa consécration à Dieu, est séparé du monde. Il habite dans la maison du Seigneur; à l'ombre de ses ailes, il est préservé de l'air contagieux que l'on respire dans le monde, et à l'abri des plus grandes inquiétudes de la vie. S'il lui reste encore des luttes à soutenir contre l'ennemi de son salut, il reçoit dans son union avec Jésus-Christ des grâces plus abondantes.

Mais ces avantages ne sont que pour ceux qui apportent à cet auguste ministère toutes les dispositions qu'il demande. La première est d'y être appelé. Si tous les états par un certain côté rentrent dans le plan de la Providence et si on n'en doit prendre aucun sans consulter la volonté de Dieu, l'état ecclésiastique est encore moins abandonné que tous les autres au libre choix des hommes, et il suppose une vocation particulière de Dieu, à cause de la nature et de la sublimité des fonctions qui y sont attachées. « Que personne, dit saint Paul, ne soit assez téméraire pour usurper cet honneur; il ne convient qu'à celui qui est appelé de Dieu. » C'est Jésus-Christ qui a choisi ses apôtres : ils ne se sont pas présentés d'eux-mêmes. « Ce n'est pas vous, leur disait Notre-Seigneur, ce n'est pas vous qui m'avez choisi; mais c'est moi qui vous ai établis, afin que vous alliez et que vous portiez des fruits. » Les apôtres étaient si persuadés de la nécessité de cette vocation divine qu'ils s'adressèrent à Dieu pour connaître celui qui devait remplacer le perfide Judas : « Vous, Seigneur, qui connaissez le cœur de tous, montrez lequel des deux vous avez choisi pour entrer dans ce ministère et dans l'apostolat. » Mais comment pourrez-vous connaître si Dieu vous appelle à l'état ecclésiastique ? Il faut demander au Seigneur qu'il vous montre la voie que vous devez suivre et ouvrir votre cœur à un homme sage et éclairé dont vous recevrez les avis avec une entière docilité et une parfaite soumission.

La seconde disposition pour entrer dans l'état ecclésiastique, c'est d'être animé du zèle de la gloire de Dieu et du salut du prochain. Telle est la principale marque d'une vocation surnaturelle et divine.

III. Devoirs des fidèles envers les prêtres.

Les fidèles doivent honorer les prêtres et prier pour eux. Ils doivent les honorer : 1° parce qu'ils représentent immédiatement la personne même de Jésus-Christ; ils sont ses lieutenants, ses ministres, ses ambassadeurs. Lorsqu'ils consacrent le corps et le sang de Jésus-Christ, lorsqu'ils remettent les péchés, lorsqu'ils confèrent les autres sacrements, ils le font en la personne de Jésus-Christ. « C'est par eux, dit saint Augustin, qu'il baptise et administre les autres sacrements. » 2° Parce qu'ils sont leurs pères spirituels et qu'ils les engendrent à la vie surnaturelle, germe de la vie éternelle. Toutes les recommandations que le Saint-Esprit adresse aux enfants sur le respect qu'ils doivent à leurs parents, doivent donc s'appliquer premièrement aux prêtres. Aussi Dieu regarde-t-il comme faites à lui-même les injures adressées à ses ministres. Quand les Israélites, dans le désert, murmurent contre Moïse et contre Aaron, Dieu dit à Moïse : « Jusqu'à quand ce peuple parlera-t-il contre moi? » — « Celui qui vous touche, dit Dieu lui-même, en parlant de ses ministres, me touche à la prunelle de l'œil. » — « Celui qui vous écoute, m'écoute, dit Jésus-Christ à ses apôtres, et celui qui vous méprise, me méprise. »

Les fidèles doivent prier pour les prêtres, parce que leur vie de prêtre est une prière et un sacrifice perpétuel pour le salut de leur âme; parce qu'ils ont besoin de ces pêcheurs d'hommes que Jésus-Christ a établis et envoie partout pour éclairer, pour conduire, bénir et consoler ceux qui marchent dans l'amertume du cœur et les incertitudes de l'esprit; parce que l'Église les y invite toutes les fois qu'elle consacre des ministres et que telle est la fin du jeûne et des prières des Quatre-Temps.

LEÇON XX.

DU SACREMENT DE MARIAGE.

I. Ce que c'est que le mariage.

Quand l'homme sortit des mains du créateur, il reçut un pouvoir sans limites sur toute chose créée. Mais dans la revue qu'il fit des êtres soumis à sa domination, il se trouva que quelque chose manquait aux besoins de son cœur. Tout était parfait dans l'univers; sous un aspect seulement cette harmonie sembla en défaut : le roi de la création était seul. Le Seigneur dit alors : « Il n'est pas bon que l'homme soit seul ; faisons-lui un aide semblable à lui. »

Le Seigneur Dieu envoya donc à Adam un sommeil profond, et pendant qu'il dormait il tira une de ses côtes et mit de la chair à sa place.

Et le Seigneur Dieu, de la côte qu'il avait tirée d'Adam, forma une femme, et il l'amena à Adam.

Et Adam dit : « Voilà maintenant l'os de mes os, et la chair de ma chair. Celle-ci s'appellera Ève, nom qui marque qu'elle vient de l'homme, parce qu'elle a été prise de l'homme.

« C'est pourquoi l'homme quittera son père

et sa mère et s'attachera à sa femme, et ils seront deux dans une seule chair. »

Et les bénissant, Dieu ajouta : « Croissez et multipliez-vous, remplissez la terre, dominez sur les poissons de la mer, sur les oiseaux du ciel, sur tous les animaux qui se meuvent sur la terre. »

« C'est ainsi, dit un pieux écrivain, que dès ce temps, Dieu institua le mariage et créa la société humaine.

« Mais en la créant, il devait en chercher son type en lui-même, la créer semblable à lui, autrement le cœur de l'homme n'eût point trouvé son bonheur dans la société ; elle ne lui eût offert que le vide et l'ennui.

« Or Dieu est essentiellement Ordre et Amour. La société sera donc basée sur l'amour et sur l'ordre, la famille devra donc vivre par l'amour et par l'ordre.

« L'ordre demande que tous les membres de cette société soient liés et enchaînés l'un à l'autre, vivant d'une vie commune à tous, se perfectionnant, se complétant mutuellement. L'amour empêchera que ce lien ne se fasse sentir autrement que par sa douceur ; tous se réjouiront d'un bonheur qui doit être la possession de tous, et si quelque malheur était à craindre là où l'amour est parfait, ce malheur cesserait d'être un malheur individuel, il deviendrait celui de la société entière, et ne serait plus si lourd à porter.

« C'est pour réaliser un pareil dessein que le Seigneur tire la femme du côté de l'homme, qu'il la lui donne, non-seulement semblable à lui, mais encore formée à l'image de Dieu. Car en Dieu une seule et même substance appartient à ces trois personnes divines, que **nous adorons le front dans la poussière**. La société de l'homme et de la femme, bien que supérieure, n'eût eu de similitude qu'avec la société animale, où Dieu nous montre deux êtres pareils, deux créatures de mêmes formes, créées pour se compléter, mais ne formant pas une seule et même chair, et n'étant liées, par cela même, que d'une manière imparfaite [1]. »

Ainsi créés, l'homme et la femme, et avec eux la société entière, se trouvent liés d'un lien indissoluble.

Il ne dépend pas de l'un de se séparer de l'autre ; il n'est pas libre à l'un de ne pas aimer l'autre, personne ne saurait se séparer de soi-même : « Personne, dit l'apôtre, ne peut avoir de haine pour sa propre chair. » Pour rendre cette institution plus sainte encore, Jésus-Christ l'a élevée à la dignité de sacrement. « Quand on considérera, dit Bossuet, que Jésus-Christ a donné une nouvelle forme au mariage, en réduisant cette sainte société à deux personnes immuablement et indissolublement unies ; et quand on verra que cette inséparable union

---

[1]. Vte Walhs.

est le signe de son union éternelle avec l'Église, on n'aura pas de peine à comprendre que le mariage des fidèles est accompagné du Saint-Esprit et de la grâce. » C'est ce que le concile de Trente a décidé suivant la parole de Dieu, en ces termes : « Le mariage, dans la loi évangélique, étant plus excellent que les anciens mariages, à cause de la grâce qu'il confère par Jésus-Christ, c'est avec raison que les saints Pères, les conciles et la tradition universelle de l'Église ont de tout temps enseigné qu'il doit être mis au nombre des sacrements de la loi nouvelle. Le mariage est donc un sacrement qui donne la grâce pour sanctifier la société légitime de l'homme et de la femme. »

II. Ce qu'il faut faire pour se marier chrétiennement.

Le mariage n'étant pas seulement un acte passager, mais donnant à l'homme une position qui influe sur sa vie entière, il était convenable, et même nécessaire, que des conditions toutes particulières le forçassent à réfléchir sur cette démarche décisive et qu'elle fût entourée de tout ce qui pourrait en inspirer la vénération.

De là des empêchements, c'est-à-dire des obstacles mis par la loi au mariage, et qui rendent cet engagement nul ou illicite.

Quand on ne peut franchir cet obstacle sans faire un mariage nul, l'empêchement est *dirimani*. Si le réfractaire à la loi, en commettant un délit, fait néanmoins un mariage valable, l'empêchement s'appelle prohibitif. Les personnes qui se marient sciemment avec un empêchement prohibitif commettent un grand péché, mais elles sont véritablement mariées; elles profanent le sacrement, mais elles le reçoivent. Mais un mariage célébré avec un empêchement dirimant, soit que l'on connaisse cet empêchement, soit qu'on l'ignore, est absolument nul : ce n'est pas un vrai mariage, et les parties qui l'ont contracté ne sont point réellement mariées; il n'y a pas eu de contrat, et par suite il n'y a pas eu de sacrement; car le contrat étant la matière du sacrement, si le contrat n'existe pas, le sacrement ne saurait non plus exister.

Les principaux empêchements qui rendent le mariage nul sont : 1° la parenté jusqu'au quatrième degré. On entend par degré la distance ou l'intervalle qui se trouve entre un parent et un autre. On ne compte pas la tige ou souche. Le frère et la sœur sont au premier degré; le cousin germain et la cousine germaine au second degré. 2° L'affinité ou l'alliance qui se contracte avec les parents de la personne qu'on a épousée jusqu'au quatrième degré. 3° La parenté ou alliance spirituelle qui fait que les parrains et marraines ne peuvent se marier, ni avec l'enfant qu'ils ont tenu sur les fonts sacrés, ni avec le père et la mère de cet enfant. Il y a plusieurs autres empêchements dirimants qui résultent des circonstances où les contractants pourraient se trouver et sur lesquels il n'est pas utile d'insister ici.

Les empêchements qui rendent le mariage seulement illicite, mais non pas nul, sont : 1º le défaut de publication de bans ; d'après la loi de l'Église, les bans doivent être publiés au prône, par trois dimanches consécutifs, dans la paroisse de chacun des époux, et dans celle où ils demeuraient précédemment, s'il n'y a pas six mois qu'ils en sont sortis. De plus, un jeune homme qui n'a pas 25 ans et une fille qui n'a pas 21 ans, doivent être publiés dans le lieu du domicile de leurs pères et mères. Cette excellente coutume, ignorée de l'antiquité, est entièrement due à l'Église. Il faut la reporter au delà du quatorzième siècle puisqu'il en est fait mention dans un décret d'Innocent III. L'esprit de cette loi est de prévenir les unions secrètes et d'avoir connaissance des empêchements de mariage qui peuvent se trouver entre les parties contractantes. 2º La prohibition de célébrer le mariage en certains temps. Les temps défendus sont : depuis le premier dimanche de l'Avent jusqu'au jour de l'Épiphanie, depuis le mercredi des Cendres jusqu'à l'octave de Pâques. L'Église n'a pas voulu que les saints jours de l'humiliation et de la pénitence chrétienne fussent traversés par les plaisirs profanes d'un mariage, afin que le repentir touchât davantage la justice divine. 3º Le vœu simple, c'est-à-dire la simple promesse de garder la virginité, ou d'entrer en religion, ou de ne pas se marier ; nous disons la simple promesse, car si on avait fait un vœu solennel, il y aurait empêchement dirimant.

Comme la plupart des fidèles ne connaissent pas tous les empêchements du mariage, ils ne peuvent rien faire de mieux, quand il leur vient un doute s'il y a ou s'il n'y a pas quelque empêchement, que d'en faire part au curé de la paroisse ou au prêtre qui est chargé du mariage, ou enfin à leur confesseur, et de suivre le conseil qui leur sera donné. S'il y a un empêchement, ils ne peuvent pas se marier sans avoir obtenu dispense des supérieurs ; et pour que la dispense soit valable, il faut qu'ils déclarent avec une franchise entière, dans la supplique, la nature de l'empêchement et le motif qu'ils ont de désirer une dispense ; s'ils trompaient le supérieur, la dispense ne vaudrait rien devant Dieu, et leur mariage serait nul en conscience. Il faut ensuite se marier devant son propre curé, ou devant un prêtre désigné soit par le propre curé, soit par l'évêque et devant deux ou trois témoins. L'Église l'a ainsi ordonné sous peine de nullité. D'où il suit que l'union des personnes qui ne se sont présentées qu'à la mairie, pour contracter devant le magistrat civil, n'est pas un mariage, et que ceux qui sont ainsi mariés sont dans l'habitude du péché mortel.

Tout homme sage comprendra aisément la valeur morale de ces lois et leur influence sur la société. L'esprit qui les a dictées est digne, dit M. de Chateaubriand, de la pureté de notre religion. Les païens sont restés bien au-dessous de cette chasteté chrétienne. A Rome, le mariage entre cousins germains était permis, et Claude, pour épouser Agrippine, fit porter une loi à la faveur de laquelle l'oncle pouvait s'unir à la nièce. Si de nos jours l'Église s'est montrée facile dans la dispense de ces empêchements, c'est qu'elle a voulu prévenir les malheurs qui pourraient résulter de trop de difficultés, sans qu'il fût en son pouvoir de les empêcher.

Il ne suffit pas d'avoir bien réfléchi, comme nous l'avons recommandé, et d'avoir examiné s'il n'y a pas quelque empêchement; il faut de plus apporter au sacrement du mariage les dispositions nécessaires qui sont :

1° La vocation.

Dieu, en nous accordant le bienfait de l'existence, destine chacun de nous à un état particulier. Les moyens de connaître sa volonté sont de mener une vie chaste et pieuse pendant sa jeunesse, de demander souvent à Dieu, par des prières particulières, la grâce de suivre ses desseins sur nous, de faire quelques bonnes œuvres à cette intention, de prendre conseil de son confesseur et de ses parents, d'examiner ce que nous voudrions avoir fait à l'heure de la mort.

2° Une grande pureté d'intention. C'est un principe que nous devons nous proposer, de plaire à Dieu dans toutes nos actions, même les plus communes : combien plus devons-nous avoir cette intention dans un engagement qui dure toute la vie ! Nous sommes les enfants des saints, disait le jeune Tobie à Sarah son épouse, et nous ne devons pas nous marier comme les païens, qui ne connaissent point Dieu.

3° L'état de grâce, car le mariage étant un sacrement des vivants, ce serait commettre un sacrilége que de le recevoir en état de péché mortel, et par là même, ce serait attirer la malédiction de Dieu sur son mariage. Le concile de Trente exhorte même les personnes qui veulent entrer dans cet état à recevoir la sainte Eucharistie, et il n'y a rien de plus propre qu'une communion sainte et fervente pour attirer sur l'union que l'on va contracter les grâces les plus abondantes. Il ne suffit donc pas d'aller se présenter devant le prêtre quelques jours avant le mariage ; en agir ainsi, c'est montrer bien peu de religion et de foi ; c'est se moquer en quelque sorte de la confession, qu'on semble ne regarder que comme une simple formalité, tandis qu'elle est absolument nécessaire, si on est en état de péché mortel, puisque ce n'est que par une bonne confession qu'on peut rentrer en grâce avec Dieu.

III. De la virginité chrétienne.

Il y a un état plus parfait que celui du mariage, c'est la virginité chrétienne et le célibat religieux.

La virginité chrétienne est l'état de ceux qui ne se marient pas pour être plus conformes à Notre-Seigneur et s'occuper plus librement de leur salut et de la pratique des œuvres saintes.

Nul doute que cet état ne soit plus saint, plus agréable aux yeux de Dieu, puisque ceux qui l'embrassent, se dévouent plus purement à sa gloire et au service du prochain.

Aussi rien n'égale le concert d'éloges donnés par les saints docteurs à la chasteté virginale. Ils l'appellent la fleur de la religion, la richesse de l'Église, l'honneur de la nature humaine, le caractère qui consacre la plus illustre portion du troupeau de Jésus-Christ. Avec elle la conscience est en paix, l'esprit est éclairé, la sérénité brille sur le visage, la joie est dans l'âme, la mort est tranquille, l'éternité bienheureuse est assurée. O virginité! tes richesses sont immenses, la couronne immortelle t'appartient, et n'es-tu pas toi-même une brillante couronne? Virginité, temple de Dieu, sanctuaire de l'Esprit-Saint, perle précieuse, connue d'un petit nombre, trouvée par un plus petit nombre encore! O continence, vie des anges, diadème de gloire sur le front des élus! Heureux celui qui te possède! heureux celui qui pour te conserver fait les sacrifices que tu demandes, car, après lui avoir coûté quelques labeurs, tu seras pour lui une source inépuisable de délices. Ainsi parlent saint Athanase, saint Cyprien, saint Ephrem, saint Bernard et saint Laurent Justinien.

On peut garder la virginité non-seulement en entrant dans l'état religieux ou dans l'état ecclésiastique, mais aussi en demeurant dans le monde, selon son attrait et les conseils d'un sage directeur. De tout temps, en effet, il y a eu dans le siècle des personnes animées d'un vrai zèle pour la gloire de Dieu, qui pour le mieux servir et s'appliquer avec plus de liberté aux bonnes œuvres, n'ont pas voulu contracter mariage. Quel que soit le choix de vie auquel on s'arrête, il ne faut jamais prendre de parti, quand on s'écarte des conditions ordinaires, sans avoir réfléchi, bien prié et consulté des hommes prudents et pleins de la crainte de Dieu.

CONCLUSION.

Heureux celui qui suivra fidèlement les préceptes et les conseils du catéchisme. C'est en s'y conformant avec une affectueuse docilité que se sont sanctifiés un si grand nombre de jeunes gens. D'abord légers et insouciants, ou bien vifs et emportés, ils sont devenus ensuite laborieux, modestes et obéissants. Dieu a béni leur jeunesse ; ils continuent dans les positions diverses où les a placés sa divine providence à mener une vie irréprochable, véritablement chrétienne ; ils sont aimés et estimés de ceux qui les entourent pour l'élévation de leur caractère et la dignité de leurs sentiments. Ils portent dans leur cœur un trésor de paix parce qu'ils savent vivre avec une conscience pure. De là cette joie innocente, cette gaieté simple et modeste, cette égalité d'humeur qui les accompagnent partout.

Si vous avez conservé, cher lecteur, la piété de votre enfance, vous comprendrez tout le bonheur qu'on goûte au service de Dieu. Si au contraire, la vertu qui avait autrefois pour vous tant de charme, vous paraît importune et chagrine, n'en accusez que votre infidélité à remplir vos devoirs. Revenez à votre père, et vous sentirez renaître dans votre âme ces consolations intérieures et ces délices ineffables qui l'ont inondée lorsque, petit enfant, vous fûtes amené au catéchisme, l'école de la sagesse et de la véritable félicité.

FIN.

TABLE DES MATIÈRES.

Leçon préliminaire. — *De la science de la religion*... 1
  I. Importance de cette science.................... 1
  II. Comment il faut l'étudier et à quelles sources il faut aller la puiser.......................... 5

PREMIÈRE PARTIE.
DES VÉRITÉS QUE NOUS DEVONS CROIRE OU DU SYMBOLE DES APOTRES.

Leçon i. — *Du symbole des Apôtres et du signe de la Croix*.................................... 10
  I. Symbole des Apôtres........................ 10
  II. Du signe de la Croix........................ 14
Leçon ii. — *Premier article du symbole. — De l'existence de Dieu*............................ 17
  I. Existence de Dieu prouvée par les œuvres de la création 17
  II. Par le consentement unanime des peuples...... 22
  III. Par le témoignage de la conscience............ 24
Leçon iii. — *Premier article du symbole, suite. — Des perfections de Dieu*...................... 26
  I. Dieu est un pur esprit........................ 27
  II. Dieu est éternel............................ 27
  III. Dieu est infiniment parfait.................. 28
  IV. Dieu est le créateur du ciel et de la terre....... 32
  V. Dieu prend soin de toutes les créatures......... 32
Leçon iv. — *Premier article du symbole, suite. — Des mystères en général*...................... 35
  I. Nature du mystère. Sa convenance avec la religion 35
  II. De la foi aux mystères....................... 37
  III. Utilité des mystères........................ 40
Leçon iv (deuxième instruction). — *Premier article du symbole, suite. — Du mystère de la sainte Trinité*. 42
  I. Qu'est-ce que le mystère de la sainte Trinité.... 42
  II. Preuves du dogme de la Trinité............... 43
  III. Nos devoirs par rapport au mystère de la sainte Trinité..................................... 47
Leçon v. — *Premier article du symbole, suite. —*

TABLE DES MATIÈRES.

De la création..	49
I. C'est Dieu qui a créé toutes choses..............	49
II. Du principal dessein de Dieu dans la création.....	51
Leçon v (deuxième instruction). — *Premier article du symbole, suite. — Des anges*..................	56
I. Qu'est-ce que les anges...........................	56
II. État dans lequel les anges ont été créés........	57
III. Ministère des anges. Nos devoirs envers notre ange gardien..	60
Leçon v (troisième instruction). — *Premier article du symbole, suite, — Création de l'homme*........	66
I. Ce que c'est que l'homme........................	66
II. Quand Dieu l'a-t-il créé?........................	69
III. Pourquoi Dieu l'a-t-il créé ?..................	72
Leçon vi. — *Premier article du symbole, suite. — De la chute de l'homme*..................................	73
I. Dans quel état Dieu a-t-il créé Adam et Ève?....	73
II. Désobéissance de nos premiers parents........	74
III. Péché originel...................................	78
Leçon vi (deuxième instruction). — *Premier article du symbole, suite. — Le Sauveur promis, prédit, attendu*..	82
I. Le Sauveur promis................................	82
II. Le Sauveur prédit................................	85
II. Le Sauveur attendu..............................	90
Leçon vii. — *Deuxième et troisième articles du symbole. — Du mystère de l'Incarnation*............	92
I. Qu'est-ce que le mystère de l'Incarnation ?......	93
II. Comment s'est accompli ce mystère ?..........	103
Leçon viii. — *Deuxième et troisième article du symbole, suite. — Vie de Jésus-Christ*...............	106
I. Vie cachée de Jésus-Christ.......................	106
II. Vie publique de Jésus-Christ....................	113
Leçon ix. — *Quatrième article du symbole. — Du mystère de la Rédemption*................................	116
I. Passion de Jésus-Christ...........................	116
II. Raison des souffrances de Jésus-Christ et application de ses mérites..................................	126
Leçon x. — *Cinquième article du symbole. — De la descente de Jésus-Christ aux enfers et de sa Résurrection*..	129
I. De la descente de Jésus-Christ aux enfers.......	129
II. De sa Résurrection..............................	130
Leçon xi. — *Sixième et septième articles du symbole.— De l'Ascension de Notre-Seigneur et du Jugement dernier*..	137
I. De l'Ascension de Notre-Seigneur...............	137
II. Du jugement dernier............................	140

TABLE DES MATIÈRES.

Leçon XII. — *Huitième article du symbole.* — *Du Saint-Esprit*	146
I. Qu'est-ce que le Saint-Esprit ?	146
II. Ce que le Saint-Esprit a fait dans les apôtres	149
III. Ce que le Saint-Esprit fait en nous	152
Leçon XIII. — *Neuvième article du symbole.* — *De l'Église*	155
I. Ce que c'est que l'Église	155
II. Droit que l'Église a reçu de Jésus-Christ de nous instruire et de nous gouverner	159
III. Nos devoirs envers l'Église	164
Leçon XIV. — *Neuvième article du symbole, suite.* — *Caractères de l'Église*	167
I. Des marques de la véritable Église en général	168
II. Quelle est la société religieuse qui possède ces caractères ?	171
Leçon XV. — *Neuvième et dixième articles du symbole, suite.* — *De la communion des Saints, de la rémission des péchés*	177
I. Ce qu'il faut entendre par la communion des Saints	177
II. Comment tous les fidèles sont-ils unis entre eux par la communion des Saints ?	179
Leçon XVI. — *Onzième et douzième articles du symbole.* — *Des fins dernières de l'homme*	182
I. La mort et le jugement	182
II. Le ciel	185
III. L'enfer	188
IV. Le purgatoire	190

DEUXIÈME PARTIE.

DES DEVOIRS QUE NOUS DEVONS PRATIQUER.

Leçon I. — *Des Commandements de Dieu en général.*	193
I. Qu'entend-on par loi divine ?	193
II. Pourquoi Dieu a-t-il donné à sa loi une triple manifestation ?	196
III. Sommes-nous obligés d'observer la loi divine ?	198
Leçon II. — *Du premier commandement.* — *De la foi.*	199
I. Qu'est-ce que la foi ?	200
II. Nécessité de la foi. Ses avantages	204
III. Péchés contre la foi	206
Leçon II (deuxième instruction). — *Du premier commandement, suite.* — *De l'espérance*	208
I. Qu'est-ce que l'espérance ?	208
II. Péchés contre l'espérance	211
Leçon II (troisième instruction). — *Du premier commandement, suite.* — *De la charité*	216

I. Ce que c'est que la charité..................... 216
II. Précepte de la charité..................... 218
III. Manière de l'accomplir..................... 222
Leçon III. — *Du premier commandement, suite. — De l'adoration due à Dieu*..................... 224
  I. Ce qu'est la vertu de religion..................... 224
  II. Quand et comment devons-nous honorer Dieu?.. 225
  III. Péchés contre la vertu de religion............. 227
Leçon III (deuxième instruction). — *Du premier commandement, suite. — Du culte des Saints*...... 229
  I. En quoi consiste le culte des Saints............. 229
  II. Convenance et légitimité de ce culte........... 230
  III. Légitimité des fêtes instituées pour honorer les Saints..................... 233
Leçon IV. — *Du deuxième commandement*........... 234
  I. Ce qu'il nous ordonne..................... 234
  II. Ce qu'il nous défend..................... 237
Leçon V. — *Du troisième commandement*........... 243
  I. Obligation de sanctifier le dimanche et motifs de cette institution..................... 243
  II. Que faut-il faire pour remplir ce précepte et comment le viole-t-on?..................... 247
Leçon VI. — *Des sept derniers commandements en général*..................... 253
  I. Obligation de la charité envers le prochain...... 253
  II. Devoirs qu'impose la charité..................... 256
Leçon VI (deuxième instruction). — *Du quatrième commandement*..................... 258
  I. Devoirs des parents envers leurs enfants........ 258
  II. Devoirs des enfants envers leurs parents....... 261
Leçon VII. — *Du cinquième commandement*........ 265
  I. L'homicide..................... 265
  II. Le scandale..................... 267
Leçon VIII. — *Du sixième et du neuvième commandement*..................... 274
  I. A quoi nous obligent ces deux commandements?.. 274
  II. Raison de ces commandements................. 275
Leçon IX. — *Du septième et du dixième commandement.* 278
  I. Légitimité du droit de propriété................. 278
  II. Devoirs de la propriété..................... 281
Leçon X. — *Du huitième commandement*............ 286
  I. Du jugement téméraire. Du mensonge. Des fraudes. 286
  II. De la médisance..................... 291
Leçon XI. — *Des commandements de l'Église*........ 295
  I. L'Église a le pouvoir de faire des lois........... 295
  II. But que s'est proposé l'Église en nous imposant des commandements..................... 298
  III. Combien y a-t-il de commandements de l'Église? 299

TABLE DES MATIÈRES. 569

Leçon XII. — *Du premier et du deuxième commandement de l'Église* 300
  I. Obligation et manière de sanctifier les fêtes..... 300
  II. Obligation et manière d'assister à la messe....... 303
Leçon XIII. — *Du troisième et du quatrième commandement*.. 308
  I. Du précepte de la confession annuelle........... 308
  II. Du précepte de la confession pascale........... 310
Leçon XIV. — *Du cinquième et du sixième commandement*.. 315
  I. Qu'est-ce que jeûner et faire abstinence?........ 315
  II. Raisons de cette loi............................. 317
  III. Qui sont ceux que l'Église oblige à jeûner et à faire abstinence, et quels jours les y oblige-t-elle?. 319
Leçon XV. — *Du péché en général*.................. 322
  I. Qu'est-ce que le péché?......................... 322
  II. Combien y a-t-il de sortes de péchés?. 323
  III. Causes et effets du péché...................... 325
Leçon XVI. — *Des péchés capitaux*.................. 329
  I. L'orgueil, l'envie et la colère.................... 329
  II. L'avarice, la luxure, la gourmandise et la paresse. 333
Leçon XVII. — *Des vertus opposées aux péchés capitaux.* 339
  I. L'humilité 339
  II. Le détachement des biens du monde........... 341
  III. La chasteté................................... 342
  IV La charité..................................... 342
  V. La sobriété chrétienne......................... 343
  VI. La douceur................................... 345
  VII. La vigilance chrétienne...................... 347

TROISIÈME PARTIE.

DES MOYENS QUE DIEU A ÉTABLIS POUR NOUS SANCTIFIER.

Leçon I. — *De la grâce*............................. 351
  I. Ce que c'est que la grâce....................... 351
  II. Des diverses espèces de grâces................. 353
  III. Nécessité et distribution de la grâce actuelle... 355
Leçon II. — *De la prière*........................... 359
  I. Ce que c'est que la prière, son obligation, son efficacité.. 359
  II. Conditions et objet de la prière................ 364
Leçon III. — *De l'Oraison dominicale*............... 369
  I. Demandes qui se rapportent à Dieu............. 371
  II. Demandes qui se rapportent à l'homme......... 374
Leçon IV. — *De la Salutation angélique et de la dévotion à la Sainte Vierge*........................... 383
  I. De la salutation angélique...................... 383

TABLE DES MATIÈRES.

II. De la dévotion à la Sainte Vierge	389
Leçon V. — *Des sacrements*	392
I. Ce que c'est qu'un sacrement	392
II. Combien il y a de sacrements	394
III. Effets des sacrements	396
Leçon VI. — *Du Baptême*	403
I. Ce que c'est que le baptême	403
II. Nécessité du baptême	408
III. Du ministre et des cérémonies du baptême	409
IV. Des promesses du baptême; des parrains et marraines	414
Leçon VII. — *De la Confirmation*	418
I. Ce que c'est que la confirmation	418
II. Cérémonies du sacrement de confirmation; dispositions qu'il faut y apporter	425
Leçon VIII. — *Du sacrement de Pénitence*	428
I. Ce que c'est que le sacrement de pénitence	428
II. Quand reçoit-on le sacrement de pénitence?	431
Leçon IX. — *De la Contrition*	434
I. Ce que c'est que la contrition	434
II. Combien y a-t-il de sortes de contritions	437
Leçon X. — *De la Confession*	442
I. Ce que c'est que la confession	442
II. Qualités de la confession	446
Leçon XI. — *De la manière de se confesser*	450
I. L'examen de conscience	450
II. L'acte même de la confession	452
Leçon XII. — *De la Satisfaction et des Indulgences*	455
I. De la satisfaction	455
II. Des indulgences	460
Leçon XIII. — *De l'Eucharistie*	464
Ce que c'est que l'Eucharistie	465
I. Noms et figures de l'Eucharistie	465
II. Définition de l'Eucharistie	467
III. Institution de l'Eucharistie	470
Leçon XIII (deuxième instruction). — *Présence réelle de Jésus-Christ dans l'Eucharistie*	471
I. Quand et comment Jésus-Christ est-il présent dans l'Eucharistie	471
II. Preuves de la présence réelle	476
Leçon XIII (troisième instruction). — *Raison de la présence réelle*	484
I. La première pensée de Jésus-Christ en instituant l'Eucharistie a été de vivre avec les hommes et pour les hommes	485
II. La seconde pensée de Jésus-Christ en instituant l'Eucharistie a été de s'unir à nous	488
Leçon XIV. — *Du saint sacrifice de la messe*	491

TABLE DES MATIÈRES.

I. Du sacrifice en général......................	491
II. De l'existence du sacrifice de la messe..........	493
III. De la valeur et des fruits du saint sacrifice de la messe	502
Leçon xv. — *De la Communion*...................	506
I. Ce que c'est que la communion................	506
II. Des effets de la sainte communion.............	507
Leçon xvi. — *Des dispositions à la Communion. De la pureté de conscience*......................	515
I. Injure que la communion indigne fait à Dieu....	516
II. Terribles effets de la communion indigne.......	519
Leçon xvi (deuxième instruction). — *Des autres dispositions à la Communion*......................	525
I Des dispositions de l'âme.....................	525
II. Des dispositions du corps....................	530
Leçon. xvii. — *De la manière de communier*........	532
Leçon. xviii. — *Du sacrement de l'Extrême-Onction*..	537
I. Qu'est-ce que l'extrême-onction ?..............	537
II. Quelles sont les cérémonies de ce sacrement et quelles dispositions faut-il y apporter ?..........	540
Leçon xix. — *Du sacrement de l'Ordre*.............	543
I. Ce que c'est que le sacrement de l'ordre........	544
II. Gloire et bonheur de la vocation ecclésiastique...	547
III. Devoirs des fidèles envers les prêtres.........	550
Leçon xx. — *Du sacrement de Mariage*............	552
I. Ce que c'est que le mariage...................	552
II. Ce qu'il faut faire pour se marier chrétiennement...................................	555
III. De la virginité chrétienne...................	561
Conclusion.	563

FIN DE LA TABLE.

---

10 563. — Impr. générale de Ch. Lahure, rue de Fleurus, 9, à Paris.